经济发展中的要素收入分配动态研究

翁　杰　著

本书是国家自然科学基金面上项目“农村劳动力转移、资本深化和要素收入分配变动：理论分析和动态模拟”（编号：71273242）和浙江省自然科学基金项目“金融化、二元经济转型和要素收入分配变动研究”（编号：LY18G030041）的阶段性研究成果

科学出版社
北　京

内 容 简 介

本书立足于中国二元经济发展阶段，从要素市场运作的角度研究经济发展中要素收入分配动态。本书从要素收入分配研究的发展脉络入手，全面回顾要素收入分配的研究历史。在此基础上，本书提出要素收入分配的研究框架：要素转移和结构变动、资本深化和技术进步、制度环境和谈判力量，并利用此框架，系统研究中国改革开放后的要素收入分配动态。本书不仅呈现了中国要素收入分配变动的阶段性特征、主要驱动力和影响机制，而且丰富了二元经济发展阶段的要素收入分配理论。

本书适合关注要素收入分配的研究者使用，也对政策制定者有一定的借鉴和参考价值。

图书在版编目（CIP）数据

经济发展中的要素收入分配动态研究 / 翁杰著. —北京：科学出版社，2017.12

ISBN 978-7-03-053218-3

Ⅰ. ①经… Ⅱ. ①翁… Ⅲ. ①中国经济–国民收入分配–研究 Ⅳ. ①F124.7

中国版本图书馆 CIP 数据核字（2017）第 126379 号

责任编辑：魏如萍 / 责任校对：彭珍珍

责任印制：吴兆东 / 封面设计：无极书装

科学出版社出版

北京东黄城根北街 16 号

邮政编码：100717

http://www.sciencep.com

北京凌奇印刷有限责任公司印刷

科学出版社发行 各地新华书店经销

*

2017 年 12 月第 一 版 开本：720×1000 B5

2019 年 11 月第二次印刷 印张：16 3/4

字数：300 000

定价：118.00 元

（如有印装质量问题，我社负责调换）

前　言

收入分配是影响经济持续发展和社会安定的重要因素。收入分配首先是功能性收入分配。所谓功能性收入分配指的是国民收入在土地、资本和劳动生产要素间的分配关系，因此也可称为要素收入分配。现有的研究发现，功能性收入分配是影响消费需求的重要因素。中国经济在经历改革开放长期的高速增长后，目前已经转入中高速增长阶段，经济增长的动力也将从投资驱动转向消费驱动。因此，构建一个良好的功能性收入分配格局，提升居民消费能力，对于经济增长方式转变的实现至关重要。而且，功能性收入分配也是影响规模性收入分配的重要因素，偏向于资本方的收入分配格局将加深规模性收入分配的不平等程度，最终影响社会的公平性和稳定。

中国功能性收入分配格局的变动问题引起了研究者的广泛关注，他们从多个角度对收入分配变动动态进行了考察和探索，向人们呈现了经济因素和制度因素对功能性收入分配变动的影响机制和效应，使人们对功能性收入分配问题有了比较深入的了解，也在一定程度上消除了人们对功能性收入分配失衡的“恐惧”。然而，需要指出的是，中国功能性收入分配变动中的一些重要问题尚未得到系统回答。中国要素收入分配变动的阶段性特征是什么？各个阶段要素收入分配变动的主要驱动力是什么？其影响机制又是什么？中国要素收入分配变动与二元经济转型的关系是什么？现有的理论能否有效解释中国要素收入分配变动问题？能否构建一种基于二元经济发展阶段的理论来解释要素收入分配动态？上述问题就是本书力图解决的问题。

本书是基于中国二元经济发展阶段展开研究的，主要从要素市场运作的角度来考察和解释要素收入分配变动动态。一方面，本书从农村劳动力转移和结构变动的视角来分析要素收入分配变动的机制；另一方面，本书从要素相对价格变动、要素替代和资本深化的角度来呈现要素收入分配变动的机制。通过研究，本书不仅呈现了中国要素收入分配变动的阶段性特征、主要驱动力和影响效应，而且丰富了二元经济发展阶段的要素收入分配理论。具体来说，本书具有以下特征。

第一，本书比较完整地呈现了要素收入分配研究的历史和发展脉络。要素收入分配研究的发展有着曲折的历史。在 20 世纪 30 年代，工资份额具有恒定性的论断被提出。随后，对于该论断是否成立，研究者进行了广泛的实证研究。最终在新古典理论的支持下，该论断被理论化。因此从 20 世纪 60 年代开始，对要素收入分配的研究也就进入停滞状态。直至21 世纪初，要素收入分配问题重新进入研究者的视野。本书将对要素收入分配研究的发展历史进行全面回顾和分析。

第二，本书立足于中国二元经济发展阶段展开研究。受多种因素影响，西方学术界没有提出适用于二元经济阶段的要素收入分配理论，致使在分析中国现实问题时没有现成的理论可以借鉴和遵循。一些研究借用了新古典收入分配理论来解释中国经济发展中出现的问题，引发了研究范式是否适用的问题，导致得到的结果似是而非，而且还阻碍了对中国要素收入分配问题的正确认识。因此，有必要建立适用于中国二元经济阶段的分析框架。

第三，本书秉承理论分析和实证检验相结合的原则展开研究。本书中二元经济发展阶段的要素收入分配动态研究、户籍制度影响要素收入分配的机制和效应研究、最低工资制度影响要素收入分配的机制和效应研究、资本深化影响要素收入分配的效应、集体谈判制度影响要素收入分配的研究，均是在结合理论分析和实证检验的基础上开展的，不仅增强了研究过程的严谨性，而且增加了研究结论的可信度。

尽管本书是在综合笔者多年研究成果的基础上写成的，但书中难免会存在不足之处，一些是因为笔者研究能力不足产生的，另一些则是随着研究的深入而新出现的，希望在后续的研究中能够不断改进和完善，还请各位专家和读者不吝指正。

目　　录

第一章　绪　论

“分配问题是否重要并值得认真研究？如果重要，原因是什么？”这是布朗芬布伦纳（2009）在其经典著作《收入分配理论》正文开头就直接抛出的问题。尽管历史上对收入分配问题的重要性有过争论，但时至今日，收入分配问题的重要性已无可辩驳。改革开放后中国经济开启了快速增长模式并取得了巨大成就，与此同时，功能性收入分配出现了长时间向资本方持续倾斜的现象。该现象已经引起了学术界的广泛关注，很多研究者用“功能性收入分配失衡”或与之相关的术语来描述中国功能性收入分配变动问题，并展开了全面的研究。虽然用“失衡”来描述功能性收入分配的变动可能并不确切，但已经说明了功能性收入分配问题的重要性，以及对该问题进行研究的重要意义。本书将对经济发展中的要素收入分配动态进行系统研究，本章作为绪论，将集中介绍研究背景和意义、研究现状和不足、研究内容和框架及可能的创新之处。

第一节　研究背景和意义

改革开放以来，中国经济经过近四十年的快速发展取得了世界瞩目的成就，成为 20~21 世纪人类历史发展的重大事件。2007 年中国的名义国内生产总值（GDP）达 35 231 亿美元，超过德国的 34 400 亿美元，成为世界第三大经济体。仅仅两年之后，中国的名义 GDP 达到 50 594 亿美元，以微弱优势超越日本的 50 351 亿美元，成为世界第二大经济体[①]。尽管中国的工业化进程并非发端于改革开放，但改革开放后中国迈入了突飞猛进的全面工业化阶段。1978 年中国的工业增加值为 706 亿美元，而同年日本的工业增加值为 3 878 亿美元，中国不及日本的五分之一，更不用说与世界第一工业强国美国的差距了。中国工业长期落后的

① 数据来自世界银行数据库。

面貌终于在 2011 年得到了彻底的改观，这一年中国的工业增加值达 34 573 亿美元，超越美国的 32 013 亿美元，从总量上成为世界第一大工业国家。随着中国工业化进程的不断推进，一个完整的工业体系已经建立起来，大到航空航天工程，小到家庭必备用品，工业化大大提升了 13 亿人民的生活质量①。与此同时，在实施出口导向战略背景下，中国的商品和服务开始走出国门，融入世界经济体系中。2013 年中国的商品和服务出口额为 23 543 亿美元，超过美国 910 亿美元，成为世界第一大出口国。尽管中国出口商品中有很大一部分是劳动力密集型产品，产品的技术含量明显不及发达国家，但中国已经在世界经济体系中占据了重要位置，成为世界经济发展的重要引擎。

随着工业化进程的推进和经济的持续发展，中国的功能性收入分配发生了重大变化。如果依据功能性收入分配的变动态势，那么改革开放后中国要素收入分配变动可以粗略地分为三个阶段：第一个阶段就是 1978~1984 年。在该阶段劳动收入份额从 49.7%上升至 53.6%，上升了近 4 个百分点；第二个阶段是 1985~2007 年，如果忽略中间的波动和统计口径调整方面的因素，劳动收入份额在 2007 年下降至 42.9%，下降的幅度达 11 个百分点；第三个阶段是 2008~2014 年，功能性收入分配开始向有利于劳动要素方面变动，劳动收入份额开始了小幅度的回升。收入分配重要吗？功能性收入分配重要吗？在经济学发展的历史上，尽管否定收入分配问题重要性的论断并非个例，但收入分配在经济学理论中的重要地位却是不容置疑的。可以认为，在西方的经济学理论体系中，价值分配和价值创造同样重要。如果功能性收入分配倾向于劳动方，则将损害资本方的“动物精神”，不利于资本积累和经济增长；如果功能性收入分配偏向于资本方，则虽有利于资本积累和产出增长，但不利于社会需求的扩大，因为收入决定消费。

改革开放后中国的消费动态是怎样的？与功能性收入分配有关吗？如果简单地将改革开放后的中国最终消费率变动分为三个阶段，第一个阶段就是 1978~1983 年。最终消费率从 1978 年的 62.1%上升到 1983 年的 67.4%，上升了 5 个百分点。第二个阶段是 1984~2008 年。如果不考虑其间最终消费率的波动，可以将之视为最终消费率下降的阶段。2008 年的最终消费率处于最低水平，仅为 49.7%，下降了近 18 个百分点。第三个阶段是 2009~2014 年。最终消费率开始缓慢回升，2014 年回升至 51.4%。将 1978~2014 年的劳动收入份额和最终消费率结合起来考察，不难发现这两者的变动态势之间有着紧密的联系。一些研究也证实，居民储蓄率的不断提高与国民收入分配中劳动收入份额的持续下降有着紧密的联系（Aziz and Cui，2007；李扬和殷剑峰，2007；Guo and N’Diaye，2010）。有研究认为，中国居民的高储蓄率可视为一种主动应对未来不确定性的

① 数据通过世界银行数据库数据计算得到。

传统美德（Modigliani and Cao，2004），那么劳动收入份额的不断下降只能导致居民继续秉承减少消费、增加储蓄的“良好美德”。爆发于2008年的世界性金融危机使中国经济非均衡增长的缺陷更是暴露无遗：向西方国家出口的大幅度减少；国内的消费迟迟不能提振；经济增长对投资的依赖性仍然很大。

根据世界银行的统计，2010年中国的人均国民收入达4 230美元，正式迈入上中等收入国家行列。然而，发展的道路不可能是一帆风顺的，中国正在经历经济增速减缓的阶段。另外，一些拉丁美洲国家、中东国家和东亚国家的发展经验表明，当发展中国家进入中等收入国家行列后，有可能陷入中等收入陷阱。所谓中等收入陷阱指的是，当一个国家迈入中等收入国家行列后，受经济和社会等多种因素的影响，经济的增长将会趋缓甚至是停滞，经济增长动力的不足将会使该国长时间地停留在中等收入阶段。中国的发展是否会陷入中等收入陷阱？2012年有研究指出，中国可能在2015年出现明显的经济增速放缓现象（Eichengreen et al.，2012）。从今天中国经济的具体表现看，这样的预测基本上是成立的。在全球经济一体化背景下，当实施追赶战略的发展中国家通过技术进口和城镇化轻而易举地摘取经济增长果实后，经济增速放缓将是不可避免的（OECD，2013）。中国在前期高速发展中存在的硬件和软件上的不足，有可能使其陷入中等收入陷阱（Woo，2012）。例如，受人口结构等因素的影响，中国已经失去了劳动力密集型产业的比较优势，但中国尚未形成在技术密集和资本密集产业上的比较优势（Cai，2012）。而且，中国的收入不平等问题也增加了陷入中等收入陷阱的风险（蔡昉和王美艳，2014；Yao，2014）。也有学者持乐观态度，认为中国陷入中等收入陷阱的可能性很小（Lin and Treichel，2012）。

就目前而言，中国经济的快速发展已渐渐露出新的发展态势，一方面是中国已经成功进入上中等收入国家行列，可以说是站在一个新的发展起点上；另一方面是经济增长速度开始放缓，产能过剩问题严重，陷入中等收入陷阱的风险还是存在的。收入分配影响经济增长，如果无法构建一个健康的收入分配格局，必定会对经济的持续增长造成影响，不利于中国成功跨越中等收入陷阱。收入分配首先是功能性收入分配。Atkinson（2009）概括了功能性收入分配研究的三方面价值：一是在宏观层面的国民收入和微观的家庭收入之间建立联系。二是有助于解释规模性收入分配的变动。研究发现，功能性收入分配中劳动收入份额的下降会导致规模性收入分配不平等程度的加剧（Daudey and García-Peñalosa，2007；Checchi and García-Peñalosa，2010）。三是对不同群体的社会公正的关注。收入不平等程度的加剧会增加中国跨越中等收入陷阱的难度，因此，收入分配领域的改革将是今后一段时间内亟须解决的重要问题，该问题的解决有助于中国成功实现经济增长方式的转变，实现经济和社会的协调、可持续发展，成功跨越中等收入陷阱。因此，对中国的要素收入分配问题进行研究具有重要意义。

第二节　研究现状和不足

一、研究现状

经济学理论非常注重价值的分配关系，合理的收入分配关系是促进经济增长的重要条件。例如，稳定的要素收入分配被认为是保证经济持续、稳态增长的"特征性事实"之一（Kaldor，1961）。那么，经济的实际运作中要素收入分配格局是否如同经济学理论所期望的那样保持着相对稳定的状态呢？其实不然。在第二次世界大战结束后到20世纪70年代早期相当长的时间里，西方主要国家的要素收入分配格局在逐渐向劳动方倾斜，20世纪70年代中期到现在，要素收入分配格局则逐渐向资本方倾斜（IMF，2007；Kristal，2010）。有意思的是，20世纪60年代到21世纪初，西方学术界对要素收入分配问题好像失去了兴趣，这一个阶段的要素收入分配问题研究基本陷入停滞状态。这种状态在21世纪初得到了改观，学术界开始重拾要素收入分配问题的研究兴趣。这可能跟西方国家信奉消费至上有关。当要素收入分配格局向劳动方倾斜时，劳动收入份额的提高保证了消费，因此无论是政府还是普通居民均乐观其成。相反，当要素收入分配格局变得不利于劳动方时，西方国家就会感觉到经济前景的迟暮之气，该问题自然会引起社会各界的广泛关注，对该问题的研究也日渐丰富。

中华人民共和国成立初，由于奉行严格的计划经济体制，资本和劳动完全由国家控制，收入分配是按照国家的行政命令完成的，因此并不存在严格意义上的要素收入分配问题。改革开放以后，计划经济开始向市场经济转型，资本和劳动等要素逐渐脱离了国家的行政控制，形成了自由或者部分自由流动的要素市场，收入分配也逐渐实现了按照要素的贡献进行。收入分配的决定机制发生了根本性变化，自然会引发收入分配格局的变化。改革开放初期劳动收入份额的短暂上升引起了学者的关注，戴园晨和黎汉明（1988）将这种现象称为"工资侵蚀利润"，而李扬（1992）则认为，改革开放前大部分劳动收入表现为非工资收入，改革开放后劳动收入则逐步向工资收入转移，从而引起劳动收入份额增加。相比于1978~1984年劳动收入份额的短暂上升，1985~2007年的劳动收入份额的持续下降更加吸引研究者。

国内外学者试图从不同角度来解释劳动收入份额下降的原因和变动机制，概括起来有以下几个方面。

1. 劳动力转移和二元经济转型

对于中国改革开放后的要素收入分配的大幅度变动，国内研究借助于劳动力转移和二元经济理论，构建了工资决定、劳动力转移和结构变动的分析框架进行解释（李稻葵等，2009；龚刚和杨光，2010a；翁杰，2011；姜磊等，2014；陈宗胜和宗振利，2014）。在发展中国家的二元经济转型前期，由于农业部门存在大量的剩余劳动力，非农部门只要支付生存工资就可以吸引剩余劳动力的转移，而且由于非农部门的劳动收入份额低于农业部门，因此随着劳动力转移和结构变动，劳动收入份额将呈下降趋势。这种下降趋势到什么时候终止？有研究认为，在劳动力转移到达刘易斯第一转折点后终止（徐圣和黄先海，2014）。另外有研究认为，这种下降趋势将在劳动力转移经过刘易斯第一转折点后的某一时点结束，之后劳动收入份额止降回升，直至刘易斯第二转折点。因此，劳动收入份额转折点与刘易斯第一转折点是不重合的，应该处于第一转折点和第二转折点之间（陈宗胜和宗振利，2014）。

2. 多种原因导致的资本快速深化

资本积累是市场经济发展的必然结果。资本积累会导致资本深化，最终影响要素收入分配向资本方倾斜（陈磊和张涛，2011）。一系列的实证研究发现，随着资本劳动比的提高，劳动收入份额呈现显著的下降趋势（白重恩和钱震杰，2009a；罗长远和张军，2009a；罗楚亮和倪青山，2015）。但是导致资本深化的原因是多方面的。要素的不合理定价会导致资本深化，因为金融抑制会降低资本的实际利率，较低的资本价格会扩大资本的使用规模，导致资本深化和劳动收入份额下降（李文溥和李静，2011；郝枫，2013；姚慧泽和石磊，2014）。有研究认为，资本价格的下降可能是由于货币扩张引起的，资本实际利率的下降促使企业投入更多的资本，同样会导致资本深化（林志帆等，2015）。除此之外，劳动力价格升高也是一个重要的原因，劳动力价格升高改变了要素的相对价格，促使企业投入相对价格较低的资本替代劳动（翁杰和徐圣，2015）。对于发达国家而言，信息和计算机技术的发展使投资品的相对价格持续走低，要素相对价格的变动促使企业调整要素投入决策，在生产中投入价格相对较低的投资品对价格相对较高的劳动实施替代，导致资本深化，最终影响要素收入分配格局向资本方倾斜（Kristal，2013；Karabarbounis and Neiman，2014）。

3. 国际经济一体化

对发达国家或者 OECD（Organization for Economic Cooperation and Development，即经济合作与发展组织）国家的研究发现，国际经济一体化对劳动收入份额产生了消极的影响（Jayadev，2007），因为国际经济一体化改变了要素的相对谈判能力，资本可以容易地进行跨国流动，而劳动力难以自由转移。国际经济一体化的第一个方面是国际产业资本的流动。Decreuse 和 Maarek（2008）提出了发展中国家 FDI（Foreign Direct Investment，即外商直接投资）对收入分配影响效应的分析框架，该研究认为，外商直接投资对发展中国家的收入分配有两种影响效应：工资竞争效应和技术领先效应，净效应取决于这两种效应的权衡。研究比较一致地发现，外商直接投资的进入降低了中国的劳动收入份额（Luo and Zhang，2010；邵敏和黄玖立，2010；周明海等，2010；唐东波，2011）。国际经济一体化的第二个方面是国际贸易。对国际贸易和要素收入分配的研究得到的结果有很大的分歧。在国家层面上的观察认为，国际贸易和劳动收入份额之间呈负相关关系（黄先海和徐圣，2009），在产业层面上的研究倾向于认为，国际贸易提升了劳动收入份额（翁杰和周礼，2010；周申和杨红彦，2011），但在企业层面上，国际贸易又存在降低劳动收入份额的效应（余淼杰和梁中华，2014）。这种分歧是有原因的，本书的第四章和第五章将从要素转移和结构变动的角度对该问题提出新的解释。

4. 技术进步

对于发达国家的要素收入分配格局变动，研究认为，应用信息技术和计算机技术实现生产的自动化，以及资本品价格的走低导致资本对劳动的替代，是导致劳动收入份额下降的最重要原因（Kristal，2013；Karabarbounis and Neiman，2014）。在 OECD 国家中，技术进步对要素收入分配的影响效应甚至要超过全球化，成为影响要素收入分配变动的最重要因素（IMF，2007）。对于中国的劳动收入份额下降，有研究将原因归结为有偏向性的技术进步（黄先海和徐圣，2009；陈宇峰等，2013）。甚至有研究认为，中国劳动收入份额呈 U 形变动态势的主要原因是要素禀赋结构对技术进步的影响产生了门限效应（王林辉等，2015）。但是，对中国工业部门的研究发现技术进步的效应并不大（白重恩等，2008）。甚至有研究发现，技术进步对劳动收入份额的影响并不显著（罗长远和张军，2009b；Bai and Qian，2010）。这里可能存在两方面原因：一是在经济发展水平不同的国家，技术进步的影响效应可能不同，技术进步对要素收入分配的影响可能受经济发展水平的影响；二是实证研究中，对技术进步代理变量的选择缺乏严格分析和界定，容易导致实证研究结果缺乏稳健性。

5. 金融化和金融发展

金融化在概念上不同于金融发展，一般而言，金融化有两大基本特征：一是金融部门不断扩张以及对经济的控制力日益增强；二是非金融企业对金融服务和投资市场的参与度逐渐加深（van Arnum and Naples，2013）。西方国家在20世纪70年代中期后劳动收入份额开始持续下降，从那时开始，西方国家的金融化程度逐渐加深，大量的文献开始讨论金融化和功能性收入分配及规模性收入分配的关系。对于金融化影响功能性收入分配的问题，研究者们主要利用后凯恩斯主义的理论框架进行分析（Hein and van Treeck，2010；Hein，2015；Dünhaupt，2017）。金融化影响要素收入分配的主要路径如下：一是金融部门的快速扩张导致的结构变动降低了劳动收入份额；二是管理阶层报酬和食利阶层利润的增加降低了劳动收入份额；三是金融化削弱了工会组织的谈判力量，促使劳动收入份额下降（Hein，2015；Dünhaupt，2017）。金融化也是导致西方国家收入不平等程度日益加深的重要因素（Lin and Tomaskovic-Devey，2013；van Arnum and Naples，2013；Kwon and Roberts，2015）。国内学者较多地关注了融资约束和金融发展影响要素收入分配问题（汪伟等，2013；张建武等，2014；张彤进和任碧云，2016），对金融化影响要素收入分配的关注相对较少（王年咏和张甜迪，2013）。

6. *劳动力市场制度*

劳动力市场制度变动是影响劳动收入份额的一个重要原因（Blanchard and Giavazzi，2003；程恩富和胡靖春，2010；张车伟和赵文，2016）。如果抽象地将要素收入分配看作资本和劳动之间谈判的结果，那么相对谈判能力的变动就有可能导致要素收入分配的变动，而劳动力市场制度又是影响要素相对谈判能力的最直接因素。研究显示，西方一些发达国家和日本劳动收入份额下降与工会化程度持续下降关系密切（Bental and Demougin，2010；Agnese and Sala，2011；Fichtenbaum，2011；Dcakin et al.，2014）。对中国经济的研究发现，工会组织反而会导致劳动收入份额下降，因为工会组织对劳动生产率的提升效应要大于对工资的提升效应（魏下海等，2013a）。最近有研究讨论了户籍制度对要素收入分配的影响，认为户籍制度的实施同时具有降低和提升劳动收入份额的作用，该制度对要素收入分配的影响存在阶段性差异（翁杰和张锐，2017）。

除上述因素外，政府方面的因素也会影响要素收入分配。郭庆旺和吕冰洋（2011）的研究发现，不同类别的税收会对要素收入分配产生不同的影响。更多的研究注重政府的公共财政支出对收入分配的影响（董万好等，2011）。另一些研究看到了财政分权体制下的政府竞争问题，认为政府竞争将导致快速的重工业化和资本深化，会导致劳动收入份额的快速下降（杨俊等，2010）。另外有研究还发现政治关联也会影响要素收入分配（魏下海等，2013b）等。

二、国内研究的不足

总体来说，国内学者已经注意到了中国要素收入分配问题的重要性，并尝试从不同的角度对其展开研究，也已经取得了一些很有价值的研究成果，不过可能还存在以下一些不足。

第一，对要素收入分配变动主要驱动力的研究不够。当前的许多研究比较注重分析某一因素或者多个因素是提升还是抑制了劳动或者资本的收入份额，至于中国改革开放后要素收入分配变动的主要驱动力是什么？它们影响要素收入分配的机制是什么？它们的影响效应有多大？很少有研究对这些问题进行系统讨论。另外，20 世纪 70 年代后西方大多数发达国家的要素收入分配也开始向资本方倾斜，要素收入分配变动的驱动力是什么？发达国家的经济发展和收入分配变动是否影响了中国的工业化进程和收入分配？影响的机制又是什么？由于缺乏对上述问题的系统研究，无法勾勒出中国要素收入分配变动的全景，也就无法实现对要素收入分配变动的整体性描述。

第二，没有形成能够解释经济发展中要素收入分配变动的系统理论。尽管要素收入分配问题可以追溯到李嘉图和马克思的古典经济学，但西方学者真正重现要素收入分配问题已是 20 世纪 30 年代了。那时西方国家的工业化进程已经接近尾声，西方学者发展的收入分配理论基本上是建立在新古典经济学理论和凯恩斯主义的基础上。而发展中国家普遍具有二元经济的特征，尚未达到新古典经济理论适用的阶段。因此，西方学者没有创造出能够解释发展中国家要素收入分配变动的理论，这是已有要素收入分配理论存在的一个重大缺陷。理论的缺乏使发展中国家很难对工业化进程和经济发展中的要素收入分配有一个全面的把握。国内学者已在经典的二元经济理论的基础上对要素收入分配进行了研究，为理论的形成奠定了良好的基础，但是还存在明显的问题，有进一步完善的空间。

第三，研究范式的适用性问题。21 世纪初，西方学者重拾对要素收入分配的研究兴趣，对西方国家在 20 世纪 70 年代开始的要素收入分配变动进行研究，陆续出来一批研究成果。这些研究成果对国内学者产生了重大影响，国内学者纷纷借助西方学者的研究范式进行研究，那么这些研究范式是否适用于研究中国问题？例如，西方国家间的国际产业资本流动是一种交互式流动，而中国在绝大部分时间内只是国际产业资本的单向流入国；西方国家的技术进步对经济增长的贡献非常大，被认为是导致要素收入分配变动的主要因素，而中国经济持续增长的主要驱动力来自于要素投入规模的不断扩大，被称为外延式经济增长，技术进步在经济增长中扮演的并非主角。可以认为，中国经济发展和结构变动的丰富内涵远非西方国家所能及，转型过程中发生的深刻经济结构变动才是中国经济发展的本质特征。另外，如果不假思索地应用西方的研究范式来分析中国问题，就会忽略“中国特有”问题。因此，非常有必要注重研究范式的适用性，从中国经济发展的具体情境出发来探寻适合中国自己的研究范式。

第三节　研究内容和框架

一、研究内容

1. 经济发展中的要素收入分配理论

西方的要素收入分配理论基本上是建立在新古典经济学基础上的，对于发展中国家二元经济条件下及工业化进程中的要素收入分配动态问题，西方学者是不关注的。国内学者将中国要素收入分配放在二元经济转型的框架下研究，形成了初步的理论解释，能够部分地解释中国要素收入分配的动态，但尚有进一步完善的地方。例如，一些研究认为，在农业部门劳动力转移经过刘易斯第一转折点后，农业部门和工业部门对劳动力的竞争会推动工资水平上升，进而促使劳动收入份额止降回升，因此工资水平上升是主要驱动力。而另一些研究则认为，当工业化进程进行到一定程度后，结构变动主要表现为服务业部门迅速扩大成为第一大产业。由于服务业部门具有相对较高的劳动收入份额，该部门的扩大会推动劳动收入份额的回升，因此结构变动是主要驱动力。可见，对于劳动收入份额止降回升的驱动力问题，目前还存在一定的分歧。本书试图将典型的两部门模型扩展成为更接近实际的三部门模型（农业部门、工业部门和服务业部门），分析要素转移、结构变动和要素收入分配变动的动态过程，并尝试构建经济发展中的要素收入分配理论。

2. 中国要素收入分配演变的主要驱动力和影响机制

改革开放后中国要素收入分配变动的主要驱动力是什么？它们影响要素收入分配的机制是什么？本书将对中国 1978~2014 年的要素收入分配进行分解分析，呈现具体的产业间效应和产业内效应。在此基础上，开展对中国要素收入分配变动的阶段性划分，呈现各个阶段要素收入分配变动的驱动力。随后，本书将重点分析产业结构和就业结构变动对要素收入分配的影响，以检验本书发展的要素收入分配理论的解释力。另外，本书还将考察外部冲击对中国要素收入分配的影响。那么，中国 2007 年后的劳动收入份额止降回升，是由于国内要素转移和结构变动，还是由于外部国际市场环境的冲击引起的？通过分析，可以呈现发展中国家工业化进程与世界经济的紧密联系，并且从另一个角度解释国际贸易和要素收入分配的关系。

3. 户籍制度影响要素收入分配的机制和效应

户籍制度是一项“中国特有”的制度安排，该制度也被认为是影响中国农村劳动力转移和工业化进程的重要制度安排。如果要素转移和结构变动是导致中国要素收入分配变动的主要驱动力，那么户籍制度自然会通过影响要素转移和结构变动来影响要素收入分配。然而，当前对户籍制度影响要素收入分配的研究很少，仅有的研究也未能全面地分析户籍制度对要素收入分配的影响和机制。本书试图构建户籍制度影响要素收入分配的理论框架，并对户籍制度的影响展开实证研究。随后，本书将开展二元经济结构和要素收入分配之间关系的探讨，全面呈现二元经济结构影响要素收入分配的效应。研究结论不仅可对当前国家实施的户籍制度改革政策提供支撑，而且可为户籍制度改革指明方向。

4. 资本深化、要素替代对要素收入分配的影响

对中国要素收入分配变动的分解分析显示，产业间效应占总体变动的比重大于产业内效应，但产业内效应也是一个不可忽视的重要部分。那么，在产业层面上，导致要素收入分配变动的主要驱动力是什么？本书将以中国工业部门为例，开展两方面的研究：一是分析资本深化、国有企业改革、外商直接投资、国际贸易和技术进步等对要素收入分配的影响，从中发现要素收入分配变动的主要驱动力；二是分析最低工资制度对要素收入分配的影响，以呈现要素价格变动对企业要素投入决策的影响，明示要素价格变动、要素替代和资本深化之间的关系，并且对最低工资制度的收入分配效应进行全面评估。本书还将从发展型政府对要素市场管制的角度，分析要素市场管制、要素价格扭曲和资本快速深化之间的关系。

5. 要素相对谈判能力和要素收入分配

制度环境也会影响要素收入分配，因为制度环境可以通过影响要素的相对谈判能力进而影响要素收入分配。例如，西方的工会组织和集体谈判被认为是有效影响要素收入分配的制度安排。那么，中国的工会组织是否会有效影响要素收入分配？已有的研究基本上是从企业微观的角度开展研究的。本书将利用中国省级数据，通过设置关于工会组织的多层次代理变量，进而对工会组织改变要素收入分配的效应进行实证分析。随后，本书将以发达国家制造业为例，全面分析就业调整和要素收入分配的关系，以显示就业保护、集体谈判等社会保护制度对收入分配的影响。在此基础上，本书将对中国制造业的就业规模和收入分配前景进行

展望，对就业调整和收入分配变动进行预测。

二、研究框架

本书共十章，章节的主要内容及章节之间的逻辑关系简单介绍如下。

第一章是绪论。主要阐述了研究背景和意义、研究现状和不足、研究内容和框架以及可能的创新之处。首先，该章回顾了中国经济在改革开放后取得的巨大成就及中国经济发展面临的问题，以显示要素收入分配问题研究的重要价值。其次，对要素收入分配问题的国内外研究现状进行简单概括和总结，阐述了国内研究存在的不足，为研究的开展指明了方向。再次，是对主要研究问题的简单阐述，以及对本书框架结构和各部分内容之间逻辑关系的介绍。最后，该章介绍了研究可能的创新之处，包括经济发展中的要素收入分配理论的完善，以及“中国特有”的户籍制度对要素收入分配影响的分析等。

第二章是要素收入分配理论发展。按照理论形成的顺序，介绍了古典收入分配理论、新古典收入分配理论、后凯恩斯收入分配理论和二元经济收入分配理论。在古典收入分配理论中，主要介绍了李嘉图和马克思的收入分配理论，并就工资决定、资本积累、资本利润率变动和要素收入分配变动四个方面进行了比较分析。该章对新古典收入分配理论的介绍主要集中于技术进步、资本深化和垄断对要素收入分配的影响。如果将新古典收入分配理论看作一种微观理论，那么后凯恩斯收入分配理论就是一种宏观理论。对后凯恩斯收入分配理论的介绍主要集中于介绍 Kaldor（1955）的收入分配理论，并对该理论的特征进行总结。二元经济收入分配理论主要是国内学者在Lewis（1954）、Ranis和Fei（1961）的二元经济理论上发展形成的，对要素收入分配动态进行了解释。

第三章是要素收入分配的分析框架。通过对工资份额稳定性的提出、工资份额稳定性的争论和理论化过程的考察，以及对发达国家要素收入分配变动的考察，最终提出适用于分析中国要素收入分配的分析框架。该章首先回顾了工资份额稳定性猜测的来源，以及最终被提出来的过程。其次，详细介绍了工资份额稳定性的争论及最终被接受和理论化的过程。通过对若干发达国家 1820~2010 年的要素收入分配的考察，指出了要素收入分配稳定性是不存在的。在综合了发达国家 1970~2010 年要素收入分配变动的分析后，提出了适用于分析发展中国家要素收入分配问题的分析框架：第一层面是要素转移和结构变动，本书第五章和第六章属于该层面。第二层面是资本深化和技术进步，第七章和第八章属于该层面。第三层面是制度环境和谈判力量，第九章属于该层面。

第四章是经济发展中的要素收入分配理论。通过构建包括农业部门、工业部门和服务业部门的三部门模型，呈现了劳动力转移、结构变动和要素收入分配变动的关系，明示了发展中国家工业化进程开启后的要素收入分配动态。首先，该章分析了现有的理论对工业化进程中要素收入分配变动的解释，以及存在的不足。其次，在此基础上构建了理论模型，分析了要素转移和结构变动对要素收入分配的影响，并按照刘易斯第一转折点和第二转折点将二元经济转变为新古典经济的发展阶段分为三个阶段，分阶段呈现了要素收入分配变动的态势。最后，分析了发展中国家工业化进程中外部市场的重要性，以及外部市场变动对工业进程的冲击和由此产生的效应。

第五章是中国要素收入分配格局的变迁。通过对改革开放后中国要素收入分配变动的分解分析，总结了阶段性的变化特征，并分析了要素收入分配变动的主要驱动力，同时检验了理论的解释力。该章首先对中国要素收入分配变动进行了分解分析、阶段划分和阶段特征总结。其次，从产业结构和就业结构两方面考察了结构变动和要素收入分配变动的关系，以及第四章发展的理论的解释力。再次，分析了经济增长和要素收入分配变动的关系，以判断劳动收入份额转折点的位置。最后，分析了外部市场冲击对中国工业化进程及要素收入分配的影响，认为2008年的世界性金融危机对中国工业化进程造成了重大影响，并推动结构变动和要素收入分配的变动。

第六章是户籍制度、二元经济结构和要素收入分配。该章在理论上分析了户籍制度影响要素收入分配的机制和效应，并进行了实证检验，进一步分析了二元经济结构和要素收入分配之间的关系。户籍制度对工业化进程和要素收入份额有两种影响机制：一是通过降低农村转移劳动力的工资水平促使劳动收入分配份额进一步下降；二是通过阻碍农村劳动力的转移减缓劳动收入份额的下降。户籍制度影响劳动收入份额的净效应取决于这两者的综合。户籍制度的实施会对劳动收入份额止降回升的转折点产生影响，使之向左上方移动。该章进一步分析了二元经济结构对要素收入分配的影响，发现二元经济结构对要素收入分配的影响效应是非线性的。

第七章是资本深化和要素收入分配。以中国工业部门为研究对象，在产业层面分析了资本深化对要素收入分配的影响，并在发展型政府的框架下阐释了要素市场管制对资本深化的加速机制。该章分析了资本深化、国有企业改革、外商直接投资、国际贸易和技术进步对中国工业部门要素收入分配的影响，发现资本深化可能是劳动收入份额变动的最主要驱动力。在发展型政府的框架下，政府对劳动力、资本和土地市场的管控，扭曲了要素价格，加速了资本深化，并成为产业层面上要素收入分配变动的主要驱动力。

第八章是最低工资制度和要素收入分配：要素替代。从表面上看，这章既属于第二层面资本深化和技术进步，也属于第三层面制度环境和谈判能力。最低工资制度可以看作对劳动力要素价格的外部干预，劳动力要素价格提高会改变企业的要素投入决策并发生要素替代和资本深化，最终影响要素收入分配。首先，该章通过一个调查分析了最低工资标准提高后的企业工资动态。其次，对最低工资制度影响收入分配的机制进行了理论分析，认为最低工资制度一方面会通过补偿效应和溢出效应提升劳动收入份额；另一方面会通过淘汰效应和替代效应减少雇佣量，进而降低劳动收入份额。最后，对最低工资制度影响收入分配的效应进行了实证分析，结果显示，最低工资制度的实施反而会通过资本深化降低劳动收入份额，而且这种效应在劳动力密集型产业中更显著。

第九章是集体谈判制度和要素收入分配。该章主要考察了集体谈判制度对要素收入分配的影响，并对中国制造业部门的就业调整和收入分配进行了展望。首先，该章利用中国省级面板数据分析了工会组织对要素收入分配的影响，发现中国的工会组织不具有调节要素收入分配的功能。其次，通过对发达国家 1970~2010 年制造业部门就业调整和要素收入分配关系的分析发现，就业保护制度和集体谈判制度能显著影响制造业部门的要素收入分配。最后，分析了中国制造业的就业变动趋势，认为中国制造业的就业吸纳能力已经到达顶峰，接下来将步入就业量逐步减少的调整期。由于社会保护制度的缺乏，中国制造业的收入分配格局将向资本方进一步倾斜。

第十章是要素收入分配的调整政策。发展中国家在工业化进程中的要素收入分配变动具有一定的规律性，但实施合理的政策对要素收入分配进行调整的空间还是存在的。该章基于第三章提出的分析框架，以及前面各章的研究结论，从产业结构调整、劳动要素转移、资本市场改革、人力资本投资和谈判能力提升五个方面提出了公共政策。

第四节　可能的创新之处

一、完善了经济发展中的要素收入分配理论

在进入新古典经济发展阶段之前，发展中国家将长期处于二元经济发展阶段，那么要素收入分配在二元经济阶段将呈现什么样的动态？要素收入分配变动的主要驱动力是什么？调查研究发现，现有的二元经济收入分配理论有两方面的不足：一是理论基本建立在文字描述上，缺乏相应的数理模型的支持；二是对推动劳动收入份额止降回升的驱动力的解释不一。有的研究认为是劳动力转移导致工资水平的提升，而另外有研究认为是服务业发展所致。本书将传统的两部门模型扩展成为包含农业部门、工业部门和服务业部门的三部门模型，呈现了要素转

移、结构变动和要素收入分配变动的动态过程。在刘易斯第一转折点之前的第一阶段，农业部门剩余劳动力向工业部门和服务业部门的转移导致劳动收入份额持续降低。在刘易斯第一转折点到第二转折点的第二阶段，初期农业部门劳动力还将继续向非农部门转移，劳动收入份额还将继续下降。在到达一定程度后，随着工资水平的不断提高，劳动力要素会从工业部门流出，向服务业部门转移，共同推动劳动收入份额止降回升。在到达刘易斯第二转折点之后就进入了新古典经济阶段。该阶段还将继续发生要素转移和结构变动，农业部门和工业部门比重还将进一步降低，而服务业部门还将继续扩大。但是结构变动已经不再是导致要素收入分配变动的主要因素，该阶段要素收入分配变动的驱动力将转换为资本深化和技术进步。本书构建的经济发展中的要素收入分配理论可广泛用于解释发展中国家工业化进程中的要素收入分配动态。

二、研究了户籍制度影响要素收入分配的机制问题

户籍制度是一项“中国特有”的社会制度，它对中国社会的影响深远。有研究认为，户籍制度的存在是中国劳动收入份额持续下降的一个重要原因，因为户籍制度的实施产生了对农村转移劳动力的歧视，迫使他们接受较低的工资水平，致使劳动收入份额的持续下降。本书认为，中国户籍制度对农村劳动力转移和要素收入分配的影响主要分为两个方面：一是户籍制度的存在导致了对农村转移劳动力的歧视，体现在收入上就是工资歧视，农村劳动力只能获得低于城市劳动力的工资收入，这会降低劳动收入份额；二是户籍制度的存在影响了农村劳动力的转移决策，减少了农村劳动力向城市的转移数量，使大量的劳动力还沉淀在农村中，依据要素转移和结构变动的分析框架，可以认为，户籍制度影响要素收入分配的净效应要取决于这两种效应的权衡。考虑到农村劳动力转移决策的异质性，在不同时期和阶段，户籍制度对要素收入分配的影响也不一样。依据本书提出的分析框架，可以认为，国家目前正在实施的户籍制度改革和促进农村劳动力市民化的政策有助于劳动收入份额的提升。

三、研究了最低工资制度影响要素收入分配的机制问题

最低工资制度作为一项实现社会公平正义的劳动力市场制度，已经在世界上的大多数国家和地区得到实施，那么最低工资制度能否有效地改变要素收入分配格局呢？该问题的研究在国内外均处于空白。本书在理论上分析了最低工资制度影响收入分配的机制，认为最低工资制度可以通过补偿效应和溢出效应提升劳动收入份额，但也可以通过淘汰效应和替代效应降低劳动收入份额，最低工资制度影响要素收入分配的净效应取决于这两者的综合。本书利用中国工业部门的数据

开展的实证研究显示，最低工资制度对中国工业部门劳动收入份额的负面效应要大于正面效应，该制度的实施反而降低了劳动收入份额。进一步的研究发现，最低工资制度显著减少了就业人数，同时促进了资本劳动比的提高。其中的原因在于，最低工资制度的实施改变了资本和劳动要素的相对价格，也改变了企业的要素投入决策，促使企业用价格相对较低的资本对相对价格日益提高的劳动进行替代，资本深化反而使劳动收入份额下降了。研究还发现，最低工资制度对劳动力密集型产业的影响要远远大于资本密集型产业。最低工资制度的实施能够提高一部分人群的工资，不过代价是使另一部分人群失去了工作。基于中国目前劳动力市场的具体情况，本书认为，有必要控制最低工资标准的提升幅度和速度，抑制最低工资制度的负面效应。

四、对出口贸易和要素收入分配的关系提出了新的解释

当前对国际贸易和要素收入分配关系问题的研究很多，但尚未形成一致的结论。一些研究发现，中国的国际贸易和劳动收入份额之间呈现明显的负相关关系。这与著名的斯托尔珀-萨缪尔森定理（the Stolper-Samuelson theorem）相违背，因为依据该定理，像中国这样劳动力充裕的国家出口劳动力密集的产品有助于提升劳动收入份额。本书认为，发展中国家工业化进程中的出口贸易与劳动收入份额之间的关系不适宜应用斯托尔珀-萨缪尔森定理来解释。Stolper 和 Samuelson（1941）在理论分析时构建了两种商品、两种要素的一般均衡模型，该模型的假设可以看作是两个贸易体都只有一个部门，这个部门可以是农业部门也可以是工业部门，它们只生产一种产品，这显然与奉行出口导向战略的发展中国家的实情不符。发展中国家在工业化进程中的出口贸易背景是劳动力转移和结构变动，发展中国家的要素收入分配变动是综合了产业结构变动而得到的一种综合性的要素收入分配，而不仅仅指某一产业的要素收入分配。本书认为，发展中国家在工业化进程中很难实现国内经济的平衡，随着劳动力转移和工业部门的逐渐扩大，生产出来的产品需要有一个“第三市场”来消费，即需要一个国际市场来消费，如果缺乏这个有效的国际市场，发展中国家的工业化进程就会受阻，因为国际市场就是需求，需求自然地会影响工业化这个供给过程。将发展中国家的出口贸易视为需求可以较好地解释出口贸易和劳动收入份额之间的负相关关系，因为如果将出口贸易看作是需求，那么它与劳动力转移和工业资本结合生产出的产品出口的供给就是一个硬币的正反两面了。如果这种外部需求扩大则有助于促进劳动力转移和工业化，反之，如果这种需求萎缩则将阻碍劳动力转移和工业化进程。2008 年的世界性金融危机使世界对产自中国的工业制成品需求下降了，迫使中国工业部门减少供给，工业部门的发展势头和劳动力向工业部门的转移受

阻，致使劳动收入份额下降势头得到了遏制。

第五节　本 章 小 结

中国改革开放后的经济发展取得了巨大成就，同时要素收入分配格局也发生了重大变化。收入分配是影响经济和社会均衡发展的重要因素，因此自然地吸引了广大学者的关注。对当前国内外研究现状的简单综述表明，当前的研究存在着解释发展中国家经济发展中的要素收入分配变动的理论不够完善、中国要素收入分配变动主要驱动力和机制研究不够及研究范式适用性方面的问题。本书试图弥补上述不足，对中国要素收入分配变动进行较为系统的研究。本书提出了适用于分析发展中国家要素收入分配的分析框架，包括三个层面：要素转移和结构变动；资本深化和技术进步；制度环境和谈判力量。从研究成果看，本书完善了经济发展中的要素收入分配理论，比较全面地研究了户籍制度和最低工资制度对要素收入分配的影响机制和效应，并对出口贸易和要素收入分配变动之间的关系提供了新的理论解释。

第二章　要素收入分配理论发展

李嘉图关于收入分配重要性的著名观点是：政治经济学的基本问题就是确立调节分配的法则。经济学理论对价值分配的关注丝毫不逊于价值创造，合理的收入分配关系不仅是维护社会公平所必需的，也是保持经济持续稳定增长的重要条件。先不论经济学家对功能性收入分配问题的认识，就单单一个对要素的区分和认识问题就经历了一个漫长的过程（Warburton，1928），因此，功能性收入分配理论的发展自然也经历了一个相当长的时期。本章依据收入分配理论的特点和演进过程将理论分为四类：古典收入分配理论、新古典收入分配理论、后凯恩斯收入分配理论和二元经济收入分配理论。本章将简单地介绍这四种要素收入分配理论的发展过程和主要观点，着重探讨这些理论对要素收入分配格局稳定性和变动态势的影响，并做出简单的述评。

第一节　古典收入分配理论

一、李嘉图的收入分配理论

古典收入分配理论的典型代表是李嘉图的收入分配理论和马克思的收入分配理论，这两种理论都是建立在劳动价值论基础上的，都具有鲜明的资本主义经济发展的阶段性特色。李嘉图于 1817 年出版了《政治经济学及赋税原理》，阐述了利润率和国民收入分配的变动理论。李嘉图提出了两个重要的假设：一是经济中存在着农业和工业两个部门；二是劳动力的供应接近无穷大的弹性。从这两个重要假设看，李嘉图的分配理论具有资本主义初级发展阶段的特征。李嘉图的分配理论建立在两个原则之上，可以分别称为边际原则和剩余原则。边际原则主要用于解释租金份额的决定，而剩余原则则用于解释工资和利润之间的分配关系。

为了更好地理解李嘉图的分配理论，可以应用 Kaldor（1955）的图示来说明。图 2.1 中的 *X* 轴表示农业中投入的劳动力，*Y* 轴表示粮食的产量。AP 线表示单位投入劳动力的产出，MP 线表示劳动力的边际产出。对于某个固定的劳动力投入 *OB*，全部粮食产出可以用矩形 *OBDE* 的面积来表示，那么，租金就是劳动在边际土地上的产出和平均土地上的产出之差，或者是平均劳动生产率和边际劳动生产率的差，所以租金可以表示为矩形 *CDEG* 的面积。

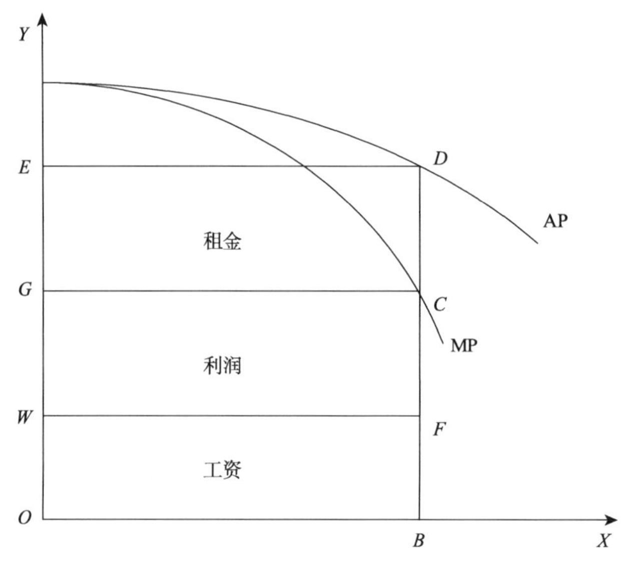

图 2.1　李嘉图的收入分配理论

李嘉图认为，劳动的边际产出并不仅仅包括工资，它实际上是工资和利润之和。李嘉图假设劳动的供应价格是恒定不变的。在现代的理论中，李嘉图的假设实际上意味着在一个特定的供应价格处，劳动的供给曲线具有无穷大的弹性（Kaldor，1955）。因此，对劳动的需求并不取决于 MP 线，而是取决于资本的积累，因为资本的积累决定了在特定的工资率 *OW* 水平上有多少劳动者可以发现就业机会。这就意味着均衡水平并不取决于 MP 线和劳动力供给曲线的交点，而取决于劳动力的总需求——工资基金。在确定了工资之后，利润可谓是“唾手可得”。对于某一个特定的劳动力投入 *OM*，利润就等于劳动的边际产品和工资率之间的差，表示为矩形 *FCGW*。

在上述理论框架下，很容易得到经济发展过程中，利润份额和工资份额的变动趋势。随着资本的不断积累，劳动力的需求也在不断增加，*BD* 线不断向右边移动，但是工资基金始终等于投入的劳动力和工资率的乘积，即矩形 *OBFW*。那么，利润又会呈现什么样的变化？由于边际产出呈现递减的趋势，利润的空间随着资本投入的增加不断消减，最终趋向于零。因此，随着经济的发展，以及资本投入的不断增加，利润份额将呈现下降的趋势。如果将李嘉图的理论进行扩展，可以得到以下结论：随着资本的积累和经济的发展，利润份额将呈现下降趋势，而劳动收入份额将呈现上升趋势。

二、马克思的收入分配理论

在李嘉图发表《政治经济学及赋税原理》50 年后的 1867 年，马克思出版了《资本论》的第一卷，在随后出版的著作中，马克思提出了收入分配理论。需要指出的是，马克思对资本主义经济的考察与李嘉图存在着本质的差异。李嘉图研究的资本主义经济正处于初始阶段，因此，他将土地作为资本进行研究，重点研究了土地价格和土地租金的变动态势。而马克思研究的资本主义经济已处于工业资本主义迅猛发展的阶段，自然地他主要关注工业资本主义模式的扩展和可持续问题。

马克思的收入分配理论是建立在资本主义生产关系分析上的。马克思认为，资本主义生产关系的本质特征是生产资料归资本家所有，不拥有生产资料的劳动者如果要生存下去就必须出卖自己的劳动，把自己的劳动出卖给资本家以获取生存的必需资料。在这样的生产关系中，资本家就可以通过消费劳动力来获取剩余价值。马克思认为，工人的劳动时间包括两部分：一部分是生产自己劳动力价值的必要劳动时间，也是工人维持最低生存所必需的劳动时间；另一部分是生产剩余价值的时间。因此，剩余价值率就等于工人的劳动时间中超过维持生存所必需的那部分劳动时间与维持最低生存所必需的劳动时间的比值。假设用 S 表示剩余劳动时间，用 V 表示必要劳动时间，那么剩余价值率 R 就可以表示为式（2.1）。

$$R=\frac{S}{V} \tag{2.1}$$

剩余价值率只是表明劳动者的被剥削程度，还未能清楚地呈现资本主义经济的要素收入分配关系。马克思认为，资本主义经济创造的总价值 Y 包括三部分：一部分是工人创造的用于投入要素、中间产品和固定资产折旧价值所需要的劳动时间 C；另一部分就是创造生存工资的必要劳动时间 V；最后是创造剩余价值的时间 S。因此，表示资本主义要素收入分配的劳动收入份额 β 可以写为式（2.2）。

$$\beta=\frac{V}{C+V+S} \tag{2.2}$$

将式（2.2）进行变换后，可以表示为式（2.3）。

$$\beta=\frac{1}{\frac{C}{V}+\frac{S}{V}+1} \tag{2.3}$$

式（2.3）中的$\frac{C}{V}$就是资本有机构成；$\frac{S}{V}$就是剩余价值率。根据式（2.3），可以认为，资本主义经济的资本有机构成的提高会导致劳动收入份额的下降，剩余价值率的提高同样会导致劳动收入份额的下降。马克思主义者认为，由于资本主义经济存在着大量的劳动力后备军，资本家支付的生存工资始终可以处于较低水平，资本家可以通过增加劳动时间来提高剩余价值率，或者通过资本积累来提高资本有机构成，最终导致劳动收入份额的必然下降。

三、两种理论的比较

从研究的脉络看，李嘉图的收入分配理论和马克思的收入分配理论对收入分配的阐述都是先立足于讨论劳动者供给和工资决定问题，然后阐述资本积累的问题，最后讨论资本利润率下降的问题。以下就这两种理论的差异进行简单比较。

1. 劳动力供给和工资决定

李嘉图和马克思的收入分配理论都认为，在资本主义发展的初始阶段，劳动的供给价格可以维持在一个稳定的水平，劳动的供给曲线可以看作是具有无穷大的弹性。李嘉图认为，劳动的价格有两种形式：一种是劳动的自然价格，它取决于劳动者维持其自身与家庭所需的食物、必需品和享用品的价格；另一种是劳动的市场价格，它取决于劳动力市场的供需关系。劳动的市场价格是以劳动的自然价格为基础的，在自然价格的一定范围内上下波动。由于劳动自然价格的本质就是维持劳动者及其家庭的基本产品的价格，当整个社会的农产品产出能满足整个社会人口需求的时候，劳动的自然价格就维持在一个稳定的水平。马克思虽然也坚持劳动者的工资将会保持一定的水平，但是他提出了迥异的理论解释。他认为，资本主义的生产方式更先进，劳动生产率更高，因此能够吸引更多的从业者，导致了劳动力市场的供给水平远远高于资本主义生产方式对劳动力的需求，即存在着劳动力“后备大军”。当这支劳动力“后备大军”存在时，资本方就具有足够的话语权使劳动者的工资维持在最低水平。在这种情形下，劳动力市场的供给很接近于一种特定价格下的无穷大供给弹性。

2. 资本的不断积累

资本积累是资本主义生产方式的一个关键特征。对于资本为什么有不断积累的冲动，两种理论有不同的见解。李嘉图的理论认为，资本积累后资本获得的利润能够超过平均利润，正是这种高于一般水平的资本收益率促使资本家不断地将利润转化为资本，形成资本的持续积累。在马克思看来，资本的积累不是一个可选择的过程，而是一个必然的过程，其主要原因在于资本家之间的激烈竞争。具体可以用规模经济和市场垄断来解释。当资本家发现，通过利润的再投资不断扩大生产规模，可以使企业变得更有效率和竞争力，资本家就有扩大生产规模的激励。同样，当资本家发现，企业规模的扩大可以使资本家具有更大的市场势力，获取更多的垄断利润，资本家也会不断扩大生产规模，与同行展开激烈的竞争。所以，在资本主义的生产方式下，资本积累成为一种必然的趋势。

3. 资本利润率的下降趋势

李嘉图认为，劳动的需求自然地取决于资本的数量，资本的积累决定了在特定的工资率水平上有多少劳动者可以发现就业机会。随着资本的不断积累，劳动力的需求也在不断增加。李嘉图又认为，在任何国家和任何时期中，利润都取决于在不支付地租的土地上或用不支付地租的资本作为劳动者提供各种必需品所必需的劳动量。在生产技术等其他条件不变的前提下，只要劳动的自然价格不发生变动，利润也将保持稳定的水平。但是，劳动的自然价格取决于农产品的价格，随着社会人口的不断增加，对农产品的需求也会不断增加，土地供给的刚性将导致农产品价格的上涨，不断挤压利润空间，使利润率保持不断下降的趋势。资本的边际产出呈现递减的趋势，利润率会随着资本投入的增加而不断减少。

马克思和李嘉图一样，也坚持利润率将保持下降的观点，但是马克思并不是从边际产出递减的规律推导而来的，他是从资本积累的有机构成理论来推导和演绎的。马克思认为，资本有机构成是由资本技术构成决定并且反映资本技术构成变化的生产资料价值和劳动力价值的比率。资本追求剩余价值的内在冲动和资本相互竞争的外在压力，迫使资本家努力提高劳动生产率，减少单位产品劳动耗费。因此，资本家就要采用先进的技术装备，提高劳动效率，促进资本技术构成提高。由此引发的结果是：总资本中不变资本的增长速度相对加快，使资本价值构成提高，并导致资本有机构成的提高。等量资本带来的剩余价值也就降低了，从而引起资本的平均利润率下降。

4. 资本和劳动收入分配格局问题

在李嘉图的分析框架中，资本和劳动的分配关系是不确定的。当劳动的自然价格保持基本不变时，资本和劳动的收入分配格局也会保持稳定。但是，随着资本积累的不断进行，这种稳定的局面必定打破。例如，当农产品的产出能够维持社会人口的需求时，资本和劳动的分配关系将会维持在一个恒定的水平。当经济继续发展，社会人口继续增多，农产品的产出不能维持社会人口的需求时，劳动的自然价格将上涨，资本的利润率也开始下降，资本和劳动的分配关系开始向劳动倾斜。如果将资本积累看作是资本主义生产方式的必然趋势，那么就可以认为，资本和劳动的分配关系将向劳动倾斜。

在马克思的收入理论中，资本和劳动的收入分配格局也不是一成不变的。资本有机构成理论预示着资本方不断改进生产技术，对劳动进行替代，提升劳动生产率，这将引起平均利润率的下降。不过，资本积累导致的资本总量的迅速增加，利润的总量也将不断增加。相反，劳动者雇佣量增长速度总是落后于资本的积累速度，因此将会导致劳动者的工资收入份额下降。由此可见，技术进步在一定程度上促进了社会劳动生产率发展的同时，也加速了资本的积累和集中，以及资本有机构成的提高，导致劳动力的价值占总资本的比例下降。Dixon（1981）在马克思的古典收入分配理论上对资本积累和要素收入分配的关系进行了进一步探讨，他认为劳动收入份额与资本存量积累速度和资本劳动比呈反比关系，资本积累速度的提高及资本劳动比的上升均会导致劳动收入份额下降。

第二节　新古典收入分配理论

新古典收入分配理论起始于萨伊的生产三要素理论，该理论认为劳动、资本和土地三种要素的所有者——劳动者、资本家和地主，他们都是效用和价值的创造者，他们获取的收入其实就是各种要素的收入。随着边际学派的兴起，一种全新的新古典微观收入分配理论产生了，该理论不仅在微观层面上清晰地阐述了资本和劳动均衡价格的决定和分配关系，并且可以应用于宏观层面来阐述宏观的分配关系，因此，新古典的宏观收入分配理论就是建立在生产函数、替代弹性、边际生产力等微观理论逻辑基础之上的。

本节利用 Ferguson 等（Ferguson，1968；Ferguson and Moroney，1969）的模型来演示新古典分析框架下的要素收入分配变动动态。假设生产函数是一般形式的生产函数，表示为式（2.4）。

$$Y = F\left(K, L; t\right) \tag{2.4}$$

其中，F 表示总产出；K 和 L 分别表示投入的资本和劳动；t 表示时间。生产函数满足 $F_K, F_L > 0$ 和 $F_{KK} < 0, F_{LL} < 0$。进一步将技术进步速率 R 和技术进步的希克斯偏向性 B 定义为式（2.5）和式（2.6）。

$$R = \frac{KF_{Kt} + LF_{Lt}}{KF_K + LF_L} \tag{2.5}$$

$$B = \frac{F_{Kt}}{F_K} - \frac{F_{Lt}}{F_L} \tag{2.6}$$

技术进步希克斯偏向性定义为资本边际产品时间变化率和劳动边际产品时间变化率之差，$B > 0$，$B = 0$ 和 $B < 0$ 分别表示资本使用型、中性和劳动使用型技术进步，即劳动节约型、中性和资本节约型技术进步。

在新古典经济理论中，要素替代弹性是一个重要概念，它表示投入量相对变动的百分比与价格相对变动百分比之比。假设劳动的价格为工资率 w，资本的价格为真实利率 r。那么，要素替代弹性就可以表示为式（2.7）。

$$\sigma = \frac{\mathrm{d}(K/L)}{K/L} \bigg/ \frac{\mathrm{d}(w/r)}{w/r} \tag{2.7}$$

由于劳动的价格为 $w = F_L$，资本的价格为 $r = F_K$，因此，式（2.7）又可以写为

$$\sigma = \frac{F_K F_L}{F F_{KL}} \tag{2.8}$$

式（2.5）和式（2.6）又可以分别表述为

$$\frac{R}{F_L} = \frac{K F_{Kt}}{F F_L} + \frac{L F_{Lt}}{F F_L} \tag{2.9}$$

$$\frac{LB}{F} = \frac{L F_{Kt}}{F F_K} - \frac{L F_{Lt}}{F F_L} \tag{2.10}$$

将式（2.9）和式（2.10）相加，可以求得资本边际产品时间变化率，则为

$$\frac{F_{Kt}}{F_K} = R + \frac{L F_L}{F} B \tag{2.11}$$

将式（2.11）代入式（2.10），求得劳动边际产品时间变化率，显示为

$$\frac{F_{Lt}}{F_L} = R - \frac{K F_K}{F} B \tag{2.12}$$

将资本收入份额定义为 $\alpha = K F_K / F$，劳动收入份额定义为 $\beta = L F_L / F$，那么式（2.11）和式（2.12）就可以表示为

$$\frac{F_{Kt}}{F_K} = R + \beta B \tag{2.13}$$

$$\frac{F_{Lt}}{F_L} = R - \alpha B \tag{2.14}$$

资本边际产品增长率可以表示为

$$\frac{\dot{F}_K}{F_K} = \frac{F_{Kt}}{F_K} + \frac{F_{KK}\dot{K}}{F_K} + \frac{F_{KL}\dot{L}}{F_K} \tag{2.15}$$

由于 $L F_{KL} = -K F_{KK}$，因此，资本边际产品增长率也可以表示为

$$\frac{\dot{F}_K}{F_K}=\frac{F_{Kt}}{F_K}-\frac{LF_{KL}}{F}\left(\frac{\dot{K}}{K}-\frac{\dot{L}}{L}\right) \tag{2.16}$$

资本边际产品增长率可以进一步表示为技术进步速率、技术进步偏向性、替代弹性和资本劳动比变动率的函数式（2.17）。同理，劳动边际产品增长率和产出的增长率分别可以写为

$$\frac{\dot{F}_K}{F_K}=R+\beta B-\frac{\beta}{\sigma}\left(\frac{\dot{K}}{K}-\frac{\dot{L}}{L}\right) \tag{2.17}$$

$$\frac{\dot{F}_L}{F_L}=R-\alpha B+\frac{\alpha}{\sigma}\left(\frac{\dot{K}}{K}-\frac{\dot{L}}{L}\right) \tag{2.18}$$

$$\frac{\dot{F}}{F}=R+\alpha\left(\frac{\dot{K}}{K}-\frac{\dot{L}}{L}\right)+\frac{\dot{L}}{L} \tag{2.19}$$

依据$\alpha=KF_K/F$和$\beta=LF_L/F$，可以写为

$$\frac{\dot{\alpha}}{\alpha}=\frac{\dot{F}_K}{F_K}+\frac{\dot{K}}{K}-\frac{\dot{F}}{F} \tag{2.20}$$

$$\frac{\dot{\beta}}{\beta}=\frac{\dot{F}_L}{F_L}+\frac{\dot{L}}{L}-\frac{\dot{F}}{F} \tag{2.21}$$

因此，资本收入份额和劳动收入份额的变动率就可以最终表示为

$$\frac{\dot{\alpha}}{\alpha}=\beta\left[B+\left(1-\frac{1}{\sigma}\right)\left(\frac{\dot{K}}{K}-\frac{\dot{L}}{L}\right)\right] \tag{2.22}$$

$$\frac{\dot{\beta}}{\beta}=-(1-\beta)\left[B+\left(1-\frac{1}{\sigma}\right)\left(\frac{\dot{K}}{K}-\frac{\dot{L}}{L}\right)\right] \tag{2.23}$$

先不关注资本收入份额，重点来分析劳动收入份额的变动态势。当技术进步为希克斯中性，即B=0时，则式（2.23）可以写为

$$\frac{\dot{\beta}}{\beta}=-(1-\beta)\left(1-\frac{1}{\sigma}\right)\left(\frac{\dot{K}}{K}-\frac{\dot{L}}{L}\right) \tag{2.24}$$

此时，资本深化对劳动收入份额的影响取决于要素替代弹性σ，当$\sigma=1$时，劳动收入份额保持稳定。当$\sigma>1$时，资本深化导致劳动收入份额降低。当$\sigma<1$时，资本深化将提高劳动收入份额，表明在某些特定时期，劳动收入份额会出现升高现象。

当$\sigma=1$时，技术进步偏态性对劳动收入份额的影响就非常明确。当$B>0$时，劳动收入份额将下降，这种技术进步就是资本使用型技术进步，或者劳动节约型技术进步。当$B<0$时，劳动收入份额将上升，这种技术进步就是劳动使用型技术进步，或者资本节约型技术进步。

新古典收入分配理论对要素收入分配变动的解释并不限于以上内容，针对实证研究中发现的要素收入分配在一定时期内保持较为稳定的现实，新古典收入分配理论表现了很强的解释力。Ferguson（1968）认为，基于式（2.24）所呈现的基本原理，劳动收入份额将在多种情况下保持稳定的态势。第一种情况，也是最直观的一种情况，即技术进步为希克斯中性，且$\sigma=1$时。第二种情况是技术进步为劳动节约型$B>0$，$\sigma<1$时，且资本劳动比变动率大于零时，劳动节约技术进步对劳动相对需求的减少能更好地被资本深化导致的劳动相对供给减少所抵消，劳动收入份额将保持稳定。同理，第三种情况是技术进步为资本节约型$B<0$，$\sigma>1$，且资本劳动比变动率大于零时，资本节约技术进步对劳动相对需求增加刚好被资本深化导致的劳动相对供给增加所抵消，劳动收入份额仍将保持稳定的态势。Ferguson（1968）指出，除非这些条件能够得到严格满足，不然要素相对份额发生变动是不可避免的。

一、要素增强型技术进步的影响

假设总量生产函数符合固定替代弹性（constant elasticity of substitution，CES）生产函数，其中引入了两种互相独立的技术进步，$A(t)$表示资本增强型的技术进步，$B(t)$表示劳动增强型的技术进步，那么生产函数就可以写为

$$F[A(t)K,B(t)L]=\left\{\delta[A(t)K]^{\frac{\sigma-1}{\sigma}}+(1-\delta)[B(t)L]^{\frac{\sigma-1}{\sigma}}\right\}^{\frac{\sigma}{\sigma-1}} \tag{2.25}$$

首先，延续 Ferguson（1968）的分析思路来呈现要素增强型技术进步对劳动收入份额的影响。资本和劳动边际产品时间变化率分别可以表示为

$$\frac{F_{Kt}}{F_K}=\left(1-\frac{1}{\sigma}\right)\frac{\dot{A}(t)}{A(t)} \tag{2.26}$$

$$\frac{F_{Lt}}{F_L}=\left(1-\frac{1}{\sigma}\right)\frac{\dot{B}(t)}{B(t)} \tag{2.27}$$

此时，技术进步希克斯偏向性B就可以表示为

$$B=\left(1-\frac{1}{\sigma}\right)\left(\frac{\dot{A}(t)}{A(t)}-\frac{\dot{B}(t)}{B(t)}\right) \tag{2.28}$$

劳动收入份额的变化率就可以表示为

$$\frac{\dot{\beta}}{\beta}=-(1-\beta)\left(1-\frac{1}{\sigma}\right)\left[\left(\frac{\dot{A}(t)}{A(t)}+\frac{\dot{K}}{K}\right)-\left(\frac{\dot{B}(t)}{B(t)}+\frac{\dot{L}}{L}\right)\right] \tag{2.29}$$

根据式（2.29）所显示的原理，可以分析劳动收入份额在什么情况下保持稳定，在什么情况下发生变动。不过需要指出的是，式（2.29）并不能很直观地显

现要素增强型技术进步对劳动收入份额的影响。

另一种方法是直接写出资本和劳动收入份额的等式，以方便进一步分析。资本和劳动收入份额就可以分别表示为

$$\alpha = \delta A(t)^{\frac{\sigma-1}{\sigma}}\left(\frac{K}{Y}\right)^{\frac{\sigma-1}{\sigma}} \tag{2.30}$$

$$\beta = (1-\delta)B(t)^{\frac{\sigma-1}{\sigma}}\left(\frac{L}{Y}\right)^{\frac{\sigma-1}{\sigma}} \tag{2.31}$$

要素增强型技术进步对资本和劳动收入份额的影响可以写为

$$\frac{\partial\alpha}{\partial A(t)} = \delta\left(\frac{\sigma-1}{\sigma}\right)A(t)^{-\frac{1}{\sigma}}\left(\frac{K}{Y}\right)^{\frac{\sigma-1}{\sigma}} \tag{2.32}$$

$$\frac{\partial\beta}{\partial B(t)} = (1-\delta)\left(\frac{\sigma-1}{\sigma}\right)B(t)^{-\frac{1}{\sigma}}\left(\frac{L}{Y}\right)^{\frac{\sigma-1}{\sigma}} \tag{2.33}$$

式（2.32）显示，资本增强型技术进步对资本收入份额的影响受要素替代弹性σ的影响，当$\sigma>1$时，技术进步会增加资本收入份额；当$\sigma<1$时，技术进步反而会降低资本收入份额。同理，式（2.33）表示劳动增强型技术进步对劳动收入份额的影响也受要素替代弹性的影响，当$\sigma>1$时，技术进步会增加劳动收入份额；当$\sigma<1$时，技术进步反而会降低劳动收入份额。资本增强性技术进步和劳动增强型技术进步对劳动收入份额的影响受要素替代弹性的影响正好相反。

二、资本深化的影响

同理，利用式（2.30）和式（2.31）来分析资本深化对要素收入分配的影响也更为直观。以劳动收入份额为例，对式（2.31）进行简单的变换后可以写为

$$\beta = (1-\delta)\left(\frac{Y}{B(t)L}\right)^{\frac{1-\sigma}{\sigma}} \tag{2.34}$$

式（2.34）中的$Y/B(t)L$表示平均劳动生产率，可以写为

$$\left(\frac{Y}{B(t)L}\right)^{\frac{1-\sigma}{\sigma}} = \frac{1}{(1-\delta)+\delta\left(\frac{A(t)K}{B(t)L}\right)^{\frac{\sigma-1}{\sigma}}} \tag{2.35}$$

因此，式（2.34）就可以表述为

$$\beta = \frac{1-\delta}{(1-\delta)+\delta\left(\frac{A(t)K}{B(t)L}\right)^{\frac{\sigma-1}{\sigma}}} \tag{2.36}$$

式（2.36）表明资本深化对劳动收入份额的影响受到要素替代弹性的影响，当$\sigma>1$时，此时要素之间是替代关系，资本深化会降低劳动收入份额；当$\sigma=1$时，资本深化并不影响要素收入分配；当$\sigma<1$时，此时要素之间是互补关系，资本深化反而会提高劳动收入份额。

三、垄断的影响

现实的经济环境肯定不具有完全竞争的特征，那么垄断力量的存在会如何影响资本和劳动之间的收入分配呢？如果简单地用企业的价格加成M来表示垄断程度，那么式（2.34）就可以表示为

$$\beta = \frac{(1-\delta)}{M}\left(\frac{Y}{B(t)L}\right)^{\frac{1-\sigma}{\sigma}} \tag{2.37}$$

根据式（2.37），可以明显看到，企业的价格加成会降低劳动收入份额，提升资本收入份额。

第三节　后凯恩斯收入分配理论

凯恩斯认为，宏观经济的不稳定是市场经济有效性的一个主要威胁，经济衰退将使企业家失去对未来的信心，从而影响企业家的投资决策，导致投资的延迟和投资不足，最终导致结构性失业。然而，凯恩斯从来不认为，宏观经济的不稳定可以追根溯源到国民收入的功能性分配格局失衡。不仅如此，凯恩斯也从来没有对收入分配问题感兴趣过（Kaldor，1955），因此，在凯恩斯的经济理论中没有收入分配理论。虽然凯恩斯承认劳动者的边际储蓄倾向和平均储蓄均低于资本家，但是他担心实施有利于提高劳动收入份额的收入再分配政策。他认为，一旦公共政策的实施提高了劳动收入份额，资本家的“动物精神”就会退化。由此可见，凯恩斯对于设计一种提升劳动收入份额的福利计划毫无兴趣。因此，在他的政治和社会计划中，他竭力希望通过保持总需求来维持资本主义的生产体系，而不是通过调整收入分配体制来实现。

在20世纪50年代和60年代里，剑桥大学的一批经济学家继承了凯恩斯的学术遗产，竭力主张实施保持总需求稳定的国家干预政策。他们的学术思想可以概

括如下：资本主义生产方式所需的投入要素分为不可积累的要素——劳动和可积累的要素——资本，与资本积累密切相关的储蓄决策是由市场扩展的可能性决定的（Pasinetti，1962），国民收入的功能性分配在协调总储蓄水平和总投资水平中发挥了重要作用，资本方和劳动方具有不同的储蓄倾向（Kaldor，1955）。因此，功能性收入分配将影响总储蓄。后凯恩斯主义对国民收入功能性分配中工资和利润的分配份额有一个重要的前提：总储蓄等于总投资。后凯恩斯主义的三个显著的特征是：第一投资是利润的一个重要决定因素；第二投资与储蓄无关；第三利润的储蓄倾向大于工资的储蓄倾向（Asimakopulos，1988）。

一、Kaldor 的收入分配理论

Kaldor（1955）的收入分配理论假设在完全就业状态下，全部的产出 Y 是固定的，它可以分为两大部分：工资 W 和利润 P，表示为

$$Y = W + P \tag{2.38}$$

假设储蓄来自于两部分：一部分是劳动者的工资储蓄 $S_w = s_w W$ ，另一部分是资本方的利润储蓄 $S_p = s_p P$ ，那么，储蓄就可以表示为

$$S = s_w W + s_p P \tag{2.39}$$

在投资等于储蓄即 $I = S$ 的假设下，投资就可以表示为

$$I = s_w W + s_p P \tag{2.40}$$

上式可以进一步写为

$$I = (s_p - s_w)P + s_w Y \tag{2.41}$$

因此，式（2.41）可以表述为

$$\frac{I}{Y} = (s_p - s_w)\frac{P}{Y} + s_w \tag{2.42}$$

式（2.42）又可以表述为

$$\frac{P}{Y} = \frac{1}{\left(s_p - s_w\right)}\frac{I}{Y} - \frac{s_w}{\left(s_p - s_w\right)} \tag{2.43}$$

Kaldor（1955）的理论意味着，利润在国民收入中的分配份额取决于投资在国民收入中的比例。

二、Pasinetti 的收入分配理论

Pasinetti（1962）的理论说明了国民收入分配中利润的分配份额取决于物质资本的积累率。假设国民收入的分配以资本方的利润 Π 和劳动方的工资 W 形式实现，表示为式（2.44）。

$$Y = \Pi + W \tag{2.44}$$

假设利润分成两部分：Π_k 和 Π_w，分别为资本方和劳动方所有。资本方的储蓄倾向为 s_k，而劳动方的储蓄倾向为 s_w，那么总储蓄可以表述为

$$S = s_w\left(W + \Pi_w\right) + s_k \Pi_k \tag{2.45}$$

式（2.45）可以整理为

$$S = s_w Y + \left(s_k - s_w\right)\Pi_k \tag{2.46}$$

在均衡状态时，总储蓄水平等于一个给定的内生投资水平，表述为

$$I = S \tag{2.47}$$

结合式（2.46）和式（2.47），可以得到国民收入分配中利润的分配份额，表示为

$$\frac{\Pi}{Y} = \left(\frac{1}{s_k - s_w}\right)\left[\frac{1}{Y} - s_w + rs_w\left(s_k\frac{K}{I} - \frac{K}{Y}\right)\right] \tag{2.48}$$

其中，r 表示利率；K 表示资本存量。假设资本产出比表示为 v，那么，利润率就等于利润和资本存量的比值，表示为

$$\frac{\Pi}{K} = \frac{\Pi}{vY} \tag{2.49}$$

式（2.49）可以进一步表述为

$$\frac{\Pi}{K} = \left(\frac{1}{s_k - s_w}\right)\left[\frac{I}{K} - \frac{s_w}{v} + rs_w\left(s_k\frac{Y}{I} - 1\right)\right] \tag{2.50}$$

Pasinetti（1962）认为，从长期看，利润率等于利率，因此，式（2.51）成立。

$$\frac{\Pi}{K} = \frac{1}{s_k}\frac{I}{K} \tag{2.51}$$

式（2.51）两边同乘以资本产出比 v，那么，国民收入分配中利润的分配份额就可以表示为

$$\frac{\Pi}{K} = \frac{1}{s_k}\frac{I}{Y} \tag{2.52}$$

依据 Pasinetti （1962）的理论可以发现，即使假设劳动方也有储蓄倾向，以及利润的一部分分配给劳动方，利润在国民收入分配中的份额也同 Kaldor（1955）的结论一样。劳动方的储蓄行为对利润在资本方和劳动方之间的分配格局有影响，但不影响国民收入分配基本格局。利润的分配份额只决定于内生的投资水平，以及资本方的储蓄倾向。从上面的式子可以得到，经济体中资本积累的速度越快，国民收入分配中利润的分配份额就越大。

Pasinetti（1962）的理论也说明在国民收入分配中，利润的分配份额决定于物质资本的积累率。由于资本主义经济发展过程中必然存在资本积累，资本主义

的经济增长将更加有利于其利润收入集团，而不利于工资收入集团，工资在国民收入中所占比例将越来越低，资本主义经济增长必然带来“富裕中的贫困”。尽管前面的前提假设不一定全部符合实际，但依据 Kaldor（1955）的理论，可以在一定程度上解释中国劳动收入份额下降的问题。因为投资在国民经济中占有重要地位，这种经济增长模式会在不知不觉中提升利润在国民收入分配格局中的份额，分配格局会逐渐向资本方倾斜。

三、Kalecki 的收入分配理论

为更详细呈现垄断对要素收入分配的影响，Kalecki（1938）构建了垄断程度模型，研究了手工劳动者工资在国民收入中的份额问题。

假设一个企业能在某一时点上生产以价格 p 出售的产品 x，企业短期的边际成本包括折旧 d_m、薪水 s_m、工资 w_m 和原材料 r_m，表示为

$$m = d_m + s_m + w_m + r_m \tag{2.53}$$

产品价格等于相应部分的平均成分和资本的平均收入 c_a 之和，表示为

$$p = c_a + d_a + s_a + w_a + r_a \tag{2.54}$$

将式（2.54）和式（2.53）相减就可以得到

$$p - m = c_a + (d_a - d_m) + (s_a - s_m) + (w_a - w_m) + (r_a - r_m) \tag{2.55}$$

根据 Lerner（1934）对垄断程度的定义，企业垄断程度 μ 可以表示为

$$\mu = \frac{(p-m)}{p} \tag{2.56}$$

那么，式（2.55）就可以转换为

$$xp\mu = xc_a + x\left(d_a - d_m\right) + x\left(s_a - s_m\right) + x\left(w_a - w_m\right) + x\left(r_a - r_m\right) \tag{2.57}$$

对于全部企业而言，式（2.57）就可以表示为

$$\begin{aligned}\sum xp\mu = \sum xc_a + \sum x\left(d_a - d_m\right) + \sum x\left(s_a - s_m\right) \\ + \sum x\left(w_a - w_m\right) + \sum x\left(r_a - r_m\right)\end{aligned} \tag{2.58}$$

其中，$\sum xc_a$ 就是总的净资本收入；$\sum x(d_a - d_m)$ 可以表示为 $D(1-\alpha)$，其中 D 是总的折旧，$1 > \alpha > 0$；$\sum x(s_a - s_m)$ 可以类似地表示为 $S(1-\beta)$，其中 S 是总薪水，$1 > \beta > 0$；$\sum x(w_a - w_m)$ 可以简单地表述为 γW，$\sum x\left(r_a - r_m\right)$ 近似等于0。那么，式（2.58）就可以表示为

$$\sum xp\mu = C + D + S - \left(\alpha D + \beta S - \gamma W\right) \tag{2.59}$$

由于 $\alpha D + \beta S - \gamma W$ 相对于 $C + D + S$ 小很多，可以忽略不计，那么，式（2.59）就可以表述为

$$\sum xp\mu = C + D + S \tag{2.60}$$

式（2.60）两边除以总周转费用$T=\sum xp$，则可以转化成

$$\frac{\sum xp\mu}{\sum xp}=\frac{C+D+S}{T} \tag{2.61}$$

式（2.61）左边就是企业垄断程度μ的加权平均值，表示为(μ)，那么就有

$$\frac{C+D+S}{T}=(\mu) \tag{2.62}$$

式（2.62）就意味着，全部资本的收益和薪水占总周转费用的比例近似地等于垄断程度。

Kalecki（1938）的垄断程度模型预示着，从长期看，产业的垄断程度将不断增加，资本的收入份额将会不断增加，即收入分配格局存在着向资本方倾斜的趋势。考虑到长期内，基础原材料（basic raw material）的价格占工资总额比例将呈现上升的变动趋势，该比例的不断增加会抑制资本收入份额而提升劳动收入份额。由于产业垄断程度和基础原材料价格占工资总额的比例对工资份额的影响是相反的，工资份额将呈现稳定的态势。

由于收入分配理论之间存在显著的差异，这种差异不仅存在于不同类理论之间，而且存在于同类理论之间，如同属于后凯恩斯收入分配理论的Kaldor（1955）的理论和Kalecki（1938）的理论。Weintraub（1981）试图提出一种要素分配的折中理论来弥合这些理论的差异，但是这种尝试并没有得到支持。收入分配理论基本上维持“谁都部分正确”的局面。

第四节　二元经济收入分配理论

一、刘易斯的二元经济模型

二元经济收入分配理论有两个显著特点：一是该理论顾名思义是建立在二元经济理论之上的。二元经济理论是发展经济学的一部分，主要研究和探讨发展中国家的经济发展。二是该收入分配理论主要是由国内的经济学者总结和形成的，而不是由西方的经济学者提出的。也可以认为，二元经济收入分配理论是研究中国要素收入分配问题而形成的。

刘易斯（Lewis，1954）发表了题为《无限劳动力供给下的经济发展》的论文，提出了劳动力转移和经济发展模型。论文开宗明义地指出，文章是按照古典经济学传统而写的，假设和提出的问题均属于古典经济学范畴。刘易斯认为，从斯密到马克思的古典经济学都是建立在生存工资水平上劳动力无限供给的假设之

上的，这是古典经济学的基本假设。李嘉图在阐述国民收入分配时，就提出两个主要假设：一是经济中存在着农业和工业两个部门；二是劳动力的供应接近无穷大的弹性。

刘易斯首先阐述了劳动力无限供给的假设。他认为，劳动力无限供给存在于那些人口相对于资本和自然资源多的国家中，这些国家较大的经济部门中劳动力的边际生产率很小或者为零，甚至有可能是负数。这种现象被一些学者称为“隐性”失业。这些国家中的农业部门家庭拥有的土地很少，即使部分家庭成员离开家外出寻找其他的就业机会，剩下的家庭成员也可以耕种好他们的土地，当然他们要付出更多一些的努力。因此，这些可以转移的劳动力可以看作是剩余劳动力，即他们相对于农业部门的需求而言是过剩的，他们留在农业部门就业对农业部门的产出几乎没有影响。刘易斯的剩余劳动力类似于马克思的“后备大军”。马克思认为，资本主义的劳动生产率更高，能够吸引更多的从业者，而劳动力市场的供给水平远远高于资本主义生产方式对劳动力的需求。但是，马克思并不认为这些劳动力在农业部门是剩余的。

那么，资本主义部门或者现代工业部门如何来获得这些剩余劳动力呢？刘易斯认为，扩大的资本主义部门所必须支付的工资取决于人们在其他部门所能挣得的收入。这里的其他部门指的是维持生计的部门，也就是农业部门。刘易斯认为，现代工业部门只要支付某一水平的工资就可以将剩余劳动力从农业部门中吸引到工业部门，此时的剩余劳动力供给就是无限的。这个工资水平等于多少呢？刘易斯认为，这个工资水平就是生存工资，即维持生活的最低工资。他进一步指出，维持生计的收入是由客观上的农民生产率水平决定的，还是由主观上传统的生活水平决定的，并不十分重要，重要的是存在那么一个最低的收入水平，在那里劳动力供给是无限的。刘易斯认为，维持生计部门的收入决定工业部门工资的下限，实际工资水平要高于这一水平。一般而言，资本主义部门工资与生存工资之间的差距通常为 30%。

在高于生存工资的工资诱导下，农业部门的剩余劳动力开始向工业部门转移，转移的过程显示在图 2.2 中。横轴 OL 表示劳动力投入量，纵轴 ON 表示劳动的边际产品或者工资率，OS 表示传统农业部门的生存工资，OW 表示现代工业部门的工资水平。刘易斯认为，$OW > OS$，即在高于生存工资的工资水平上劳动力的供给是无限的。因此，劳动力供给线 WD 是平行于横轴的。假设初始时期对应于资本存量的劳动边际生产率为 N_1Q_1，与 WD 线交于 A 点，A 点对应的劳动力投入为 L_1，表明此时资本存量将和 L_1 的劳动力共同创造价值，资本剩余为 WN_1A。假设之后资本家将剩余全部用于再生产，劳动生产率提升后的边际产品曲线向外移动，同 WD 线交于 B 点，再往外移则交于 C 点。在这个扩张过程中，所需的劳动力数量从 L_1 增加到 L_2，再增加到 L_3。资本剩余也将扩张到 WN_2B，并再次扩张

到 WN_3C。这一扩张过程将持续到农业部门的剩余劳动力被工业部门全部吸收为止，即劳动边际产品曲线向外移动与 WD 线交于 D 点为止。此时，农村剩余劳动力无限供给结束。如果工业部门还想继续从农业部门获得更多的劳动力，就不得不提高工资，与农业部门展开竞争，因为工业部门面临的劳动力供给曲线已转变为 DE。

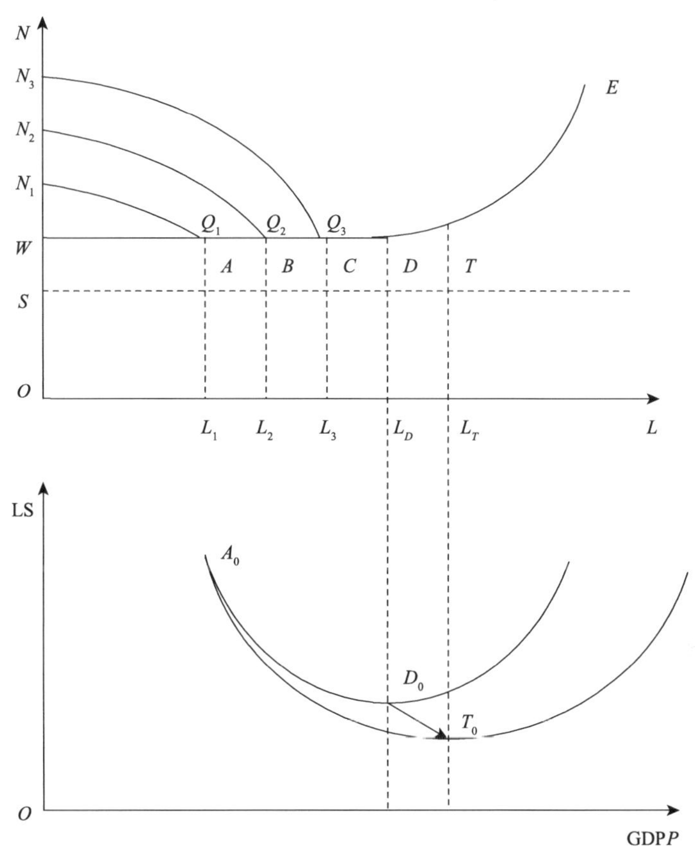

图 2.2 二元经济下的劳动力转移和要素收入分配

如果将上述农业部门劳动力转移分为两个阶段，那么第一个阶段就是劳动力供给曲线的 WD 段，此时只要保持在一个固定工资水平下，农村剩余劳动力的供给就是无限的。第二个阶段为劳动力供给线的 DE 段，此时工业部门要想获得更多的劳动力，就不得不持续提高工资水平与农业部门展开竞争，农业部门的劳动边际产出开始上升，而工业部门的劳动边际产出持续下降，在两个部门的边际产出相等时，劳动力转移停止。此时，二元经济结构转变为一元经济结构。刘易斯（Lewis，1972）对转折点进行了详细的讨论，他认为，农业部门剩余劳动力等于 0 时，即工业部门的工资水平开始上涨之时为第一转折点，第二转折点出现在资本主义部门和非资本主义部门边际产出相等时，此时达到了新古典经济的单一经济状态。刘易斯认为，到达第一转折点需要多长时间，即是否存在一个工资水平不变的阶段，这并不重要。决定性的转折点并非第一个，而是第二个，因为正是在这里二元经济进入新古典主义经济体系。

二、二元经济下的要素收入分配

那么，劳动力转移和二元经济结构转型过程中的要素收入分配将如何变动？当农业部门存在剩余劳动力，即劳动力供给曲线的 WD 段，农业部门剩余劳动力的边际生产率等于0，转移到工业部门就业，他们获取生存工资 OW，劳动力转移量为 L_1，劳动者获取的工资总额为 $OWAL_1$，资本剩余为 WN_1A，表明由劳动力转移导致的劳动生产率提高最后转变为资本剩余或者利润。从整个经济的要素收入分配看，体现为劳动收入份额的下降。那么，D 点相对应的劳动收入份额是最低点吗？其实不然。随着工业资本积累的加速，对劳动力的需求通过 D 点后，工业部门和农业部门对劳动力展开竞争，此时农业部门的边际生产率转为正，但仍低于工业部门的工资水平，总产出水平的增长率仍然低于工资总额的增长率，劳动收入份额会进一步下降。下降的趋势将一直持续到总产出水平和工资总额的增长率相等时。如果把这点标记为 T 点，在 DT 段，劳动收入份额还是下降的。当工业部门的扩张对劳动力的需求越过 T 点后，工业部门如果还要继续从农业部门吸收劳动力，就不得不继续提高工资，在图 2.2 中就表示为越过 T 点向 E 点发展，工业部门的劳动边际产出下降导致工业部门和整个经济的总产出水平增长减缓，而工资水平开始快速上升，总产出水平的增长速度将落后于工资水平的增长率，要素收入分配就表现为劳动收入份额的上升。

一些研究认为，在刘易斯第一转折点时，劳动收入份额将到达最低点，即图中的 D_0 点。这种观点是值得商榷的。由于刘易斯第一转折点是剩余劳动力为 0 的点，到了这点并不意味着农业部门的劳动力转移就已经结束。只要农业部门的劳动力转移还在继续，且总产出增长率还大于工资总额增长率时，劳动收入份额还将进一步下降。如果将劳动收入份额止降回升的点称为劳动收入份额转折点，可以认为，劳动收入份额转折点与刘易斯第一转折点是不重合的，而要经过刘易斯第一转折点，介于第一转折点和第二转折点之间。研究发现，中国的刘易斯第一转折点应该在 1997~2004 年（汪进和钟笑寒，2011），但是中国劳动收入份额止降回升的转折点在 2007 年，如果没有外部冲击的话，甚至有可能在更后面。

国内对二元经济下的要素收入分配问题的绝大部分研究认为，在二元经济转型过程中，劳动收入份额的变动态势接近于 U 形线，而仅有少数的研究认为，当劳动收入份额经过转折点后上升到一定程度，劳动收入份额又会进一步下降，最终趋向于均衡（徐圣和黄先海，2014）。对发达国家要素收入分配的长期考察可以发现，后一种观点比较接近实际，劳动收入份额在上升到一定程度后，确实有一个下降的过程，该过程就出现在 1970~2010 年。那么，劳动收入份额为什么又会下降呢？现有的研究认为，技术进步、要素替代和经济一体化程度加深可能是导致劳动收入份额下降的主要原因。这些研究采用的主要是新古典经济学的分析框架，这里就存在前后分析框架不一致的问题。那么，是否可以构建一个致力于解释要素收入分配的统一分析框架？这可能是一个研究方向。

第五节　本章小结

任何一种经济理论的产生都不能离开当时特定的经济发展背景，要素收入分配理论的产生和发展也一样。李嘉图的收入分配理论和马克思的收入分配理论都建立在劳动价值论的基础之上，这两种理论对资本和劳动收入分配关系的演绎均是从劳动力供给和工资决定开始的。尽管理论依据各不相同，两种理论均一致地认为，劳动者的工资将长期维持在一个稳定的水平。随着资本主义经济的不断发展，资本积累是一个必然的趋势。李嘉图依据资本边际产出递减的规律得到了资本利润率将下降的论断，马克思则依据资本有机构成的不断提高得到资本利润率下降的结论，这两种理论在资本利润率下降的阐述上可谓是殊途同归。然而，对于收入分配格局的变动趋势问题，这两种理论有截然不同的阐述。由于马克思对资本主义生产方式的深入了解，他的要素收入分配格局将向资本方倾斜的结论与实际的经济运作更为接近。

古典收入分配理论是建立在劳动价值论基础上的，它遵循从劳动力供给和工资决定到资本的不断积累，再到资本利润率的下降，最后到资本和劳动收入分配格局变动的分析思路，可以看到，在古典收入分配理论的框架中，资本和劳动的利益分配关系是冲突的，资本的收入分配被认为是对劳动创造价值的占有。新古典收入分配理论则完全抛开了这种思维，它认为资本主义的生产方式实际上是要素之间的一种平等的结合方式，各种生产要素都能获得与它的贡献相当的收入，因此，资本主义的生产和分配是和谐的，并不存在谁占谁利益的问题。在完全竞争的市场条件下，资本和劳动的收入分配格局将是稳定的。新古典收入分配理论的重要意义并不局限于此，它实际上构建了一个分析多种因素影响要素收入分配的基础性框架，这些要素包括市场垄断、技术进步、要素替代等。在新古典收入分配理论的框架下，垄断程度的增加和技术的进步将改变资本与劳动之间的收入分配格局，使分配格局向有利于资本方的方向变动。据此可以认为，资本和劳动收入分配格局的稳定态势将是一种理想态势，收入分配格局向资本方倾斜可能是经常出现的现象。那么，为什么资本主义国家在相当长一段时间内要素收入分配格局会保持稳定呢（Solow，1958）？这可能涉及结构变动。

后凯恩斯收入分配理论倾向性地认为，利润在国民收入中的分配比例取决于投资在国民收入中的比例。该理论认为，资本主义的运作模式在要素收入分配中并不是无偏的，它的经济增长将更偏向于资本方而不是劳动方。随着资本主义经济的发展，工资在国民收入中所占份额将越来越低，资本主义的发展必然导致收入分配的失衡。后凯恩斯收入分配理论抓住了资本主义生产方式的核心——资本积累，这与古典收入分配理论一样。随着资本的不断积累，资本和劳动的比率将不断上升，资本和劳动的收入分配格局发生变动将成为常态。20 世纪 70 年代早期到现在，很多西方发达国家的要素收入分配格局都发生了较大程度的变动，劳动方在国民收入分配中的地位被不断削弱，这样看来，后凯恩斯主义似乎有了很强的解释力。但是，鉴于在较长时期中要素收入分配格局的不稳定，后凯恩斯收入分配理论的解释力仍受到质疑。

二元经济收入分配理论是在二元经济理论的基础上发展起来的，主要从劳动力转移的角度揭示发展中国家的要素收入分配动态。该理论普遍认为，随着农业部门劳动力向非农部门的转移，劳动收入份额将经历先下降后上升的过程，劳动收入份额的转折点与刘易斯转折点有一定关联。本章分析认为，劳动收入份额转折点应该介于刘易斯第一转折点和第二转折点之间，而不是和第一转折点重合。本章的阐述表明，目前形成的收入分配理论具有阶段性特征，只能解释经济发展中的某一个阶段的要素收入分配动态。那么，是否可以将经济增长中的二元经济阶段、刘易斯转折点和新古典阶段纳入一个统一的分析框架，构建出比较完美的要素收入分配理论？这是一个值得努力的方向。

第三章　要素收入分配的分析框架

收入分配的首要问题就是功能性分配问题，该问题在宏观经济学中具有重要的地位。但是，对功能性收入分配的研究缺乏持续性。20 世纪 30~50 年代是功能性分配问题研究的鼎盛时期，随着工资份额稳定性的提出，研究者们对功能性收入分配研究投入了巨大的精力，他们试图通过实证研究来支持或者质疑工资份额稳定性。由于实证研究考察的时间不够长，很多研究者都相信要素收入分配保持稳定的论断。在 20 世纪 60 年代初，工资份额稳定性被理论化后，研究者们对功能性收入分配的研究热情就逐渐消退了，这方面研究基本进入停滞状态。到 21 世纪初，功能性收入分配问题才重新进入研究者的视野中，其中的原因是多方面的。本章试图通过对工资份额稳定性的考察，梳理功能性收入分配研究的发展脉络，为提出适用于分析发展中国家要素收入分配的分析框架奠定良好的基础。因此，本章主要包括两方面的内容：一是对工资份额稳定性提出和理论化过程进行简单回顾；二是在对要素收入分配长期考察的基础上构建要素收入分配的分析框架。

第一节　工资份额稳定性的提出

第一次世界大战带来的混乱对国民收入分配造成了重大影响，也引发了人们对收入分配问题的重新考量，收入分配格局是如何变动的？新的收入分配均衡状态该如何建立起来？这些问题引起了研究者们的深入思考。

Bowley（1920）认为，1914 年后的英国收入分配无疑发生了重大变化和调整，但对第一次世界大战结束后的收入分配进行系统研究时机尚未成熟，因为价格、收入和工资的变动尚未达到均衡状态。因此，尽管他对 1914 年后的收入分配变动很有兴趣，但他还是决定研究 1880~1913 年的收入分配变动，因为这是一个英国经济相对稳定及不确定性较少的时期。Bowley（1920）提出，国民收入是一个并不确切但被经常使用的概念，至少包括三个层面的内涵：一是在总量层面，指土地所有者、资本所有者、企业管理者和劳动者获得的总收入；二是在单位层面，指每英亩（1 英亩=4 046.86 平方米）土地、每 100 英镑资本和每周努力的单位报酬；三是指个体层面，指由所有权或者努力带来的收益。由于统计数据并不支持对这三种收入进行严格区分，因此，Bowley 将收入分为三个类别来进行分析：一是须交所得税的收入；二是工资；三是中间水平的收入，指的是那些不挣取工资但在 1894 年前每年获得少于 150 英镑或者在 1894 年后获得少于 160 英镑的收入。Bowley 清楚地知道，这样的分类法只是为了满足实证分析的需要，是缺乏逻辑性的。

依据该分类方法，Bowley 对英国 1880~1913 年的收入分配状况进行了研究，表 3.1 报告的是 1880 年和 1913 年的收入分配状况。根据研究结果，Bowley 指出，工资占国民收入的份额从 1880 年的 41.5%下降到了 1913 年的 35.5%，但是工资挣得者的工资增长了 34%。Bowley 没有明确提出，国民收入份额中的工资份额保持了稳定性。不过，通过对就业人口、工资水平和收入分配的系统分析，Bowley 指出许多比例和变动率显示的“恒定性”（constancy）意味着其中存在着固定的因果关系和必然性，这说明他已经对工资份额的稳定性有了猜测。

表 3.1　1880 年和 1913 年英国的收入分配

收入类别	1880 年			1913 年		
	人数/千人	收入总额/10^6英镑	收入占比/%	人数/千人	收入总额/10^6英镑	收入占比/%
工资	12 300	465	41.5	15 200	770	35.5
低于 160 英镑的中间收入	1 850	130	11.5	4 310	365	17.0
高于 160 英镑需上缴所得税收入，不包括工资挣得者	620	530	47	1 190	1 030	47.5
总计	14 770	1 125	100	20 700	2 165	100

资料来源：Bowley（1920）

Bowley 正式提出工资份额的稳定性是在 1937 年的著作中，他指出，从 1880 年开始，即使上溯到 1860 年，至 1935 年的期间，体力劳动者工资份额保持在 41%~43%，表明收入分配中存在着一种稳定状态。由此，可以得到的一般性结论是在 1880 年至 1913 年，或者 1911 年、1913 年至 1924 年，工资挣得者的收入占全部收入的比例没有发生明显的变化。Bowley 是第一个明确提出国民收入分配中工资份额保持稳定的经济学家，他关于工资份额保持稳定的论断也被称为“Bowley 定律”（Bowley’s Law）。但真正将 Bowley 的发现上升为定律离不开 Kalecki（1938）的贡献。

Kalecki（1938）系统地研究了体力劳动者的工资份额问题。之所以只研究体力劳动者，是因为Kalecki认为，体力劳动者的工资在统计上更为明确，而且，体力劳动者的工资份额问题更能进行理论分析。Kalecki（1938）自己没有开展对工资份额的实证研究，只是利用 Bowley（1920）等的实证数据来说明英国和美国工资份额的稳定性，数据显示在表 3.2 中。表 3.2 中的数据显示，无论是从长期看还是短期看，体力劳动者工资占国民收入的份额变动幅度很小。Kalecki（1938）认为有必要构建有效的模型来对这种"定律"（Law）进行解释。这就是将工资份额保持明显的稳定性称为定律的最初来源，而且，Kalecki（1938）还试图构建理论对这种"定律"进行解释。

表 3.2　体力劳动者工资在国民收入中的相对份额（单位：%）

年份	英国		美国	
	Bowley（1920）	Clark（1937）	King 和 Epstein（1930）	Kuznets（1937）
1880	43.5			
1909			33.7	
1911		36.5		
1913	39.3			
1924		38.2		
1925		37.5		
1926		37.0		
1927		38.3		
1928		38.2	32.4	
1929		37.3		40.0
1930		36.5		42.2
1931		38.6		42.0
1932		38.0		41.0
1933		37.5		37.8
1934		37.3		39.5
1935		36.7		39.5

资料来源：Kalecki（1938）

为了进一步验证工资份额的稳定性问题，Kalecki（1939）在综合了 Clark（1937）等多个数据的基础上，对英国和美国两个国家体力劳动者工资份额重新进行了统计，结果体现在表 3.3 中。对于英国而言，1911~1935 年，工资份额最高是在 1931 年的 43.7%，工资份额最低在 1911 年的 40.7%，相差 3 个百分点。美国工资份额最高是在 1923 年的 39.3%，最低是 1919 年和 1931 年的 34.9%，相差 4.4 个百分点。数据明确地显示，尽管两国的工资份额水平有明显的差异，但工资份额均在一定的范围内波动，这个波动的范围为 3~4 个百分点，表现了明显的稳定性特征。至此，工资份额稳定性被正式提出来。

表 3.3 20 世纪早期体力劳动者工资在国民收入中的相对份额（单位：%）

年份	英国	美国	时间	英国	美国
1911	40.7		1927	43.0	37.0
1919		34.9	1928	43.0	35.8
1920		37.4	1929	42.4	36.1
1921		35.0	1930	41.1	35.0
1922		37.0	1931	43.7	34.9
1923		39.3	1932	43.0	36.0
1924	43.0	37.6	1933	42.7	37.2
1925	40.8	37.1	1934	42.0	35.8
1926	42.0	36.7	1935	41.8	

资料来源：Kalecki（1939）

Bowley（1937）和Kalecki（1939）得到了工资份额在一定时期内保持相对稳定的结论，那么该结论是否被广泛接受？Keynes（1939）对该结论表示支持，他认为对于英国和美国而言，工资份额的稳定性在经济统计层面上是确实存在的，这是不容争辩和质疑的。同时，该结论也引发了广泛的质疑，质疑主要来自于三个方面：一是体力劳动者工资在国民收入中的份额保持稳定只是一些实证研究的结果，缺乏坚实的理论基础。二是统计上的问题。Kalecki（1939）将多个不同来源的数据集中起来按照一定的统计口径进行调整，数据的可信度问题仍然存在，而且他本人也清楚地知道这个缺陷。三是考察时间问题。对英国的考察时间为1911~1935年，对美国的分析时期为1919~1934年，共16年。在如此短的时间内，国民收入分配中的工资份额在 3~4 个百分点的幅度波动，并不意味着在更长时期内的工资份额也有稳定性。在更长的时期内，对工资份额的稳定性进行研究成为一种必然趋势。

第二节 工资份额稳定性：支持、质疑和理论化

一、工资份额稳定性的支持

工资份额保持稳定的论断得到了新古典理论的极大支持，但并不是说关于

工资份额是否保持稳定的争论出现后，新古典理论才给予支持的。实际上在Bowley（1937）提出工资份额在一定时期保持稳定的结论之前，新古典理论学者基于新古典理论的分析方法就发现了工资份额保持稳定的现象，最典型的研究就是 Cobb 和 Douglas（1928）的研究。因此，Bowley（1937）和 Kalecki（1939）提出工资份额稳定是否受到了新古典理论和分析方法的影响，这是难以确认的事。

假设在完全竞争的市场中，总量生产函数符合柯布–道格拉斯生产函数（Cobb-Douglas production function），表示为

$$Y = AK^{\delta} L^{\gamma} \tag{3.1}$$

其中，Y 表示总产出；A 表示技术水平；L 和 K 分别代表社会投入的劳动要素和资本要素；δ 和 γ 分别代表资本产出弹性系数和劳动产出弹性系数，并假设属于规模报酬不变型，即满足 $\delta+\gamma=1$。

首先来关注资本收入份额。资本的利率 r 等于边际产品 MP_K，那么资本的利润总额可以表示为 $R=rK$，则资本收入份额 α 可以表示为

$$\alpha = \frac{rK}{Y} = \delta \tag{3.2}$$

同理，劳动收入份额 β 就可以表示为

$$\beta = \frac{wL}{Y} = \gamma \tag{3.3}$$

式（3.2）和式（3.3）说明，要素的收入份额分别等于自身的产出弹性系数，资本和劳动收入分配格局将保持稳定不变。不过，需要着重指出的是，得到这样的结论需要一系列严格的假设条件。第一是生产函数符合柯布–道格拉斯生产函数，该函数在经济学教材中风靡一时，并不是该函数能够多么准确地描述现实的经济活动，部分原因在于这个函数演绎出来的结果符合新古典经济理论的预期，以及得到了资本和劳动收入分配格局稳定不变的结论，这使社会经济发展看起来相当和平与和谐（Piketty，2014）。第二是技术不变。技术条件保持稳定能够保证资本劳动替代弹性不变。第三是完全竞争的市场条件。离开这些假设，资本收益和劳动报酬就不等于要素的边际产品。正是在这一系列严格的假设下，才能得到资本和劳动收入分配格局稳定不变的结论。

Cobb 和 Douglas（1928）对美国 1899~1922 年的资本投入、劳动力投入和产出关系进行分析，得到的结果显示美国经济符合式（3.4）的关系。

$$Y = 1.01 \times K^{1/4} L^{3/4} \tag{3.4}$$

图 3.1 显示的是通过式（3.4）计算得到的产出指数拟合值和实际的产出指数，可以看到，拟合值和实际值之间有着较好的吻合度，说明在考察期间内美国的投入产出非常吻合柯布–道格拉斯生产函数。

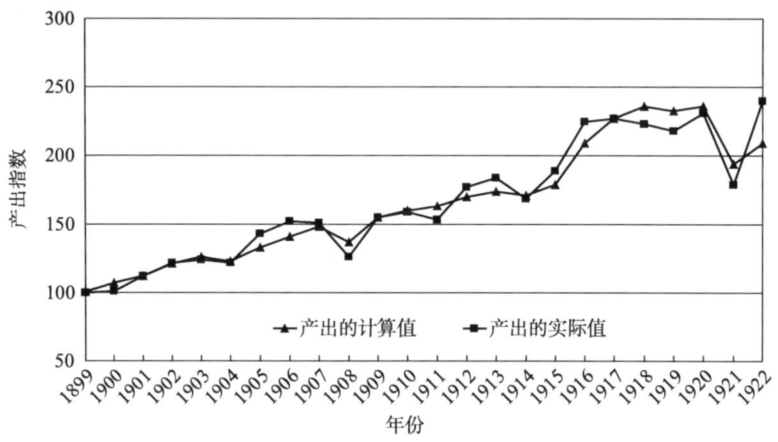

图 3.1 1899~1922 年美国的产出指数

资料来源：Cobb 和 Douglas （1928）

Douglas（1934）利用同样的方法对 1890~1926 年马萨诸塞州制造业和 1901~1927 年新南威尔士州制造业重新进行了估算，估算得到的生产函数分别表示为

$$Y = 1.007 \times K^{0.257} L^{0.743} \tag{3.5}$$

$$Y = 1.017\,9 \times K^{0.349\,6} L^{0.650\,4} \tag{3.6}$$

Douglas 的研究成果表明了以下结果：一是柯布–道格拉斯生产函数不仅能够很好地描述美国整体经济的投入产出关系，而且能很好地描述某个区域某个特定产业的投入产出关系；二是附带地对工资份额稳定的论断提供了极大的支持；三是尽管在一定时期内工资份额会保持较为稳定的状态，但是不同经济、不同产业工资份额的绝对水平可能存在较为明显的差异。

Arrow 等（1961）分析了资本劳动的替代和经济效率问题，并对资本和劳动的替代弹性进行了估计。假设生产函数为固定替代弹性生产函数，表示为

$$V = \gamma \left[\delta K^{-\rho} + (1-\delta) L^{-\rho} \right]^{-\frac{1}{\rho}} \tag{3.7}$$

其中，γ 为效率参数；ρ 为替代参数，可以表示为替代弹性 σ 的函数，$\rho = (1-\sigma)/\sigma$；δ 为分配参数。那么，劳动收入份额可以表示为

$$\frac{wL}{V} = (1-\delta)^{\sigma} \left(\frac{w}{\gamma} \right)^{1-\sigma} \tag{3.8}$$

进一步假设技术进步表示为 $\gamma(t) = \gamma_0 10^{\lambda t}$，则劳动收入份额可以写为

$$\frac{wL}{V} = (1-\delta)^{\sigma} \left[\gamma_0 10^{\lambda t} \right]^{\sigma-1} w^{1-\sigma} \tag{3.9}$$

对式（3.9）两边求导，整理可得：

$$\log\left(\frac{wL}{V}\right)=\left[\sigma\log(1-\delta)+(\delta-1)\log\gamma_0\right]+(1-\sigma)\log w+\lambda(\sigma-1)t \quad (3.10)$$

式（3.10）可以表示为可估计的等式（3.11）。

$$\log\left(\frac{wL}{V}\right)=\alpha_0+\alpha_1\log w+\alpha_2 t \quad (3.11)$$

其中，待估计的α_0，α_1和α_2可以分别表示为

$$\alpha_0=\sigma\log(1-\delta)+(\delta-1)\log\gamma_0 \quad (3.12)$$

$$\alpha_1=1-\sigma \quad (3.13)$$

$$\alpha_2=-\lambda(1-\sigma) \quad (3.14)$$

Arrow 等（1961）利用美国非农部门 1909~1949 年的数据进行了估计，得到的估计结果是α_1=0.431，α_2=− 0.003，进一步计算得到σ=0.569，$\lambda=0.08$。Arrow 等（1961）的分析意味着美国非农部门 1909~1949 年的要素替代弹性小于1，而且要素收入分配保持着较为稳定的态势。Douglas（1934）和 Arrow 等（1961）关于工资份额稳定的结果也是工资份额稳定性能够被新古典增长理论广泛接受的主要原因。

二、工资份额稳定性的质疑

自 Bowley（1937）和 Kalecki（1939）提出工资份额具有稳定的特征后，一些学者对此表示了质疑。Kuznets（1952）结合了之前对美国的经典研究，对工资份额的稳定性问题进行了探讨。这些经典研究包括：King（1919）对美国 1870~1910 年的相对份额的分析；Martin（1939）对 1899~1918 年的分析；NBER（1941）对1909~1938年的分析；美国商务部（USDC，1951）对1929~1948年的分析。这些研究得到的关于要素收入分配的数据显示在表 3.4 中。

表 3.4　1870~1948 年美国的要素收入分配（单位：%）

计算基础	时期	工资报酬	企业收入	服务收入	财产收入
King（1919）	1870~1880 年	50.0	26.4	76.5	23.6
	1880~1890 年	52.5	23.0	75.4	24.6
	1890~1900 年	50.4	27.3	77.7	22.4
	1900~1910 年	47.1	28.8	75.8	24.2
Martin	1899~1908 年	59.5	23.8	83.3	16.7
（1939）	1904~1913 年	59.6	23.3	82.9	17.1
	1909~1918 年	59.7	23.3	83.0	17.0
NBER	1909~1918 年	56.2	24.6	80.8	19.2
（1941）	1914~1923 年	59.2	22.5	81.7	18.3

续表

计算基础	时期	工资报酬	企业收入	服务收入	财产收入
NBER	1919~1928 年	61.7	19.5	81.2	18.8
（1941）	1924~1933 年	63.1	16.6	79.7	20.3
	1929~1938 年	64.9	15.9	80.8	19.2
USDC	1929~1938 年	64.1	14.7	78.8	21.2
（1951）	1934~1943 年	67.6	16.7	84.3	15.7
	1939~1948 年	69.6	18.4	88.0	12.0

资料来源：Kuznets（1952）

综合表 3.4 中的数据，如果重点从收入分配格局稳定性的角度去考察，相对于工资份额的稳定性，服务性收入和财产性收入分配体系的稳定性更加明显（Kuznets，1952）。King（1919）的计算表明，1870~1910 年的服务性收入份额保持在 75%~78%，财产性收入份额维持在 22%~25%的水平上。Martin（1939）的计算表明，1899~1918 年的服务性收入份额基本保持在 83%左右，而财产性收入份额大约在 17%。依据 NBER（1941）的分析显示，服务性收入份额维持在 79%~82%，而服务性收入维持在 18%~21%的水平上。服务性收入和财产性收入分配相对稳定的分配格局在 1929~1948 年发生了变化，具体表现为财产性收入分配的下降和服务性收入份额的上升，财产性收入份额下降了约 9 个百分点。Kuznets（1952）认为导致财产性收入份额下降有两个主要原因：一是资本产出比的下降，这主要是由于战争期间在资本存量没有增加的前提下大规模提高产出；二是长时期的低利率，这主要归因于政府为了向战争提供资金需要降低政府债券的成本。

至于工资份额的稳定性问题，表 3.4 中的研究数据则没有提供足够力度的支持。在 King（1919）考察的 1870~1910 年，工资份额的波动幅度为 5.4 个百分点，难以认为这是保持在相对稳定的状态。在 Martin（1939）考察的 1899~1918 年，工资份额倒是保持在相对稳定的状态，不过值得注意的是考察的时间只有短短 20 年。在 NBER（1941）考察的 1909~1938 年，工资份额发生了较为明显的变动，从 1909~1918 年的 56.2%一路上升到 1929~1938 年的 64.9%，变动的幅度达到 8.7 个百分点。另外，在美国商务部考察的 1929~1948 年，工资份额也发生了较为明显的变动。因此，可以得到直观的结论，工资份额难以在较长时期内保持稳定。

类似的结论也可以从非农部门的分析中得到。表 3.5 报告的是 Schuller（1953）对美国非农部门工资份额的分析。该研究没有提供 1899~1950 年统一口径的数据，而是提供了四组数据，它们的统计口径均不相同。由于同组数据的统计方法相同，有助于对工资份额稳定性问题的分析。第 1 组数据显示的是 1899~1918 年的工资份额变动趋势。工资份额最高的是 1909 年的 65.591%，最低的是 1916 年的 58.615%，相差约 7 个百分点。第 2 组数据显示的是 1909~1925 年的工资份额，在该时间段内，工资份额最高为 1924 年的 59.892%，最低为 1917 年的 50.796%，相差约 9 个百分点。第 3 组数据报告的是 1919~1938 年的工资份额，最高的是 1932 年的 74.368%，最低的是 1919 年的 61.064%，相差约 13 个百分点。第 4 组数据显示，工资份额最高的是 1933 年的 75.955%，最低为 1929 年的 59.652%，相差约 16 个百分点，也就是在这短短的四年中，工资份额就增加了约 16 个百分点，变动速度非常快。

表 3.5　1899~1950 年美国非农部门的劳动报酬份额（单位：%）

年份	第 1 组	第 2 组	第 3 组	第 4 组	年份	第 1 组	第 2 组	第 3 组	第 4 组
1899	60.373				1925		58.820	63.541	
1900	60.713				1926			62.545	
1901	63.103				1927			64.649	
1902	61.780				1928			63.895	
1903	62.120				1929			63.383	59.652
1904	65.560				1930			64.903	62.734
1905	63.132				1931			68.695	67.699
1906	63.913				1932			74.368	74.578
1907	63.893				1933			74.203	75.955
1908	64.262				1934			73.086	69.841
1909	65.591	55.988			1935			70.637	67.400
1910	62.109	54.181			1936			66.804	65.552
1911	64.895	55.217			1937			69.756	66.200
1912	65.482	55.672			1938			68.483	66.493
1913	63.565	54.627			1939				66.004
1914	64.463	54.751			1940				63.521
1915	63.745	54.592			1941				62.143
1916	58.615	51.285			1942				61.879
1917	59.555	50.796			1943				62.443
1918	64.889	55.555			1944				62.786
1919		55.201	61.064		1945				64.157
1920		58.413	63.992		1946				65.812
1921		58.881	62.892		1947				66.217
1922		59.183	64.551		1948				64.427
1923		59.522	64.582		1949				61.174
1924		59.892	64.452		1950				64.112

资料来源：Schuller（1953）

为了更直观地显示工资份额在长时期内的变动态势，将表 3.5 中的数据显示在图 3.2 中。可以发现，第 2 组数据明显位于其他数据下方，没有显示较好的衔接性。如果把第 2 组数据向上平移 9.7 个百分点，可以发现，第 2 组数据的 1909~1918 年的部分和第 1 组数据实现了较好的吻合，而 1919~1925 年的部分变动趋势与第 3 组数据保持一致。从图 3.2 显示的工资份额变动态势看，大致可以估计出在 1899~1950 年美国非农部门工资份额在 60%~75%变动，变动幅度为 15 个百分点。结合 Bowley（1937）关于变动幅度在 3 个百分点就可以认为具有稳定性的观点，可以认为，工资份额保持稳定可能是在较短时期内的一种现象，如果将考察时间拉长，这种稳定性可以说是荡然无存。

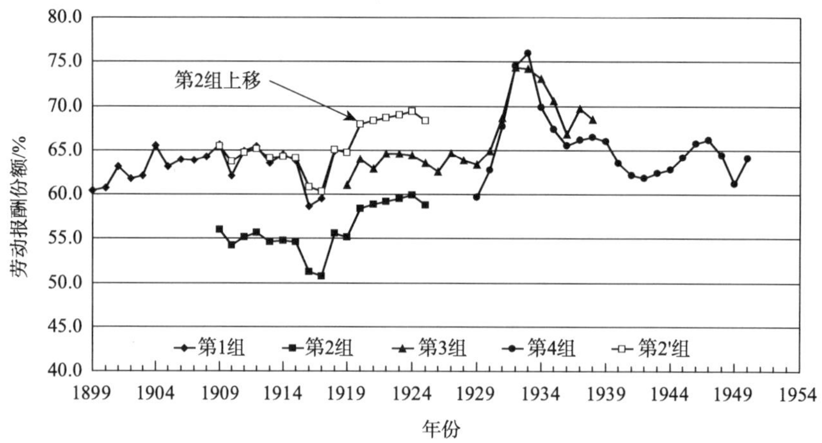

图 3.2　1899~1950 年美国非农部门的劳动报酬份额

资料来源：Schuller（1953）

工资份额具有稳定性特征被提出来以后，该观点也被一些经济学家所接受，他们普遍认为，资本主义经济中存在一种自我调节机制，能够自动地对收入分配进行调节，使之长期保持稳定的态势，或者说，在工资份额稳定的背后隐藏着一些驱动因素，这些驱动因素导致工资份额往相反方向变动，最后综合起来就表现为工资份额的相对稳定性。其中，Kuznets（1959）的观点最具代表性。他指出，如果能够观测到工资份额和其他经济统计变量一样保持稳定性，那么，这也要归因于那些决定因素产生的相反效应之间的平衡。Kuznets（1959）的观点表明，观测到工资份额稳定也不足为奇，该现象可能是背后隐藏的多种因素共同作用的结果。

对宏观层面的要素收入分配进行解构，以寻找隐藏在表面现象下的经济决定因素及作用机制，成为研究的一个重要发展方面。Denison（1954）认为，宏观层面国民收入的功能性分配变动反映的是综合效应，它包括了经济同质部门中的收入分配变动，也包括了不同经济活动相对规模的变动，后者是价格变动导致的资源配置变动。基于此认识，Denison（1954）从产业结构变动的角度对功能性收入分配进行了研究。很多研究认为，Solow（1958）对工资份额的产业分析是这一方面的开山之作。其实不然，最早运用产业结构分析方法对总的收入分配变动进行解构的应该是 Denison（1954），他发现，产业结构变动使工资份额有增加的趋势，但是，产业内工资份额有下降的趋势，这两者结合起来降低了工资份额的波动幅度，使之最终呈现一种总体上的稳定性。Levinson（1954）的分析发现，在工会部门中产业内的收入份额变动远远大于产业间的变动，他认为工会组织及集体谈判有助于劳动收入份额的稳定。Solow（1958）对美国1928~1955年的研究发现，无论是在产业内部还是在产业之间，工资份额稳定性难以得到确凿证据的支持，美国 1928~1955 年的工资份额有明显的增长趋势。

从产业结构变动的角度，对宏观的功能性收入分配问题进行解释和分析，已经成为质疑工资份额稳定性的常用方法。Young（2010）分析了美国 1958~1996 年的劳动收入份额问题，他发现在该考察期内，总的劳动收入份额保持在 65%~70%，具有比较明显的稳定性特征，而且劳动收入份额接近三分之二，是一个重要的宏观经济比例。Young（2010）进一步将 35 个产业数据合并成农业、制造业和服务业进行分析，数据显示在图 3.3 中。从图 3.3 可知，在 1958~1996 年，农业部门的劳动收入份额呈现了非常明显的下降趋势，1958 年和 1996 年相差约 20 个百分点。制造业部门的劳动收入份额在 1958~1980 年基本上在 70%~75%波动，1980 年后，劳动收入份额一路走低，1996 年在 67%左右，下降的趋势非常明显。相反的是，服务业的劳动收入份额在增加。可见，产品生产产业的劳动收入份额在下降，同时服务产业的劳动收入份额在上升。尽管劳动收入份额在总体上是稳定的，但在产业层面上是不稳定的，美国能够在较长时期内实现劳动收入份额总体上的稳定，这要归功于服务产业的快速增长。

三、工资份额稳定的理论化

从对功能性收入分配问题的历史考察中可以发现，在20世纪60年代之后，功能性收入分配问题研究日渐式微，经济学家对该问题的研究兴趣逐渐消减，该问题再也不是研究热点。是什么导致了功能性收入分配问题不被人们所重视？主要原因有三：一是美国的功能性收入分配在第二次世界大战后一直保持稳定的态势。尽管 Bowley（1937）和 Kalecki（1939）提出工资份额具有稳定性没有坚实的理论基础，只是基于一段时间的观察所得，但是真实经济运行所表现出来的劳动收入份额相对稳定的表现极大地支持了该猜测，使劳动收入份额稳定的观点逐渐占据人们的视野。二是新古典经济理论和分析方法的支持。Douglas（1934）、Arrow 等（1961）和 Ferguson（1968）等提出的新古典分析方法从理论上阐明了功能性收入分配变动的驱动因素，而且新古典理论还从理论上解释了功能性收入分配保持稳定的机制，一些驱动力对劳动收入份额的影响相互抵消，最终保证了

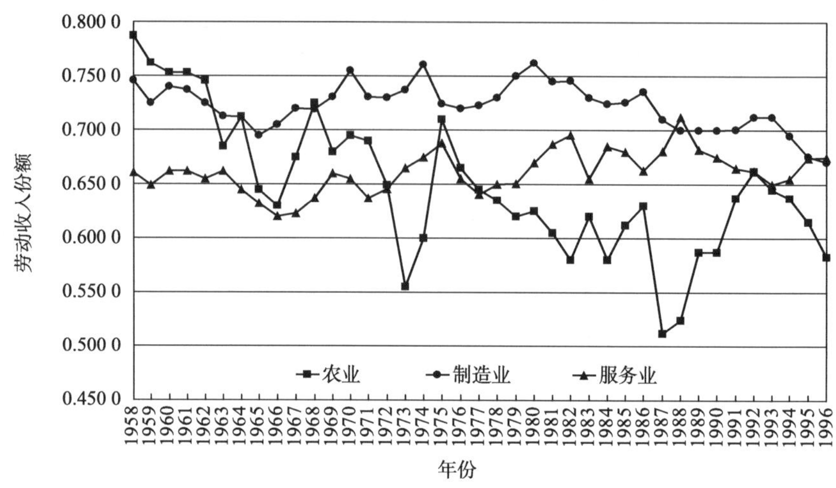

图 3.3　1958~1996 年美国产业的劳动收入份额

资料来源：Young（2010）

它的稳定性。三是工资份额稳定的理论化。当一些经济学家将工资份额稳定作为经济运行的基本特征，而且是保证经济增长必要的前提条件时，从而将工资份额稳定纳入经济增长理论中时，人们对它的质疑声随之下降，从而先验地认可了工资份额具有稳定性的特征。

Klein 和 Kosobud（1961）认为，经济学家在构建理论时，经常将他们的推理构建在经济变量间的重要比例上，他们总结了经济中的五大比例，分别是储蓄收入比、资本产出比、劳动收入份额、货币周转速度和资本劳动比。Klein 和 Kosobud（1961）分析了美国 1900~1953 年的劳动收入份额，发现劳动收入份额有波动，但总体上显示了稳定性。在同一年，Kaldor（1961）指出，为了有效地解释资本主义社会的经济发展过程，在构建理论中有必要以若干“特征性事实”为前提，其中的一个“特征性事实”就是收入中的利润份额和产出中的投资储蓄高度相关，当经济中某一时期投资系数（产出中的投资储蓄）为常数时，利润份额（工资份额）将保持稳定。工资份额的稳定意味着实际工资的增长率和生产率的增长率要保持一致。Kaldor（1961）在阐述“特征性事实”时是以 Phelps Brown 和 Weber 对英国的研究为支持材料的。该研究重点分析了英国 1870~1938 年的资本积累、生产率和收入分配问题，发现在该考察期中资本增长率和收入增长率保持一致，1870~1913 年和 1924~1938 年工资占收入的份额保持比较稳定的状态，而且，在该时期的资本收益率也保持在相对稳定的状态。但是该研究也表明，工资份额并不会在长期保持稳定的态势。

随着一些文献对工资份额保持稳定的认可，该命题似乎已经成为资本主义经济理论被加以确定。因此，大致在 20 世纪 60 年代中期之后，对功能性收入分配问题的研究逐渐消减。而实际上，理论是一方面原因，经济实践又是另一个重要原因，因为西方经济体在 1945~1970 年的功能性收入分配基本上保持在一个比较稳定的状态，有些国家劳动收入份额还有上升的趋势。这两方面因素共同作用导致了功能性收入分配研究的逐渐沉寂。直至 20 世纪 70 年代后，西方大多数国家的要素收入分配格局开始发生重大变化，出现了收入分配格局向资本方倾斜的态势，这才重新唤起了人们对该问题的重视，要素收入分配的研究又重新进入人们的视野，不过这已经是 21 世纪初的事了。

第三节 发达国家要素收入分配的考察

一、长期考察

要素收入分配的稳定和变动问题引发了广泛的讨论，很多研究注意到，随着经济的发展，经济结构也发生了很大变化，尤其是雇佣结构发生了很大变化，自我雇佣者的大量产生和大量消失都会影响要素收入分配结构。因此，一些研究者重新分析了自我雇佣者的收入分配，将自我雇佣者的收入按不同的统计口径分析，发现要素收入分配趋势存在一定的稳定性。同时，也有很多研究认为，要素收入分配保持一定的稳定性只不过是一定时期内的常见形态，如果将考察期延长，就会发现要素收入分配变动是常态。因此，从长期的角度对要素收入分配进行分析是必要的。而且，从长期考察要素收入分配，有助于对经济增长和收入分配有更全面的认识。

1. 英国的要素收入分配

图3.4显示的是英国1820~2010年的要素收入分配格局，表现了明显的阶段性变化特征。依据要素收入分配变动态势可以将 1820~2010 年分为三个阶段。第一个阶段是1820~1860年。这个时期内，劳动收入份额表现了明显的下降趋势，从1820年的 60.0%下降到 1860 年的 57.0%，下降的幅度为 3 个百分点。第二个阶段是1860~1970 年。该时间段比较长，历时 110 年。在该时间段内，要素收入分配格局发生了显著变化，劳动收入份额从1860年的57.0%上升到1970年的80.4%，上升了约 23 个百分点。资本收入份额则从 1860 年的 43.0%下降到 1970 年的 19.6%，要素收入分配的变动非常明显。第三个阶段是 1970~2010 年。在该阶段，劳动收入份额呈现了下降趋势。2000 年的劳动收入份额为 72.3%，比 1970 年下降了约 8 个百分点。可见在这短短的30年内，要素收入分配的变动也是非常迅速的。因此，英国要

素收入分配的历史考察表明，要素收入分配在长期保持稳定的结论是难以成立的。

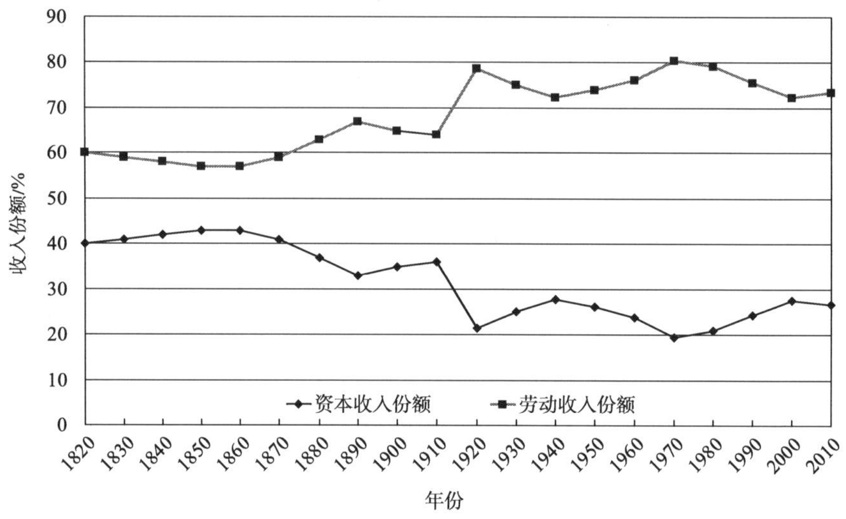

图 3.4　1820~2010 年英国的要素收入分配

资料来源：Piketty（2014）

2. 法国的要素收入分配

从长期看，法国的要素收入分配将呈现怎样的变动态势和特征？图 3.5 显示的是法国 1820~2010 年的要素收入分配的动态，也显示出阶段性变化的特征。同样可将法国要素收入分配分为三个阶段：第一个阶段是 1820~1860 年。在该时间段内，劳动收入份额从 1820 年的 70.0%下降到 1860 年的 56.6%，下降了近 15 个百分点，下降的速度非常快。第二个阶段为 1860~1980 年。在该时间段内，如果忽略 1940 年左右的要素收入分配格局突变的情况（可能是由战争引起的），可以认为，要素收入分配经历了明显的、持续的上升趋势。劳动收入份额从 1860 年的 56.6%上升到 1980 年的 80.9%，上升了大约 24 个百分点。资本收入份额则从 43.4%下降到了 19.1%，变动趋势非常明显。第三个阶段是 1980~2010 年。在该阶段，要素收入分配格局开始向资本方倾斜，在短短 30 年内，劳动收入份额 2010 年下降到了 74.0%，下降了近 7 个百分点。

3. 美国的要素收入分配

图 3.6 显示的是美国 1850~2010 年的要素收入分配关系。考察要素收入分配变动的态势，可以将考察期 1850~2010 年分为两个阶段。第一个阶段是 1850~1970 年。要素收入分配开始向劳动方倾斜，劳动收入份额从 1860 年的 39.9%上升到 1970 年的 73.6%，上升了近 34 个百分点。第二个阶段是 1970~2010 年。劳动收入

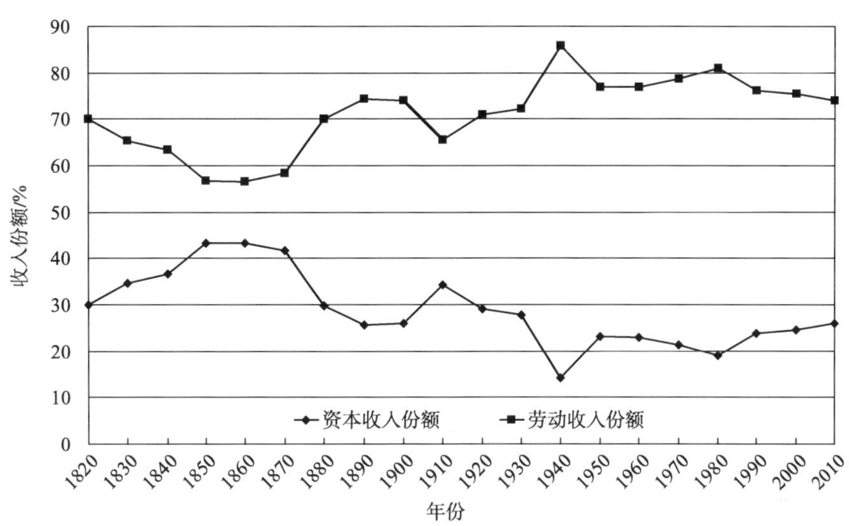

图 3.5　1820~2010 年法国的要素收入分配

资料来源：Piketty（2014）

份额从 73.6%下降到 63.7%，下降了近 10 个百分点。下降的速度非常快。由于美国缺少 1820~1840 年的数据，难以从国家比较的角度揭示要素变动的阶段性特征。为了尝试解决该问题，我们在大量参考其他资料的基础上，对美国的要素收入分配进行了推算，由图 3.6 可见美国 1820~1840 年的劳动收入份额也呈现下降的态势，而资本收入份额呈上升的态势。可见，英国、法国和美国的要素收入分配呈现相同的阶段性变动特征。

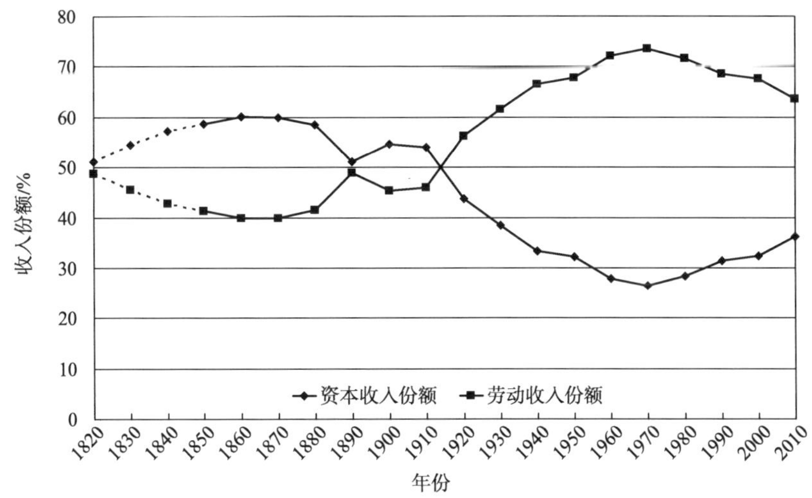

图 3.6　1820~2010 年美国的要素收入分配

资料来源：1820~1840 年的数据根据资料推算，1850~2010 年的数据来自 Piketty（2014）

综合上述三个国家要素收入分配的变动态势，可以认为要素收入分配具有以下特征：第一，在1860年前，劳动收入份额呈逐渐下降的态势，要素收入分配向资本方倾斜；第二，在 1860~1970 年，要素收入分配格局向相反方向调整，其间虽有世界性的大规模战争影响，但劳动收入份额仍有显著上升，在度过了第二次世界大战结束后的黄金时期，劳动收入份额达到了历史的最高水平；第三，1970~2010 年，要素收入分配格局被再次逆转，劳动收入份额开始快速地下降近 10 个百分点，再次进入下行的通道。

二、1970~2010 年的考察

由于大部分发达国家在 20 世纪 70 年代开始经历长时间的劳动收入份额下降，因此有必要对其进行重点考察，为要素收入分配分析框架的确立寻找依据。图 3.7 显示的是美国等 8 个国家 1970~2010 年的劳动收入份额。图 3.7 直观地显示，自 20 世纪 70 年代开始，这些国家的劳动收入份额呈现一个长期的下降趋势。表 3.6 报告的是这些国家在这个考察期中劳动收入份额的最大值和最小值及具体的时间。表3.6 中的数据显示，除意大利外，其余 7 个国家的劳动收入份额最大值均在 20 世纪 70 年代，一般是在 1975 年左右。最小值基本集中在 2007 年左右。因此，综合图 3.7 和表3.6，可以认为，20 世纪 70 年代开始到 21 世纪的第一个十年间，发达国家的劳动收入份额经历一个持续下降的过程。表 3.6 还显示了变动的幅度。美国、英国、德国和加拿大的变动幅度在 10 个百分点以下，日本、法国、意大利和荷兰的变动幅度在 10 个百分点以上。美国的变动幅度最小，仅为 5.9 个百分点。日本的变动幅度最大，达 15.2 个百分点。依据这些数据，可以直接驳斥劳动收入份额稳定的观点。

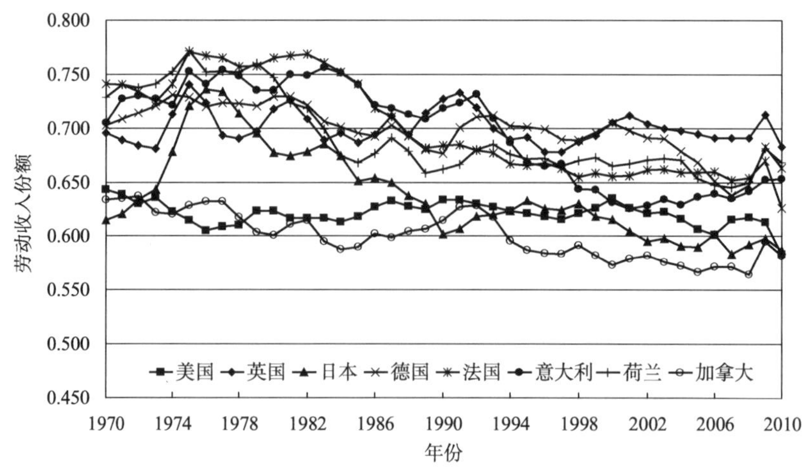

图 3.7　1970~2010 年美国等八国的劳动收入份额

资料来源：依据 WORLD KLEMS Data 计算得到

表 3.6　美国等八国的劳动收入份额的变动幅度

国家	最大值		最小值		变动幅度
	数值	年份	数值	年份	
美国	0.643	1970	0.584	2010	0.059
英国	0.741	1975	0.678	1997	0.063
日本	0.736	1976	0.584	2007	0.152
德国	0.731	1974	0.638	2007	0.093
法国	0.771	1975	0.627	2010	0.144
意大利	0.756	1983	0.626	2001	0.130
荷兰	0.771	1975	0.646	2007	0.125
加拿大	0.637	1972	0.565	2008	0.072

资料来源：依据 WORLD KLEMS Data 计算得到

那么，发达国家要素收入分配变动的驱动力是什么？首先来关注发达国家的产业结构和就业结构变化。表 3.7 显示的是美国等八国在 1970 年、1980 年、2000 年和 2010 年的产业结构。通过产业结构的比较可以发现，这些发达国家的产业结构变化主要体现在第二产业和第三产业，而不是第一产业。第一产业增加值比重在 1970 年基本为 2%~7%，到 2010 年，第一产业增加值的比重下降到 1%~2%，变动幅度较小。当然，即使第一产业完全消失，最大的变动幅度也不会超过 7 个百分点。第二产业增加值比重在 1970 年差异比较明显，最高为德国的 60.5%，最低为法国的 45.5%，到 2010 年第二产业增加值比重明显下降。德国下降到 42.8%，法国下降到 26.5%，下降的幅度分别约为 18 个和 19 个百分点。与此相对应的是第三产业增加值比重的上升，1970 年第三产业增加值比重约为 40%，2010 年该比重上升到 60%~70%，上升的幅度非常明显。因此，在 1970~2010 年，这些发达国家的产业结构变动主要体现在第二产业和第三产业上，其中第二产业增加值比重下降而第三产业增加值比重上升。

表 3.7　1970 年、1980 年、2000 年和 2010 年美国等八国的产业结构

国家	1970 年			1980 年			2000 年			2010 年		
	第一产业	第二产业	第三产业	第一产业	第二产业	第三产业	第一产业	第二产业	第三产业	第一产业	第二产业	第三产业
美国	0.024	0.468	0.508	0.020	0.447	0.533	0.008	0.331	0.660	0.010	0.284	0.706
英国	0.021	0.526	0.452	0.015	0.500	0.485	0.008	0.367	0.625	0.006	0.289	0.705
日本	0.039	0.573	0.388	0.024	0.505	0.472	0.012	0.419	0.570	0.010	0.395	0.595
德国	0.024	0.605	0.371	0.016	0.538	0.446	0.009	0.432	0.559	0.007	0.428	0.566
法国	0.064	0.455	0.481	0.035	0.432	0.533	0.021	0.330	0.648	0.017	0.265	0.719

续表

国家	1970年			1980年			2000年			2010年		
	第一产业	第二产业	第三产业	第一产业	第二产业	第三产业	第一产业	第二产业	第三产业	第一产业	第二产业	第三产业
意大利	0.070	0.514	0.416	0.047	0.509	0.444	0.023	0.398	0.578	0.016	0.357	0.627
荷兰	0.045	0.493	0.463	0.031	0.430	0.539	0.022	0.344	0.634	0.016	0.321	0.663
加拿大	0.037	0.475	0.488	0.034	0.475	0.490	0.019	0.440	0.540	0.014	0.341	0.645

注：第一产业是指按照 ISIC 分类的 A-B 的产业；第二产业是指按照 ISIC 分类的 C-F 的产业；第三产业是指按照 ISIC 分类的 G-P 的产业

资料来源：WORLD KLEMS Data

表 3.8 显示的是美国等八国就业结构的变动。这些国家在就业结构变动上存在明显的差异。日本、法国和意大利在 1970 年时第一产业就业比重处于较高水平，为 16%~20%，其余国家的第一产业就业比重均在 10%以下，到 2010 年，这些国家的第一产业就业比重均下降到 4%以下。因此，尽管第一产业就业比重下降的幅度存在很大差异，但总体趋势均表现为下降。这些国家的第二产业比重普遍呈下降趋势，但下降的幅度有差异。英国和德国的下降幅度最大，达到 20 个百分点以上，日本和加拿大的下降幅度最小，仅为 11 个百分点左右，差异比较明显。第三产业就业比重的变动比较一致，均有显著的上升，多数国家的上升幅度在 20 个百分点以上。综合以上，可以认为，在 1970~2010 年，尽管发达国家的结构变动幅度不如发展中国家，变动的内容也不同，但是结构变动确实是存在的。

表 3.8　1970 年、1980 年、2000 年和 2010 年美国等八国的就业结构

国家	1970年			1980年			2000年			2010年		
	第一产业	第二产业	第三产业	第一产业	第二产业	第三产业	第一产业	第二产业	第三产业	第一产业	第二产业	第三产业
美国	0.044	0.331	0.625	0.034	0.293	0.673	0.018	0.220	0.762	0.016	0.172	0.812
英国	0.031	0.418	0.551	0.025	0.361	0.614	0.012	0.227	0.761	0.012	0.179	0.809
日本	0.169	0.357	0.474	0.101	0.351	0.548	0.048	0.309	0.643	0.039	0.250	0.711
德国	0.085	0.487	0.428	0.052	0.429	0.519	0.026	0.328	0.645	0.016	0.271	0.713
法国	0.160	0.394	0.446	0.107	0.361	0.532	0.046	0.246	0.708	0.030	0.209	0.761
意大利	0.201	0.388	0.411	0.142	0.379	0.488	0.047	0.306	0.647	0.038	0.276	0.685
荷兰	0.061	0.351	0.589	0.052	0.297	0.651	0.032	0.213	0.755	0.031	0.168	0.802
加拿大	0.076	0.298	0.626	0.049	0.273	0.678	0.033	0.218	0.749	0.021	0.190	0.789

资料来源：U.S. Bureau of Labor Statistics, International Labor Comparisons

结构变动是西方发达国家要素收入分配变动的主要驱动力吗？对于 20 世纪 70 年代以来的劳动收入份额的下降，现有的研究很少从结构变动的角度来进行考察，而是认为技术进步、要素替代、经济一体化和金融化可能是要素收入分配变动的主要驱动力（Brada，2013；Hogrefe and Kappler，2013；Kristal，2013；Karabarbounis and Neiman，2014；Hein，2015；Dünhaupt，2017）。Hogrefe 和 Kappler（2013）对 OECD 国家的要素收入分配变动的分析显示，资本产出比和全要素生产率变动是导致劳动收入份额变动的主要因素，即技术进步是要素收入分配格局变动的主要驱动力。Kristal（2013）的研究支持了上述观点，认为技术进步的偏向性在慢慢侵蚀劳动方的地位，劳动方的谈判力量在逐渐衰减，致使要素收入分配向资本方倾斜。Karabarbounis 和 Neiman（2014）则认为资本品价格的降低导致资本对劳动的替代，致使劳动收入份额下降。但是，也有研究对此提出了相反的看法，认为资本劳动比不存在下降的现象（Lawrence，2015）。金融化也被认为是劳动收入份额下降的主要原因，主要的影响路径如下：一是金融部门的快速扩张导致的结构变动降低了劳动收入份额；二是管理阶层报酬和食利阶层利润的增加降低了劳动收入份额；三是金融化削弱了工会组织的谈判力量，促使劳动收入份额下降（Hein，2015；Dünhaupt，2017）。可见，西方发达国家的劳动收入份额下降的驱动力问题尚无定论。不过值得肯定的是，结构变动不是要素收入分配变动的主要驱动力，这可能是与发展中国家的最大差异，因为西方发达国家的经济发展在 1970 年已进入新古典经济阶段，而发展中国家则处于二元经济阶段。

第四节　本书分析框架的确立

国内有研究认为，经济发展和劳动收入份额之间呈 U 形关系（李稻葵等，2009），即在经济增长初期，劳动收入份额呈下降趋势，在经济增长的后期，劳动收入份额呈止降回升的趋势。而一些研究认为，劳动收入份额回升后还会再次下降（徐圣和黄先海，2014），具体的形状显示在图 3.8 中。图 3.8 中横坐标 GDP*P* 表示人均 GDP。综合本章对英国、法国和美国要素收入分配的长期考察，以及对部分发达国家 1970~2010 年劳动收入份额变动的分析，可以认为图 3.8 中的经济增长中的劳动收入份额变动态势基本上是成立的。暂且先不对经济增长中的要素收入分配展开研究，这部分研究将放到第四章进行。假设劳动收入份额的变动态势如图 3.8 所示，那么，发达国家在 1970~2010 年的劳动收入份额下降就可以视为 *DE* 阶段，而发展中国家随着经济增长劳动收入份额先降后升就基本上属于 *ABC* 阶段。例如，中国自改革开放后的劳动收入份额的持续下降，以及到 2007 年后止降回升的变动态势就接近于 *ABC* 阶段，不过目前的回升还未到 *C* 点。虽然图 3.8 中 *AB* 阶段和 *DE* 阶段的劳动收入份额均表现为下降态势，但是其驱动力是完全不一样的。仅从结构变动来分析，*AB* 阶段的结构变动主要体现为第一产业比重下降和第二、三产业比重不断上升，而 *DE* 阶段的结构变动主要体现为第二产业比重持续降低和第三产业比重上升。初步的分析发现，*DE* 阶段的劳动收入份额变动主要驱动力在于资本深化和技术进步，而不是结构变动。可惜的是，到目前为止研究者尚无法提出一个统一的分析框架对发达国家和发展中国家的要素收入分配进行分析（Brada，2013）。本书认为，同样是劳动收入份额下降，发展中国家的分析框架就应该与发达国家的分析框架区分开来，因为劳动收入份额变动的驱动力不同，所以采用的分析框架自然也不相同。

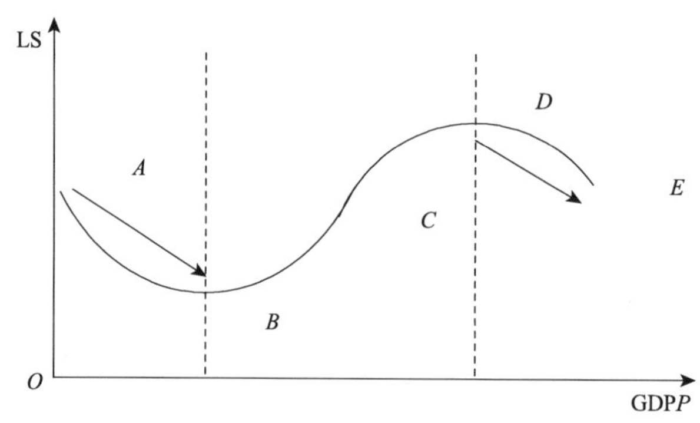

图 3.8　经济增长中的劳动收入份额变动

判定要素收入分配分析框架的优劣至少有两方面的标准：一是从横向看，该分析框架能否解决众多国家面临的具有共性的要素收入分配问题；二是从纵向看，该分析框架能够解释要素收入分配动态的时间是否足够长。对发达国家进行研究的分析框架明显就不能应用于发展中国家面临的问题，因此有必要建立一个适用于发展中国家要素收入分配研究的分析框架。这样的分析框架可以总结为三个层面。

一、要素转移和结构变动

20 世纪 60 年代之前对美国和英国的研究中就已经提出了结构分析的思想，不过那时人们不是用其解释劳动收入份额的变动，而是用来解释劳动收入份额的稳定性。人们普遍认为，尽管在较短时期内美国在总体层面上的劳动收入份额具有稳定性，但是后面隐藏的是较为明显的结构变动。一个合理的解释是，不同部门的劳动收入份额发生了相反的变动态势，部门效应综合后的总体效应表现为劳动收入份额相对稳定。因此，有些研究者就认为，在资本主义经济中存在一种自我调节的机制，能够使要素收入分配格局保持在大致的稳定状态，因此，Kaldor（1961）认为关于工资份额稳定的特征性事实是存在的。Garvy（1954）认为，功能性收入分配在短期主要反映经济周期各个阶段的资源利用情况，而在长期主要反映经济结构的变动，以及在某个部门中要素投入比例的结构性变动。Gallaway（1964）则考察了要素收入分配理论，他发现要素收入分配理论可以分为两类：一类是微观理论，以新古典收入分配理论为代表；另一类是宏观理论，以后凯恩斯收入分配理论为代表。结构分析方法可以将这两种泾渭分明的理论很好地融合在一起。这可能预示着，对经济增长中的要素收入分配进行研究，结构变动可能是一个较好的切入点。

在要素收入分配分析中强调结构分析方法，不仅有深远的理论基础，也有坚实的现实基础。那就是不同产业的生产方式不同，要素投入是不一样的，生产组织方式也是不一样的，而生产方式不同决定了分配方式的不同。改革开放后，家庭联产承包责任制的实施使农业生产基本上是以家庭为单位组织实施的。仅以江南一带为例，由于土地稀少，家庭生产投入的资本品非常有限，设备也就仅限用于水稻脱粒的打稻机、用于喷洒农药的喷雾机、用于分离好谷和秕谷的风车及用于运输的手拉车，而这些设备全部是由人力驱动的，因此在这样的生产方式下，家庭收入就自然地偏向于劳动，农业部门的劳动收入份额也是最高的。工业部门的典型生产方式是要有一块可用于建造厂房和安置设备的土地，要有厂房和生产设备，要雇佣一些能够从事生产活动的劳动者。这样的生产组织方式的特点是企业必须有大量的资本投入生产中，因此在共同创造的价值分配中，企业肯定要获得与投入资本相对应的资本剩余。这就导致了在工业部门的收入分配中，劳动收入份额可能处于较低的水平。服务业部门的要素投入和生产方式就是另一番景象了。以城市中随处可见的餐饮店为例。当企业主选址完成后，接下来就会购置厨房设备和家具，并进行简单的装修且很快地营业。这些服务业企业投入的资本就包括场地租赁费和设备购置费，投入的资本较少，资本劳动比维持在较低水平。尽管当前已经有机器人替代服务员的尝试，但这种尝试最终还是失败了。在这样的生产组织方式下，劳动收入份额不会处于很低水平，因为这些服务业是劳动力密集型服务业。类似的还有快递业。因此，结构变动是一个重要的分析角度。

二、资本深化和技术进步

延续前面的分析思路，当对某一特定产业进行考察时，可以发现，该产业的要素收入分配并非一成不变。以农业部门为例。在工业化进程中，农业部门的劳动力向工业部门转移以至于本部门的就业量持续下降，但农业部门创造的价值不仅没有下降，反而增加了。究其原因，是因为农业部门的生产方式发生了根本性的变化，原来依靠劳动力开展的大量工作被机械化替代了。例如，原来用人力驱动的打稻机被自动化的收割机取代了，而且这个环节采用了外包的方式以充分发挥规模经济；原来依靠人力驱动的手拉车被拖拉机和汽车取代了，运输效率大幅度提高了。采用这些机械设备后，单个劳动力能够种植的土地面积扩大了。从要素投入的角度看，农业部门的生产方式发生了根本性变化，生产者投入了大量的资本来替代劳动力，实现了劳动力的节约，使生产中的资本劳动比提高了。更多的资本投入生产中实现了对劳动的替代，这就是资本深化。

一些研究认为，20 世纪 70 年代以来，发达国家劳动收入份额下降的主要原因是资本深化和技术进步（Kristal，2013；Karabarbounis and Neiman，2014）。实际上，资本深化和技术进步并非发达国家的专利，发展中国家在工业化进程中同样会发生资本深化和技术进步。在发展中国家的经济发展初期，资本总是稀缺的，而劳动力总是充裕的。随着农村劳动力向工业部门转移和工业部门的扩张，资本积累的速度加快，资本稀缺的局面得以缓解，而劳动力的工资水平开始上涨，资本和劳动的相对价格开始发生变动。企业主的理性决策就是用价格相对低廉的资本替代价格相对较高的劳动，使资本深化。资本深化会影响要素收入分配，但受到要素替代弹性变化的影响。与资本深化一样，技术进步也是影响要素收入分配的重要因素。我们通过对发展中国家的研究发现，在经济增长初期，经济增长方式是粗放式的，主要的驱动力就是要素的不断投入。随着经济的进一步发展，这种粗放式的增长方式将逐渐让位于集约型增长，即逐渐发挥技术进步的作用。技术进步对要素收入分配的影响也受到要素替代弹性的影响。以资本增强型技术进步为例。当要素替代弹性大于 1 时，技术进步会提升劳动收入份额；当要素替代弹性等于 1 时，技术进步并不影响要素收入分配；当要素替代弹性小于 1 时，技术进步会降低劳动收入份额。技术进步和资本深化在某些方面是相同的，有时很难区分。在产业和企业层面进行分析，资本深化和技术进步是两个重要的分析角度。

三、制度环境和谈判力量

收入分配问题必须置于特定的社会和政治环境中讨论，而这种环境是由制度决定的。如果将前面两个层次看作是市场力量，那么第三层次强调的是制度的力量，从制度的层面来呈现资本和劳动的相对谈判能力的变动及其对要素收入分配的影响。制度环境对要素收入分配的影响主要体现在两个方面：一是要素投入决策上；二是经济成果创造和分配上。西方国家普遍实施严格的就业保护制度。尽管这种制度被认为会导致劳动力市场刚性而广受诟病，西方国家也在不断地进行旨在增加劳动力市场灵活性的改革，但这种制度能够影响企业的要素投入决策，不至于使劳动者被轻易地排斥在经济活动之外。就业保护制度在经济调整期的作用尤为明显，它能够尽可能地保护劳动者使他们不被企业轻易解雇。影响经济成果创造和分配的重要制度是集体谈判制度。从理论上看，如果集体谈判制度能够实现工资水平和劳动生产率的同步增长，那么要素收入分配格局就会保持稳定。在20世纪初工资份额稳定性被提出时，甚至有很多人认为，工资份额稳定的主要原因在于工会组织和集体谈判制度，而不是其他因素（Levinson，1954）。当然这种观点值得商榷。我们通过对西方国家的研究发现，集体谈判制度能够有效阻止劳动收入份额下降，而工会化程度的降低是导致劳动收入份额下降的一个重要因素。集体谈判制度直接影响到企业的价值创造和价值分配。对于发展中国家而言，在经济增长初期资本是稀缺的，因此政府在经济发展初期大都倾向于采取歧视农业部门的政策，使农业部门的剩余劳动力向工业部门转移（蔡昉等，2001）。同时，发展中国家的政府也会降低劳动者权益保护的水平，进而促进资本的快速积累。可见，从制度环境和谈判能力的角度对发展中国家的要素收入分配进行研究，是十分必要的。

第五节　本章小结

本章首先回顾了工资份额稳定性提出及功能性收入分配研究的发展脉络。工资份额稳定性只是基于个别国家在较短时期内的工资份额变动态势而提出的，提出这样的论断没有理论基础，完全是依据工资份额的实际变动态势而提出的。自工资份额稳定性的论断被提出后，很多研究对此展开了实证分析，这些研究或支持了该论断或对该论断提出了质疑。后来，在20世纪60年代初，工资份额稳定性被理论化了，自此功能性收入分配问题研究基本上进入中断状态。直到21世纪初，功能性收入分配问题才重新进入研究者的视野中。

通过对发达国家要素收入分配的长期考察，可以发现，要素收入分配在长期保持稳定是站不住脚的。发达国家的劳动收入份额普遍经历了先下降、后上升、最后下降的变动过程。对于发达国家1970~2010年的劳动收入份额的下降，研究者从技术进步、要素替代和经济一体化方面进行了研究和解释。这样的分析框架可能不适用于发展中国家的要素收入分配问题研究。本章最后提出了适用于发展中国家的分析框架：第一层面是要素转移和结构变动，主要分析要素在产业间转移及产业结构变动对要素收入分配的影响，这也是发展中国家要素收入分配的基本分析框架；第二层面是资本深化和技术进步，主要适用于在产业和企业层面上分析资本积累、要素替代和技术进步对要素收入分配的影响；第三层面是制度因素和谈判能力，主要用于分析制度因素对要素相对谈判能力的影响，以及对要素收入分配的影响。

第四章　经济发展中的要素收入分配理论

传统的主流经济增长理论只承认一种经济增长类型，即新古典经济增长，而忽略了在发展中国家普遍存在的二元经济发展类型和阶段（蔡昉，2015）。同增长理论一样，要素收入分配理论也存在类似的问题。在古典收入分配理论之后要素收入分配理论再次进入研究者视野的时候，西方已经迈过刘易斯的二元经济阶段进入新古典的一元经济阶段，因此要素收入分配理论主要是受新古典及后续理论的影响而发展起来的。那么，二元经济发展阶段的要素收入分配理论该如何构建？国内学者在刘易斯的二元经济理论框架上对该问题进行了研究，也得到了一些很有见地的结论，但尚有一些关键性的问题未能解决，没有形成一种逻辑严密的收入分配理论。马克思在《资本论》的序言中说道："一个国家应该而且可以向其他国家学习。一个社会即使探索到了本身运动的自然规律，它还是既不能跳过也不能用法令取消自然的发展阶段，但是它能缩短和减轻分娩的痛苦。"这表明，通过对其他国家的经验进行研究来构建理论是十分必要的。因此，本章试图在二元经济典型特征的基础上，构建较完整的要素收入分配理论，以丰富该方面的研究。

第一节　现有理论的简单评述

中国自改革开放以来的长时期劳动收入份额下降引起了学者的广泛关注，对该问题的研究也层出不穷。由于缺乏对中国经济发展阶段的良好描述，因此要素收入分配问题的研究显得有点支离破碎，而且有些研究得到的结论让人匪夷所思。出现这种局面主要有两方面原因：一是错误地应用了理论基础。中国当前是一个具有鲜明二元经济特征的发展中国家，但一些研究利用新古典经济理论来解释中国经济现象。由于该理论不适用于解释当代二元经济结构特征明显的发展中国家的经济问题，因而常常见到力有不逮和捉襟见肘的现象（蔡昉，2015）。二是未能深入地对现有理论进行挖掘。在刘易斯的二元经济理论框架下对中国的要素收入分配问题进行研究，显然是合理的。但如果过于拘泥于刘易斯的分析框架，可能得不到合理的结论。例如，将经济只分为传统的农业部门和现代的工业部门，忽略了服务业部门。除此之外，还存在着忽视数理分析的问题，致使容易先验地得到结论。本书将在严格基于刘易斯二元经济理论的基础上，采用现有的分析框架对要素收入分配动态进行分析，以显示其中存在的问题。

假设在经济发展的初始时期，劳动力在农业部门的配置为 $L_1 = \bar{L} + L_s$，其中 $\bar{L}$ 表示边际生产率不为 0 的劳动力数量，L_s 为边际生产率等于 0 的劳动力数量。劳动力在工业部门的配置为 $L_2 = 0$。

假设工业部门有外生的资本形成，如国际产业资本的进入，开启了现代部门发展和经济增长的进程，那么，在刘易斯第一转折点之前的两个部门生产函数可以表示为

$$Y_1 = A_1 K_1^{1-\alpha} \bar{L}^{\alpha} \tag{4.1}$$

$$Y_2 = A_2 K_2^{1-\beta} L_2^{\beta} \tag{4.2}$$

其中，K_1 和 K_2 分别是两个部门的资本；K_1 可以看作是土地，因此可以视为保持不变；K_2 可以看作是由资本积累和外来资本进入形成；而且，$\alpha < \beta$。

按照刘易斯的理论，该阶段中农业部门存在剩余劳动力，工业部门只要提供一个生存工资 w_0 就可以将剩余劳动力吸引到工业部门就业。此阶段的劳动收入份额 LS 可以表示为

$$\text{LS} = \frac{A_1 K_1^{1-\alpha} \bar{L}^{\alpha} + w_0 L_2}{A_1 K_1^{1-\alpha} \bar{L}^{\alpha} + A_2 K_2^{1-\beta} L_2^{\beta}} \tag{4.3}$$

在式（4.3）中假设了农业部门的全部产出为劳动者所得。由于生存工资 w_0 低于工业部门的边际生产率，因此将劳动收入份额 LS 对转移劳动力 L_2 求导可以得到式（4.4）。

$$\frac{\text{dLS}}{\text{d}L_2} = \frac{(w_0 - \beta A_2 K_2^{1-\beta} L_2^{\beta-1}) Y_1 + (1-\beta) w_0 Y_2}{(Y_1 + Y_2)^2} < 0 \tag{4.4}$$

这就表明在农业部门剩余劳动力向工业部门转移的阶段，即刘易斯第一转折点到来之前，劳动收入份额是下降的。

在刘易斯第一转折点到来之后，劳动力转移进入第二阶段。第二阶段劳动力在部门间的初始配置状态可以表示为 $L_1 - \bar{L}$ 和 $L_2 = L_s$，即工业部门已经拥有了全部的剩余劳动力。第二阶段开始后，工业部门提高工资水平以继续吸引劳

动力转移，劳动力转移的数量表示为 L_c。那么，农业部门的劳动力数量为 $L_1=\bar{L}-L_c$，工业部门就业的劳动力数量为 $L_2=L_s+L_c$。

两个部门的生产函数可以分别表示为

$$Y_1=A_1K_1^{1-\alpha}(\bar{L}-L_c)^{\alpha} \tag{4.5}$$

$$Y_2=A_2K_2^{1-\beta}(L_s+L_c)^{\beta} \tag{4.6}$$

如果假设劳动力在部门间的转移成本为 0，工业部门可以用农业部门的工资水平吸引到劳动力，那么该阶段的劳动收入份额可以表示为

$$\mathrm{LS}=\frac{\alpha A_1K_1^{1-\alpha}(\bar{L}-L_c)^{\alpha-1}(\bar{L}+L_s)}{A_1K_1^{1-\alpha}(\bar{L}-L_c)^{\alpha}+A_2K_2^{1-\beta}(L_s+L_c)^{\beta}} \tag{4.7}$$

有研究认为，劳动收入份额在第二阶段一开始就会上升（徐圣和黄先海，2014）。也有研究认为，在该阶段的前期，劳动收入份额还将继续下降，因为工资的增长率还小于总产出的增长率，只有当工资的增长量等于总产出的增长率，劳动收入份额才会止降回升（陈宗胜和宗振利，2014）。为了显示劳动收入份额的动态，将 LS 对 L_c 求导，得到式（4.8）。

$$\frac{\mathrm{dLS}}{\mathrm{d}L_c}=\frac{\alpha(\bar{L}+L_s)Y_1\left[(\alpha-1)(Y_1+Y_2)+(\bar{L}-L_c)\left(\dfrac{\alpha Y_1}{\bar{L}-L_c}-\dfrac{\beta Y_2}{L_s+L_c}\right)\right]}{(\bar{L}-L_c)^2(Y_1+Y_2)^2}<0 \tag{4.8}$$

在式（4.8）右边的分子中，$Y_1/(\bar{L}-L_c)$ 和 $Y_2/(L_s+L_c)$ 分别为两个部门的劳动生产率，它们的关系满足式（4.9）。

$$\frac{Y_1}{\bar{L}-L_c}<\frac{Y_2}{L_s+L_c} \tag{4.9}$$

由于满足 $\alpha<\beta$，因此式（4.8）右边的分子明显小于 0。这就表明，在经过刘易斯的转折点后，劳动收入份额还会继续下降。

从理论上分析，在刘易斯第一转折点后，工业部门提高工资以进一步吸引劳动力转移，这时就存在两种对劳动收入份额作用相反的机制：第一是劳动力从劳动生产率低的部门向生产率高的部门转移会导致劳动收入份额的下降；第二是工业部门提高工资不仅面向待转移的劳动力，而且面向已经转移的劳动力，会推动劳动收入份额上升。在前期，第一种机制的效应大于后一种机制的效应，表现为劳动收入份额下降。而在后期，第一种机制的效应将小于第二种机制的效应，就表现为劳动收入份额的上升。显然，这样的理论分析得不到上述模型的支持。

综合上述分析，可以认为，当前被广泛使用的理论模型存在以下三方面的问题：第一，理论模型无法显示劳动收入份额先下降后上升的动态。这可能与理论模型的两个特征有关，一是只研究了农业部门和工业部门，忽略了在二元经济转型过程中迅速崛起的服务业部门，二是生产函数是 CD 生产函数。第二，理论模

型无法显示工业部门面对不断提升的工资水平而做出的要素投入决策调整。当然，这个问题的出现主要是受到刘易斯二元经济理论的影响产生的，因为刘易斯的理论模型中没有关于要素相对价格变动引起的要素投入决策变动的内容。第三，该理论模型没有分析外部冲击对要素收入分配的影响。在二元经济转型过程中，工业部门的增长很难保证发展中国家的经济平衡。发展中国家的工业化进程往往需要一个外部市场来平衡，而外部市场的变动会对发展中国家的要素收入分配动态造成冲击，在严重的时候，外部冲击可能滞缓工业化进程。

第二节　要素收入分配变动：第一阶段

绝大多数的经济增长模型都符合卡尔多提出的"特征性事实"，即经济增长率、资本产出比、资本收入份额和真实利率相对稳定。这些均衡的经济增长模型一个明显的特征是各个部门资本和劳动的配置是固定的。但是，在这些均衡现象下面隐藏着各个部门相对重要性的系统变动（Acemoglu and Guerrieri，2008），经济增长中普遍存在着劳动力从农业部门向其他部门大规模转移的现象（Kongsamut et al.，2001）。农业部门劳动力首先是向工业部门转移，等工业部门发展到一定程度后，劳动力又从工业部门向服务业部门转移，这已是经济发展中要素转移和结构变动的基本规律。本书就在这样的背景下展开对要素收入分配动态的分析。

假设经济体中有三个部门，分别称为部门Ⅰ、部门Ⅱ和部门Ⅲ，部门Ⅰ的生产函数满足固定替代弹性生产函数形式，表示为

$$Y_i(t)=\left\{\alpha_i\left[A_i^K(t)K_i(t)\right]^{\frac{\sigma_i-1}{\sigma_i}}+(1-\alpha_i)\left[A_i^L(t)L_i(t)\right]^{\frac{\sigma_i-1}{\sigma_i}}\right\}^{\frac{\sigma_i}{\sigma_i-1}},i=1,2,3 \quad (4.10)$$

其中，σ_i为资本和劳动的边际替代弹性，满足$\sigma_i \geqslant 0$；α_i为分布参数，满足$0 \leqslant \alpha_i \leqslant 1$；$A_i^K(t)$和$A_i^L(t)$分别为部门$i$的资本和劳动增强型技术水平。

经济体的总产出由三个部门产出经过"加总"得到，加总函数同样为固定替代弹性生产函数形式，表示为

$$Y(t)=\left[\gamma_1 Y_1(t)^{\frac{\varepsilon-1}{\varepsilon}}+\gamma_2 Y_2(t)^{\frac{\varepsilon-1}{\varepsilon}}+\gamma_3 Y_3(t)^{\frac{\varepsilon-1}{\varepsilon}}\right]^{\frac{\varepsilon}{\varepsilon-1}} \quad (4.11)$$

其中，$0 \leqslant \gamma_1,\gamma_2,\gamma_3 \leqslant 1$，满足$\sum_i \gamma_i = 1$；$\varepsilon \geqslant 0$。

在整体经济中，资本积累路径显示为

$$\dot{K}(t)=vY(t)-\delta K(t) \quad (4.12)$$

其中，δ 为资本折旧率。为了简化分析，v 可以被视为外生给定的储蓄率。

要素市场出清的条件可以表示为

$$\sum_i K_i(t) = K(t) \tag{4.13}$$

$$\sum_i L_i(t) \leqslant (t) \tag{4.14}$$

资本市场出清条件中左右相等意味着资本总能得到充分利用，而劳动力市场出清条件则意味着有效劳动力需求可能会小于劳动总供给，这在二元经济模型中是一个现实的假定，尤其是在经济中还存在剩余劳动力的时候。

假设技术进步为外生的，表示为

$$\frac{\dot{A}_i^j}{A_i^j} = g_{A_i^j} \geqslant 0,\ i=1,2,3;\ j=K,L \tag{4.15}$$

将资本利率、劳动工资、部门产品价格及最终产品价格分别记为 $R(\equiv r+\delta)$、w、$p_i(i=1,2,3)$ 和 P。

在二元经济发展第一阶段，部门Ⅰ中存在的大量剩余劳动力导致非农部门面临无限供给的劳动力存在。而且，假定在这一阶段部门Ⅰ的产出水平稳定不变，不会随着剩余劳动力的转移而降低，该部门不会发生资本积累，以及劳动收入份额保持稳定不变。部门Ⅰ在这一阶段的特征可以表达为 $Y_1(t)=\bar{Y}_1, K_1(t)=\bar{K}_1$，$\mathrm{LS}_1(t)=\overline{\mathrm{LS}}_1$。例如，中国农业部门的劳动收入份额保持在 85%左右。部门Ⅱ和部门Ⅲ发生资本积累，并且吸收部门Ⅰ转移出来的劳动力。在这一过程中，剩余劳动力的存在使部门Ⅱ和部门Ⅲ的工资水平始终保持在维持生计的水平，表示为 $w=\bar{w}$。在这一阶段，部门Ⅱ和部门Ⅲ的资本所有者可以获得较高水平的经济利润以用于扩大资本积累，假定这一机制是资本所有者可以将利率工资比始终维持在一个较高的水平，即 $R(t)/w(t)=\bar{R}/\bar{w}$，在这一阶段取一个较高的稳定值。

在上述设定的基础上，整体经济中劳动力收入份额可以表示为

$$\mathrm{LS}(t) = \sum_i \frac{p_i(t)Y_i(t)}{P(t)Y(t)}\mathrm{LS}_i(t) = \sum_i y_i(t)\mathrm{LS}_i(t) \tag{4.16}$$

由于在二元经济结构的第一阶段，$\mathrm{LS}_1(t)=\overline{\mathrm{LS}}_1$ 不变，因此 $\mathrm{LS}(t)$ 取决于 $y_1(t)$，$y_2(t)$，$y_3(t)$，$\mathrm{LS}_2(t)$ 和 $\mathrm{LS}_3(t)$。接下来将先确定 $\mathrm{LS}_2(t)$ 和 $\mathrm{LS}_3(t)$，随后确定最终劳动收入份额。在不造成混淆的情况下，后文叙述将略去时间变量 t。

部门Ⅱ和部门Ⅲ的部门内竞争均衡一阶条件满足式（4.17）和式（4.18）。

$$\frac{\partial Y_2}{\partial K_2}p_2 = \bar{R} = \frac{\partial Y_3}{\partial K_3}p_3 \tag{4.17}$$

$$\frac{\partial Y_2}{\partial L_2}p_2 = \bar{w} = \frac{\partial Y_3}{\partial L_3}p_3 \tag{4.18}$$

将部门生产函数代入一阶条件可得式（4.19）和式（4.20）。

$$\alpha_2\left(\frac{A_2^K K_2}{Y_2}\right)^{-\frac{1}{\sigma_2}} A_2^K p_2 = \bar{R} = \alpha_3\left(\frac{A_3^K K_3}{Y_3}\right)^{-\frac{1}{\sigma_3}} A_3^K p_3 \tag{4.19}$$

$$(1-\alpha_2)\left(\frac{A_2^L L_2}{Y_2}\right)^{-\frac{1}{\sigma_2}} A_2^L p_2 = \bar{w} = (1-\alpha_3)\left(\frac{A_3^L L_3}{Y_3}\right)^{-\frac{1}{\sigma_3}} A_3^L p_3 \tag{4.20}$$

根据劳动收入份额的定义，部门Ⅱ和部门Ⅲ的劳动收入份额分别表示为

$$\mathrm{LS}_2 = \frac{wL_2}{p_2Y_2} = \frac{\partial Y_2}{\partial L_2}\frac{L_2}{Y_2} \tag{4.21}$$

$$\mathrm{LS}_3 = \frac{wL_3}{p_3Y_3} = \frac{\partial Y_3}{\partial L_3}\frac{L_3}{Y_3} \tag{4.22}$$

代入一阶条件后，部门Ⅱ和部门Ⅲ的劳动收入份额就可以表示为

$$\mathrm{LS}_2 = (1-\alpha_2)\left(\frac{A_2^L L_2}{Y_2}\right)^{\frac{\sigma_2-1}{\sigma_2}} \tag{4.23}$$

$$\mathrm{LS}_3 = (1-\alpha_3)\left(\frac{A_3^L L_3}{Y_3}\right)^{\frac{\sigma_3-1}{\sigma_3}} \tag{4.24}$$

接下来，需要求出部门Ⅱ和部门Ⅲ的劳动力需求函数。根据式（4.19）和式（4.20），可得

$$\frac{\alpha_2}{1-\alpha_2}\left(\frac{A_2^L L_2}{A_2^K K_2}\right)^{\frac{1}{\sigma_2}}\frac{A_2^K}{A_2^L} = \frac{\bar{R}}{\bar{w}} = \frac{\alpha_3}{1-\alpha_3}\left(\frac{A_3^L L_3}{A_3^K K_3}\right)^{\frac{1}{\sigma_3}}\frac{A_3^K}{A_3^L} \tag{4.25}$$

经过整理可将部门Ⅱ和部门Ⅲ的劳动力需求函数表示为

$$L_2 = \left(\frac{\bar{R}}{\bar{w}}\right)^{\sigma_2}\left(\frac{1-\alpha_2}{\alpha_2}\right)^{\sigma_2}\left(\frac{A_2^L}{A_2^K}\right)^{\sigma_2-1} K_2 \tag{4.26}$$

$$L_3 = \left(\frac{\bar{R}}{\bar{w}}\right)^{\sigma_3}\left(\frac{1-\alpha_3}{\alpha_3}\right)^{\sigma_3}\left(\frac{A_3^L}{A_3^K}\right)^{\sigma_3-1} K_3 \tag{4.27}$$

将上面两式代入式（4.23）、式（4.24）和部门生产函数，可将部门Ⅱ和部门Ⅲ的劳动收入份额表示为

$$\mathrm{LS}_2 = \frac{(1-\alpha_2)(\bar{R}/\bar{w})^{\sigma_2-1}[(1-\alpha_2)/\alpha_2]^{\sigma_2-1}(A_2^L/A_2^K)^{\sigma_2-1}}{\alpha_2+(1-\alpha_2)(\bar{R}/\bar{w})^{\sigma_2-1}[(1-\alpha_2)/\alpha_2]^{\sigma_2-1}(A_2^L/A_2^K)^{\sigma_2-1}} \tag{4.28}$$

$$\mathrm{LS}_3 = \frac{(1-\alpha_3)(\bar{R}/\bar{w})^{\sigma_3-1}[(1-\alpha_3)/\alpha_3]^{\sigma_3-1}(A_3^L/A_3^K)^{\sigma_3-1}}{\alpha_3+(1-\alpha_3)(\bar{R}/\bar{w})^{\sigma_3-1}[(1-\alpha_3)/\alpha_3]^{\sigma_3-1}(A_3^L/A_3^K)^{\sigma_3-1}} \tag{4.29}$$

由式（4.28）和式（4.29）可以看出，部门劳动收入份额只会受到部门内部

的（相对）技术进步的影响。根据式（4.28）和式（4.29）可以得到如下引理。

引理 4.1：在二元经济发展第一阶段，当技术进步为希克斯中性时，部门Ⅱ和Ⅲ的劳动收入份额始终为常数。

证明：以部门Ⅱ为例，由于在这一阶段利率工资比为常数，即满足式（4.30）。

$$\frac{\mathrm{d}\left[R(t)/w(t)\right]}{\mathrm{d}t}=\frac{\mathrm{d}\left(\bar{R}/\bar{w}\right)}{\mathrm{d}t}=0 \tag{4.30}$$

则劳动收入份额的变动动态可以表示为

$$\frac{\mathrm{dLS}_2(t)}{\mathrm{d}t}=\frac{\alpha_2(1-\alpha_2)(\bar{R}/\bar{w})^{\sigma_2-1}[(1-\alpha_2)/\alpha_2]^{\sigma_2-1}(\sigma_2-1)(A_2^L/A_2^K)^{\sigma_2-2}}{\left[\alpha_2+(1-\alpha_2)(\bar{R}/\bar{w})^{\sigma_2-1}[(1-\alpha_2)/\alpha_2]^{\sigma_2-1}(A_2^L/A_2^K)^{\sigma_2-1}\right]^2}\times\frac{\mathrm{d}(A_2^L/A_2^K)}{\mathrm{d}t} \tag{4.31}$$

利用技术进步的定义，可以将技术进步相对变化的动态 $\mathrm{d}\left(A_2^L/A_2^K\right)/\mathrm{d}t$ 写为

$$\frac{\mathrm{d}(A_2^L/A_2^K)}{\mathrm{d}t}=\frac{A_2^L A_2^K(g_{A_2^L}-g_{A_2^K})}{(A_2^K)^2} \tag{4.32}$$

当技术进步为希克斯中性时，$g_{A_2^L}=g_{A_2^K}$ 成立，此时有 $\mathrm{d}\left(A_2^L/A_2^K\right)/\mathrm{d}t=0$，那么劳动收入份额变化率就可以表示为

$$\frac{\mathrm{dLS}_2(t)}{\mathrm{d}t}=0 \tag{4.33}$$

式（4.33）表明，部门Ⅱ的劳动收入份额在该阶段始终为常数。类似的办法可以证明部门Ⅲ的劳动收入份额变化趋势。

证毕。

当部门内的技术进步并非希克斯中性时，部门劳动收入份额变化不仅要依赖资本和劳动增强型技术的相对进步速度，而且还依赖部门生产函数中要素的边际替代弹性 σ。再次以部门Ⅱ为例，如果该部门要素之间的替代弹性满足 $\sigma_2>1$，则有 $\sigma_2-1>0$。若此时部门Ⅱ中资本增强型技术的进步速度要快于劳动增强型技术进步的速度，即 $g_{A_2^K}>g_{A_2^L}$，那么 $\mathrm{d}\left(A_2^L/A_2^K\right)/\mathrm{d}t<0$。则劳动收入份额的动态就可以表示为式（4.34）。

$$\frac{\mathrm{dLS}_2(t)}{\mathrm{d}t}<0 \tag{4.34}$$

式（4.34）表明，随着时间的推移，部门Ⅱ中的劳动收入份额会逐渐降低。

现在可以分析整体经济中劳动收入份额的变动情况。先假设技术进步中性及部门Ⅱ、Ⅲ的劳动收入份额在该阶段为常数。根据式（4.16），可以将劳动收入份额写为

$$\mathrm{LS}=\frac{p_1\overline{Y}_1}{PY}\mathrm{L}\overline{\mathrm{S}}_1+\frac{p_2Y_2}{PY}\mathrm{LS}_2+\frac{p_3Y_3}{PY}\mathrm{LS}_3 \tag{4.35}$$

社会最终产品加总函数的一阶条件为

$$\frac{\partial Y}{\partial Y_1}\frac{1}{p_1}=\frac{\partial Y}{\partial Y_2}\frac{1}{p_2}=\frac{\partial Y}{\partial Y_3}\frac{1}{p_3}=\frac{1}{P} \tag{4.36}$$

因此可以将三个部门占整体经济的比重表示为

$$\frac{p_1Y_1}{PY}=\frac{\partial Y}{\partial Y_1}\frac{Y_1}{Y}=\gamma_1\left(\frac{\overline{Y}_1}{Y}\right)^{\frac{\varepsilon-1}{\varepsilon}} \tag{4.37}$$

$$\frac{p_2Y_2}{PY}=\frac{\partial Y}{\partial Y_2}\frac{Y_2}{Y}=\gamma_2\left(\frac{Y_2}{Y}\right)^{\frac{\varepsilon-1}{\varepsilon}} \tag{4.38}$$

$$\frac{p_3Y_3}{PY}=\frac{\partial Y}{\partial Y_3}\frac{Y_3}{Y}=\gamma_3\left(\frac{Y_3}{Y}\right)^{\frac{\varepsilon-1}{\varepsilon}} \tag{4.39}$$

因此，整体经济中的劳动收入份额可以记为

$$\mathrm{LS}=\gamma_1\left(\frac{\overline{Y}_1}{Y}\right)^{\frac{\varepsilon-1}{\varepsilon}}\mathrm{L}\overline{\mathrm{S}}_1+\gamma_2\left(\frac{Y_2}{Y}\right)^{\frac{\varepsilon-1}{\varepsilon}}\mathrm{LS}_2+\gamma_3\left(\frac{Y_3}{Y}\right)^{\frac{\varepsilon-1}{\varepsilon}}\mathrm{LS}_3 \tag{4.40}$$

在式（4.40）中，由于部门劳动收入份额在二元经济发展的第一阶段均为常数，且一般认为部门Ⅰ中的劳动收入份额远大于部门Ⅱ和部门Ⅲ中的劳动收入份额，即 $\mathrm{L}\overline{\mathrm{S}}_1>\mathrm{LS}_2$ 和 $\mathrm{L}\overline{\mathrm{S}}_1>\mathrm{LS}_3$ 成立。此时，劳动收入份额取决于部门产出占总产出比重的变化趋势。由于在二元经济发展的第一阶段，部门Ⅰ的产出恒定不变，而部门Ⅱ、Ⅲ的产出随着资本的积累而不断扩大，即 $\overline{Y}_1/Y$ 随时间推移不断降低，而 Y_2/Y 和 Y_3/Y 则不断上升。因此，当 $\varepsilon>1$ 时①，在二元经济发展第一阶段，$\gamma_1\left(\overline{Y}_1/Y\right)^{\frac{\varepsilon-1}{\varepsilon}}$ 不断降低，而 $\gamma_2\left(Y_2/Y\right)^{\frac{\varepsilon-1}{\varepsilon}}$ 和 $\gamma_3\left(Y_3/Y\right)^{\frac{\varepsilon-1}{\varepsilon}}$ 不断上升。又由于 $\mathrm{L}\overline{\mathrm{S}}_1>\mathrm{LS}_2$ 和 $\mathrm{L}\overline{\mathrm{S}}_1>\mathrm{LS}_3$，在这一阶段中劳动收入份额将持续下降。

定理 4.1：在二元经济发展的第一阶段，即刘易斯第一转折点到达以前，伴随着要素转移和结构变动，并且当部门加总生产函数替代弹性 $\varepsilon>1$ 时，劳动收入份额随着部门Ⅱ、Ⅲ的扩大而持续降低；当 $\varepsilon=1$ 时，劳动收入份额始终为常数；当 $\varepsilon<1$ 时，劳动收入份额随部门Ⅱ、Ⅲ的扩大而持续上升。

证明：劳动收入份额式（4.16）可以表示为

$$\mathrm{LS}(t)=\sum\nolimits_i y_i(t)\mathrm{LS}_i(t)=y_1(t)\mathrm{L}\overline{\mathrm{S}}_1+y_2(t)\mathrm{LS}_2+y_3(t)\mathrm{LS}_3 \tag{4.41}$$

① 对于最终消费品中的要素边际替代弹性 $\varepsilon>1$ 这一假定，实证研究中有着较为一致的证据，如 Karabarbounis 和 Neiman（2014）、林志帆等（2015）的分析结果。

劳动收入份额的动态就可以表示为

$$\dot{\mathrm{LS}}(t)=\dot{y}_1(t)\overline{\mathrm{LS}}_1+\dot{y}_2(t)\mathrm{LS}_2+\dot{y}_3(t)\mathrm{LS}_3 \tag{4.42}$$

由于$\sum_i y_i(t)=1$，因此有$\dot{y}_1(t)=-\dot{y}_2(t)-\dot{y}_3(t)$，将之代入式（4.42），可得式（4.43）。

$$\dot{\mathrm{LS}}(t)=\dot{y}_2(t)(\mathrm{LS}_2-\overline{\mathrm{LS}}_1)+\dot{y}_3(t)(\mathrm{LS}_3-\overline{\mathrm{LS}}_1) \tag{4.43}$$

在二元经济发展的过程中，部门Ⅰ的劳动力收入份额要远高于部门Ⅱ、Ⅲ中的劳动力收入份额且一直相对稳定，并可以合理地认为$\overline{\mathrm{LS}}_1>\mathrm{LS}_2$和$\overline{\mathrm{LS}}_1>\mathrm{LS}_3$。在此条件下，整体经济中劳动收入份额的变化趋势就取决于$\dot{y}_2(t)$和$\dot{y}_3(t)$的变化趋势。

根据式（4.40），可将部门和部门产出比重的变动趋势表示为

$$\dot{y}_2(t)=\frac{\mathrm{d}[\gamma_2(Y_2/Y)^{\frac{\varepsilon-1}{\varepsilon}}]}{\mathrm{d}t}=\gamma_2\frac{\varepsilon-1}{\varepsilon}(Y_2/Y)^{\frac{-1}{\varepsilon}}\frac{\mathrm{d}(Y_2/Y)}{\mathrm{d}t} \tag{4.44}$$

$$\dot{y}_3(t)=\frac{\mathrm{d}[\gamma_3(Y_3/Y)^{\frac{\varepsilon-1}{\varepsilon}}]}{\mathrm{d}t}=\gamma_3\frac{\varepsilon-1}{\varepsilon}(Y_3/Y)^{\frac{-1}{\varepsilon}}\frac{\mathrm{d}(Y_3/Y)}{\mathrm{d}t} \tag{4.45}$$

由于在二元经济发展第一阶段，部门Ⅱ、Ⅲ具有不断扩大的趋势，即$\mathrm{d}(Y_2/Y)/\mathrm{d}t>0$和$\mathrm{d}(Y_3/Y)/\mathrm{d}t>0$始终成立。此时$\dot{y}_2(t)$和$\dot{y}_3(t)$则取决于部门加总函数的替代弹性$\varepsilon$。

（1）当$\varepsilon>1$时，$(\varepsilon-1)/\varepsilon>0$，$\dot{y}_2(t)>0$和$\dot{y}_3(t)>0$成立。代入式（4.43）中，则$\dot{\mathrm{LS}}(t)<0$成立，即随着部门Ⅱ、Ⅲ的扩大，整体经济中劳动收入份额将持续下降。

（2）当$\varepsilon=1$时，$(\varepsilon-1)/\varepsilon=0$，$\dot{y}_2(t)=0$和$\dot{y}_3(t)=0$成立。代入式（4.43）中，则$\dot{\mathrm{LS}}(t)=0$成立，即随着部门Ⅱ、Ⅲ的扩大，整体经济中劳动收入份额将保持不变。

（3）当$\varepsilon<1$时，$(\varepsilon-1)/\varepsilon<0$，$\dot{y}_2(t)<0$和$\dot{y}_3(t)<0$成立。代入式（4.43）中，则$\dot{\mathrm{LS}}(t)>0$成立，即随着部门Ⅱ、Ⅲ的扩大，整体经济中劳动收入份额将持续上升。

证毕。

第三节　要素收入分配变动：第二阶段

在二元经济发展进入第二阶段以后，即刘易斯第一转折点和第二转折点之间，与第一阶段不同的是部门Ⅰ的产出将不再是保持不变，生产要素在三个部

门之间流动，生产要素的回报率取决于其边际产品的价值。在整个二元经济发展的第二阶段，由于没有剩余劳动力的存在，不断扩大的现代部门，即部门Ⅱ、Ⅲ，为了将劳动力从部门Ⅰ中吸引出来，将会逐步提高其工资水平，但是在这一过程中资本所有者将仍然可以赚取超额利润，但这一利润将逐步降低直至为0，此时二元经济发展将进入新古典经济模式。二元经济结构在这一阶段的发展过程可以被理解为劳动的谈判能力逐渐增强，因此资本所能获得的利率相对于工资是一个单调递减的过程，即 R/w 在二元经济发展的第二个阶段中不断递减，直至资本获得的超额经济利润为0，并由此进入新古典经济模式。上述过程可以表示为

$$\frac{\mathrm{d}[R(t)/w(t)]}{\mathrm{d}t}<0 \tag{4.46}$$

劳动收入份额的变化分析方式与第一节类似，唯一的不同是部门Ⅰ的产出不再为固定不变。相似地，部门生产函数的一阶条件可以写为

$$\begin{aligned}\alpha_1\left(\frac{A_1^K K_1}{Y_1}\right)^{-\frac{1}{\sigma_1}} A_1^K p_1 &= \alpha_2\left(\frac{A_2^K K_2}{Y_2}\right)^{-\frac{1}{\sigma_2}} A_2^K p_2 \\ &= \alpha_3\left(\frac{A_3^K K_3}{Y_3}\right)^{-\frac{1}{\sigma_3}} A_3^K p_3 = R\end{aligned} \tag{4.47}$$

$$\begin{aligned}(1-\alpha_1)\left(\frac{A_1^L L_1}{Y_1}\right)^{-\frac{1}{\sigma_1}} A_1^L p_1 &= (1-\alpha_2)\left(\frac{A_2^L L_2}{Y_2}\right)^{-\frac{1}{\sigma_2}} A_2^L p_2 \\ &= (1-\alpha_3)\left(\frac{A_3^L L_3}{Y_3}\right)^{-\frac{1}{\sigma_3}} A_3^L p_3 = w\end{aligned} \tag{4.48}$$

根据一阶条件的式（4.47）和式（4.48）可以得到不同部门的劳动力需求函数，表示为

$$L_1=\left(\frac{R}{w}\right)^{\sigma_1}\left(\frac{1-\alpha_1}{\alpha_1}\right)^{\sigma_1}\left(\frac{A_1^L}{A_1^K}\right)^{\sigma_1-1} K_1 \tag{4.49}$$

$$L_2=\left(\frac{R}{w}\right)^{\sigma_2}\left(\frac{1-\alpha_2}{\alpha_2}\right)^{\sigma_2}\left(\frac{A_2^L}{A_2^K}\right)^{\sigma_2-1} K_2 \tag{4.50}$$

$$L_3=\left(\frac{R}{w}\right)^{\sigma_3}\left(\frac{1-\alpha_3}{\alpha_3}\right)^{\sigma_3}\left(\frac{A_3^L}{A_3^K}\right)^{\sigma_3-1} K_3 \tag{4.51}$$

将上述劳动需求表达式代入部门劳动收入份额表达式可得各部门的劳动收入份额，表示为

$$\mathrm{LS}_1=\frac{(1-\alpha_1)(R/w)^{\sigma_1-1}[(1-\alpha_1)/\alpha_1]^{\sigma_1-1}(A_1^L/A_1^K)^{\sigma_1-1}}{\alpha_1+(1-\alpha_1)(R/w)^{\sigma_1-1}[(1-\alpha_1)/\alpha_1]^{\sigma_1-1}(A_1^L/A_1^K)^{\sigma_1-1}} \tag{4.52}$$

$$\mathrm{LS}_2=\frac{(1-\alpha_2)(R/w)^{\sigma_2-1}[(1-\alpha_2)/\alpha_2]^{\sigma_2-1}(A_2^L/A_2^K)^{\sigma_2-1}}{\alpha_2+(1-\alpha_2)(R/w)^{\sigma_2-1}[(1-\alpha_2)/\alpha_2]^{\sigma_2-1}(A_2^L/A_2^K)^{\sigma_2-1}} \tag{4.53}$$

$$\mathrm{LS}_3=\frac{(1-\alpha_3)(R/w)^{\sigma_3-1}[(1-\alpha_3)/\alpha_3]^{\sigma_3-1}(A_3^L/A_3^K)^{\sigma_3-1}}{\alpha_3+(1-\alpha_3)(R/w)^{\sigma_3-1}[(1-\alpha_3)/\alpha_3]^{\sigma_3-1}(A_3^L/A_3^K)^{\sigma_3-1}} \tag{4.54}$$

式（4.52）~式（4.54）展示了在二元经济发展第二阶段各部门内劳动收入份额的决定因素。如果仍然同第一节一样，不考虑技术进步对劳动收入份额的影响，部门内的劳动收入份额由三个因素决定：部门生产函数中要素分布参数α、要素之间的边际替代弹性σ及经济中资本相对劳动报酬率R/w。前两个因素在各部门内为外生给定，而资本相对劳动的报酬率R/w则在二元经济发展的第二阶段随时间发展而单调递减。

如果考虑了技术进步，部门内部劳动收入份额变化的趋势将会变得更为不确定，引理4.2就是对这一情况的证明。

引理4.2：当技术进步为希克斯中性时，部门内部劳动收入份额的变化趋势由资本相对劳动的报酬率R/w的变化趋势决定。而当技术进步不满足希克斯中性时，这一论断不再成立。

证明：仍然以部门Ⅱ为例。为了简化分析过程，令$C\equiv(1-\alpha_2)\left[(1-\alpha_2)/\alpha_2\right]^{\sigma_2-1}$，此时部门Ⅱ的劳动收入份额可以表示为

$$\mathrm{LS}_2=\frac{C(R/w)^{\sigma_2-1}(A_2^L/A_2^K)^{\sigma_2-1}}{\alpha_2+C(R/w)^{\sigma_2-1}(A_2^L/A_2^K)^{\sigma_2-1}} \tag{4.55}$$

劳动收入份额的变化率可以表示为

$$\frac{\mathrm{dLS}_2(t)}{\mathrm{d}t}=\frac{C\alpha_2\left(\sigma_2-1\right)\left(R/w\right)^{\sigma_2-2}\left(A_2^L/A_2^K\right)^{\sigma_2-2}}{\left[\alpha_2+C\left(R/w\right)^{\sigma_2-1}\left(A_2^L/A_2^K\right)^{\sigma_2-1}\right]^2}\times\left[\left(A_2^L/A_2^K\right)\frac{\mathrm{d}\left(R/w\right)}{\mathrm{d}t}+\left(R/w\right)\frac{\mathrm{d}\left(A_2^L/A_2^K\right)}{\mathrm{d}t}\right] \tag{4.56}$$

依据表示技术进步的式（4.32），当部门内技术进步为希克斯中性时，有$g_{A_2^L}=g_{A_2^K}$，此时$\mathrm{d}\left(A_2^L/A_2^K\right)/\mathrm{d}t=0$。那么，部门Ⅱ的劳动收入份额变化可表示为

$$\frac{\mathrm{dLS}_2(t)}{\mathrm{d}t}=\frac{C\alpha_2\left(\sigma_2-1\right)\left(R/w\right)^{\sigma_2-2}\left(A_2^L/A_2^K\right)^{\sigma_2-2}}{\left[\alpha_2+C\left(R/w\right)^{\sigma_2-1}\left(A_2^L/A_2^K\right)^{\sigma_2-1}\right]^2}\frac{\mathrm{d}\left(R/w\right)}{\mathrm{d}t} \tag{4.57}$$

式（4.57）等号右边$\mathrm{d}\left(R/w\right)/\mathrm{d}t$前面部分为常数，因此部门Ⅱ的劳动收入份

额变化趋势只由资本相对劳动的报酬率 R/w 的变化趋势决定。

当部门技术进步不满足希克斯中性时，$\mathrm{d}\left(A_2^L/A_2^K\right)/\mathrm{d}t \neq 0$，此时部门劳动收入份额变化趋势表示为

$$\begin{aligned}\frac{\mathrm{dLS}_2(t)}{\mathrm{d}t}=&\frac{C\alpha_2(\sigma_2-1)(R/w)^{\sigma_2-2}\left(A_2^L/A_2^K\right)^{\sigma_2-1}}{\left[\alpha_2+C(R/w)^{\sigma_2-1}\left(A_2^L/A_2^K\right)^{\sigma_2-1}\right]^2}\frac{\mathrm{d}(R/w)}{\mathrm{d}t}\\&+\frac{C\alpha_2(\sigma_2-1)(R/w)^{\sigma_2-1}\left(A_2^L/A_2^K\right)^{\sigma_2-2}}{\left[\alpha_2+C(R/w)^{\sigma_2-1}\left(A_2^L/A_2^K\right)^{\sigma_2-1}\right]^2}\frac{\mathrm{d}\left(A_2^L/A_2^K\right)}{\mathrm{d}t}\end{aligned}\tag{4.58}$$

此时，等式右边第二项不再为0，劳动收入份额的变化趋势同时还要受部门内技术进步的影响，并且影响效果是不确定的，需要同时考虑生产函数中要素边际替代弹性、资本和劳动增强型技术的相对进步速度等参数的影响。

证毕。

接下来首先分析部门内技术进步满足希克斯中性时的劳动收入份额变化情况，其他情形的分析在后面章节再行具体阐述。

在技术进步始终满足希克斯中性的条件下，各部门劳动收入份额变化趋势可由引理4.3来确定。

引理 4.3：当技术进步满足希克斯中性时，各部门劳动收入份额变化趋势由式（4.59）显示的条件刻画。

$$\frac{\mathrm{dLS}_i(t)}{\mathrm{d}t}\begin{pmatrix}<\\=\\>\end{pmatrix}0\Leftrightarrow\sigma_i\begin{pmatrix}>\\=\\<\end{pmatrix}1\tag{4.59}$$

证明：将引理4.2的结论和 $\mathrm{d}\left[R(t)/w(t)\right]/\mathrm{d}t<0$ 代入式（4.52）~式（4.54）即可得到。

证毕。

引理4.2意味着，随着经济在二元经济结构第二阶段的持续发展，影响劳动收入份额的机制除了已经被广泛论证的“竞争效应”之外，还有很少被提及的“替代效应”。并且这两种效应往往对部门内劳动收入份额的变动有相反的效果，最终劳动收入份额的变化趋势取决于“竞争效应”与“替代效应”二者的权衡。

下面将以部门Ⅱ为例进行详细讨论。当 R/w 下降时，会对利润最大化的企业造成两种不同的影响。第一是“竞争效应”，即部门Ⅱ中的企业为了获得更多的劳动力，他们需要提高工资，从部门Ⅰ中继续吸引劳动力，这就是“竞争效应”。工资率相对资本利率的提升，使企业需要支付的劳动报酬上升，导致劳动收入份额上升；但是“替代效应”则意味着面临不断上升的劳动要素价

格，企业将改变要素投入决策，更多采用变得相对便宜的资本要素，使企业需要支付的资本成本上升，导致资本收入份额上升。究竟何种效应起主要作用取决于资本和劳动的边际替代弹性大小。当$\sigma_2>1$时，资本和劳动之间的替代相对容易，因此资本相对劳动报酬率的下降将导致企业在生产过程中大量采用变得更加便宜的资本要素来替代变得相对昂贵的劳动要素，“替代效应”将起主导作用，这将导致部门中资本收入份额上升而劳动份额下降，尽管此时留在部门中的工人获得了工资提升。反之，当$\sigma_2\in[0,1)$时，这样的生产技术要求企业在生产过程中必须使资本和劳动的数量配比更为平衡，即便资本相对劳动报酬率下降，企业也没有大量使用变得更加便宜的资本来替代劳动的动力，“竞争效应”此时将起主导作用，这将导致部门中劳动收入份额的上升而资本收入份额下降。

在已有关于二元经济发展与劳动收入份额变动的研究中，几乎所有的注意力都放在了资本相对劳动报酬率下降和工资上涨的“竞争效应”上，而完全没有考虑要素替代的“替代效应”的影响。如果忽略“替代效应”，那么一个直接的推论就是经济中的劳动收入份额将在二元经济发展进入第二阶段后立即开始上升，但正如后文将要详述的，这一结论并不正确。

一般认为部门Ⅱ的要素边际替代弹性值满足$\sigma_2>1$，而部门Ⅲ的要素边际替代弹性则满足$\sigma_3\in[0,1)$。根据实际发展经验来看，部门Ⅰ的劳动收入份额基本保持稳定，可以认为$\sigma_1=1$，这一假设也能简化后续分析。此时，部门Ⅰ的劳动收入份额为常数，$\mathrm{LS}_1=(1-\alpha_1)$。在对各部门要素边际替代弹性做出上述限制以后，总体经济中劳动收入份额动态分析就可以进行了。

根据式（4.41），可以将总体经济中的劳动收入份额写为

$$\mathrm{LS}(t)=y_1(t)(1-\alpha_1)+y_2(t)\mathrm{LS}_2(t)+y_3(t)\mathrm{LS}_3(t)\tag{4.60}$$

式（4.60）意味着在二元经济发展进入第二阶段以后，劳动收入份额先要经历一个逐渐减慢的下降过程，然后才会开始上升。这主要是由于以下原因：第一，在二元经济发展进入第二阶段后，部门Ⅱ的发展领先于部门Ⅲ，且部门Ⅱ的总产出比重也会高于部门Ⅲ；第二，随着二元经济在第二阶段的进一步发展，部门Ⅲ的发展速度会加快，并且产出比重也会超越部门Ⅱ。基于上述两点原因，可以直观地认为，当二元经济发展迈入第二阶段以后，式（4.60）右边第二项递减，原因是部门Ⅱ的“替代效应”占主导；第三项递增，原因是部门Ⅲ的竞争效应占主导。但是，由于部门Ⅱ产出比重高于部门Ⅲ产出比重，此时劳动收入份额下降的趋势将持续起主导作用。随着经济的进一步发展，“竞争效应”占主导的部门Ⅲ的产出比重逐步上升并逐步抵消部门Ⅱ占主导作用的“替代效应”，此时劳动收入份额将随着部门Ⅲ的壮大而止跌回升。最后，当经济进一步发展，部门

Ⅱ产出比重开始下降的时候，式（4.60）右边第二项也递增，此时劳动收入份额增加速度将大大加快。综合上述分析，可以得到定理 4.2。

定理 4.2：

（1）当部门加总生产函数中要素替代弹性$\varepsilon>1$时，并且第Ⅰ、Ⅱ和Ⅲ部门的要素边际替代弹性满足$\sigma_1=1$，$\sigma_2>1$和$\sigma_3\in[0,1)$时，在二元经济发展进入第二阶段以后，那么劳动收入份额将经历如下过程：劳动收入份额继续下降，但速度逐渐减缓直至最低点，随后将开始止降回升，直至进入新古典经济发展阶段。进一步，劳动收入份额拐点处的部门产出占比与部门劳动收入份额满足式（4.61）。

$$\frac{y_3(t)\mathrm{LS}_3(t)}{y_2(t)\mathrm{LS}_2(t)}\approx-\frac{g_{y_2}+g_{\mathrm{LS}_2}}{g_{y_3}+g_{\mathrm{LS}_3}} \tag{4.61}$$

（2）当部门加总生产函数中要素替代弹性$\varepsilon<1$并且其他基本设定不变时，劳动收入份额将经历如下过程：劳动收入份额持续上升，但速度逐渐减缓直至最高，随后将开始下降，直至进入新古典经济发展模式为止。进一步，劳动收入份额拐点处部门产出占比与部门劳动收入份额同样满足式（4.61）。

（3）当部门加总生产函数中要素替代弹性$\varepsilon=1$并且其他基本设定不变时，劳动收入份额同样将经历先下降再上升的过程，唯一不同的是劳动收入份额变化的拐点处刻画条件将变为

$$\frac{\gamma_3\mathrm{LS}_3(t)}{\gamma_2\mathrm{LS}_2(t)}=-\frac{g_{\mathrm{LS}_2}}{g_{\mathrm{LS}_3}} \tag{4.62}$$

证明：由式（4.60）可得式（4.63）。

$$\begin{aligned}\dot{\mathrm{LS}}(t)&=\dot{y}_1(t)(1-\alpha_1)+\dot{y}_2(t)\mathrm{LS}_2(t)+y_2(t)\dot{\mathrm{LS}}_2(t)\\&\quad+\dot{y}_3(t)\mathrm{LS}_3(t)+y_3(t)\dot{\mathrm{LS}}_3(t)\end{aligned} \tag{4.63}$$

可以将式（4.63）整理为

$$\begin{aligned}\dot{\mathrm{LS}}(t)&=\underbrace{\dot{y}_2(t)\left[\mathrm{LS}_2(t)-(1-\alpha_1)\right]+\dot{y}_3(t)\left[\mathrm{LS}_3(t)-(1-\alpha_1)\right]}_{\text{产业间效应}}\\&\quad+\underbrace{y_2(t)\dot{\mathrm{LS}}_2(t)+y_3(t)\dot{\mathrm{LS}}_3(t)}_{\text{产业内效应}}\end{aligned} \tag{4.64}$$

对于产业间效应而言，由于$(1-\alpha_1)>\mathrm{LS}_2(t),(1-\alpha_1)>\mathrm{LS}_3(t)$，在二元经济发展迈入第二阶段初期一段时间内，部门Ⅱ、Ⅲ的产出比重均在不断扩大，$\mathrm{d}(Y_2/Y)/\mathrm{d}t>0$ 和 $\mathrm{d}(Y_3/Y)/\mathrm{d}t>0$ 成立。根据式（4.40），因为$\varepsilon>1$，所以$(\varepsilon-1)/\varepsilon>0$，代入可得，即$\dot{y}_2(t)>0$和$\dot{y}_3(t)>0$，产业间效应此时一定为负；同时，由于此时部门Ⅱ占总产出比重要远大于部门Ⅲ占总产出比重，即$y_2(t)>y_3(t)$，根据引理 4.3 有$\dot{\mathrm{LS}}_2(t)<0$和$\dot{\mathrm{LS}}_3(t)>0$，此时产业内效应亦为负；因此在二

元经济发展进入第二阶段后一定时期内，劳动收入份额还将持续下降。随着部门Ⅲ产出增加及部门Ⅱ产出增加速度的降低甚至是转为下降，产业内和产业间效应都将逐步增加，并最终使劳动收入份额止跌回升。

现在分析劳动收入份额变化转折点的特征。让式（4.64）的劳动收入份额变化率等于0，并重新整理，可以得到式（4.65）。

$$\frac{y_3(t)\mathrm{LS}_3(t)}{y_2(t)\mathrm{LS}_2(t)}=-\frac{g_{y_2}+g_{\mathrm{LS}_2}}{g_{y_3}+g_{\mathrm{LS}_3}}-\frac{g_{y_1}}{g_{y_3}+g_{\mathrm{LS}_3}}\frac{(1-\alpha_1)y_1(t)}{y_2(t)\mathrm{LS}_2(t)} \tag{4.65}$$

其中，g_{l_i} 表示 l_i 在时刻 t 的增长率。近似地，可以认为部门Ⅰ在经济发展到一定阶段后部门产出占比较低且其增长速度的绝对值接近于 0，即 $y_1(t)$ 较小且 $g_{y_1}\approx 0$，那么式（4.65）右边第二项就可以忽略不计。因此，可以近似地得到当劳动收入份额变化接近转折点的时候，部门Ⅱ、Ⅲ的产出比重和部门劳动收入份额与产出增长率和部门劳动收入份额变化率满足式（4.66）。

$$\frac{y_3(t)\mathrm{LS}_3(t)}{y_2(t)\mathrm{LS}_2(t)}\approx-\frac{g_{y_2}+g_{\mathrm{LS}_2}}{g_{y_3}+g_{\mathrm{LS}_3}} \tag{4.66}$$

类似地可以证明 $\varepsilon\leqslant 1$ 时的情形。

证毕。

式（4.66）为验证二元经济发展是否达到劳动收入份额转折点提供了一个经验性判定准则。

与现有主要分析模型不同，本书中的分析模型是在二元经济结构的现代生产部门中引入了部门Ⅲ。这一改变是否必要？如果仅仅看二元经济发展的第一阶段，似乎并无必要，部门Ⅲ的引入与否都不会改变劳动收入份额在这一阶段持续下降的结论。但是在进入二元经济发展的第二阶段以后，部门Ⅲ的存在与否将会极大地影响分析所得结果。如果在分析模型中去掉部门Ⅲ，只保留部门Ⅰ、Ⅱ，在二元经济发展进入第二阶段后，将出现两种截然不同的结果。

情形一：如果继续采用假设 $\sigma_2>1=\sigma_1$，那么由式（4.16）、式（4.28）和式（4.29）可知，随着在二元经济发展第二阶段中资本相对劳动报酬率的稳步下降，劳动收入份额将会持续下降，而非许多学者所认为的劳动收入份额将会改善这一结果。此时劳动收入份额的下降至少会持续到进入新古典经济发展模式，而在此以后劳动收入份额将会如何变动，将取决于资本相对劳动报酬率的变化情况（在假设技术中性的条件下）。

情形二：如果要使劳动收入份额在进入二元经济发展的第二阶段以后得到改善这一结论出现，那么就需要采纳假设 $0\leqslant\sigma_2<1=\sigma_1$，即现代部门中要素的边际替代率要低于传统农业部门，这一假设与现实情况差距甚大。更进一步而言，如果采用这一假设，根据式（4.16）、式（4.28）和式（4.29），随着二元经济发

展进入第二阶段，资本相对劳动报酬率开始下降，此时劳动收入报酬立刻开始回升，即劳动收入份额拐点与刘易斯第一转折点重合，这与陈宗胜和宗振利（2014）、李稻葵和徐翔（2015）的结论并不一致，上述研究都认为劳动收入份额的拐点将出现在二元经济发展进入第二阶段一段时间以后。

从上述两种情形的描述可以看出，部门Ⅲ的引进对于完善二元经济发展过程中劳动收入份额的动态分析，尤其是在二元经济发展第二阶段劳动收入份额的动态分析而言有着极其明显的效果。那么其背后的机制是什么呢？正如前文已经提到的，要素相对报酬率的变化实际上会通过两种效应对利润最大化的厂商产生完全不同的影响："竞争效应"意味着厂商工资支出的比重应该提高，而"替代效应"则意味着厂商资本成本支出应该提高。如果二元经济的现代部门中只有一个部门，那么参数的任何设置只能在竞争效应和替代效应中二选其一。部门Ⅲ的引入，意味着二元经济发展分析模型的灵活性得到极大提高，可以同时考虑"竞争效应"和"替代效应"，并通过研究两种效应相对力量的动态变化来更为准确地刻画二元经济发展过程中的劳动收入份额变化过程。

第四节　非中性技术进步和要素收入分配动态

上述分析的结论全部建立在技术进步是希克斯中性的假设之上，从发达国家的经验看，技术进步是希克斯中性的假设离现实尚有距离，资本深化和技术进步会导致要素转移和结构的进一步变动（Liu，2012；Zuleta and Young，2013）。即使就中国发展的经验来看，部门内技术进步的发展往往并不满足这一假设，如"机器换人"对应的技术进步就更偏向于提高资本而非劳动的生产效率。首先分析技术进步是资本增强型技术进步时的劳动收入份额动态，随后再探讨劳动增强型技术进步的劳动收入份额动态。

在二元经济发展的第一阶段，当技术进步是更有利于提高资本生产效率时，在部门Ⅱ、Ⅲ中的劳动收入份额变化趋势将会相反。如果继续采用 $\sigma_2 > 1$ 及 $\sigma_3 \in (0,1)$ 的假定，根据引理 4.1，在该阶段技术进步将会导致部门Ⅱ劳动收入份额不断下降而部门Ⅲ劳动收入份额上升的动态趋势。此时由于两个部门劳动收入份额变化趋势趋向于相反，因此对总体经济中劳动收入份额变化趋势的影响是不确定的。但由于一般在这一阶段部门Ⅱ不论是增长速度还是在总体经济中的比重都要远高于部门Ⅲ，因此可以认为技术进步对部门Ⅱ劳动收入份额变化趋势的影响将占据主导作用。基于上述分析，可以有如下结论：在二元经济发展的第一阶段，如果技术进步是资本增强型的，当部门加总函数中边际替代弹性满足

$\varepsilon > 1(<1)$ 时，劳动收入份额将会随技术进步而下降（上升）。

在二元经济发展的第二阶段，技术进步对部门劳动收入份额的影响可由式（4.67）来表示。

$$\frac{\mathrm{dLS}_i(t)}{\mathrm{d}t} = \frac{C\alpha_i(\sigma_i - 1)(R/w)^{\sigma_i - 2}\left(A_i^L / A_i^K\right)^{\sigma_i - 1}}{\left[\alpha_i + C(R/w)^{\sigma_i - 1}\left(A_i^L / A_i^K\right)^{\sigma_i - 1}\right]^2} \frac{\mathrm{d}(R/w)}{\mathrm{d}t} + \frac{C\alpha_i(\sigma_i - 1)(R/w)^{\sigma_i - 1}\left(A_i^L / A_i^K\right)^{\sigma_i - 2}}{\left[\alpha_i + C(R/w)^{\sigma_i - 1}(A_i^L / A_i^K)^{\sigma_i - 1}\right]^2} \frac{\mathrm{d}\left(A_i^L / A_i^K\right)}{\mathrm{d}t} \tag{4.67}$$

其中，$i = 2,3$，并且有 $\sigma_2 - 1 > 0$ 及 $\sigma_3 - 1 < 0$ 成立。同时资本增强型的技术进步意味着 $\mathrm{d}\left(A_2^L / A_2^K\right)/\mathrm{d}t < 0$，这将导致部门Ⅱ劳动收入份额的进一步下降，但部门Ⅲ劳动收入份额进一步上升。技术进步对总体经济中劳动收入份额的影响效果在没有进一步的条件限制时是不确定的。考虑到在刚进入二元经济发展第二阶段时部门Ⅱ仍然在增长速度和产出比重上要超过部门Ⅲ，因此技术进步对部门Ⅱ劳动收入份额的影响将占据主导地位。当二元经济发展接近第二阶段劳动收入份额变化转折点时，部门Ⅲ在增长速度和产出比重上已经超过部门Ⅱ，此时技术进步对部门Ⅲ劳动收入份额的影响将占据主导地位。基于上述分析，可以有如下结论：在二元经济发展的第二阶段，如果技术进步是资本增强型的，当部门加总函数中边际替代弹性满足 $\varepsilon > 1(<1)$ 时，开始一段时间内劳动收入份额将会随技术进步而下降（上升），但劳动收入份额的拐点值将会上升（下降），此后劳动收入份额会随技术进步而上升（下降）。

综合技术进步对二元经济发展两个阶段中劳动收入份额的影响，可以认为：当技术进步更偏向于提高资本生产效率时，这类技术进步将使劳动收入份额更快地到达劳动收入份额变动的转折点，当部门加总函数中边际替代弹性满足 $\varepsilon > 1(<1)$ 时，转折点值会上升（下降）。基于类似的逻辑，如果技术进步更加偏向于提高劳动生产率，这类技术将使劳动收入份额接近变化转折点的时间延长，当部门加总函数中边际替代弹性满足 $\varepsilon > 1(<1)$ 时，转折点值会下降（上升）。上述结论可由图 4.1 和图 4.2 直观地进行展示。

不同类型的技术进步对于劳动收入份额动态变化的上述影响效果有更为直观的解释。以 $\varepsilon > 1$ 和偏向资本增强型的技术进步为例，技术进步使劳动的相对稀缺性程度更高，因此随着经济发展劳动者可以获得更高的相对回报；同时，由于偏向于资本增强的技术进步等于加快了资本积累的速度，加快了经济发展的速度，因此缩短了劳动收入份额拐点到来所需的时间。

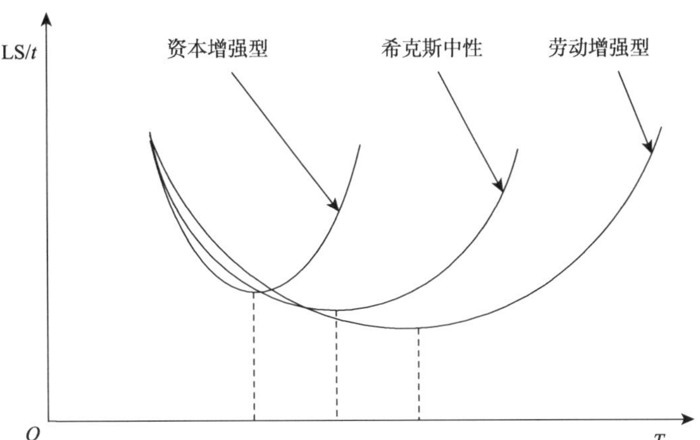

图 4.1 $\varepsilon > 1$ 时不同类型技术进步对劳动收入份额动态影响

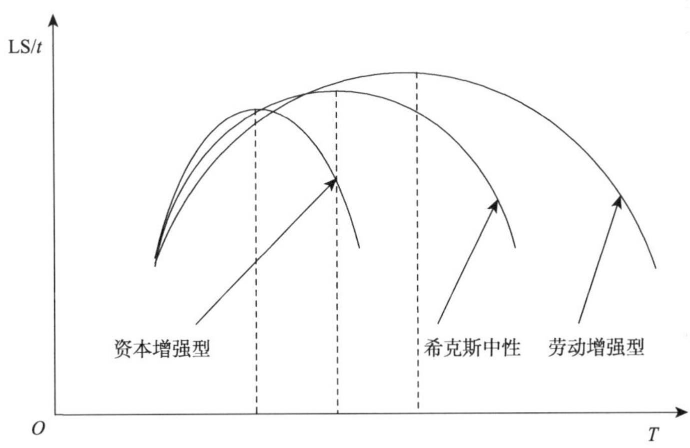

图 4.2 $\varepsilon < 1$ 时不同类型技术进步对劳动收入份额动态影响

第五节 外部市场对要素收入分配的影响

刘易斯（Lewis，1954）非常有创见地注意到了发展中国家资本积累和工业化进程在开放经济环境中的发展特征。在发展中国家的工业化早期，劳动力是充裕的，在农业部门存在着大量的剩余劳动力，但是资本是稀缺的。在封闭经济中，资本积累和形成仅限于通过利润的资本化得以实现，因此，尽管资本积累有一个加速的趋势，但资本积累的速度并不快。在开放经济条件下，贫穷的发展中国家凭借充裕的劳动力供给和较低的工资水平可以吸引外国资本的进入。当然，导致这种资本跨国流动的主要原因还是资本先天具有的逐利特性。外国资本流入会加快资本积累的速度，进而增加对劳动力的需求，促进劳动力从传统的农业部门向工业部门转移，推进发展中国家的工业化进程，使其以更快的速度脱离二元经济发展阶段向新古典阶段迈进。外国资本进入会如何影响要素收入分配？刘易斯没有对该问题进行探讨。不过，基于本章前面对工业化进程的解释，即使将外国资本视为与本国资本同质的，它的进入也将加快劳动力转移，致使收入分配格局进一步向资本方倾斜。如果考虑到外国资本的异质性，外国资本的进入将导致劳动收入份额以更快的速度下降。

刘易斯对于开放经济条件下发展中国家工业化过程的分析是有局限的。在发展中国家的工业化进程中，通过资本积累和外国资本流入形成的资本和劳动力结合，以较高的效率生产出来的产品能否被本国消费掉？刘易斯只强调了出口贸易的比较优势，忽略了对上述问题的分析。这可能与他深受李嘉图和马克思的古典经济学理论的影响有关。在马克思的经济学分析中，他认为以资本主义生产方式创造出来的产品能够被本国消费掉，经济是平衡的。事实真的如此吗？如果该论断能够成立，那么英国工业革命后在世界范围内的大肆扩张目的是什么？如果该论断能够成立，那么当今的发达国家在工业革命后对欠发达国家的大规模侵略和它们之间爆发的残酷而又频繁的战争又是为了什么？卢森堡在 1913 年出版的著作《资本积累论》中给出了明确的答案。

卢森堡对资本主义经济的全面研究秉承了马克思的研究方法，但她突破了马克思对于资本主义扩大再生产得以实现基础的认识。卢森堡认为，资本家要扩大生产规模和实现再生产，就必须要把生产过程中获得的作为剩余价值的商品转化为货币形式，也就是说，剩余价值要将作为剩余生产物的形态转变为以积累为目的的形态。这个表面上看起来很复杂的问题可以转化为以下简单问题：谁来购买作为剩余价值的商品促进形态的转变？卢森堡通过细致的分析认为，仅凭工人和资本家是无法实现剩余价值转变的，要额外存在一个对商品有支付能力的需求。卢森堡进一步指出，这种需求来自于非资本主义阶层和非资本主义国家，而后者对资本积累的意义更大。卢森堡把资本积累的研究从传统的框架中解放出来，置于世界市场的背景下加以研究，创造了资本主义和非资本主义二元对立的研究框架，而且国外市场被看作是资本国际化的前提，置于了第一的位置（何苹，2014）。

现在可以回过头来分析发展中国家的劳动力转移和工业化进程。如果没有外部市场的支持，工业化进程创造出来的产品就限于国内市场消费。劳动者的消费能力并没有很大提高，尤其是在农业部门剩余劳动力尚未转移完毕的阶段，因为该阶段仅仅是转移出来的劳动力工资水平和福利水平得到了提高，而资本消费者的消费能力也不会有较大改善，简单而言就是，国内市场是有限的，有限的国内市场会影响资本积累的速度，从而影响工业化进程。可以认为，一个有支付能力的外部市场对于工业化进程是十分必要的，而外部市场的容量大小决定着发展中国家的工业化速度。基于上述分析，对于英国工业革命后在世界范围内的通过战争和非战争行为而实施的大规模扩张就很好理解了。同样，对美国北方资产阶级在 1861 年发动的南北战争就很好理解了。而且，对当前的发达国家在 19 世纪和 20 世纪发动的残酷战争也就很好理解了。

一个有支付能力的外部市场的存在对发展中国家的工业化进程是至关重要的，这也可以由要素收入分配理论解释得到。在工业化进程中，随着农业部门劳动力向工业部门的转移，工业部门会逐渐壮大，而要素收入分配格局会向资本方倾斜，劳动收入份额会下降。发展中国家的经济就会出现两种相反的现象：一是创造出来的总价值在不断增加；二是决定国民消费能力和福利水平的劳动收入占创造总价值的份额在不断下降。这两者之间存在巨大的矛盾，如果没有一个外部市场来平衡，这样的经济只能表现为需求不足和产能过剩。也可以这么认为，如果没有外部市场的支持，工业化进程将不能高速进行。因此，发展中国家工业化进程中的要素收入分配和国际贸易可以看作是一个硬币的正反面。如果该国在工业化进程中的出口贸易能够顺利开展，必将促进工业化进程，劳动收入份额将持续下降。如果一个国家的工业部门快速扩大和劳动收入份额持续下降，必然有一个有效的国际市场来支撑工业化进程。劳动收入份额和出口贸易的关系将呈现显著的负相关关系。

刘易斯的二元经济理论认为，劳动力从农业部门向工业部门的转移并不是无限制的，当两个部门劳动力边际产出相等时，二元经济就转变为一元经济，进入新古典经济发展阶段。卢森堡也认为，资本主义的扩大再生产并不可能无限制地进行下去，资本积累要受到外部市场的制约，非资本主义经济的抵制会阻碍资本积累的进行。在刘易斯的理论中，二元经济的转型过程是一帆风顺的，最终都会顺利走向一元经济。但在卢森堡的视野中，资本积累和工业化进程是受到外部市场制约的，进程会因外部市场的波动滞缓。那么，外部市场的冲击是如何影响工业化进程和要素收入分配的？本书第五章将继续分析。

第六节　本 章 小 结

本章在严格遵循刘易斯二元经济分析框架的基础上，构建了包含传统的农业部门和现代的工业部门，以及劳动力跨部门转移的理论模型，用于呈现现有的基于二元经济转型的要素收入分配理论的不足。本章的分析认为，现有的理论模型无法呈现劳动收入份额先下降后上升的动态，也无法体现要素价格变动和要素投入决策变动等内容。本章随后构建了包含农业部门、工业部门和服务业部门的理论模型，结合要素转移和结构变动，以及资本深化和技术进步，详细呈现了发展中国家经济发展中的要素收入分配动态。在劳动力转移到达刘易斯第一转折点的第一阶段，劳动收入份额随剩余劳动力的转移而持续下降。在刘易斯第一转折点到第二转折点的第二阶段，劳动收入份额将呈现继续下降然后回升的态势。如果将迈过刘易斯第二转折点后看作是第三阶段，此时经济发展进入新古典经济阶段，要素转移和结构变动已经不再是要素收入分配变动的主要驱动力，取而代之的是技术进步和资本深化。本章最后分析了外部市场存在对发展中国家的工业化进程的重要意义，也分析了外部市场冲击对发展中国家要素收入分配的影响。本章的理论研究较好地刻画了经济增长中的要素收入分配动态，有助于理解发展中国家要素收入分配动态。

第五章　中国要素收入分配格局的变迁

第四章的理论分析显示，发展中国家在经济发展过程中会发生明显的要素产业间转移，并引发产业结构的变动，最终导致要素收入分配格局的变动。因此，要素转移、结构变动和要素收入分配变动可以作为发展中国家要素收入分配研究的基础框架。本章将对中国改革开放以来的要素收入分配进行全面考察。考察的主要内容包括以下几点：一是中国要素收入分配变动的总体态势是什么？要素收入分配变动具有哪些阶段性特征？要素收入变动态势与理论预期的一致性如何？二是中国经济增长中的产业结构和就业结构变动态势如何？要素转移、结构变动和要素收入分配变动的分析框架是否可以成为中国要素收入分配研究的基本框架？三是中国经济增长与要素收入分配的关系是什么？经济是否已经发展到要素收入分配变动应有的水平？劳动收入份额止降回升处的经济发展程度是什么？四是中国经济增长中要素收入分配变动具有哪些特殊性？这些特殊性会带来什么影响？

第一节　要素收入分配格局变动

一、要素收入分配的度量

《2008 国民账户体系》（*System of National Accounts 2008*，SNA2008）规定，按收入法核算的国民收入账户的微观基础是生产账户，它展示了收入在经济体中的产生、分配和使用过程。生产账户的平衡项是增加值，用于衡量生产过程创造的新增加值。那么，新创造的增加值是如何在生产参与者中分配的？SNA2008 用收入形成账户和初始收入分配账户来呈现。收入形成账户通过明确雇员报酬和生产税减生产补贴来产生平衡项——营业盈余或者混合收入。初始收入分配账户则主要显示收入形成账户中各应付项目的去向，以及核算单位或者部门应收和应付的财产收入的数量。因此，SNA2008 非常明确地表明增加值最终可以分为：①雇员报酬，指在核算期内企业按雇员在生产活动中的贡献支付给雇员的全部现金和实物报酬。它主要由两个项目构成，一是应付工资或薪金，可以是现金形式也可以是实物形式。二是雇主应付的社会缴款，它包括：对社会保险计划的缴款；对其他就业相关社会保险计划的实际社会缴款；对其他就业相关社会保险计划的虚拟社会缴款。②生产税减生产补贴，该项目包括：因从事以货物或服务为产出的生产活动所应缴纳的税款和应得的补贴。其他生产税或补贴是指因在生产中使用劳动、机器、房屋或其他资产所应缴纳的税款等。③营业盈余或者混合收入。营业盈余主要针对法人企业，而混合收入主要针对自我雇佣者经营的非法人企业。④财产性收入。它来自于金融资产或自然资源的所有权，具体包括：常住单位或非常住单位金融资产所有者的应收投资收入；自然资源所有者向其他单位出租自然资源的应收地租。

从 SNA2008 的收入分类看，雇员报酬和自我雇佣者收入属于不同类别，因此需要对雇员和自我雇佣者进行严格区分。SNA2008 对雇员进行了明确的规定：雇员是指按合约要求为一个常住机构单位工作并获得雇员报酬的人。雇员包含但不局限于以下类别：①在雇佣合同下，由雇主雇佣的人（体力劳动者或非体力劳动者、管理人员、家政人员及在雇佣项目下开展有偿生产活动的人）；②公务员及其他政府雇员，其就业期限和身份由法律规定；③武装部队，包括那些已经在服役的短期和长期军人，以及被征者（包括为民事目的而征召者）；④由政府或者非营利机构直接支付薪水的牧师；⑤公司或准公司所有者，且其在这些公司里工作；⑥与公司签有正式契约的学生，其为公司的生产过程提供劳动投入，从而获得相应的报酬或教育服务；⑦存在正式或非正式雇主-雇员关系的残疾工人；⑧在某一机构暂时工作的人，他们隶属于其雇佣机构所在的行业，而非实际工作之企业所在的行业。SNA2008 也对自我雇佣者进行了明确的规定：自我雇佣者是其工作的非法人企业的唯一所有者或者联合所有者，此处的非法人企业不包括归类为准公司的非法人企业。自我雇佣者包括以下三类：①为非法人企业工作的家庭成员；②外包者，其收入取决于所承担生产过程的产出价值，而不管投入了多少劳动；③从事的生产活动完全用于个人或集体性自用最终消费或资本形成（如社区建设）的人员。

自我雇佣者经营的非法人企业中，企业所有者或者同一家庭的成员所投入的劳动可能是不付报酬的，因此也称为混合收入，其中包含了企业所有者或者同一家庭成员的劳动报酬，并且该劳动报酬无法从所有者作为业主所得收益中分离出来。混合收入被计入资本收入会低估劳动者报酬。一种观点认为，发展中国家的自我雇佣者数量远比发达国家多，或者说发展中国家自我雇佣者创造的增加值远比发达国家高，因此，合理地对自我雇佣者创造的混合收入进行分类是十分必要的。这不仅有助于人们比较全面地掌握经济中的收入分配情况，还有助于人们开展比较分析进一步发现该经济体收入分配存在的问题。尽管将雇员和自我雇佣者创造的价值区分开来十分必要，但要对自我雇佣者创造的混合收入进行严格区分是非常困难的。例如，农业部门的自我雇佣者就明显区别于服务业部门的自我雇佣者，前者使用的资本可能要明显多于后者。研究者开发了一系列方法对混合收入进行分解分析。

最早提出混合收入分解方法的是 Johnson（1954）。Johnson（1954）对美国 1900~1952 年的收入分配进行估计时，发现自 1900 年以来非农企业创造的增加值在国民收入中的比例基本是不变的，如果这些企业中的劳动投入和企业主投入的财产比例保持不变，那么，任意的分类估计都不会影响劳动收入份额趋势。Johnson（1954）将非农企业收入中的 65%划分为劳动报酬，35%划分为资本性收入。Johnson（1954）的估计方法主要是对美国农业部门、非农部门企业家和自我雇佣者收入的分析，这种估计方法在工业化国家可能有较高的应用价值，但应用于发展中国家可能需要谨慎对待（张车伟和赵文，2016）。但是，由于 Johnson（1954）的估计方法的简便性，张车伟和赵文（2016）就采用其对中国的劳动收入份额进行调整和估计，调整后的劳动收入份额 L_s' 的估计方法显示为

$$L_s' = \frac{W'}{Y} = \frac{\left[\left(W_a - \frac{1}{3}I_{am}\right) + \left(W_n - \frac{1}{3}I_{nm}\right)\right]}{Y} \tag{5.1}$$

其中，W' 为调整后的劳动报酬；Y 为国民收入；W_a 和 W_n 分别为未调整的农业部门劳动报酬和非农部门的劳动报酬；I_{am} 和 I_{nm} 分别为农民的经营性收入和城镇个体工商户的经营性收入。

Young（1995）在研究第二次世界大战后中国香港、新加坡、韩国和中国台湾的经济增长时，对考虑自我雇佣者收入的劳动收入份额提出了另一种估算方法。Young（1995）先估算了不同行业、性别、年龄和教育程度雇员的小时工资，然后估算了不同行业、性别、年龄和教育程度的企业主、不付酬家庭工人和自我雇佣者的工作时间，最后依据这两部分数据估算出自我雇佣者的劳动报酬，进而估算出所有部门的劳动收入份额。这种估算方法有一个重要的前提假设，即自我雇佣者的报酬水平和同类雇员的报酬水平相同。Gollin（2002）认为，Young（1995）的方法存在着两个不足：一是无法控制企业家能力的差异，企业家的能力对报酬水平有直接影响；二是需要详尽的微观数据资料。不过，Gollin（2002）承认，在研究那些自我雇佣者比较多的经济体时，这种方法还是一种比较可取的方法。其实，Young（1995）研究的是小经济体，如果研究像中国这种地区差异十分明显的国家时，这种方法就不一定适用，因为它无法考虑地区的差异性。

Gollin（2002）认为，大部分的自我雇佣者收入可以归类到私营非公司化企业（private unincorporated enterprise）的营业盈余中。在发展中国家，这样的处理方法更为合理，因为自我雇佣者是不可能成立正规公司的。这些企业的收入可以归入私营非公司化企业的营业盈余中。基于上述理由，Gollin（2002）提出了三种调整方法。

第一种方法是将私营非公司化企业的营业盈余都计入劳动收入中，那么调整后的劳动收入份额LS可以表示为

$$\mathrm{LS}=\frac{W+\mathrm{OSPUE}}{\mathrm{GDP}-\mathrm{TAX}} \tag{5.2}$$

其中，W 为雇员报酬；OSPUE 为私营非公司化企业的营业盈余；TAX 为间接税。显然，将自我雇佣者收入都作为劳动收入会高估劳动收入份额。那么，这种方法同时应用于发展中国家和发达国家，哪类国家的高估程度高呢？发展中国家有大量的自我雇佣者，而且这些自我雇佣者主要提供基本的劳动服务，因此将自我雇佣者收入全部作为劳动收入计算，并不会对实际水平产生较大的偏离。发达国家的自我雇佣者较少，但发达国家的自我雇佣者在生产和提供服务时可能使用较多的资本，因此高估程度也会比较明显。

第二种调整方法是将私营非公司化企业营业盈余中资本和劳动收入份额看作与大型公司和政府部门的相同，因此，劳动收入份额可以表示为

$$\mathrm{LS}=\frac{W}{\mathrm{GDP}-\mathrm{TAX}-\mathrm{OSPUE}} \tag{5.3}$$

这种方法的不足之处是显而易见的，因为私营非公司化企业在部门中所占比例存在显著差异，而不同部门企业中的要素贡献是不同的。而且，即使在同一个部门中，私营非公司化企业基本上是劳动力密集的，其资本劳动比会明显小于正规公司和企业。Gomme 和 Rupert（2004）提出的估算方法就是基于此。

第三种调整方法假设自我雇佣者报酬和在正规公司、机构就业的雇员工资相同，这样就可以根据雇员就业人数和工资水平来估算自我雇佣者的劳动收入。劳动收入份额表示为

$$\mathrm{LS}=\frac{\left(W/L_w\right)\times L}{\mathrm{GDP}-\mathrm{TAX}} \tag{5.4}$$

其中，L_w 和 L 分别为雇员就业人数和总的就业人数。这种估算方法类似于 Gollin（2002）的方法，而且更方便简捷。

二、要素收入分配的变动

中国要素收入分配的度量问题也是一个值得关注的问题。2004 年前中国将个体劳动者的收入全部作为劳动者报酬，这与联合国的国民收入账户体系是不一致

的。此时，如果仍旧应用上述调整方法对劳动收入份额进行调整，就会导致劳动收入份额的过高估计（Young，2000）。2004 年后中国将个体经济业主的劳动者报酬和经营利润视为营业利润，且劳动者报酬仅包括个体经济中的雇员报酬。统计口径的变动直接导致2004年劳动收入份额的断崖式下降，这已经被很多研究证实（白重恩和钱震杰，2009b；罗长远和张军，2009a）。统计口径的调整是有充分依据的。众所周知，改革开放后，中国涌现出了一大批个体经营户，在个体经济的初始发展阶段，它的参与者往往局限于家庭内部，形成了一个个以家庭为基础的个体经济单元，家庭成员往往是不用定期支付报酬的。此时的个体经济单元的功能往往是单一的，要么从事商品的流通，要么从事商品的制造。因此，将这些个体经济单元的收入全部纳入劳动报酬是合理的。随着个体经济的不断发展，个体经济单元的功能在扩展，很多个体经济单元既从事商品制造也从事商品流通。例如，浙江经济中就有“前店后厂”的生产经营模式。随着个体经济单元功能的扩展，家庭成员就难以满足生产经营的需要，因此，个体经济单元开始从家庭外部招收劳动者，很多家庭工厂的外部招聘规模越来越大。此时，如果仍旧延续旧的统计方法，将个体经济单元的全部收入视为劳动者报酬就不合理了，有必要将个体经济单元的全部收入进行分配统计，使之符合经济运行的实质。统计口径的变动会对要素收入份额产生重大影响，但对要素收入分配的变动态势不会产生很大的影响。一些研究用不同的方法对劳动收入份额进行调整和重新测度，均发现劳动收入份额的变动趋势没有发生大的改变。本书重点关注的是劳动收入份额的变动态势，因此将按照国家统计局公开发表的数据来进行分析，而不另做估算和测度。

1978~2014 年的中国要素收入分配关系显示在表 5.1 中。困扰劳动收入份额度量的除了自我雇佣者的收入问题外，还有政府间接税的问题。一些研究认为，要比较准确地反映劳动收入份额，就有必要将间接税从增加值中除去。表5.1 中的第6列显示的就是除去间接税的经过调整的劳动收入份额，第 7 列报告的是调整过的和未经调整的劳动收入份额的差异，绝大多数年份的差异在 0.07~0.08。图 5.1 较直观地显示了这两者的变动趋势。可以认为，经调整过的与未经调整的劳动收入份额保持了非常一致的变动态势，因此本书就以未调整过的劳动收入份额作为分析对象。

表 5.1　1978~2014 年中国要素收入分配

年份	劳动收入份额	资本收入份额	生产税净额份额	两种要素份额之差	调整后的劳动收入份额	调整前后之差
1978	0.497	0.375	0.128	0.121	0.570	0.073
1979	0.514	0.364	0.122	0.150	0.585	0.072
1980	0.509	0.369	0.122	0.140	0.580	0.071
1981	0.527	0.354	0.119	0.173	0.598	0.071

续表

年份	劳动收入份额	资本收入份额	生产税净额份额	两种要素份额之差	调整后的劳动收入份额	调整前后之差
1982	0.536	0.348	0.116	0.187	0.606	0.070
1983	0.535	0.349	0.116	0.187	0.606	0.070
1984	0.536	0.346	0.118	0.190	0.608	0.072
1985	0.530	0.350	0.120	0.180	0.602	0.072
1986	0.528	0.347	0.125	0.181	0.604	0.076
1987	0.520	0.355	0.125	0.166	0.595	0.074
1988	0.517	0.376	0.107	0.141	0.579	0.062
1989	0.515	0.352	0.133	0.163	0.594	0.079
1990	0.534	0.336	0.131	0.198	0.614	0.080
1991	0.521	0.346	0.133	0.175	0.601	0.080
1992	0.500	0.366	0.134	0.135	0.578	0.077
1993	0.495	0.388	0.117	0.107	0.560	0.065
1994	0.503	0.377	0.120	0.127	0.572	0.069
1995	0.514	0.363	0.123	0.151	0.586	0.072
1996	0.512	0.359	0.129	0.153	0.588	0.076
1997	0.510	0.353	0.136	0.157	0.591	0.081
1998	0.508	0.349	0.143	0.159	0.593	0.084
1999	0.500	0.351	0.149	0.148	0.587	0.087
2000	0.487	0.360	0.153	0.127	0.575	0.088
2001	0.482	0.361	0.156	0.121	0.572	0.089
2002	0.478	0.367	0.156	0.111	0.566	0.088
2003	0.462	0.381	0.158	0.081	0.548	0.086
2004	0.416	0.444	0.141	−0.028	0.484	0.068
2005	0.436	0.424	0.140	0.012	0.507	0.071
2006	0.432	0.426	0.142	0.006	0.503	0.072
2007	0.429	0.424	0.148	0.005	0.503	0.074
2008	0.465	0.388	0.148	0.077	0.545	0.081
2009	0.466	0.382	0.152	0.084	0.550	0.084
2010	0.450	0.398	0.152	0.052	0.531	0.081
2011	0.449	0.395	0.156	0.055	0.532	0.083
2012	0.456	0.385	0.159	0.071	0.542	0.086
2013	0.459	0.382	0.159	0.076	0.545	0.087
2014	0.465	0.379	0.156	0.086	0.551	0.086

注：资本收入=固定资产折旧+营业盈余

资料来源：1978~1992 年数据根据《中国国内生产总值核算历史资料 1952-1995》计算；1993~2004 年的数据根据《中国国内生产总值核算历史资料 1952-2004》计算；2005~2014 年数据根据国家统计局分省年度数据中心提供的数据计算整理

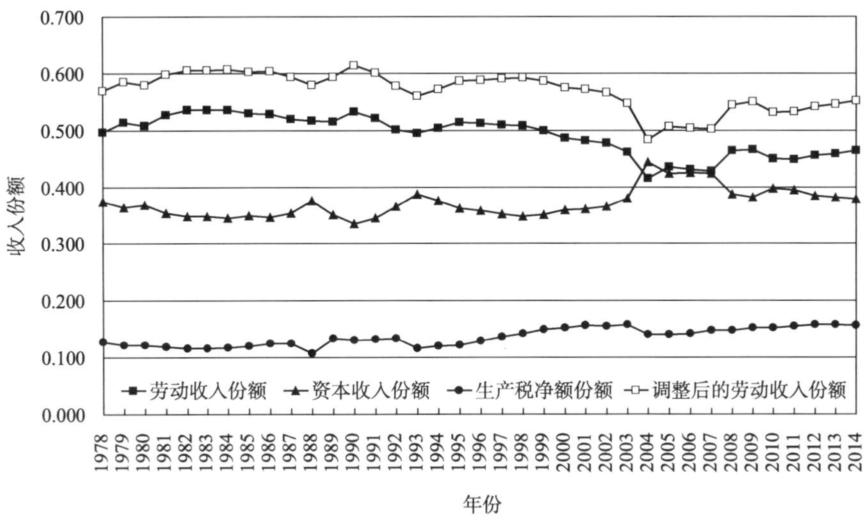

图 5.1　1978~2014 年中国要素收入分配格局

表5.1显示，1978年的劳动收入份额为49.7%，在随后的六年中，劳动收入份额开始上升，1984 年达到了 53.6%，上升了近 4 个百分点，这也是 1978~2014 年劳动收入份额的最高位。1984 年后劳动收入份额开始下降并波动，1993 年可以视为一个关键时间点，该年的劳动收入份额为 49.5%，与 1978 年基本持平。从下降的过程来看，1984~1993 年共下降了近 4 个百分点，由于历时比较长，所以下降的速度比较缓慢。1994~1995 年劳动收入份额有明显的提升，基本上是 1 年 1 个百分点，到 1995 年，劳动收入份额上升至 51.4%，在随后的十多年里劳动收入份额开始持续下降。其中 2004 年下降到 41.6%，比上年下降了 4.6 个百分点，这种断崖式下降中的大部分是由统计口径的变动所致。因此，如果忽略 2004 年的这种特殊情况，则下降的最低位在 2007 年。1995~2007 年劳动收入份额下降了 8.5 个百分点，下降的速度非常快，平均每年 0.7 个百分点。2008 年后劳动收入份额的基本变动态势是逐渐反弹，反弹的主要原因是西方发达国家金融危机对中国实体经济的影响。2010 年这种反弹的势头有所削弱，劳动收入份额比上年下降了 1.6 个百分点。不过，综合劳动力供给变动和结构变动等多方面的因素判断，这种反弹的势头应该还没有结束。2014 年劳动收入份额为 46.5%，与 1978 年基本持平。因此，1978~2014 年的劳动收入份额变动态势总结为先下降后上升。

然后来考察资本收入份额的变动态势。图 5.1 显示，资本收入份额和劳动收入份额之间表现了较好的对称性。这主要是由于生产税净额份额保持了较好的稳定性。1978 年，资本收入份额为 37.5%，随后开始一路下降，到 1984 年下降到 34.6%。在 1984~1993 年，期间虽略有波动，但资本收入份额总体上显示了持续上升的态势，到 1993 年，资本收入份额上升到 38.8%，上升了 4 个百分点。1993~

1998 年是资本收入份额下降的时期，在 5 年内下降了 4 个百分点，下降的速度非常快。同劳动收入份额一样，如果忽略由统计口径调整导致的 2004 年的资本收入份额的大幅度上升，可以将 1998~2007 年看作是资本收入份额持续上升的阶段，仅仅在这 9 年中资本收入份额就上升了 7.5 个百分点。在经历 2008~2009 年的下降后，资本收入份额在 2010 年又开始下降，到 2014 年为 37.9%，与 1978 年基本持平。因此，1978~2014 年的资本收入份额变动态势可以总结为先上升后下降，与劳动收入份额的变动态势正好相反。

最后来考察生产税净额份额的变动态势。1978~2014 年的生产税净额份额变动表现了明显的阶段性特征。1978~1992 年的生产税净额份额变动幅度不大，基本维持在 12%左右。1993~2003 年生产税净额份额开始缓慢上升，份额从 1993 年的 11.7%上升到 2003 年的 15.8%，上升了约 4 个百分点。2004~2014 年是生产税净额份额又一个上升的阶段，份额从 2004 年的 14.1%上升到 2014 年的 15.6%。2004 年的份额下降主要是由统计口径的调整所致，因此，可以将 1993~2003 年和 2004~2014 年这两个阶段合并成一个阶段来看待，这个阶段中生产税净额份额呈现持续上升的趋势。生产税净额份额的持续上升引发了人们的担忧，该份额的不断上升表明其在经济增长中分得的份额越来越大，这也被视为劳动收入份额持续走低的一个因素。

依据第四章的理论分析，在发展中国家的经济发展过程中，劳动收入份额一般将经历先下降后上升的过程。从中国劳动收入份额的变动态势看，可以将 1984~2007 年看作是一个下降过程，2008 年后看作是一个上升的过程，当然该上升过程还远未结束。那么，劳动收入份额在 23 年里共下降了 10.7 个百分点，下降的速度是否过快？下降的幅度是否过大？经与发达国家简单比较后，本书认为，中国劳动收入份额经历的下降时间可能要短于发达国家，即中国在较短的时间内到达了劳动收入份额的转折点。同时，中国劳动收入份额的下降幅度不及发达国家，即转折点存在上移的迹象。那么，为什么中国劳动收入份额的变动态势具有这些特征呢？本书后面将逐一探讨。

第二节　要素收入分配变动分解

一、分解分析方法

第四章的理论分析显示，对于发展中国家而言，劳动收入份额变动的首要因素应该是要素转移和结构变动。Denison（1954）对美国的劳动收入份额进行研究时就注意到了结构变动的因素。他认为，整个国民收入的功能性分配格局反映的是以下两种效应的综合效应：一是同一部门内的要素收入分配的变动；二是部门结构变动所引起的要素收入变动，这种结构变动往往是资源在不同部门间重新分配和价格变动所引起的。他对美国 1929~1952 年的劳动报酬份额进行分析发现，劳动报酬份额在不同的部门中的确有不同的变动动态。这说明，结构变动可能是导致劳动收入份额变动的重要因素。后来，Solow（1958）构建了要素收入份额的产业分解方法，该产业分解方法不仅得到了国外学者的认可（Young，2010），而且还被国内学者广泛应用（白重恩和钱震杰，2009b；罗长远和张军，2009a）。本书将简单介绍劳动收入份额的产业分解模型。

假设 t 时期整个经济的劳动收入份额可以表述为

$$\frac{W_t}{Y_t}=\sum_{i=1}^{n}\frac{W_{i,t}}{Y_t} \tag{5.5}$$

其中，$W_{i,t}$ 为 t 时期 i 产业的劳动收入；W_t 和 Y_t 分别为整个经济 t 时期的劳动收入总额和增加值总额。令 $Y_{i,t}$ 表示 t 时期 i 产业的增加值，则式（5.5）可以表述为

$$\frac{W_t}{Y_t}=\sum_{i=1}^{n}\left(\frac{W_{i,t}}{Y_{i,t}}\times\frac{Y_{i,t}}{Y_t}\right) \tag{5.6}$$

令 $w_{i,t}=\dfrac{W_{i,t}}{Y_{i,t}}$，$y_{i,t}=\dfrac{Y_{i,t}}{Y_t}$，则式（5.6）可以表示为

$$\frac{W_t}{Y_t}=\sum_{i=1}^{n}w_{i,t}y_{i,t} \tag{5.7}$$

那么，t 时期和 $t-1$ 时期的劳动收入份额变动幅度可以表述为

$$\frac{W_t}{Y_t}-\frac{W_{t-1}}{Y_{t-1}}=\sum_{i=1}^{n}w_{i,t}y_{i,t}-\sum_{i=1}^{n}w_{i,t-1}y_{i,t-1} \tag{5.8}$$

1. *以 $t-1$ 期为基准*

式（5.8）可以表示为

$$\begin{aligned}\frac{W_t}{Y_t}=\frac{W_{t-1}}{Y_{t-1}}=&\sum_{i=1}^{n}\left(w_{i,t}-w_{i,t-1}\right)y_{i,t-1}+\sum_{i=1}^{n}w_{i,t-1}\left(y_{i,t}-y_{i,t-1}\right)\\&+\sum_{i=1}^{n}\left(w_{i,t}-w_{i,t-1}\right)\left(y_{i,t}-y_{i,t-1}\right)\end{aligned} \tag{5.9}$$

令 $\Delta w_{i,t}=w_{i,t}-w_{i,t-1}$，$\Delta y_{i,t}=y_{i,t}-y_{i,t-1}$，则式（5.9）可以表示为

$$\frac{W_t}{Y_t}-\frac{W_{t-1}}{Y_{t-1}}=\sum_{i=1}^{n}\Delta w_{i,t}y_{i,t-1}+\sum_{i=1}^{n}w_{i,t-1}\Delta y_{i,t}+\sum_{i=1}^{n}\Delta w_{i,t}\Delta y_{i,t} \tag{5.10}$$

式（5.10）右边的第一项表示的就是劳动收入份额变动的产业内效应，第二

项表示的是产业间效应，第三项是协方差项。

2. *以 t 期为基准*

式（5.10）可以表示为

$$\frac{W_t}{Y_t}-\frac{W_{t-1}}{Y_{t-1}}=\sum_{i=1}^{n}\left(w_{i,t}-w_{i,t-1}\right)y_{i,t}+\sum_{i=1}^{n}w_{i,t}\left(y_{i,t}-y_{i,t-1}\right)-\sum_{i=1}^{n}\left(w_{i,t}-w_{i,t-1}\right)\left(y_{i,t}-y_{i,t-1}\right) \tag{5.11}$$

式（5.11）又可以表示为

$$\frac{W_t}{Y_t}-\frac{W_{t-1}}{Y_{t-1}}=\sum_{i=1}^{n}\Delta w_{i,t}y_{i,t}+\sum_{i=1}^{n}w_{i,t}\Delta y_{i,t}-\sum_{i=1}^{n}\Delta w_{i,t}\Delta y_{i,t} \tag{5.12}$$

式（5.12）右边的三项分别是产业内效应、产业间效应和协方差。

3. *以 t− 1 期和 t 期的算术平均为基准*

式（5.8）又可以表述为

$$\frac{W_t}{Y_t}-\frac{W_{t-1}}{Y_{t-1}}=\sum_{i=1}^{n}\left(w_{i,t}-w_{i,t-1}\right)\left(\frac{y_{i,t}+y_{i,t-1}}{2}\right)+\sum_{i=1}^{n}\left(\frac{w_{i,t}+w_{i,t-1}}{2}\right)\left(y_{i,t}-y_{i,t-1}\right) \tag{5.13}$$

式（5.13）又可以表示为

$$\frac{W_t}{Y_t}-\frac{W_{t-1}}{Y_{t-1}}=\sum_{i=1}^{n}\Delta w_{i,t}\left(\frac{y_{i,t}+y_{i,t-1}}{2}\right)+\sum_{i=1}^{n}\left(\frac{w_{i,t}+w_{i,t-1}}{2}\right)\Delta y_{i,t} \tag{5.14}$$

式（5.14）右边只有两项，第一项表示产业内效应，第二项表示产业间效应，这种方法相对简单，只有少数研究采用这种方法（翁杰，2011）。

二、分解分析结果

对劳动收入份额变动的阶段性特征和驱动力分析，需要用到 1978~2014 年的产业增加值构成数据。1978~1992 年的数据可以依据《中国国内生产总值核算历史资料 1952-1995》计算得到，1993~2004 年的数据可以依据《中国国内生产总值核算历史资料 1952-2004》计算得到。目前，国家统计局尚未公布 2005~2014 年的相关数据，需要通过估算得到。本书试图利用城镇单位就业人员的工资总额来进行估算，估算的过程和方法如下。

第一步，对于产业 i，依据其分行业的城镇单位就业人员的平均工资 $x_{i,j}$ 和就业

人数 $H_{i,j}$，计算产业的城镇单位就业人员平均工资 w_j。城镇单位就业人员的平均工资和就业人数数据来自《中国劳动统计年鉴》。计算方法表示为

$$w_i = \frac{\sum_{j=1}^{J} x_{i,j} \times H_{i,j}}{\sum_{j=1}^{J} H_{i,j}} \tag{5.15}$$

第二步，将产业的城镇单位就业人员平均工资视为产业全部就业人员的平均工资，进而计算产业就业人员的工资总额 $X_i = w_i \times N_i$。N_i 为产业就业人数，数据来自《中国统计年鉴》。

第三步，利用1993~2004年的数据对产业工资总额 X_i 和产业劳动者报酬 W_i 的关系进行估计，估计结果显示在表 5.2 中。

表 5.2　1993~2004 年产业劳动者报酬和劳动者收入关系的估计

产业类别	估计结果	R^2	F
第一产业	W_1=0.518×X_1+3 297.8	0.835	50.43***
第二产业	W_2=1.075×X_2+1 883.2	0.980	498.06***
第三产业	W_3=0.612×X_3+3 612.8	0.946	174.24***

*、**和***分别表示 10%、5%和 1%水平上的显著性

表 5.2 的估计结果显示，第二产业和第三产业的拟合优度分别为 0.980 和 0.946，拟合优度很高，而第一产业的拟合优度仅为 0.835。本节利用这个估计结果对 2005~ 2014 年的产业劳动者报酬进行了预测，并将三个产业的预测结果加总为预测的劳动者报酬总额。通过比较发现，该数值能达到实际的劳动者报酬总额的 90%，体现了较好的预测力。

第四步，对产业劳动者报酬进行估计。为了保持数据的逻辑性，本节首先利用第二产业和第三产业的估计结果对 2005~2014 年的产业劳动者报酬进行估计，然后用实际的劳动者报酬总额减去第二产业和第三产业的劳动者报酬得到第一产业的劳动者报酬。选择这样的计算方法有两方面考虑：一是第二产业和第三产业的估计结果拟合优度明显高于第一产业；二是2005年后中国经济中第一产业增加值比重已经下降到 10%左右，将第一产业作为调整项可以将误差减小到最低水平。最终估计得到的产业劳动者报酬数据显示在表 5.3 中。

表 5.3　2005~2014 年产业劳动者报酬的估计结果（单位：亿元）

年份	估计的劳动者报酬			实际的劳动者报酬总额
	第一产业	第二产业	第三产业	
2005	20 963.8	33 372.2	32 445.8	86 781.7
2006	22 630.3	40 236.9	37 658.2	100 525.4

续表

年份	估计的劳动者报酬			实际的劳动者报酬总额
	第一产业	第二产业	第三产业	
2007	25 647.8	49 309.6	44 936.2	119 893.7
2008	42 368.2	59 010.6	53 514.0	154 892.8
2009	43 824.5	65 454.2	61 025.5	170 304.2
2010	49 751.9	77 246.5	69 692.4	196 690.7
2011	60 586.6	93 533.5	80 226.8	234 346.9
2012	64 328.7	107 591.1	90 944.2	262 864.1
2013	65 129.3	119 221.1	106 593.1	290 943.5
2014	65 956.7	129 511.4	122 790.0	318 258.1

注：劳动者报酬总额数据依据《中国统计年鉴》计算得到，其余数据来自估算

1978 年中国的劳动收入份额为 49.7%，2014 年变动为 46.5%，如果不考虑中间的变动态势，劳动收入份额实际下降 3.2 个百分点。分解分析显示，劳动收入份额变动的产业内效应是正的，表现为增加 4.7 个百分点，但是产业间效应是负的，表现为下降 8.1 个百分点，最终劳动收入份额表现为下降 3.2 个百分点。图 5.2 显示的是劳动收入份额变动的分解结果。该图直观地显示以下信息：一是产业内效应呈现波动态势，而且变动幅度非常大。在前一段时期内，产业内效应表现为正值，而在后一时期内，产业内效应会快速变动为负值，转换非常频繁和迅速。二是产业间效应在考察期的绝大部分时间内表现为负值，而且该效应呈逐渐减小的态势，2008 年后该效应渐渐趋于零。三是协方差处于很低水平，相对于产业内效应和产业间效应，可以忽略不计。

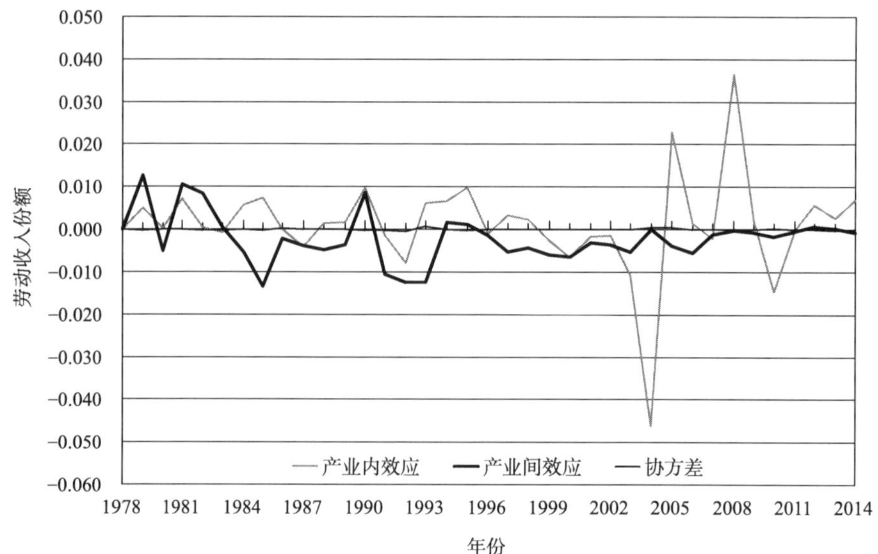

图 5.2 1978~2014 年中国劳动收入份额变动分解

为了探寻劳动收入份额变动的规律，表 5.4 首先报告了依据五年计划实施时间进行分段的结果，该结果显示劳动收入份额变动呈现了明显的规律性。1978~1980 年属于“五五”时期，因此，“五五”时期的三年和“六五”时期（1981~1985 年）劳动收入份额变动的明显特征是产业内效应和产业间效应均为正值。在这两种效应的叠加作用下，劳动收入份额在这两个时期实现了快速的增加，增加的幅度达 3.3 个百分点。“七五”时期（1986~1990 年）和“八五”时期（1991~1995 年）的劳动收入份额变动发生了新的态势，产业内效应仍然为正的，但是增幅有所下降，产业间效应表现为负值，下降了 3.7 个百分点，两种效应综合起来导致劳动收入份额在这 10 年中下降 1.5 个百分点。“九五”时期（1996~2000 年）和“十五”时期（2001~2005 年）的劳动收入份额变动态势继续发生变化，产业内效应由正值转变为负值，表现为下降 4.1 个百分点，产业间效应仍旧延续前面 10 年的表现，继续下降近 4 个百分点，两种效应叠加导致劳动收入份额下降近 8 个百分点，可以认为，这 10 年是劳动收入份额下降最快速的时期。在接下来的“十一五”时期（2006~2010 年）和 2011~2014 年里，劳动收入份额变动的态势再次发生变化，产业内效应迅速转变为正值，表现为增加近 4 个百分点，产业间效应仍旧表现为负值，下降近 1 个百分点，下降的幅度明显放缓。这 9 年中劳动收入份额总体上呈上升态势。

表 5.4　1978~2014 年中国劳动收入份额变动的分解结果

时间（时期）	产业内效应	产业间效应	协方差	总变动幅度
1978~1980 年（“五五”）	0.005 1	0.007 6	− 0.000 2	0.012 4
1981~1985 年（“六五”）	0.020 4	0.000 9	0.000 3	0.021 0
1986~1990 年（“七五”）	0.009 0	− 0.005 4	0.000 0	0.003 6
1991~1995 年（“八五”）	0.013 4	− 0.032 3	− 0.000 2	0.019 2
1996~2000 年（“九五”）	− 0.004 1	− 0.023 4	0.000 1	− 0.027 3
2001~2005 年（“十五”）	− 0.036 9	− 0.016 0	0.001 5	− 0.051 5
2006~2010 年（“十一五”）	0.023 6	− 0.008 9	− 0.000 2	0.014 5
2011~2014 年	0.016 5	− 0.002 9	0.001 4	0.015 0
1978~1984 年	0.018 0	0.022 0	− 0.000 4	0.039 5
1985~1997 年	0.032 3	− 0.057 9	− 0.000 3	− 0.025 8
1998~2007 年	− 0.044 6	− 0.038 3	0.001 3	− 0.081 7
2008~2014 年	0.041 2	− 0.006 3	0.001 5	0.036 5
1978~2014 年	0.046 9	− 0.080 5	0.002 1	− 0.031 5

结合劳动收入份额变动的实际态势和分解结果，以及经济发展的实际情况，本书将劳动收入份额变动分为四个阶段，这四个阶段的劳动收入份额变动分解详细情况显示在表 5.5 中。各阶段的劳动收入份额变动特征以及驱动力分析如下。

表 5.5 劳动收入份额分解结果（分产业）

效应分解		1978~1984 年		1985~1997 年		1998~2007 年		2008~2014 年	
		大小	比例	大小	比例	大小	比例	大小	比例
产业内	一产	0.006 6	0.165	－0.006 8	0.267	－0.006 1	0.074	－0.012 3	－0.352
	二产	0.012 4	0.310	0.038 5	－1.510	－0.016 1	0.194	0.024 2	0.693
	三产	－0.001 0	－0.025	0.000 6	－0.024	－0.022 5	0.271	0.029 3	0.840
	总和	0.018 0	0.450	0.032 3	－1.267	－0.044 6	0.538	0.041 2	1.181
产业间	一产	0.027 2	0.680	－0.114 8	4.502	－0.073 9	0.891	－0.009 3	－0.266
	二产	－0.020 7	－0.518	－0.001 9	0.075	0.000 7	－0.008	－0.016 9	－0.484
	三产	0.015 5	0.388	0.058 9	－2.310	0.002 8	－0.034	0.020 0	0.573
	总和	0.022 0	0.550	－0.057 8	2.267	－0.038 3	0.462	－0.006 3	－0.181
总效应		0.040 0		－0.025 5		－0.082 9		0.034 9	

注：①比例指的是某产业某效应的大小占总效应的比值；②表中数据与表 5.4 略有不同

1. 第一个阶段：1978~1984 年

该阶段是改革开放后的第一个阶段，劳动收入份额的产业内效应为增加 1.8 个百分点，产业间效应为增加 2.2 个百分点，两种效应叠加推动劳动收入份额增加 4 个百分点，产业内效应和产业间效应都为正值是该阶段的典型特征。产业间效应占总变动效应的 55.0%，中国农村的家庭联产承包责任制改革是劳动收入份额上升的主要驱动力。众所周知，中国的改革首先从农业部门开始，家庭联产承包责任制的实施释放了农业部门的生产潜能，使产出水平得到大幅度提高，同时政府又提高农产品的收购价格，致使农业部门增加值比重大幅度提高。由于第一产业的劳动收入份额要明显高于其余产业，因此该产业扩张就会促进劳动收入份额的提高，并表现为产业间效应为正值。另外，该阶段的产业内效应占总变动效应的45.6%，也是推动劳动收入份额上升的不可忽视的力量，这主要是由第二产业的劳动收入份额提高所致。具体的原因就是企业的工资改革和经营制度改革（李扬，1992），提高了劳动者报酬，促使收入分配格局向有利于劳动方变动。

2. 第二个阶段：1985~1997 年

该阶段劳动收入份额的产业内效应为增加 3.2 个百分点，产业间效应为降低 5.8 个百分点。产业内效应和产业间效应开始相反作用，而产业间效应的突显最终导致劳动收入份额呈下降趋势。产业间效应转为负值的最主要原因就是要素转移和结构变动，即农村劳动力向非农部门的快速转移导致非农产业的快速扩张。1984 年党的十二届三中全会举行，会议通过了《中共中央关于经济体制改革的决定》，明确了加快以城市为重点的经济体制改革步伐，使改革的重心从农业部门转向城市中的非农部门，非农部门发展成为经济改革和发展的核心。1984 年，乡镇企业的概念被正式提出，促进乡镇企业发展的政策也陆续出台，这类企业的大规模涌现和发展促进了农村劳动力快速向非农部门转移。在这些因素的共同作用下，中国的非农部门开始快速扩展。相对应的是，第一产业在国民经济中的比重开始逐渐降低。劳动收入份额高的第一产业比重的下降，与此对应的是劳动收入份额低的其他产业的扩展，尤其是第三产业，是导致该阶段产业间效应为负值的主要原因。

3. 第三个阶段：1998~2007 年

该阶段劳动收入份额变动的典型特征是产业内效应和产业间效应均为负值。产业内效应为降低4.5个百分点，产业间效应为降低3.8个百分点，两种效用的叠加导致劳动收入份额下降 8.3 个百分点，两种效应分别占总变动效应的 54.6%和46.9%，产业内效应占据主要地位。这个阶段劳动收入份额有如此大的变动幅度，一个重要的原因可能是 2004 年的统计口径调整。如果不考虑统计口径调整的因素，那么产业内效应就是推动劳动收入份额下降的主要力量，这与非农产业内发生的资本深化和技术进步有着紧密的联系。在这个阶段中，一方面是 1998~2000 年的国有企业三年改革改变了工业部门的收入分配格局，大量的劳动力密集型企业的关停并转使收入分配格局呈现向资本方倾斜的态势；另一方面是工业部门发生了快速的资本深化现象，资本劳动比的快速提高促使收入分配格局越来越不利于劳动方（翁杰和周礼，2009，2010）。同时，这个阶段劳动力从农业部门向非农部门的转移仍在快速推进，第一产业的就业人数占比从 1998 年的 49.8%快速下降至 2007 年的 40.8%，下降了 9 个百分点。农村劳动力的快速转移促进了非农部门的快速扩张，也是导致劳动收入份额下降的重要原因。综合以上，这个阶段劳动收入份额快速下降的主要驱动力是非农产业的资本深化和技术进步。

4. 第四个阶段：2008~2014 年

在该阶段中，劳动收入份额变动的产业内效应为上升 4.1 个百分点，产业间效应为降低 0.6 个百分点，两种效应综合起来推动劳动收入份额升高 3.7 个百分点。这个阶段的典型特征是劳动收入份额止降回升。劳动收入份额止降回升的主要驱动力来自于产业内，其根本原因在于劳动者工资水平的快速上升。2004 年中国第一次出现了民工荒，这是刘易斯第一转折点到来的表现，农村转移劳动力的工资开始上升。2008 年中国还实施了《中华人民共和国劳动合同法》，对劳动者权益的保护增加了企业人工成本支出。一方面是农村转移劳动力的人数在减少，另一方面是对劳动者权益的保护日益加强，这些因素共同推动劳动者工资的增加，促使非农部门收入分配格局发生根本性的变化，导致劳动收入份额开始回升。有研究认为，相对增进型技术进步是导致中国要素收入分配变动的主要因素。然而，这无法解释2007年后中国要素收入分配逐渐向劳动方倾斜的事实，因为技术进步范式没有发生根本性变化。值得注意的是，产业间的效应仍旧是负的，但是这种效应已逐渐趋向于零。

综合上述四个阶段的分析，可以认为，结构变动是导致1978~2014年中国劳动收入份额发生巨大变动的主要力量。第一产业在经过短暂的辉煌后，终究难以匹敌工业化进程和产业结构变动的力量，在国民经济中的比重一路走低。与之对应的是第二产业和第三产业的迅速崛起。在经济结构中，劳动收入份额高的传统部门迅速让位于劳动收入份额低的现代部门，最终表现为劳动收入份额的持续走低。同时，也应看到，结构变动的效应远不止于此。农村转移劳动力的减少以及劳动力成本的不断攀升对第二产业产生了压力，第二产业终究会将国民经济支柱产业的地位让渡于其他产业。随着第三产业的发展，尤其是其中劳动力密集型行业的发展，劳动收入份额将停止下降的趋势，转而开始持续上升。可以认为，中国经济已经进入劳动收入份额逐渐上升的阶段。

第三节 结构变动和要素收入分配

一、产业结构和劳动收入份额

1. 全国层面

图5.3显示的是1978~2014年中国劳动收入份额和产业结构变动的情况。第一产业产业增加值比重在1978~1982年有所上升，但在1983~2014年开始长时间的下降，增加值比重从1983年的32.8%一路下降到2014年的9.2%，平均年降幅接近0.8个百分点。其中，1983~2006年的下降速度最快，每年的下降幅度接近1个百分点。2007年下降的速度开始放缓，每年下降的幅度不到0.2个百分点。第二产业的产业增加值比重在1978~2014年中保持了较好的稳定性，基本上在40%~48%波动。值得注意的是，2008年开始第二产业的产业增加值比重开始下降了，这种下降趋势在2011年后有加快的迹象。预计在今后的几年内，第二产业的产业增加值比重将向下突破40%。第三产业的产业增加值比重从1978年的24.5%快速增加到2014年的48.2%，每年的增长幅度接近0.7个百分点，实现了快速增长。

而且，2011 年后的增长势头更为强劲，每年的增长幅度达 1.3 个百分点。

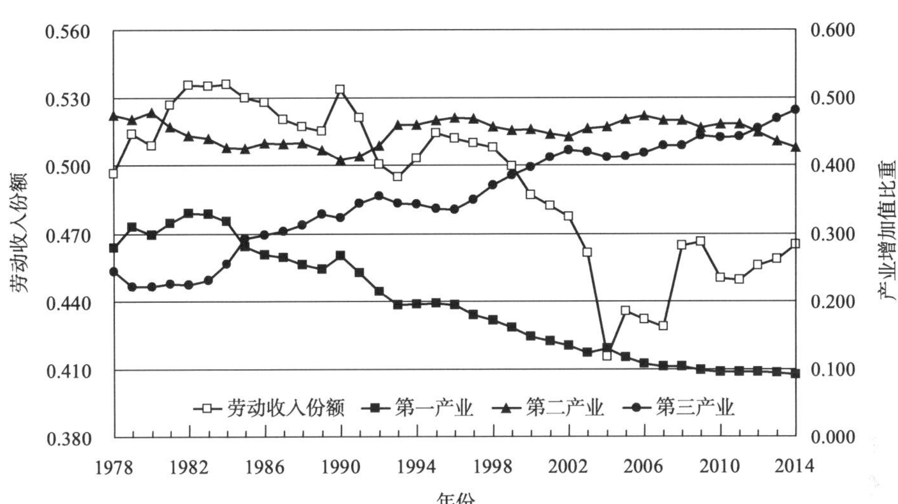

图 5.3　1978~2014 年中国劳动收入份额和产业结构变动情况

可以将 1978~2014 年的中国产业结构变动分为三个阶段。第一个阶段是 1978~1984 年。在该阶段中，第二产业的产业增加值比重最高，第三产业的产业增加值比重最低。第二个阶段是 1985~2011 年。在该阶段中，第二产业的产业增加值比重仍旧保持最高位置，但第三产业的产业增加值比重超过第一产业，经过 26 年的强劲增长，势头直逼第二产业。第三个阶段是 2012~2014 年。第三产业的产业增加值比重成功超越第二产业，成为国民经济中最大的产业，第二产业的产业增加值比重开始快速下降。借鉴发达国家产业结构变动的经验，可以认为，中国 1978~2014 年的产业结构变动的三个阶段与发达国家产业结构变动的后面三个阶段非常吻合，这说明中国已经基本完成工业化进程，接下来中国的产业结构将继续升级，第三产业将成为国民经济的支柱产业。

产业结构变动和劳动收入份额变动有联系吗？图 5.3 明确显示，1978~1984 年第一产业的增长直接推动了劳动收入份额的上升。在接下来的 1985~2007 年中，第一产业的产业增加值比重迅速下降，而劳动收入份额也显示了持续下降的趋势。2010 年后，第一产业的产业增加值比重下降的趋势减缓，基本维持在略低于 10%的水平上，第三产业增加值比重开始迅速增加，此时劳动收入份额开始持续上升。从图 5.3 中可以看出，1978~2007 年的劳动收入份额变动和第一产业的产业增加值比重的变动非常吻合，2008~2014 年的劳动收入份额变动态势与第二产业的产业增加值比重的变动相反，与第三产业相同。基于上述阶段性特征的分析，可以认为，结构变动是导致劳动收入份额变动的最直接因素。在结构变动的前期，农业部门比重下降，非农部门比重上升，劳动收入份额进入下降的通道。当农业部门的比重下降到一定程度后，非农部门中的工业部门开始下降而服务业部门开始强劲增长，劳动收入份额下降的势头得到遏制，转而开始强劲上升。因此，结构变动是劳动收入份额变动的直接驱动力。

2. *省市层面*

为了进一步显示产业结构变动和劳动收入份额变动的关系，本章选择了广东省、浙江省、江苏省和山东省来进行补充分析。之所以选择这几个省份有以下考虑：一是这些省份是中国沿海经济发达地区，能很好地显示产业结构变动和劳动收入份额变动之间的关系；二是这些省份均有完整的产业体系，能较好地体现改革开放后工业部门的迅速发展及其他非农产业的发展对要素收入分配产生的影响。

图 5.4 显示的是广东省的产业结构和劳动收入份额变动。广东省改革开放后产业结构变动可以分为三个阶段。第一个阶段是 1978~1982 年。这个阶段，第二产业的产业增加值比重最高，第三产业最低。第二个阶段是 1983~2012 年。这个阶段第一产业的产业增加值比重从 1983 年的 34.8%快速下降到 2012 年的 5.0%。同时，第三产业增长非常快，到 2012 年达 46.5%，已经接近第二产业。第三个阶段是 2013~2014 年。该阶段时间不长，但第三产业的产业增加值比重已经超过第二产业，成为经济中的最大产业。广东省的产业结构变动与中国整体经济的结构变动很一致。

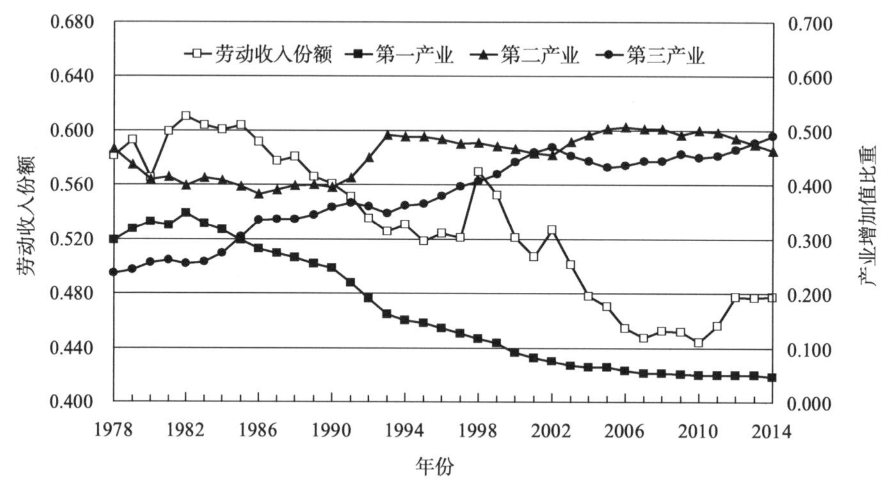

图 5.4　1978~2014 年广东省产业结构和劳动收入份额

广东省的产业结构变动与劳动收入份额之间存在密切联系吗？1978~1982 年，由于第一产业的发展，劳动收入份额有一定的增加，1982 年达到 61.0%，为

1978~2014 年整个考察期的最高位。随后，由于农村劳动力转移和非农产业的迅猛发展，劳动收入份额开始下降，到 2007 年下降到 44.7%，下降了 16.3 个百分点。2007 年后，第一产业的产业增加值比重基本上维持在 5%的水平上，但是第二产业的产业增加值比重开始下降。与之相反的是第三产业开始快速增长，第三产业的产业增加值比重的上升促使劳动收入份额开始上扬。因此，如果将 1978~2014 年分为 1978~2007 年和 2008~2014 年两个阶段看，前一个阶段中劳动收入份额的变动态势基本与第一产业的产业增加值比重的变动态势吻合，后一个阶段属于劳动收入份额上升的阶段，与第二产业的产业增加值比重的变动态势相反，与第三产业的变动态势相同。由此可见，广东省结构变动对劳动收入份额的影响符合理论分析，目前已经进入第三产业快速发展和劳动收入份额上升的阶段。

图 5.5 显示的是浙江省的产业结构变动和劳动收入份额变动。浙江省 1978~2014 年的产业结构变动同样可以分为三个阶段。第一个阶段是 1978~1986 年。在该阶段中，第二产业的产业增加值比重最高，第一产业次之，第三产业最低。第一产业的产业增加值比重在迅速下降，第三产业在快速上升。第二个阶段是 1987~2013 年。在这个阶段中，第一产业的产业增加值比重已由 1987 年的 27.1%下降到 2013 年的 4.8%，同时，第三产业增加值比重从 1987 年的 28.9%上升到 2013 年的 46.1%。尽管第三产业的产业增加值比重还略低于第二产业，但已经具备替代第二产业成为最大产业的基础。第三个阶段为 2014 年，将单独一年作为一个阶段可能并不合理，但是需要指出的是，正是在 2014 年，浙江省的第三产业的产业增加值比重超过了第二产业。浙江省已经进入第三产业快速发展的时期。

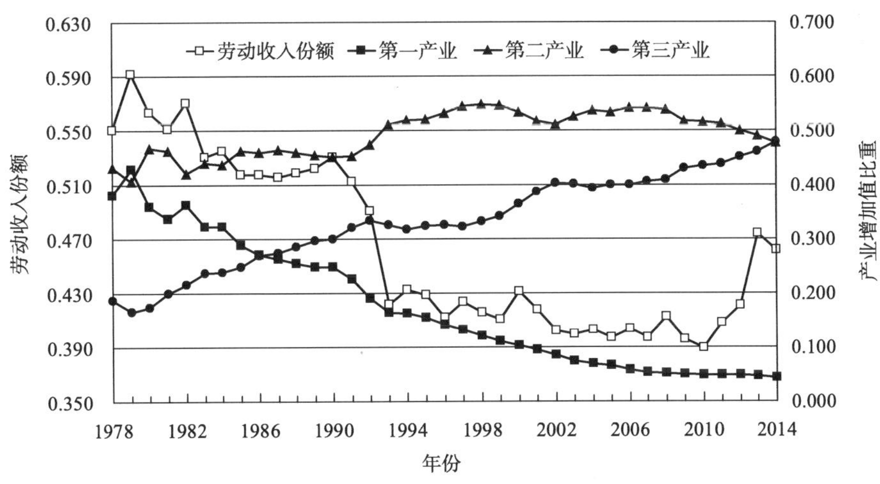

图 5.5　1978~2014 年浙江省产业结构和劳动收入份额

图 5.5 也显示了浙江省的产业结构变动和劳动收入份额变动之间存在紧密的联

系。1979 年第一产业的产业增加值比重处于最高位的 42.8%，同年，劳动收入份额也处于最高位 59.2%。随后，第一产业增加值比重开始下降，与之相对应的是劳动收入份额的下降。而且，在 1978~1993 年，第一产业增加值比重变动和劳动收入份额变动具有高度的一致性。劳动收入份额在 2010 年下降到最低位 38.9%，下降了 20.3 个百分点。也正是在 2010 年后，浙江省第二产业增加值比重开始迅速下滑，与此相对应的是，第三产业开始迅速上升，产业结构的变动推动了劳动收入份额开始上扬，到 2013 年，劳动收入份额达到 47.4%，上升了 8.5 个百分点。可见，浙江省的产业结构变动是劳动收入份额变动的直接驱动力。

图 5.6 显示的是江苏省的产业结构变动和劳动收入份额变动的情况。按照前面的划分标准，江苏省的产业结构变动只能划分为两个阶段。第一个阶段是 1978~1988 年。在该阶段中，第二产业的产业增加值比重高于其他两个产业，第三产业为最低。第二个阶段是 1989~2014 年。在这个阶段，第三产业超过第一产业成为江苏省经济的第二大支柱产业。第一产业的产业增加值比重迅速从 1989 年的 24.5%下降至 2014 年的 5.6%，与此同时，第三产业的产业增加值比重从 1989 年的 25.8%快速上升至 2014 年的 47.0%，第二产业的产业增加值比重则从 2006 年迅速下降，至 2014 年为 47.4%。因此，尽管 2014 年第三产业尚未超越第二产业成为最大的产业，但从趋势可以判断，2015 年第三产业的产业增加比重应该会超越第二产业。

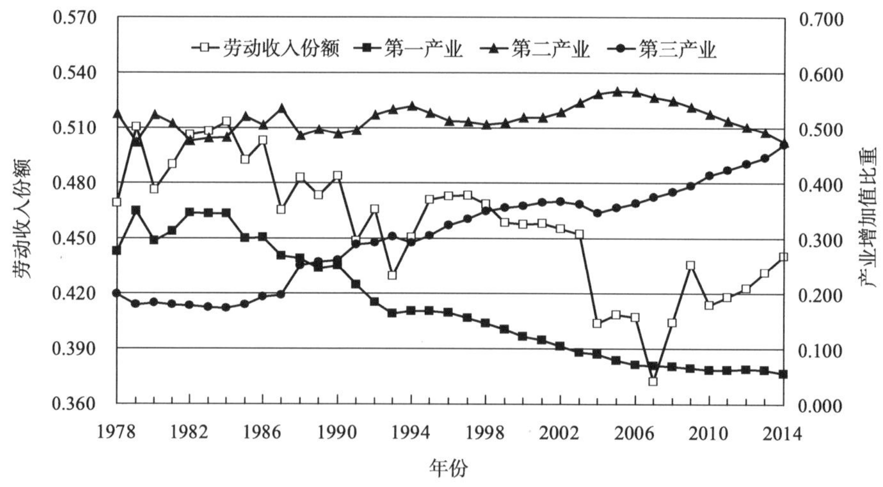

图 5.6 1978~2014 年江苏省产业结构和劳动收入份额

对图 5.6 进一步分析，可以发现，在 1978~1993 年，劳动收入份额的变动趋势与第一产业的产业增加值比重的变动趋势高度一致，第一产业的产业增加值比重的波动都能在劳动收入份额上反映出来，前者增加则后者也增加，前者减少则后者也减少。1994~2007 年的劳动收入份额变动趋势则与第二产业的变动相反，第二产业的产业增加值比重的升高会导致劳动收入份额下降，而第二产业增加值比重的下降又会导致劳动收入份额的升高。2007~2014 年劳动收入份额开始反弹，此时第一产业增加值比重基本维持在 6%左右，但第二产业增加值比重开始迅速下降，从 2007 年的 55.6%下降到 2014 年的 47.4%，与此相对应的是第三产业增加值比重的快速上升。可见，产业结构变动推动了劳动收入份额的变动。

最后来考察山东省的就业结构变动和劳动收入份额变动情况（图 5.7）。山东省的产业结构变动阶段和江苏省一样，可以分为两个阶段。第一个阶段是 1978~1989 年。在该阶段，第二产业增加值比重为最高，第一产业次之，第三产业最低。第二个阶段是 1990~2014 年。在该阶段中，第一产业增加值比重持续下降，从 1990 年的 28.1%下降到 2014 年的 8.1%，下降了整整 20 个百分点，每年的下降幅度接近 0.8 个百分点。与此相反的是第二产业和第三产业增加值比重的持续上升。在 1990~2002 年，这两个产业的增长速度比较接近。2002 年后，这两个产业增加值比重的变动态势发生了变化，它们呈相反方向的变动。

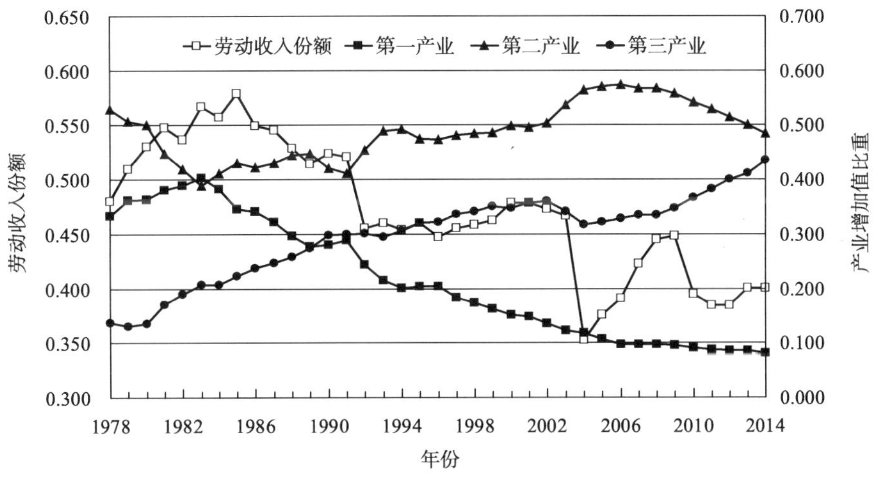

图 5.7　1978~2014 年山东省产业结构和劳动收入份额

图 5.7 显示了山东省产业结构和劳动收入份额变动的相关性。如果以 2004 年为分界点，可将整个考察期分为前后两个阶段。在前一个阶段，劳动收入份额的变动态势与第一产业增加值比重的变动态势基本吻合。在后一个阶段，第一产业增加值比重下降到 10%以下，并且保持较稳定的状态。同时第二产业增加值比重开始下降，相反的是第三产业增加值比重快速上升。2004 年第三产业增加值比重为 31.7%，2014 年已达 43.5%，增长了近 12 个百分点，每年的增长幅度超过 1 个百分点。可以认为，产业结构变动是导致劳动收入份额变动的主要力量。

本章将利用我国 1978~2014 年的省级面板数据来进一步分析产业结构对劳动收入份额的影响。数据将重庆和四川合并，并剔除西藏，共 29 个省（自治区、直辖市,不包括港澳台地区）。计量分析的被解释变量是劳动收入份额（%）的自然对数（lnLS），解释变量是第一产业增加值比重（%）的自然对数（lnFG）和第二产业增加值比重的自然对数（lnSG）。利用固定效应（fixed effects，FE）模型估计得到的结果显示在表5.6中。模型（1）~（4）分别是对1978~2014年、1978~2006 年、1978~1997 年和 2007~2014 年的估计结果，模型（5）是对 2007~2014 年的估计结果。模型（1）显示第一产业增加值比重能够很好地解释整个考察期内的劳动收入份额变动。模型（2）比模型（1）的拟合优度有明显提高，模型（3）比模型（2）的拟合优度又有明显的提高，表明在 1978~1997 年，第一产业增加值比重对劳动收入份额的解释力最强。随着时间往后推移，第一产业增加值比重的解释力在下降。模型（4）没有通过F检验，而且第一产业增加值比重没有表现出显著性，这表明，对于 2007~2014 年中国各省市的劳动收入份额，第一产业增加值比重没有解释力。前面对部分发达省份的图表分析也表明，在 2007 年左右第一产业增加值比重进入相对稳定的阶段，它再也不是驱动要素收入份额变动的主要因素。模型（5）显示，在 2007~2014 年，第二产业增加值比重与劳动收入份额有显著的负相关关系，说明在这个阶段，第二产业增加值比重的变动会直接影响劳动收入份额。估计结果与前面的图表分析结果高度吻合。

表 5.6　产业结构对劳动收入份额影响的估计

解释变量	被解释变量：lnLS				
	（1）	（2）	（3）	（4）	（5）
lnFG	0.110*** （0.007）	0.150*** （0.010）	0.162*** （0.018）	− 0.008 （0.046）	
lnSG					− 0.498*** （0.084）
R^2	0.503	0.630	0.753	0.137	0.108
F	229.730	331.830	85.570	0.030	34.550
样本数	1 060	828	567	232	232

*、**和***分别表示 10%、5%和 1%水平上的显著性

注：①表格没有报告市数项；②括号内为标准误差

二、就业结构和要素收入分配

图 5.8 显示的是中国 1978~2014 年的产业就业结构和劳动收入份额动态。第一产业的就业比重具有明显的阶段性特征。1978~2002 年就业比重呈下降趋势并具有明显的波动性，1978~1986 年和 1992~1996 年这两个时间段内下降的速度比较

快，而 1987~1991 年和 1997~2002 年两个时间段内几乎没有明显的变动，尤其是后面这一时间段。1978 年第一产业就业比重为 70.5%，到 2002 年为 50.0%，每年的下降幅度接近 0.9 个百分点。2003 年开始，第一产业就业比重开始快速下降，到 2014 年 11 年时间共下降了 19.2 个百分点，每年的下降幅度接近 1.8 个百分点，下降速度是前一个阶段的两倍。第二产业的就业比重在 1978~2002 年基本稳定，保持在 20%左右。2003~2012 年第二产业就业比重从 21.6%快速提高至 30.3%，每年的增长幅度接近 1 个百分点。2013 年开始，第二产业的就业比重略有下降。第三产业在 1978~2014 年保持了较好的增长势头，比重从 1978 年的 12.2%一路增长到 2014 年的 40.6%，每年的增长幅度接近 0.8 个百分点。值得注意的是，2012 年后第三产业就业比重的增长在加速。

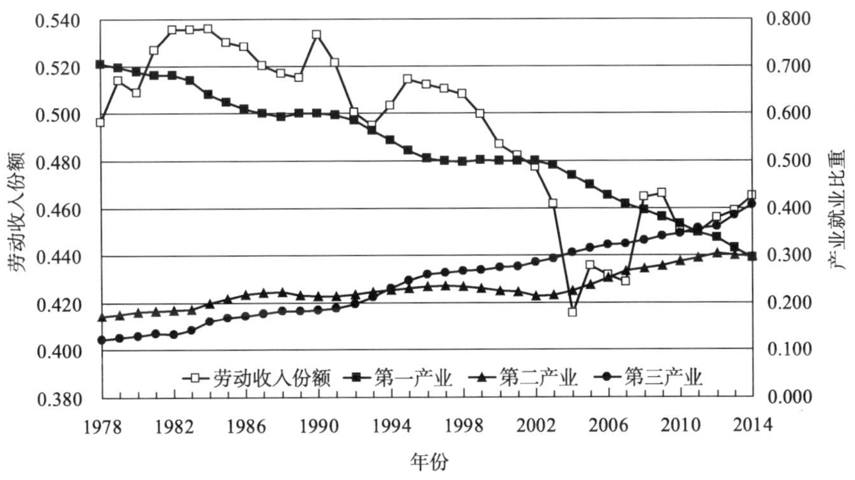

图 5.8　1978~2014 年中国就业结构和劳动收入份额

从就业结构变动的角度也可以将 1978~2014 年分为三个阶段。第一个阶段是 1978~1993 年。在该阶段中，第一产业的就业比重最高，第三产业最低。第二个阶段是 1994~2010 年。该阶段第一产业就业比重仍为最高，但第三产业的就业比重开始迅速提高，成功超越第二产业，成为吸纳就业人数第二多的产业。第三个阶段是 2011~2014 年。在该阶段，第三产业已经成为吸纳就业人数最多的产业，到 2014 年已达 40.6%，第二产业就业比重仍保持在第二的位置，不过它与第一产业非常接近。将就业结构和前面的产业结构进行比较，可以发现，第三产业不仅是国民经济的第一大产业，而且也是吸纳就业人数最多的产业。第一产业增加值比重是最低的，它吸纳就业的能力也将成为最低。不过，比较也显示，中国的就业结构变动滞后于产业结构调整，问题最突出的第一产业，用简单的话概括就是，第一产业用 30%的劳动力只创造着约 10%的增加值。这是一个值得进一步研究的问题。

图 5.8 显示，就业结构也与劳动收入份额的变动保持着密切的联系。中国在改革开放后总体上就进入了农村劳动力向非农部门转移的重要阶段，尽管其中有些时间段转移快，有些时间段转移慢，但总体的趋势是不容置疑的。因此自然地就体现为第一产业就业比重的不断下降。与此相对应的是，劳动收入份额不断下降。农村劳动力向非农部门的转移促进了非农部门快速发展，经济发生了革命性的结构变动，收入分配格局向资本方转变，劳动收入份额下降。随着农村有待转移的潜在劳动力数量下降，工资水平开始上升，第二产业开始出现劳动力挤出现象，劳动力开始向第三产业转移，第二产业就业比重开始下降，而第三产业的就业比重开始上升，这些就业量主要集中于第三产业劳动力密集的行业中。劳动力转移引起了结构的进一步变动，劳动收入份额开始上升。因此，劳动力转移、就业结构变动、产业结构变动和要素收入分配格局变动之间的逻辑关系是清晰的，要素转移和结构变动的分析框架可以很好地用来分析中国劳动收入份额的变动态势。

综合以上多层面的分析，可以认为，在 1978~2014 年，要素收入分配和产业结构变动存在以下关键现象：一是如果将 1984 年之前的劳动收入份额上升阶段忽略掉，那么劳动收入份额总体上呈现的是先下降后上升的态势。二是如果将劳动收入份额止降回升的点称为转折点，那么在转折点之前的劳动收入份额的变动态势与第一产业增加值比重的变动态势非常一致，有些省份可以称为高度一致。三是转折点之后的劳动收入份额变动态势与第二产业增加值比重的变动态势相反，与第三产业相同。基于以上的关键特征，可以得到的基本结论是：结构变动决定了劳动收入份额变动的基本形态。在转折点之前劳动收入份额与第一产业增加值比重变动态势一致，说明劳动收入份额与非农产业呈相反的变动态势。非农产业的发展是以大规模的农村劳动力转移为基础的，而农村劳动力的转移规模直接影响了劳动收入份额（翁杰，2011；杨昕，2015）。因此，这个阶段可以用农村劳动力转移、结构变动和劳动收入份额下降进行总结。在劳动收入份额到达转折点之后，此时第一产业增加值已经处于较低水平，基本上低于 10%，第一产业再也不能扮演推动要素收入分配变动主要力量的角色，第二产业和第三产业间要素转移和结构变动成为驱动劳动收入份额上升的主要力量。随着农业部门可以转移的潜在劳动力的逐渐枯竭，第二产业的工资水平不断上升，第二产业出现规模缩小和劳动力向第三产业转移的势头。由于此时第三产业主要发展的是劳动力密集型行业，这些行业有较高的劳动收入份额，因此，伴随着第二产业增加值比重的下降及第三产业增加值比重的持续上升，劳动收入份额开始持续上扬。各个阶段要素收入分配变动的驱动力参见图 5.9。因此，要素转移、结构变动和要素收入分配变动的逻辑在 1978~2014 年的中国经济中得到了很好的体现。

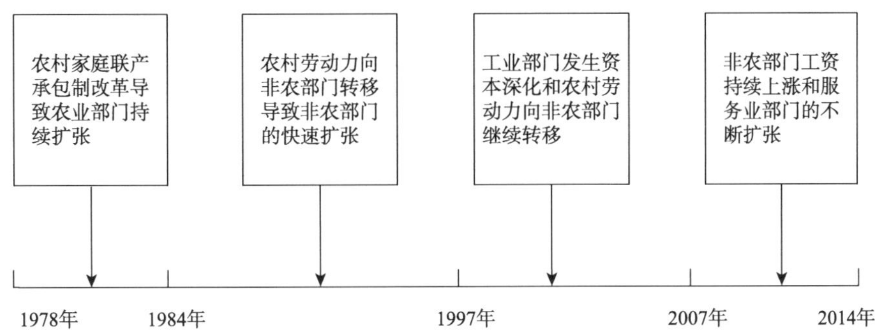

图 5.9　中国要素收入分配变动驱动力的阶段差异

第四节　经济增长和要素收入分配

一、经济增长中的结构变动

结构变动是经济增长过程中经济活动在农业、制造业和服务业中的重新分配（Herrendorf et al.，2014）。那么，经济增长中的结构变动将呈现什么样的态势？本书选择了经济发达的九个省市进行重点分析，它们分别是：北京、天津、上海、辽宁、江苏、浙江、福建、山东和广东。经济增长用人均地区生产总值表示，折算为 2000 年平价，结构变动用产业结构和就业结构变动表示。

1. 经济增长中的产业结构

图 5.10~图 5.12 显示的是经济增长中的产业结构变动，横轴表示的是经济增长，纵轴表示的是产业增加值比重。图 5.10 显示，随着经济增长第一产业增加值比重将开始下降。从发展趋势看，第一产业增加值比重将降至 5%以下。图 5.11 显示，第二产业增加值比重在经济增长中的变动态势接近于倒 U 形，即在经济增长初期，第二产业增加值比重将呈上升趋势，到达一定水平后，将转为下行态势。从图 5.11 中可以看到，转折点大约在人均 GDP 对数为 4 的地方。图 5.12 显示，第三产业增加值比重与经济增长的关系近似于单调的正向关系。随着经济的增长，第三产业增加值比重将持续上升。从图 5.12 中可以看出，改革开放后第三产业增加值比重已由开始的 20%增加到 50%，第三产业已经成为最大的产业。

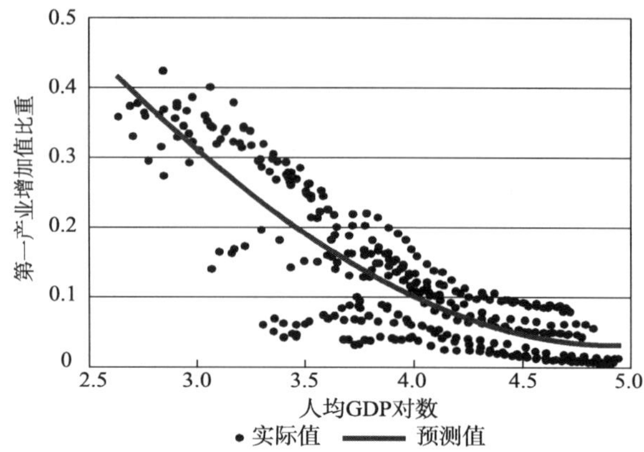

图 5.10　1978~2014 年九省市经济增长和第一产业增加值比重

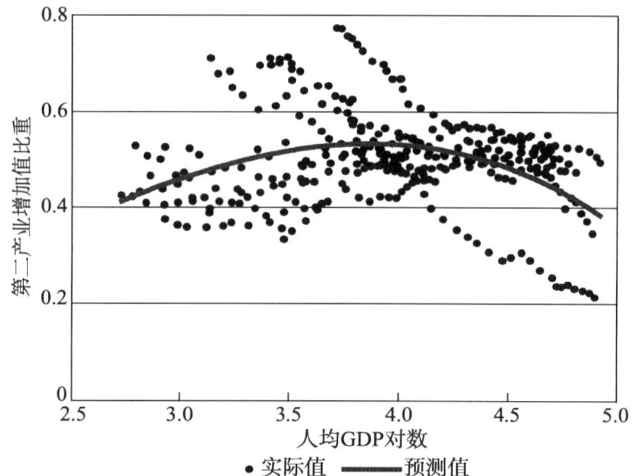

图 5.11　1978~2014 年九省市经济增长和第二产业增加值比重

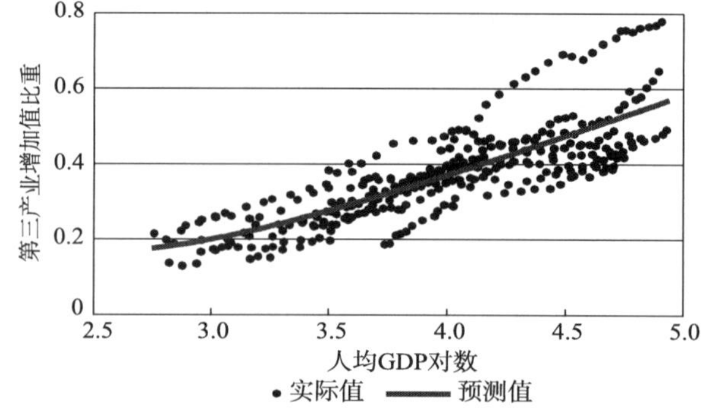

图 5.12　1978~2014 年九省市经济增长和第三产业增加值比重

2. 经济增长中的就业结构

图 5.13~图 5.15 显示的是经济增长中的就业结构变动。横轴仍旧表示经济增长，纵轴表示产业的就业比重。图 5.13 显示，第一产业就业比重与经济增长呈现的是单调的负相关关系，随着经济增长，第一产业就业比重迅速下降。部分省市已经下降到 10%以下。图 5.14 显示，第二产业就业比重与经济增长之间也呈倒 U 形关系，转折点在人均 GDP 对数为 4.2~4.3 处，目前九个省市中的大部分省市第二产业就业比重已经进入下降通道。图 5.15 显示，经济增长和第三产业就业比重之间呈明显的正相关关系。第三产业就业比重已由改革开放初的 10%快速增加到目前的 50%左右。而且，从变动的趋势看，在人均 GDP 对数值越过 4 后，第三产业就业比重增加有明显的加速趋势，势头很猛。

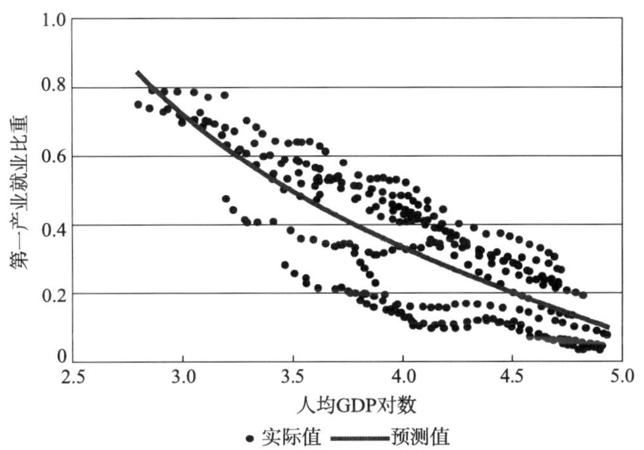

图 5.13 1978~2014 年九省市经济增长和第一产业就业比重

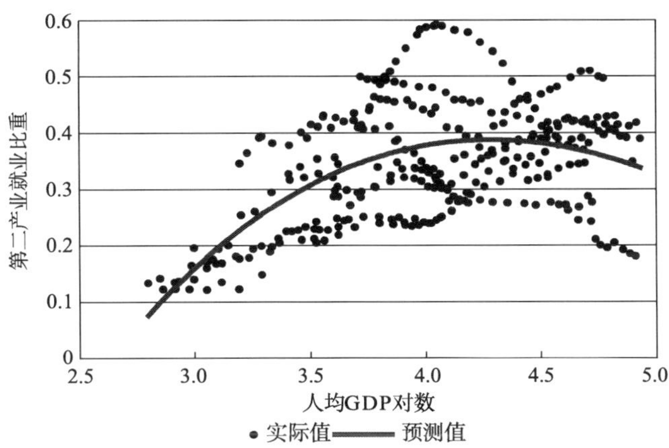

图 5.14 1978~2014 年九省市经济增长和第二产业就业比重

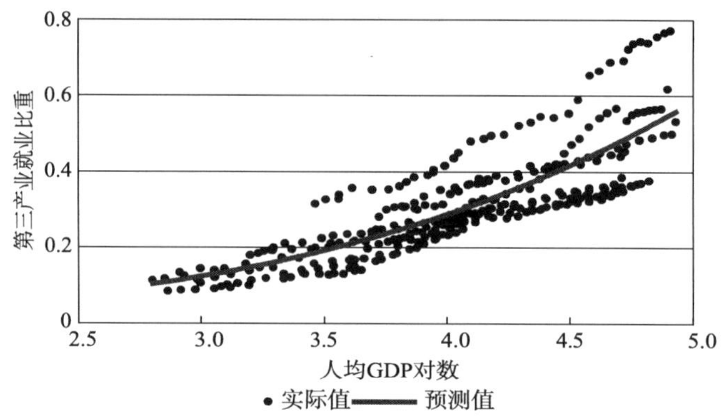

图 5.15　1978~2014 年九省市经济增长和第三产业就业比重

尽管经济增长中的产业结构和就业结构具有非常相似的变动态势，但还是存在明显的差异。第一，第一产业的就业结构变动要明显落后于产业结构的调整。例如，改革开放初第一产业就业比重达 80%，而增加值比重仅为 40%；当前就业比重大约在 10%，而增加值比重已经降至 5%以下。第二，第二产业增加值比重和就业比重的转折点并不一致。产业结构的转折点大约在人均GDP对数为4的地方，而就业结构的转折点明显在超过 4 的地方。产业结构转折点的到来明显早于就业结构的转折点。第三，第三产业增加值比重增长速度要明显慢于就业比重增长，而且就业比重的增加具有明显的加速倾向。为了显示差异，本书将表示经济发展水平的人均 GDP 对数（logGDP）视为解释变量，将第三产业增加值比重（TG）和就业比重（TE）视为被解释变量，进行了简单的估计，并且逐步引入人均 GDP 对数的二次项和三次项，估计结果显示在表 5.7 中。首先，比较模型（6）和模型（9）可以发现，就业比重的变动速度要明显快于增加值比重的变动速度。其次，分析增加值比重的三个模型可以发现，模型的拟合优度在下降，说明经济增长中的增加值比重变动更接近于线性关系。最后，分析就业比重的三个模型可以发现，经济增长中的就业比重变动更接近于多次的曲线关系，就业比重增加有明显的加速趋势。

表 5.7　经济增长中的第三产业变动

解释变量	被解释变量：TG			被解释变量：TE		
	（6）	（7）	（8）	（9）	（10）	（11）
logGDP	0.201***	−1.627***	−4.381***	0.398***	−1.295***	4.766***
	（0.023）	（0.158）	（1.378）	（0.023）	（0.175）	（1.523）
（logGDP）^{2}		0.242***	−1.329***		0.222***	−1.355***
		（0.021）	（0.359）		（0.023）	（0.394）
（logGDP）^{3}			0.135***			0.135***
			（0.031）			（0.034）

续表

解释变量	被解释变量：TG			被解释变量：TE		
	（6）	（7）	（8）	（9）	（10）	（11）
R^2	0.643	0.560	0.535	0.667	0.674	0.676
F	79.340	125.490	95.260	288.810	240.380	174.210
样本数	333	333	333	333	333	333

*、**和***分别表示 10%、5%和 1%水平上的显著性

注：①表格没有报告常数项；②括号内为标准误差

二、经济增长中的要素收入分配

1. 研究方法

二元经济结构理论认为，在二元经济发展的初期，随着农村剩余劳动力的不断转移，劳动收入份额是下降的。在二元经济发展的后期，随着农业部门劳动力进一步向工业部门转移，农业部门的劳动边际产出在不断上升，而工业部门的劳动边际产出在不断下降，两者相等时农村劳动力的转移停止，二元经济转变为一元经济，因此经济发展水平和劳动收入份额之间是呈 U 形关系的。李稻葵等（2009）利用世界各国的数据研究发现，经济发展水平和劳动收入份额之间的 U 形关系是明显存在的，按照 2000 年平价，大约在人均 GDP 达到 6 000 美元的时候，劳动收入份额到达 U 形线的最低点，即转折点。为了探索经济发展和劳动收入份额变动之间的关系，本书先利用中国经济发达的九省市的数据进行初步分析。图 5.16 显示的是 1978~2014 年这些省市经济发展水平和劳动收入份额的关系。从图 5.16 中可以看出，劳动收入份额基本呈现 U 形线，但不够明显。主要原因可能在于，这些省市中的大多数刚过转折点不久，而转折点之前的数据过多，影响了对转折点的清晰呈现。图 5.17 报告的是将时间缩短为 1990~2014 年的关系图，该图清晰地显示，劳动收入份额确实呈一条 U 形线，转折点大约在人均 GDP 对数为 4.5 的地方，折算到 2000 年平价就是 32 000 元左右，进一步折算为 4 000 美元左右。可以发现，中国劳动收入份额到达转折点的时间可能提前了，经济尚未发展到一定程度就进入了劳动收入份额上升的阶段。

在上述初步探索的基础上，本书将利用 1997~2014 年中国省级面板数据对经济增长中的劳动收入份额动态进行进一步实证研究。综合已有的研究及先期的尝试，本书发现，在利用省级面板数据进行分析时，对数模型能更好地刻画变量之间的关系，因此，本书构建的计量模型显示为

$$\begin{aligned}\ln \mathrm{LS}_{i,t} = \alpha_0 + \alpha_1 \ln \mathrm{GDP}_{i,t} + \alpha_2 \left(\ln \mathrm{GDP}_{i,t}\right)^2 + \alpha_3 \ln \mathrm{KY}_{i,t} + \alpha_4 \ln \mathrm{KL}_{i,t} \\ + \alpha_5 \ln \mathrm{FDI}_{i,t} + \alpha_6 \ln \mathrm{EXP}_{i,t} + \alpha_7 \ln \mathrm{PFE}_{i,t} + \varepsilon_{i,t}\end{aligned} \quad (5.16)$$

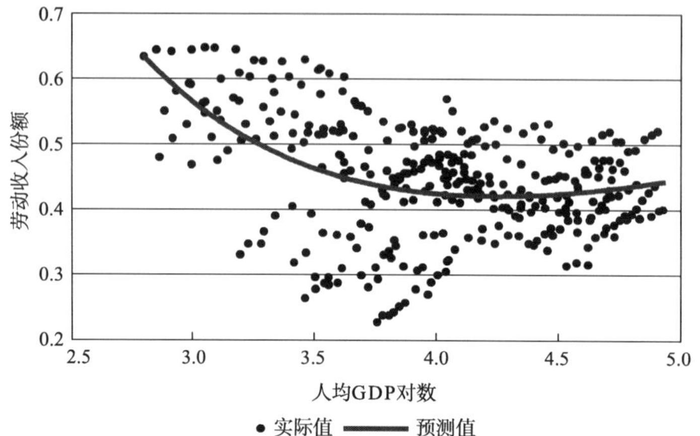

图 5.16　1978~2014 年九省市经济增长和劳动收入份额

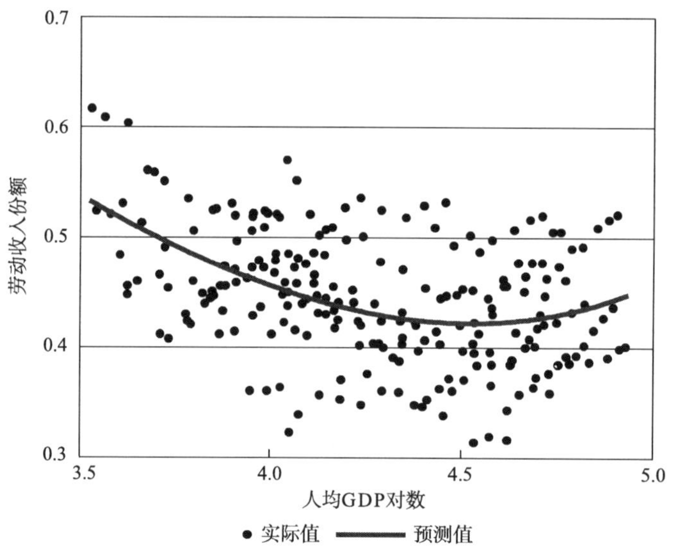

图 5.17　1990~2014 年九省市经济增长和劳动收入份额

其中，$LS_{i,t}$ 表示 i 省市 t 时期的劳动收入份额；$GDP_{i,t}$ 表示人均地区生产总值，代表地区的经济发展水平。计量模型引入了人均 GDP 对数的平方项，以更好地呈现经济发展水平和劳动收入份额之间的关系。$KY_{i,t}$ 表示资本产出比；$KL_{i,t}$ 表示资本劳动比；$FDI_{i,t}$ 表示外商直接投资；$EXP_{i,t}$ 表示出口贸易；$PFE_{i,t}$ 表示财政支出。

式（5.6）中的系数 α_1 和 α_2 是本书致力于探索的主要内容，它表示了经济增长过程中要素收入分配变动的态势。本书第四章对经济增长过程中的要素收入分配变动分析表明，随着农村劳动力转移和二元经济结构向一元经济的转型，劳动收入份额会经历先下降后上升的趋势，转换到经济发展层面，则表现为在经济发展的前期，劳动收入份额会呈下降趋势，经济发展到一定程度后，劳动收入份额会开始上扬，因此，经济发展水平和劳动收入份额之间会呈现一种 U 形关系，因此可以预期系数 α_1 为负，系数 α_2 为正。系数 α_3 反映了资本产出比对劳动收入份额的影响，如果该系数为正值，则表明资本和劳动的替代弹性小于 1；如果该系数为负值，则表明资本和劳动的替代弹性大于1。已有的研究发现，中国的资本产出比一般是正的。系数 α_4 表示了资本劳动比对劳动收入份额的影响，资本积累和深化将改变要素收入分配格局，使之向资本方倾斜，因此，该系数预计为负。系数 α_5 反映了外商直接投资对劳动收入份额的影响，根据已有的研究，可以预计 α_5 为负值。系数 α_6 表示了出口贸易对劳动收入份额的影响，基于第四章的理论分析，预期该系数为负值。系数 α_7 刻画的是财政支出对要素收入分配的影响，由于财政支出的很大一部分投入在民生工程，有助于提升劳动收入份额，因此预期该系数为正值。

2. 变量设定

1）劳动收入份额

劳动收入份额（LS）为各省市的劳动者报酬占地区生产总值的百分比。劳动者报酬和地区生产总值数据来自《中国统计年鉴》。

2）人均地区生产总值

人均地区生产总值（GDP）表示地区的经济发展水平，按照指数折算为 1997 年的不变价格，单位：元。人均地区生产总值和指数数据均来自《中国统计年鉴》。

3）资本产出比

资本产出比（KY）被定义为资本存量与地区生产总值之比。资本存量按照单豪杰（2008）的方法推算。地区生产总值按照指数折算为 1997 年的不变价格。地区生产总值和指数数据来自《中国统计年鉴》。

4）资本劳动比

资本劳动比（KL）定义为各省市的资本存量和就业人数之比，单位：万元/人。资本存量的计算方法和来源于《中国统计年鉴》，就业人数来自各省市的统计年鉴。

5）外商直接投资

外商直接投资（FDI）定义为各省市外商投资总额与地区生产总值之比乘以 100。外商投资总额通过汇率折算为人民币。外商投资总额数据来自《中国统计年鉴》。

6）出口贸易

出口贸易（EXP）定义为各省市按境内目的地和货源地分商品统计的出口总

额与地区生产总值之比乘以 100。出口总额数据来自《中国统计年鉴》。

7）公共财政支出

公共财政支出（PFE）为地方公共财政支出占地区生产总值的百分比。地方公共财政支出的数据来自《中国统计年鉴》。变量的描述性统计参见表 5.8。

表 5.8　变量的描述性统计

变量名称	变量符号	样本数量	最小值	最大值	平均值	标准差
劳动收入份额	LS	540	31.440	66.225	47.732	6.653
人均地区生产总值	GDP	540	2 215	105 730	18 489	15 845
资本产出比	KY	540	0.056	2.089	0.662	0.398
资本劳动比	KL	540	0.041	19.422	2.425	3.010
外商直接投资	FDI	540	0.111	22.956	4.596	4.083
出口贸易	EXP	539	0.839	94.328	15.906	19.310
公共财政支出	PFE	540	1.241	61.211	17.568	8.464

3. 实证研究结果

表 5.9 报告的是用混合光标记（Optical Label Switch，OLS）模型和固定效应模型估计的结果，模型（12）~模型（14）是混合 OLS 的估计结果，模型（15）~模型（17）是固定效应模型估计的结果，固定效应模型通过 Hausman 检验。估计结果显示，人均地区生产总值的一次项的估计结果显著为负，而二次项的估计结果显著为正，这说明经济发展水平不仅是影响要素收入分配的重要因素，而且，经济发展水平与要素收入分配之间的关系并非呈线性，而是一种 U 形关系。在经济发展的前期，劳动收入份额会随着经济增长下降。到达一定程度后，随着经济的进一步增长，劳动收入份额会止降回升，有研究认为，该转折点就是二元经济理论中的刘易斯转折点。当农村劳动力转移接近完成后，劳动收入份额会逐渐上升。依据估计的结果大致估计，可以发现转折点在人均 GDP 为 26 000 元（1997 年平价）左右的地方，折算到 2000 年平价，也低于 6 000 美元。这表明，中国的劳动收入份额的转折点可能提前到来，经济尚未发展到应有的水平，劳动收入份额就止降回升。

表 5.9　经济增长对劳动收入份额的影响

解释变量	被解释变量：lnLS					
	（12）	（13）	（14）	（15）	（16）	（17）
lnGDP	-0.099^{***}	-0.567^{***}	-0.622^{***}	-0.072^{***}	-1.157^{***}	-1.027^{***}
	（0.007）	（0.143）	（0.167）	（0.007）	（0.128）	（0.202）
（lnGDP）^{2}		0.024^{***}	0.031^{***}		0.057^{***}	0.058^{***}
		（0.007）	（0.008）		（0.007）	（0.008）
lnKY			0.033			0.178^{**}
			（0.046）			（0.084）

续表

解释变量	被解释变量：lnLS					
	（12）	（13）	（14）	（15）	（16）	（17）
lnKL			−0.054			−0.208***
			（0.045）			（0.075）
lnFDI			0.008			0.032***
			（0.007）			（0.008）
lnEXP			−0.041***			−0.085***
			（0.007）			（0.011）
lnPFE			0.003			0.093***
			（0.014）			（0.026）
R^2	0.288	0.302	0.356	0.288	0.240	0.315
F	217.350	115.980	41.860	94.360	89.980	40.910
样本数	540	540	539	540	540	539

*、**和***分别表示 10%、5%和 1%水平上的显著性

注：①表格没有报告常数项；②括号内为标准误差

资本产出比与劳动收入份额保持着正相关关系，表明资本和劳动的替代弹性小于 1。资本劳动比的系数显著为负，说明资本深化会导致劳动收入份额的下降。一些对发达国家的研究发现，20 世纪 80 年代以来的劳动收入份额的下降，其中的一个重要原因就是金融化，即金融资本的持续扩张（Hein，2015；Dünhaupt，2017）。对于经济发展中的过度资本化扩张问题，已有研究指出这是中国经济未来持续发展需重点关注的问题（中国经济增长与宏观稳定课题组，2010）。估计结果显示，外商投资对劳动收入份额的影响不显著，但是出口贸易的增长会促进劳动收入份额下降。对于出口贸易和劳动收入份额之间的关系问题，留待本章第五节详细讨论。估计结果还显示，政府的公共财政支出的增加会促进年劳动收入份额的提升，弹性系数为 0.09 左右。

第五节　外部市场冲击和要素收入分配

为了显示外部市场变动对中国要素收入分配的影响，图 5.18 显示了中国 1978~2014 年的劳动收入份额和出口依存度的关系。如果将 1984 年之前的数据忽略掉而仅仅考虑 1984~2014 年时间段，这样的处理是有依据的，因为 1984 年前中国的改革重点在农村，与农村劳动力转移相关的工业化实际上是在 1984 年后才推进的，那么依据图 5.18 可以发现，劳动收入份额与出口依存度之间的关系呈非常强的负相关关系。在 1984~2007 年，劳动收入份额呈现持续下降的趋势，而 1984~2006 年的出口依存度Ⅰ从 8.0%一路上升到 2006 年的 35.7%，达到整个考察期的最高水平。2007~2014 年的劳动收入份额有明显的上升趋势，而 2006 年后的出口依存度

Ⅰ开始快速下降，降低到 2014 年的 22.6%。可以认为，工业化过程中的要素收入分配和出口贸易是紧密相关的，出口贸易的增长意味着一个有力的外部市场的保证，有助于工业化进程的实现和持续推进，当外部市场发生了变动，对产自发展中国家的工业制成品需求下降时，就会影响到工业化进程和要素收入分配，因此，出口贸易和劳动收入份额之间应该是负相关关系。

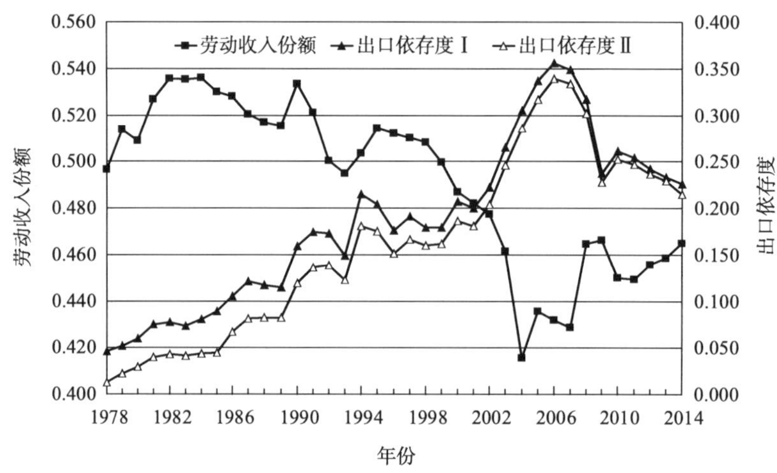

图 5.18　1978~2014 年中国劳动收入份额和出口依存度的关系

出口依存度Ⅰ指的是出口总额与 GDP 之比；出口依存度Ⅱ指的是工业制成品出口额与 GDP 之比

一些研究认为，中国改革开放后的劳动收入份额和出口依存度之间的负相关关系违背了斯托尔珀-萨缪尔森定理（Huang et al.，2011）。其实，中国工业化进程中的出口依存度和劳动收入份额之间的关系不适用斯托尔珀-萨缪尔森定理来解释。Stolper 和 Samuelson（1941）在理论分析时构建了两种商品、两种要素的一般均衡模型，该模型的假设可以看作是两个贸易体都只有一个部门，这个部门可以是农业部门也可以是工业部门，它们只生产一种产品。因此，在 Stolper 和 Samuelson（1941）的分析框架中是不涉及结构变动的，模型中的两个部门可以看作是两个企业，而不是两个发展中国家或者一个发展中国家一个发达国家，这显然与工业化进程中奉行出口导向战略的发展中国家的实情不符。如果劳动力转移和工业资本结合生产产品的过程看作是供给的话，那么出口贸易就可以看作是需求。这样一来，工业化进程和出口贸易就好像是一个硬币的正反两面，从供给方看是发展中国家的工业化进程，从需求方看则是国际贸易，这两方面是相辅相成的，出口贸易可以看作是要素转移和工业化进程的实现前提。

国际贸易和外部市场是发展中国家工业化进程的实现前提，承认这一点，就非常容易理解外部市场冲击对中国要素收入分配的影响了。中国劳动收入份额在 2007 年止降回升并不是要素转移和结构变动自然地到了转折点所致，而是由外部市场的冲击所致。众所周知，美国在 2007 年发生了次贷危机，在 2008 年发展成为全面的金融危机，对发达国家的金融体系造成了巨大影响。金融危机对发展中国家的实体经济造成了重大影响，其中主要的影响机制就是国际贸易的萎缩。金融危机使发达国家对产自发展中国家的工业制成品需求大幅度下降，而作为出口贸易大国的中国深受其害，出口贸易萎缩，产能过剩开始出现，工业化进程受到很大影响。本章第四节发现中国劳动收入份额的转折点提前到来，外部市场的冲击难脱干系。可以大胆推定的是，如果没有世界性金融危机的影响，中国劳动收入份额的下降趋势还将继续，转折点还要推后 4~5 年才会到来。

那么，一个国家的劳动收入份额持续下降会引发什么后果？如果将经济增长中的劳动收入份额动态显示为图 5.19，可以认为，中国在 1978~2014 年的劳动收入份额变动主要处于 *AB* 段，而美国等发达国家在 20 世纪 70 年代以来的劳动收入份额变动就处于 *DE* 段，可以认为，中国与发达国家的劳动收入份额在这个时间段的变动态势是一致的，但是驱动力是不同的。中国是劳动力转移、结构变动和工业化进程所致，而发达国家则是资本深化和技术进步所致。发达国家的工业化在 20 世纪前半叶就已完成，其劳动收入份额持续下降不能用要素转移和结构变动解释，但有一点是相同的，即劳动收入份额的下降表明劳动者收入和消费能力的下降。消费被认为是促进发达国家经济增长的主要动力，劳动收入总水平的下降自然会削弱消费能力。为了提升消费，发达国家就利用金融化向社会上的低收入群体提供信贷支持以提振消费，这部分人群的信贷偿还能力是不足的。随着利率的升高，这部分群体的信贷偿还能力下降继而引发信贷危机，次贷危机因此而形成。次贷危机引发世界性的金融危机，最终影响中国的工业化进程。劳动收入份额的下降不仅对发达国家的影响是巨大的，对发展中国家也造成了巨大影响，可见，世界经济的一体化发展使得没有一个国家能够在危机中独善其身。

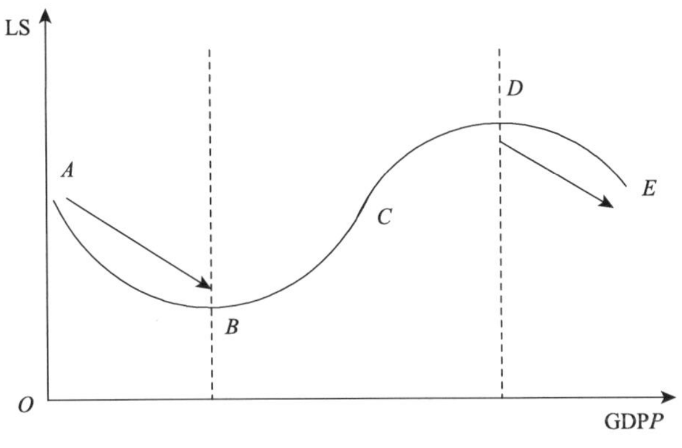

图 5.19　经济增长中的劳动收入份额变动

最后来简单讨论一下外部市场冲击下的经济政策问题。外部市场冲击会对发展中国家的工业化进程造成影响，尤其是那些奉行出口导向战略的国家。外部市场萎缩不仅阻碍了工业化进程，而且会造成产能过剩，该问题也是中国在2008年后面临的主要问题。如何来应对产能过剩问题？根本途径可以归结为两条：一是尽可能地扩大国际需求。中国在2013年提出的“一带一路”倡议就可以看作是中国扩大国际需求加强国际合作的战略性举措。2016年中国在杭州召开的G20峰会上讲得最多的就是贸易自由化和投资自由化。受经济危机的影响，发达国家的贸易保护主义有所抬头，这不利于发展中国家的出口贸易。贸易自由化和投资自由化，是解决产能过剩的重要途径。二是尽可能地扩大国内需求。工业化进程中的经济是不平衡的，供给远远大于需求，有效扩大国内市场需求也是解决产能过剩的重要途径。从目前的具体情况看，城镇化和农村转移劳动力的市民化是一个可行的政策选择。国家在2016年制定实施了多项促进城镇化的政策，这将对国内市场需求的扩大创造有利条件。

第六节　本章小结

本章分析了中国1978~2014年的要素收入分配动态，发现劳动收入份额的变动具有明显的阶段性特征：一是1978~1984年劳动收入份额的小幅上升；二是1985~2007年的劳动收入份额持续下降；三是2007~2014年的劳动收入份额止降回升。如果忽略1984年前的劳动收入份额的上升，则1984~2014年可以看作是劳动收入份额先下降后上升的一个较完整的过程。因此可以认为，中国劳动收入份额已经渡过转折点进入上升的通道，目前中国的要素收入分配正处于向有利于劳动方方向转变的阶段。可以预期，今后相当长一段时间内中国的劳动收入份额将持续上升。进一步的分解分析显示，中国要素收入分配格局变动的背后有明显结构变动驱动的现象，而且结构变动有可能是要素收入分配格局变动的直接驱动力。

本章接下来对产业结构和就业结构与要素收入分配的关系进行了重点分析。在相继开展全国性分析、部分典型省份分析和计量分析后发现，在劳动收入份额止降回升的转折点之前，劳动收入份额的变动态势与第一产业增加值比重变动动态非常一致，有些省份可以称为高度一致。在转折点之后，劳动收入份额的变动态势和第二产业增加值比重的变动态势基本相反，与第三产业基本相同。在转折点之前，劳动收入份额变动态势与第一产业增加值比重变动态势相同，与非农产业变动相反，说明，农村劳动力向非农部门的转移及非农部门的扩张是导致劳动收入份额下降的主要因素，因为非农部门的劳动收入份额低于第一产业。这个阶段可以用农村劳动力转移、结构变动和劳动收入份额下降进行总结。在转折点之后，第一产业增加值比重已经维持在较低水平上，此时驱动要素收入分配格局发生变动的不再是第一产业，而是非农产业。第二产业由于工资升高和规模减小的影响，会将劳动力挤出，使之向第三产业转移，促进了第三产业中劳动力密集型行业的发展，推动了劳动收入份额的回升。第二产业和第三产业间的要素转移和结构变动成为驱动劳动收入份额上升的重要力量。这个阶段可以用要素转移、结构变动和劳动收入份额上升来总结。因此可以认为，要素转移、结构变动和要素收入分配变动是1978~2014年中国要素收入分配变动的基本框架，而且符合发展中国家的要素收入分配理论。

本章最后讨论了经济增长和要素收入分配的关系。通过对中国经济发达九省市的初步考察，发现经济增长和劳动收入份额之间呈 U 形关系。随后本章利用1997~2014 年中国各省市的数据进行计量分析，结果显示，经济增长中的劳动收入份额呈 U 形变动态势是成立的。在经济增长初期，劳动收入份额不断下降，在经济增长后期，劳动收入份额止降回升。当然，在经济增长和要素收入份额变动背后的驱动力还是要素转移和结构变动。本章的分析还发现，中国劳动收入份额止降回升的转折点到来的时间有些偏早，即经济发展还处于较低水平时，转折点就提前到来了。本章的分析认为，当前的转折点并不是经济发展自然出现的转折点，而是受到外部市场冲击形成的，发达国家的金融危机减少了对产自发展中国家的工业制成品的需求，导致国际贸易的大幅度萎缩，影响了中国劳动力转移和工业化进程。因此，在分析发展中国家的要素收入分配时，有必要在全球经济一体化的背景下来考察。

第六章　户籍制度、二元经济结构和要素收入分配

要素转移、结构变动和要素收入分配变动是中国要素收入分配格局变动的基本面。已有的很多研究也正是在这一基本框架下对要素收入分配进行研究的，这些研究大致可以分为三类：第一类是将分析的重点集中于产业结构的变动上，研究产业结构与要素收入分配变动之间的关系（于泽等，2015），这类研究基本认为产业结构变动是导致要素收入分配格局变动的重要原因。第二类研究将分析的重点集中于农村劳动力的转移上，认为农业部门的劳动力向非农部门的转移可以很好地解释劳动收入份额的变动（龚刚和杨光，2010a；翁杰，2011；杨昕，2015），这类研究背后隐含的逻辑就是要素转移、结构变动和要素收入分配变动这个基本分析框架。第三类研究是基于二元经济结构理论，将中国的要素收入分配放到二元经济结构转型的背景下进行研究（陈宗胜和宗振利，2014；姜磊等，2014；徐圣和黄先海，2014），研究发现，随着二元经济结构向一元经济转型，劳动收入份额将呈现先下降后上升的 U 形变动轨迹。实际上，这类研究和第一类研究是统一的，因为二元经济结构转型和结构变动的实质是一样的，无非是着眼点有所区别，前者专注于产业结构变动，后者包含的内容则更宽泛。

在对中国的二元经济转型和要素收入分配关系进行研究中，很多研究都会提到中国特有的户籍制度的影响，认为户籍制度限制了劳动力的充分流动和转移，阻碍了二元经济向一元经济的转型，使劳动收入份额处于更低的水平，即户籍制度降低了劳动收入份额，基于的主要理由是户籍制度降低了农村转移劳动力的工资水平，使劳动收入份额处于较低的水平（杨昕，2015）。本书认为，将户籍制度对要素收入份额的影响认识仅限于此，可能低估了户籍制度的真实影响。在要素转移、结构变动和要素收入分配变动的基本分析框架中，户籍制度的存在有可能会影响劳动力的转移决策，因此，户籍制度对要素收入分配的影响可能更为复杂。如果将要素转移、结构变动和要素收入分配变动看作是发展中国家“普遍具有”的分析框架，那么户籍制度就是“中国特有”的制度干预。目前的研究集中

于对“普遍具有”问题的研究，而忽略了对“中国特有”问题的研究。本章试图对户籍制度影响要素收入分配问题进行研究，以丰富这方面的理论。

第一节　户籍制度影响要素收入分配的理论分析

假设经济中只有两个部门，分别是农业部门1和非农部门2，两个部门在t时期的就业数量分别为$N_1(t)$和$N_2(t)$。初始状态下两个部门的就业数量分别为N_1和N_2，从农业部门转移到非农部门的劳动力数量表示为$N(t)$，因此，$N_1(t)$和$N_2(t)$可以分别表示为

$$N_1(t)=N_1-N(t) \tag{6.1}$$

$$N_2(t)=N_2+N(t) \tag{6.2}$$

经济中的就业总量N_0表示为式（6.3），并且假设经济中的就业总量维持在一个固定水平不变。

$$N_0=N_1(t)+N_2(t)=N_1+N_2 \tag{6.3}$$

农业部门和非农部门的全员劳动生产率分别表示为y_1和y_2，人均劳动报酬分别表示为w_1和w_2。假设农业部门中产出全部为劳动者所得，人均劳动报酬等于全员劳动生产率，即$w_1=y_1$，而非农部门中则满足$w_2<y_2$。经济中的产出总量$Y(t)$和劳动报酬总额$W(t)$分别可以表示为

$$Y(t)=y_1N_1(t)+y_2N_2(t) \tag{6.4}$$

$$W(t)=w_1N_1(t)+w_2N_2(t) \tag{6.5}$$

令在初始状态下的产出总量表示为$Y_0=y_1N_1+y_2N_2$，劳动报酬总额表示为$W_0=w_1N_1+w_2N_2$，则发生劳动力转移后的产出总量和劳动报酬总额分别可以表示为

$$Y(t)=Y_0+(y_2-y_1)N(t) \tag{6.6}$$

$$W(t)=W_0+(w_2-w_1)N(t) \tag{6.7}$$

那么t时期的劳动收入份额$\mathrm{LS}(t)$可以表示为

$$\mathrm{LS}(t)=\frac{W(t)}{Y(t)}=\frac{W_0+(w_2-w_1)N(t)}{Y_0+(y_2-y_1)N(t)} \tag{6.8}$$

一、劳动力转移的影响

首先来关注农业部门劳动力向非农部门转移对劳动收入份额的影响。为了直观地显示劳动力转移对劳动收入份额的影响，先假设农业部门和非农部门的全员

劳动生产率和人均劳动报酬均不随时间变动而变动。将式（6.8）对转移劳动力数量 $N(t)$ 取导数，整理后可以表示为

$$\frac{\mathrm{dLS}(t)}{\mathrm{d}N(t)}=\frac{\left(w_2 y_1-w_1 y_2\right)N_0}{Y(t)^2} \tag{6.9}$$

在式（6.9）中，由于农业部门的劳动报酬等于全员劳动生产率，即 $w_1=y_1$，因此，式（6.9）就可以表示为

$$\frac{\mathrm{dLS}(t)}{\mathrm{d}N(t)}=\frac{w_1\left(w_2-y_2\right)N_0}{Y(t)^2}<0 \tag{6.10}$$

式（6.10）表明，劳动力从农业部门向非农部门的转移将会直接导致经济中劳动收入份额的下降，这可以视为劳动力转移影响劳动收入份额的直接途径。两个部门收入分配格局的显著差异是导致劳动收入份额下降的决定性原因，农业部门的劳动者获取了全部增加值，而非农部门多种要素共同投入、共同分配的特点决定了劳动者只能以劳动报酬的形式获取部分增加值。这说明，在发展中国家的工业化进程中，伴随着农业部门劳动力向非农部门转移，以及非农部门的逐渐扩展和结构变动，出现劳动收入份额下降的现象具有必然性。

随着劳动力转移的不断推进，劳动收入份额将呈现什么样的变化态势？将劳动收入份额对时间 t 求导，得到式（6.11）。

$$\frac{\mathrm{dLS}(t)}{\mathrm{d}t}=\frac{w_1\left(w_2-y_2\right)N_0}{Y(t)^2}\frac{\mathrm{d}N(t)}{\mathrm{d}t} \tag{6.11}$$

式（6.11）表明，劳动收入份额的变化态势直接取决于劳动力转移数量的变化态势，由于式（6.11）右边 $\mathrm{d}N(t)/\mathrm{d}t$ 前的系数小于 0，因此，劳动收入份额的变化态势正好和劳动力转移数量的变化态势相反。

二、户籍制度的影响

其次来关注户籍制度对劳动收入份额的影响。户籍制度对要素收入分配的影响可能比人们现有的认识复杂。一些研究指出，户籍制度使农村转移劳动力不能享受那些城镇劳动力享受的正常的权益（姚先国和赖普清，2004），而且该制度的实施对农村转移劳动力造成了同工不同酬的后果，使这部分群体的工资收入表现出了显著的户籍歧视（章元和王昊，2011；魏万青，2012；余向华和陈雪娟，2012；章莉等，2014）。例如，Lewis（1954）的理论就认为，当农业部门存在剩余劳动力的时候，非农部门只要提供生存工资就可以吸引农村劳动力的转移就业。就实际情况而言，非农部门对农村转移劳动力的歧视一直存在，不签订劳动合同、拖欠工资、不交社会保障费用等情况普遍存在。这些问题均是对农村转移劳动力基于户籍制度的歧视引起的，实质就是企业没有向农村转移劳动力支付与

城镇劳动力一样的报酬。假设由于户籍制度的存在，企业支付给转移劳动力的报酬水平表示为

$$w = \alpha w_2 \tag{6.12}$$

在式（6.12）中，可以把 α 称为户籍制度松紧程度，$\alpha \in (w_1/w_2, 1]$。α 越大表明农村转移劳动力的工资水平越接近城镇劳动力，即户籍制度越宽松；α 越小表明农村转移劳动力的工资水平与城镇劳动力工资水平相差越远，即户籍制度越严格。则劳动收入份额就可以表示为

$$\mathrm{LS}(t) = \frac{W(t)}{Y(t)} = \frac{W_0 + (\alpha w_2 - w_1)N(t)}{Y_0 + (y_2 - y_1)N(t)} \tag{6.13}$$

将劳动收入份额对户籍制度松紧程度 α 求偏导，得到式（6.14）

$$\frac{\partial \mathrm{LS}(t)}{\partial \alpha} = \frac{w_2 N(t)}{Y(t)} > 0 \tag{6.14}$$

式（6.14）表明，劳动收入份额与户籍制度松紧程度呈正相关关系。户籍制度松紧程度的提高会促进劳动收入份额增加，也可以认为，城乡一体化程度的提高会提升劳动收入份额。反之，城乡一体化程度越低，则劳动收入份额会相应降低。有研究认为，户籍制度的存在降低了劳动收入份额，其中的原理就在此。

得到上述结论有一个重要的前提，那就是农村劳动力的转移数量不受工资水平的影响。实际上，这很难与现实相符。刘易斯的二元经济理论认为，在农业部门存在着许多剩余劳动力，由于它们的边际生产率为 0，因此，非农部门只要提供一个生存工资，就能引导这些劳动力从农业部门转移出来。随着剩余劳动力转移完毕，从农业部门继续转移出来的劳动力数量是受非农部门提供的价格影响的，越高的价格就能吸引越多的农村劳动力转移出来。因此，劳动力的转移数量 $N(t)$ 与户籍制度松紧程度 α 是相关的，它们的关系可以表示为 $\partial N(t)/\partial \alpha > 0$。则式（6.14）可以表示为

$$\frac{\partial \mathrm{LS}(t)}{\partial \alpha} = \frac{w_2 N(t)}{Y(t)} + \frac{\left[(\alpha w_2 - w_1)Y_0 - (y_2 - y_1)W_0\right]}{Y(t)^2}\frac{\partial N(t)}{\partial \alpha} \tag{6.15}$$

比较式（6.14）和式（6.15），可以发现，式（6.15）的右边比式（6.14）多了第二项，该项中 $\partial N(t)/\partial \alpha$ 前面系数的分子可以表示为

$$\begin{aligned}(\alpha w_2 - w_1)Y_0 - (y_2 - y_1)W_0 = {} & (\alpha w_2 - y_2)w_1 N_1 + (w_2 - y_2)w_1 N_2 \\ & + (\alpha - 1)w_2 y_2 N_2\end{aligned} \tag{6.16}$$

可以直观地看到，式（6.16）右边的三项每一项均小于 0。因此，式（6.16）的结果变得不确定。如果 $\partial N(t)/\partial \alpha$ 满足式（6.17），则 $\partial \mathrm{LS}(t)/\partial \alpha > 0$，即户籍制度的放松会提升劳动收入份额。如果 $\partial N(t)/\partial \alpha$ 满足式（6.18），则 $\partial \mathrm{LS}(t)/\partial \alpha < 0$，即户籍制度的放松反而会导致劳动收入份额下降。

$$\frac{\partial N(t)}{\partial \alpha} < \frac{-w_2 N(t) Y(t)}{\left[(\alpha w_2 - w_1)Y_0 - (y_2 - y_1)W_0\right]} \tag{6.17}$$

$$\frac{\partial N(t)}{\partial \alpha} > \frac{-w_2 N(t) Y(t)}{\left[(\alpha w_2 - w_1)Y_0 - (y_2 - y_1)W_0\right]} \tag{6.18}$$

户籍制度对要素收入分配的影响是多路径的，它既可以通过工资歧视来影响劳动收入份额，也可以通过劳动力转移的数量来对劳动收入份额产生影响，工资效应和转移效应是户籍制度影响要素收入分配的两种主要路径。因此，户籍制度对劳动收入份额的净效应变得不确定，具体取决于这两种效应的综合和权衡。

接着来分析在劳动力转移的不同阶段，户籍制度变动和改革可能会对劳动收入份额产生的不同影响。假设劳动力转移决策具有异质性，或者假设劳动力转移数量对户籍制度变动的弹性在不同的阶段有差异，在劳动力开始转移的前期阶段，转移数量对户籍制度的弹性比较大，随着转移的持续，在劳动力转移的后期阶段，转移数量对户籍制度的弹性开始逐渐变小。上述假设的提出具有一定现实基础。在农村劳动力转移初期，户籍制度的略微放松可以促使大量劳动力形成转移决策；当农村劳动力转移到达后期，那些仍旧沉淀在农村的劳动力的转移意愿往往处于较低水平，即使户籍制度进行较大程度的放松，也不足以改变他们的转移决策，表现为转移数量对户籍制度弹性的逐渐下降。如果将 $\partial N(t)/\partial \alpha$ 随时间 t 变动的态势描述为图 6.1，那么在理论上应该存在一个时点 t' 。在 t' 之前，户籍制度的放松会促进农村劳动力的大量转移，转移效应大于工资效应，从而产生对劳动收入份额较大的负面效应，表现为户籍制度放松促使劳动收入份额更快下降；在 t' 之后，户籍制度的放松并不会促进劳动力的大量转移，但是由于此时已经转移的农村劳动力存量很大，因此户籍制度放松的工资效应将大于转移效应，表现为户籍制度的放松促进劳动收入份额的提高。

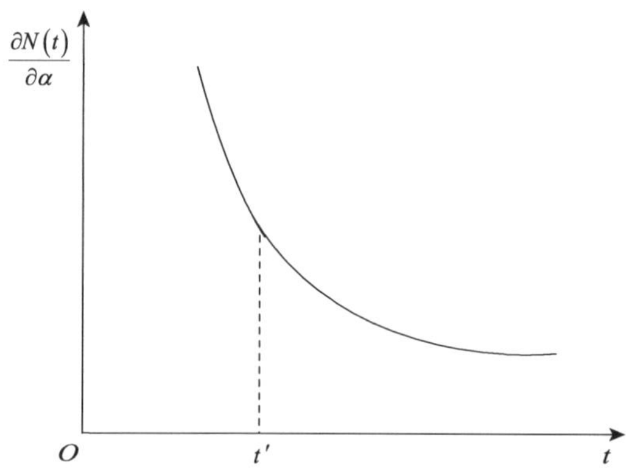

图 6.1　劳动力转移数量对户籍制度偏导数的变动趋势

三、两部门劳动报酬的影响

农业部门的劳动生产率并不是一成不变的，农村劳动力转移会增加农业部门人均土地拥有量，自然会提升劳动生产率，同样农业部门的劳动报酬也会相应增加。放宽前面关于农业部门全员劳动生产率和劳动报酬不变的假设，假设农业部门劳动报酬具有增加的趋势，它对劳动收入份额的影响可以表示为

$$\frac{\partial \mathrm{LS}(t)}{\partial w_1}=\frac{(y_2-w_2)\left[N_1-N(t)\right]\left[N_2+N(t)\right]}{Y(t)^2}>0 \tag{6.19}$$

式（6.19）表明，农业部门的劳动报酬的增加将促进整个经济中劳动收入份额的上升。

农业部门劳动报酬的提升对劳动收入份额的影响是否仅限于此呢？这里关系到农村劳动力在农业部门的务农收入和在非农部门的打工收入之间的联动性问题。假设农村劳动力转移就业必须以放弃在农业部门的收入为前提，在他们确定了到非农部门打工的保留工资时，一定会考虑到他们纯粹务农时的收入，并以此为主要基础来确定他们的保留工资。郭继强（2007）的农民工城乡双锁定工资决定模型的逻辑基点就是这两种工资的联动关系。农村劳动力在面临转移决策时的工资诉求必定以务农收入为参照，最终导致非农部门的实际工资水平和务农收入产生联动性。可以将非农部门的工资水平和农业部门的劳动报酬之间的联动关系简单地表述为

$$w_2=\beta w_1+\mu \qquad \beta>1 \tag{6.20}$$

为了简化分析，进一步假设非农部门的全员劳动生产率保持在一定水平，不随时间推移而变化。那么，在农业部门劳动报酬不断提升的情况下，劳动收入份额的变动态势可以表示为

$$\frac{\partial \mathrm{LS}(t)}{\partial w_1}=\frac{(y_2-w_2)\left[N_1-N(t)\right]\left[N_2+N(t)\right]}{Y(t)^2}+\frac{\beta\left[N_2+N(t)\right]}{Y(t)}>0 \tag{6.21}$$

式（6.21）右边的第一项仍然表示农业部门劳动力转移对拉动收入份额的直接影响，第二项则表示农业部门劳动报酬提升通过联动效应拉动非农部门的劳动报酬，最后影响劳动收入份额的效应。式（6.21）显示，当农业部门的工资水平逐渐提升，进而推动非农部门工资不断提升时，劳动收入份额下降的速度进一步放缓，或者实现逐步的提升，这实际上就是二元经济发展阶段劳动力转移后期劳动收入份额止降回升的主要原因，而且这种机制的存在也为调整国民收入的功能性分配格局提供了一种新的思路。

第二节 户籍制度宽松程度的度量

对户籍制度宽松程度或者严格程度的衡量是本书开展实证研究的关键，实际上，对户籍制度宽松程度的准确衡量已经成为制约相关研究顺利开展的关键问题。有研究认为，对户籍制度宽松程度进行衡量存在两个可能的途径：一是通过对各地区户籍制度的规定进行比较来衡量，如对外来人口获得户籍的要求及对非户籍人口的歧视政策的分析；二是利用实证分析对个体在某地区获得户口的概率进行估计，并以此作为户籍制度松紧程度的衡量（何英华，2004）。但是要将所有地区的户籍制度情况梳理、计分和比较，在实际操作上存在较大难度。如果要获得多年的连续数据，则工作量将更加庞大。因此一些研究只能选择一些典型的地区进行分析。例如，孙文凯等（2011）对户籍制度改革的度量就属于这种情况。该研究对 1998~2006 年若干省份的户籍制度改革进展进行了总结和梳理，并分析了户籍制度改革对农村劳动力流动的效应。何英华（2004）则采用第二种方法，通过对个体获得户籍的概率进行估计，进而来衡量横截面上各地区户籍制度的相对松紧程度。Bao 等（2011）采用相似的方法，从农村转移劳动力感知获得户籍概率的角度来度量户籍制度的松紧程度。

除上述两种方法外，还有一种方法就是寻找或者设计代理变量，对户籍制度宽松程度进行度量。中国户籍制度的本质特征就是根据血缘关系和地理位置将户籍划分为城镇户籍和农村户籍，在城市和农村之间构筑起一道制度围墙，以防止两种户籍的人口任意流动和转移。可以认为，户籍制度割裂了城市和农村之间的关系，使人口在城乡之间的转移和流动变得非常困难，当然这主要体现在农村户籍的人不能转变为城市户籍，以及开展相应的活动。因此，户籍制度对人口流动和转移的本质性影响就是阻碍人口在城乡之间的自由迁移。基于户籍制度的这种本质特征，将一个地区的人口迁移情况作为户籍制度严格与否的衡量标准是具有合理性的。为了比较精确地衡量一个地区的户籍制度宽松程度，本章选择将地区的市人口总迁移率（‰）作为该地区户籍制度宽松程度的代理变量。市人口总迁移率指的是在某一年该地区各市迁出和迁入的人口总数占户籍人口平均数量的比例。由于该指标包含了人口迁出的活动，而人口迁出活动与该地区户籍制度宽松程度可能没有直接联系，因此本章考虑将市人口迁入率（‰）作为另一代理变量进行进一步分析。

表 6.1 显示的是中国各省（自治区、直辖市）1997~2012 年的市人口总迁移率（HK_1）和市人口迁入率（HK_2）数据。从 HK_1 和 HK_2 两个数据的时间纵向变动来看，可以将 1997~ 2012 年分为三个阶段。第一个阶段是 1997~2005 年。HK_1 的平

均值从 1997 年的 36.19‰增加到 2005 年的 82.04‰，HK_2 的平均值则从 5.88‰增加到 28.20‰，户籍制度呈现逐渐放松的态势，2005 年的户籍制度宽松程度是整个考察期中最高的。第二个阶段是 2006~2008 年。市人口迁移率水平大幅度下降。例如，HK_2 的平均值从 2005 年的最高位 28.20‰急剧下降至 2008 年的 7.89‰，与 1998 年的迁移率水平接近，可以认为户籍制度呈逐渐收紧的态势。第三个阶段是 2009~2012 年。2009 年始 HK_2 又进入持续上升的通道，到 2012 年上升到 21.57‰，基本达到 2005~2006 年的平均水平。从横向数据看，各省（自治区、直辖市）的户籍制度宽松程度存在很大差异。户籍制度宽松程度最高省（自治区、直辖市）的市人口迁移率是最低省（自治区、直辖市）的 10~15 倍，表明户籍制度宽松程度在省（自治区、直辖市）层面存在明显的差异性。

表 6.1　1997~2012 年户籍制度宽松程度的变动（单位：‰）

年份	HK_1			HK_2		
	最小值	最大值	平均值	最小值	最大值	平均值
1997	12.81	55.55	36.19	7.83	31.42	5.88
1998	13.12	106.17	37.67	8.98	57.32	9.85
1999	13.81	126.89	39.10	9.38	68.59	11.02
2000	14.26	188.55	45.01	9.53	100.89	16.10
2001	11.36	102.14	38.44	5.27	58.28	9.71
2002	18.09	155.87	56.09	13.24	85.56	16.55
2003	16.46	264.91	73.74	12.62	144.93	26.10
2004	14.36	219.10	80.04	11.50	108.31	23.14
2005	13.99	289.34	82.04	10.62	151.42	28.20
2006	13.18	229.02	47.67	10.13	123.61	20.10
2007	14.82	152.67	43.64	11.56	83.19	13.47
2008	16.86	66.40	39.67	10.80	39.83	7.89
2009	16.05	81.05	36.21	9.64	43.09	8.77
2010	15.74	108.20	35.60	8.12	57.82	9.43
2011	13.22	180.13	34.98	7.20	92.66	15.16
2012	11.66	243.79	39.55	6.18	122.07	21.57

注：数据根据历年《中华人民共和国全国分县市人口统计资料》整理

第三节　研究方法和研究结果

一、研究方法和变量设定

对于户籍制度影响劳动收入份额效应的实证分析，本章将利用 1997~2012 年的省级面板数据进行分析。综合前期分析和已有研究，发现在利用省级面板数据进行劳动收入份额相关问题的研究时，对数模型能更好地实现研究目的。本节就采用式（6.22）的对数模型进行分析，模型主要控制了资本产出比、资本劳动比、外商直接投资、出口贸易等变量。

$$\ln \mathrm{LS}_{i,t}=\beta_0+\beta_1\ln \mathrm{KY}_{i,t}+\beta_2\ln \mathrm{KL}_{i,t}+\beta_3\ln \mathrm{FDI}_{i,t}+\beta_4\ln \mathrm{EXP}_{i,t}+\beta_5\ln \mathrm{PFE}_{i,t}+\beta_6\ln \mathrm{HK}_{i,j,t}+\varepsilon_{i,t} \tag{6.22}$$

其中，$\mathrm{LS}_{i,t}$ 为 i 省市 t 时期的劳动收入份额；$\mathrm{KY}_{i,t}$ 为资本产出比；$\mathrm{KL}_{i,t}$ 为资本劳动比；$\mathrm{FDI}_{i,t}$ 为外商直接投资；$\mathrm{EXP}_{i,t}$ 为出口贸易；$\mathrm{PFE}_{i,t}$ 为公共财政支出；$\mathrm{HK}_{i,j,t}(j=1,2)$ 为户籍制度宽松程度。

式（6.22）中的系数 β_6 是本节重点关注的内容。一般而言，当户籍制度越宽松的时候有更多的农村劳动力向非农部门转移，户籍制度的转移效应大于工资效应，会导致劳动收入份额更大幅度的下降，因此系数 β_6 预计显著为负。为了验证不同阶段户籍制度影响劳动收入份额的差异性，本节将 1997~2012 年分为 1997~2005 年和 2006~2012 年两个阶段进行分析，并将后一阶段缩短为 2008~2012 年再次分析。基于本章第一节的理论分析，户籍制度对劳动收入份额的净效应取决于工资效应和转移效应的比较，如果劳动力转移对户籍制度变动的弹性是变动的，那么在不同时期，户籍制度对劳动收入份额的净效应也是变动的。本章预计对 1997~2005 年数据的估计系数 β_6 显著为负，而后面两个阶段的估计系数将变得不显著或者显著为正。

1）劳动收入份额

劳动收入份额变量（LS）被定义为劳动者报酬占地区生产总值的百分比。1997~2004 年各省（自治区、直辖市）的劳动者报酬和地区生产总值数据来自《中国国内生产总值核算历史资料 1952-2004》；2005~2012 年的数据根据中华人民共和国国家统计局分省年度数据中心提供的数据整理计算。

2）资本产出比

资本产出比（KL）被定义为工业部门固定资产净值与工业增加总值之比。依据各省（自治区、直辖市）的资本总量、产出水平和就业总量，对资本产出比（KY）和资本劳动比进行直接度量不能很好地反映各省（自治区、直辖市）的经济特征，因为忽略了产业结构方面信息。考虑到 1997~2012 年各省（自治区、直辖市）均处于工业化时期，本章拟用工业部门的资本产出比和资本劳动比来代表区域经济水平。

3）资本劳动比

资本劳动比（KL）被定义为工业部门固定资产净值与工业部门就业人数之比，单位：万/人。1997~2007 年的工业增加值数据来自《中国工业经济统计年鉴》，2008~2012 年的工业增加值数据来自《中国区域经济发展年鉴》。固定资产净值和就业人数数据均来自《中国工业经济统计年鉴》。

4）外商直接投资

外商直接投资（FDI）定义为各省（自治区、直辖市）外商投资总额与地区生产总值的百分比。外商投资总额通过汇率折算为人民币。外商投资总额数据来自《中国统计年鉴》。

5）出口贸易

出口贸易（EXP）定义为各省（自治区、直辖市）按境内目的地和货源地分商品统计的出口总额与地区生产总值的百分比。出口总额数据均来自《中国统计年鉴》。

6）公共财政支出

公共财政支出（PFE）定义为地方公共财政支出占地区生产总值的百分比。地方公共财政支出数据来自《中国统计年鉴》。变量的描述性统计参见表 6.2。

表 6.2　变量的描述性统计

变量名称	变量符号	样本数量	最小值	最大值	平均值	标准差
劳动收入份额	LS	480	31.440	66.225	47.809	6.866
资本产出比	KY	480	0.793	6.354	1.881	0.857
资本劳动比	KL	480	3.330	113.302	19.420	14.272
外商直接投资	FDI	480	0.111	22.956	4.597	4.179
出口贸易	EXP	480	0	99.328	16.140	19.658
公共财政支出	PFE	480	1.241	61.211	16.778	7.925
户籍制度 1	HK_1	480	11.360	289.340	47.852	34.970
户籍制度 2	HK_2	480	5.270	151.420	26.057	18.178

二、实证研究结果

表 6.3 报告的是户籍制度宽松程度 HK_1 影响劳动收入份额的估计结果。模型（1）是对 1997~2012 年数据的估计结果。为体现阶段性特征，本节将整个考察期分为 1997~2005 年和 2006~2012 年两个时间段，模型（2）和模型（3）分别是对两个时间段数据的估计结果，模型（4）是对 2008~2012 年数据的估计结果。表 6.3 中是固定效应或者随机效应（random effects，RE）模型的估计结果，采用模型的判断依据是 Hausman 检验。

表 6.3　HK_1 户籍制度对劳动收入份额的影响

解释变量	被解释变量：lnLS			
	（1）	（2）	（3）	（4）
lnKY	0.099***	−0.089***	−0.002	0.021
	（0.016）	（0.023）	（0.050）	（0.043）
lnKL	−0.065***	−0.108***	−0.025	−0.037**
	（0.013）	（0.016）	（0.022）	（0.017）

续表

解释变量	被解释变量：lnLS			
	（1）	（2）	（3）	（4）
lnFDI	0.004	−0.009	0.007	0.003
	（0.008）	（0.009）	（0.015）	（0.014）
lnEXP	−0.059***	−0.057***	−0.044**	−0.017
	（0.011）	（0.015）	（0.019）	（0.015）
lnPFE	0.051**	0.036	0.147***	−0.017
	（0.022）	（0.023）	（0.056）	（0.048）
$lnHK_1$	−0.049***	−0.045***	0.035*	0.043***
	（0.010）	（0.014）	（0.019）	（0.015）
R^2	0.358	0.485	0.138	0.110
F/Wald chi^2	275.660	315.790	4.560	5.020
样本数	479	269	210	150

*、**和***分别表示 10%、5%和 1%水平上的显著性

注：①模型（3）为固定效应模型，其余为随机效应模型；②表格没有报告常数项；③括号里为标准误差

这些模型的估计结果显示，控制变量对劳动收入份额的影响效应与已有研究基本一致。资本产出比与劳动收入份额之间呈现了显著的正相关关系，说明经济发展中的资本和劳动之间呈替代关系，随着经济发展而出现的资本产出比下降会导致劳动收入份额的下降。资本劳动比与劳动收入份额之间表现了负相关关系，表明资本积累和资本深化将会导致劳动收入份额下降。一些研究认为，资本深化在中国要素收入分配格局变动中扮演着重要的决定作用。估计结果还显示，外商直接投资并不显著影响劳动收入份额，而出口贸易的增长是导致劳动收入份额下降的重要因素。有研究认为，中国的出口贸易和劳动收入份额之间的关系与著名的斯托尔珀–萨缪尔森定理不相符（Huang et al.，2011）。实际上，发展中国家工业化进程中的出口贸易和要素收入分配关系问题并不适用于斯托尔珀–萨缪尔森定理。如果将问题置于农村劳动力转移、结构变动和工业化的基本分析框架下，可以得到更为合理的解释。估计结果还显示，政府的公共财政支出对劳动收入份额的提升有一定积极效应。

模型（1）的估计结果显示，市人口总迁移率和劳动收入份额之间呈显著的负相关关系，由于市人口总迁移率和户籍制度宽松程度呈正比关系，户籍制度的放宽反而会导致劳动收入份额的进一步下降，而严格的户籍制度将有助于抑制劳动收入份额的下降幅度。对户籍制度和要素收入分配关系的一种普遍性认识是，户籍制度的实施是导致劳动收入份额快速下降的重要原因。本章的分析结果提出了相反的证据，户籍制度的实施反而有助于抑制劳动收入份额的下降，其中的主要原因是户籍制度对劳动收入份额的影响中存在着转移效应，因为户籍制度的实施抑制了农村劳动力的转移。1990 年中国的劳动收入份额为 53.0%，2007 年劳动收入份额下降至 42.9%，下降了 10 个百分点。基于本章的分析结果，可以认为，

如果没有实施户籍制度，劳动收入份额的下降幅度可能会更大。尽管户籍制度的实施会对农村转移劳动力产生工资歧视，进而降低劳动收入份额，但也要看到，户籍制度的存在也会阻碍农村劳动力的转移，使他们停留在农业部门中无法实现转移就业，反而会减缓劳动收入份额的下降速度和幅度，有助于将劳动收入份额维持在相对较高的水平上。因此，将户籍制度简单看做是劳动收入份额快速下降的推手，这种认识可能不够全面。

模型（2）显示，户籍制度宽松程度的提高会显著降低劳动收入份额。模型（3）显示，户籍制度宽松程度开始与劳动收入份额呈正相关关系，不过显著程度较低，而模型（4）则显示，户籍制度宽松程度和劳动收入份额呈高度的正相关关系，劳动收入份额对户籍制度宽松程度的弹性系数达到 0.043。综合这些估计结果，可以发现，户籍制度宽松程度对劳动收入份额的影响效应随时间发展呈阶段性变动态势。2005 年前户籍制度宽松程度的提高会降低劳动收入份额，而 2008 年后户籍制度宽松程度的提高反而会显著促进劳动收入份额的提高，户籍制度对劳动收入份额的影响效应发生了逆转。表 6.4 报告的是户籍制度代理变量 HK_2 影响劳动收入份额效应的估计结果。四个模型针对的时间段与表 6.3 完全一致。表 6.4 中的四个模型显示的估计结果与表 6.3 中的四个模型也高度一致。在 1997~2012 年整个考察期中，户籍制度宽松程度的提高会导致劳动收入份额进一步下降。如果将考察期进行分段考察，户籍制度的这种效应在 1997~2005 年中依然保持，但是在 2006~2012 年时间段中就消失了。如果将考察期进一步缩短到 2008~2012 年，户籍制度宽松程度的提高反而有助于推动劳动收入份额提高。据此可以大致判断，2005~2007 年可能就是户籍制度影响要素收入分配效应的转折时期，在这之前，户籍制度的转移效应大于工资效应，表现为户籍制度宽松程度的提高将促使劳动收入份额下降，而在该时点之后，情况发生逆转，劳动力转移对户籍制度变动的弹性降低致使户籍制度的工资效应大于转移效应，因此表现为户籍制度宽松程度的提高会提升劳动收入份额。

表 6.4　HK_2 户籍制度对劳动收入份额的影响

解释变量	被解释变量：lnLS			
	（5）	（6）	（7）	（8）
lnKY	0.100***	−0.095***	−0.005	0.011
	（0.017）	（0.022）	（0.051）	（0.043）
lnKL	−0.068***	−0.112***	−0.022	−0.033*
	（0.013）	（0.016）	（0.022）	（0.018）
lnFDI	0.004	−0.008	0.009	0.003
	（0.008）	（0.010）	（0.015）	（0.014）
lnEXP	−0.058***	−0.055***	−0.044**	−0.020
	（0.011）	（0.015）	（0.019）	（0.015）
lnPFE	0.052**	0.037	0.142**	−0.017
	（0.023）	（0.023）	（0.057）	（0.048）

续表

解释变量	被解释变量：lnLS			
	（5）	（6）	（7）	（8）
$\ln HK_2$	-0.049^{***} （0.011）	-0.041^{***} （0.015）	0.028 （0.020）	0.045^{***} （0.016）
R^2	0.365	0.494	0.134	0.111
F/Wald chi^2	271.800	310.160	4.400	18.670
样本数	479	269	210	150

*、**和***分别表示 10%、5%和 1%水平上的显著性

注：①模型（7）为固定效应模型，其余为随机效应模型；②表格没有报告常数项；③括号里为标准误差

在不同的阶段，户籍制度对要素收入分配的影响效应存在明显差异。这种现象发生的主要原因在于农村转移劳动力的富余程度和转移决策的异质性。在工业化进程初始阶段，即农村劳动力开始向非农部门转移的前期，农村劳动力很富余，这些劳动力对工资水平很敏感，户籍制度的略微放松就会促进大量农村劳动力转移，转移数量对户籍制度宽松程度的弹性很大。在农村劳动力转移的中期，农村劳动力对工资水平的敏感性明显降低，转移就业数量对户籍制度的弹性也下降了，户籍制度的放宽对就业转移的影响和对工资收入的影响基本持平，户籍制度变化并不会对劳动收入份额产生显著影响。到了转移后期，那些在农村尚未实现转移就业的劳动力对户籍制度严格程度的敏感性进一步降低，即使户籍制度有很大程度的放宽，都不足以推动他们形成转移就业的决策。此时，如果户籍制度能够大幅度地放松，虽然对促进转移就业的效应有限，但对于已经转移就业人群的工资收入提升非常明显，即转移效应远小于工资效应，这时户籍制度的放宽有助于推动劳动收入份额快速上升。

在发展中国家的工业化进程中，要素收入分配格局将发生显著的变化，劳动收入份额一般将呈现先下降后上升的变动态势（李稻葵等，2009；陈宗胜和宗振利，2014），那么，户籍制度的实施对劳动收入份额变动动态有什么影响？如果将劳动收入份额止降回升的点称为转折点，本书认为，户籍制度的实施不可能改变劳动收入份额曲线的整体变动态势，但可以改变转折点的位置，以及到达转折点的时间。如图 6.2 所示，横坐标表示时间维度，纵坐标为劳动收入份额，假设劳动收入份额在未实施户籍制度下的转折点为 T，该点处的时间和劳动收入份额分别为 t^* 和 LS^*。可以明确的是，户籍制度的实施会使转折点向上方移动，因为户籍制度的实施抑制了农村劳动力的转移。尽管户籍制度对劳动收入份额存在相反的工资效应和转移效应，但是在农村劳动力转移的前半期，转移效应一般会大于工资效应，最终就表现为 LS 曲线向上移动，带动转折点的上移。那么，转折点是向左上方移动还是向右上方移动？对于该问题，由于考察的是时间维度，其中涉及的因素很多，很难下一个明确的判断。不过如果尝试将横坐标换成是经济发

展水平，如用人均GDP代替，那么还是可以进行简单推断的：户籍制度的实施将使转折点向左上方移动。做出这样的推断基于以下理由：户籍制度实施使很多农村劳动力停留在农村未能顺利转移出来，他们只能维持在较低的生产率水平上，这部分农村劳动力的沉淀对二元经济结构转型和经济增长均有负面效应，因此，从经济增长的角度看，户籍制度实施后的转折点应该在未实施状态下转折点的左边，即经济发展尚未到达理想水平时，劳动收入份额就提前开始上升了。可以预见，在实施户籍制度后，劳动收入份额的变动曲线将变得更加平坦。

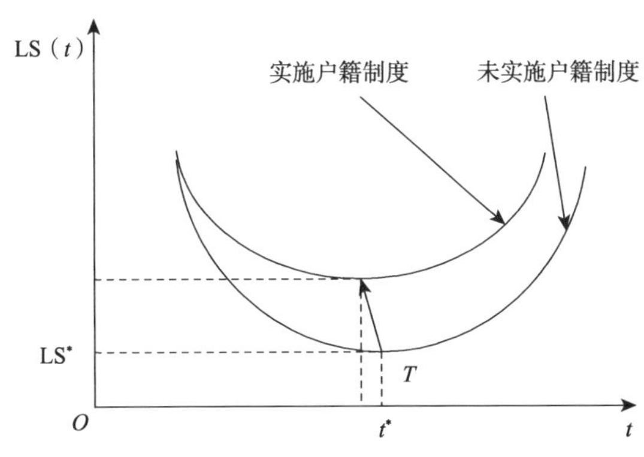

图 6.2　户籍制度对劳动收入份额转折点的影响

第四节　中国的二元经济结构：度量和变动

一、二元经济结构的度量和指标

在对发展中国家的经济发展进行研究时，人们基本上是在二元经济结构理论的框架中进行的，那么，二元经济结构的典型特征是什么？无论是刘易斯的模型，还是拉尼斯和费景汉的模型，均认为在经济发展的初期有两个部门，这两个部门一般被称为传统部门和现代部门，或者农业部门和非农部门。二元经济，顾名思义，表明这两个部门存在着显著的差异。这种差异是什么呢？它不仅体现在生产要素的投入上，也体现在生产要素的组织上，更体现在产出水平上。在发展经济学家的视野中，这种差异首先是劳动生产率的差异。首先强调生产率的差异是具有高度逻辑的，因为发展经济学首先关注的就是经济增长。非均衡经济增长理论预示着，一个经济要实现增长，一般总是需要劳动生产率较高部门的不断扩张。假想一下，如果一个经济体中的不同部门具有相同的劳动生产率，那么，发展中国家的劳动力转移和结构变动的驱动力就可能仅限于需求结构的变动。因此，不同部门间存在的劳动生产率差异是二元经济结构的典型特征。

劳动生产率差异的存在是工资差异产生的直接根源。现代部门或者工业部门凭借较高的劳动生产率才具备向劳动者支付高工资的能力。这种能力非常重要，因为工业部门只有向那些在农业部门就业、具有潜在转移动机的劳动力支付高于农业部门工资的工资水平时，才能真正促使他们形成转移决策并实施。尽管 Lewis（1954）认为这种工资水平并不会高于农业部门的工资水平很多，但它确实高于了农业部门。这种支付高工资的能力就来自高的劳动生产率，而不是来自于除此之外的任何因素。当两部门的工资水平接近于一致，二元经济结构就完成了向一元经济的转变。因此，部门间的工资差异可以被视为二元经济结构的重要特征。

Lewis（1954）认为，农业部门中有大量剩余劳动力，这些劳动力在农业部门的劳动生产率接近于 0，现代部门只要支付生存工资就可以将他们吸引到工业部门就业。因此，二元经济结构的另一个重要特征是劳动力转移。受工业部门高工资的吸引，农业部门的剩余劳动力开始向工业部门转移，成为产业工人。当农业部门那些边际生产率接近于 0 的劳动力转移完毕，为了进一步吸引劳动力，工业部门就必须要提高工资水平，与农业部门展开竞争态势，竞争的结果是两部门的工资水平趋于一致，二元经济结构转变为一元经济，劳动力在部门间的转移结束。劳动力转移可用来衡量二元经济结构，与劳动力转移息息相关的是就业结构的改变。可见，就业结构变化也被认为是二元经济结构的重要特征。

基于上述分析，可以将当前衡量二元经济结构的指标大致分为以下几类。

1. 劳动生产率方面的指标

与劳动生产率相关的最直接的指标就是比较劳动生产率。假设将经济只分为农业部门和非农部门，则两个部门的比较劳动生产率可以分别表示为

$$\mathrm{DE}_1=\frac{Y_1/L_1}{Y/L} \tag{6.23}$$

$$\mathrm{DE}_2=\frac{Y_2/L_2}{Y/L} \tag{6.24}$$

其中，Y、Y_1 和 Y_2 分别表示整个经济、农业部门和非农部门的产出水平；L、L_1 和 L_2 分别表示整个经济、农业部门和非农部门的就业人数。

比较劳动生产率的意义在于将部门的劳动生产率与整个经济的劳动生产率进行比较。在二元经济结构下，农业部门的比较生产率小于 1，而非农部门的比较生产率大于 1。当二元经济结构转变为一元经济结构后，两个部门的比较劳动生产率均为 1。因此，可以通过判断比较劳动生产率的趋势来判定二元经济结构的发展趋向。如果将比较劳动生产率的指标转变为 $\mathrm{DE}_i=(Y_i/Y)/(L_i/L)$，则有另外

的意义，即一定比例的劳动力是否创造出与此相对应的产出水平。农业部门由于较低的劳动生产率，DE_1会明显小于1。

与劳动生产率相关的另一个指标是二元生产率对比系数，它被定义为二元经济中农业部门和非农部门比较劳动生产率之比，表示为

$$DE_3 = \frac{DE_1}{DE_2} \tag{6.25}$$

比较劳动生产率只能反映一个部门的劳动力使用和劳动生产率的情况，不能全面反映整个经济的二元经济结构水平。二元生产率对比系数可以弥补这个缺陷，能很好地反映经济的二元结构水平。依据定义，二元生产率对比系数的定义并不直观，将式（6.25）进行转换，可以表达为

$$DE_3 = \left(\frac{Y_1/L_1}{Y/L}\right) \bigg/ \left(\frac{Y_2/L_2}{Y/L}\right) = \frac{Y_1/L_1}{Y_2/L_2} \tag{6.26}$$

式（6.26）表明，二元生产率对比系数其实就是农业部门和非农部门两个部门劳动生产率之比。结合二元经济结构理论，可以认为，该指标是度量二元经济结构最直观的指标。理论上，DE_3的取值区间在0与1之间。DE_3越接近于1，表明两个部门的劳动生产率越接近，二元经济结构就越向一元经济靠拢。

以比较劳动生产率为基础开发的二元经济结构指标还有二元反差指数，该指标的定义为

$$DE_4 = \frac{1}{2}\left(\left|\frac{Y_1}{Y} - \frac{L_1}{L}\right| + \left|\frac{Y_2}{Y} - \frac{L_2}{L}\right|\right) \tag{6.27}$$

二元反差指数是部门产出比重与就业比重之差的绝对值的平均值。在理想的一元经济中，DE_4 等于 0。当二元经济结构越明显时，DE_4 的值就越大。从定义上看，尽管二元反差指数能够来度量二元经济结构水平，但是它的直观性显然不如二元生产率对比系数。

2. 工资收入方面的指标

二元结构理论表明，工资水平的差异是二元经济结构的重要特征。但在实际的研究中，很少有学者用工资水平的差异来度量二元经济结构。同时，有许多研究在研究收入差异时，将二元经济结构作为影响因素来进行研究，发现二元经济结构是导致城乡差异加大的重要因素。实际上，不同部门的工资水平本身就是二元经济结构的一个重要特征。在对中国二元经济结构进行度量时，不从工资水平差异的角度来度量，可能与中国农业部门工资的特殊性和差异性有关，因为农业部门的收入中有很大一部分来自于非农部门的工资性收入。为了全面对二元经济结构进行分析，本章从两部门工资水平差异的角度构建了指标，显示为

$$DE_5 = \frac{w_1}{w_2} \quad (6.28)$$

其中，w_1 和 w_2 分别表示农村居民人均纯收入和城镇居民人均可支配收入。

3. 劳动力配置方面的指标

二元经济结构理论认为，从农业部门转移出来的劳动力数量是度量二元经济结构的一个重要特征。从绝对数量上看，除了转移劳动力数量为 0 时，可以判断二元经济结构向一元经济转变结束，除此之外很难提供其余信息。有研究就从就业结构的角度来度量二元经济结构，有研究用农业部门就业占全部就业比重来度量二元经济结构（徐圣和黄先海，2014），有研究则从非农就业占全部就业比重的角度来度量（姜磊等，2014）。两个指标分别显示为

$$DE_6 = \frac{L_1}{L} \quad (6.29)$$

$$DE_7 = \frac{L_2}{L} \quad (6.30)$$

4. 综合性的指标

一些研究认为，单纯从劳动生产率的角度无法全面衡量二元经济结构（夏耕，2004；高帆，2007）。例如，二元生产率对比系数可能难以全面反映二元经济的整体情况，因为它忽视了不同经济部门规模的影响，当现代部门规模很大时，两部门之间即使存在较大的生产率差异，也可视为接近于一元经济（夏耕，2004）。因此，有必要将生产率指标和规模指标结合起来构建综合性的指标。该研究将二元经济结构指标定义为二元生产率对比系数和二元规模对比系数之比，显示为

$$DE_8 = \left(\frac{Y_1/L_1}{Y_2/L_2}\right) \bigg/ \left(\frac{Y_1/Y}{Y_2/Y}\right) \quad (6.31)$$

有研究提出了类似的看法，认为二元生产率对比系数只能解释两部门的劳动生产率的差异，未能很好地显示劳动生产率结构因素。对于发达国家而言，二元经济结构反差小的主要原因在于传统部门劳动力占比已经很低，而不是两部门劳动生产率趋同所致，因此该研究提出了新的衡量指标（高帆，2007），显示为

$$DE_9 = \left(\frac{Y_2/L_2}{Y_1/L_1} \times \frac{L_1/L}{L_2/L}\right)^{1/2} \quad (6.32)$$

如果将该指标进行转化，式（6.32）可以显示为

$$DE_9 = \left[\left(\frac{Y_2/L_2}{Y_1/L_1}\right)\Big/\left(\frac{L_2/L}{L_1/L}\right)\right]^{1/2} \tag{6.33}$$

表 6.5 报告了上述二元经济结构指标的详细信息。

表 6.5　二元经济结构指标说明

指标符号	名称或者定义	计算方法	区间	相关性
DE_1	农业部门比较劳动生产率	$\left(\frac{Y_1}{L_1}\right)\Big/\left(\frac{Y}{L}\right)$	[0，1]	负相关
DE_2	非农部门比较劳动生产率	$\left(\frac{Y_2}{L_2}\right)\Big/\left(\frac{Y}{L}\right)$	不确定	正相关
DE_3	二元生产率对比系数	$\left(\frac{Y_1}{L_1}\right)\Big/\left(\frac{Y_2}{L_2}\right)$	[0，1]	负相关
DE_4	二元反差系数	$\frac{1}{2}\left(\left\|\frac{Y_1}{Y}-\frac{L_1}{L}\right\|+\left\|\frac{Y_2}{Y}-\frac{L_2}{L}\right\|\right)$	[0，1]	正相关
DE_5	二元收入对比系数	w_1/w_2	[0，1]	负相关
DE_6	农业部门就业占比	L_1/L	[0，1]	正相关
DE_7	非农部门就业占比	L_2/L	[0，1]	负相关
DE_8	二元生产率对比系数与二元产出规模对比系数之比	$\left(\frac{Y_1/L_1}{Y_2/L_2}\right)\Big/\left(\frac{Y_1/Y}{Y_2/Y}\right)$	不确定	负相关
DE_9	二元生产率对比系数与二元就业对比系数之比的开方	$\left[\left(\frac{Y_2/L_2}{Y_1/L_1}\right)\Big/\left(\frac{L_2/L}{L_1/L}\right)\right]^{1/2}$	不确定	正相关

注：一些变量的计算方法经过转换

既然有那么多指标可以用来衡量二元经济结构，那么哪些指标更具有优越性呢？要回答这个问题很难，因为这涉及评判标准的问题，利用不同的评判标准可能会得到不同的结果。本章尝试利用与经济发展水平的契合度来进行简要分析。随着经济的不断发展，发展中国家的二元经济结构特征会逐渐消失，因此，经济发展水平应该和二元经济结构指标之间有较高的契合度。本节利用 1997~2014 年中国各省（自治区、直辖市）的数据进行了估计，估计采用两种模型，一种就是最简单的线性模型，另一种是对数模型。估计结果显示在表 6.6 中。

表 6.6　二元经济结构指标和经济增长的回归关系

指标	线性模型			对数模型		
	系数	R^2	F	系数	R^2	F
DE_1	−710.411*** （62.267）	0.195	130.17	−1.170*** （0.090）	0.240	169.84
DE_2	−220.391*** （13.392）	0.334	270.84	−2.467*** （0.096）	0.553	665.84
DE_3	−104.869 （94.493）	0.002	1.23	0.084 （0.091）	0.002	0.86

续表

指标	线性模型			对数模型		
	系数	R^2	F	系数	R^2	F
DE_4	−1 018.355*** (43.375)	0.505	551.21	−0.966*** (0.043)	0.486	510.29
DE_5	763.548*** (88.069)	0.121	75.17	1.342*** (0.149)	0.131	81.01
DE_6	−791.367*** (25.147)	0.648	990.31	−0.987*** (0.036)	0.586	764.99
DE_7	791.367*** (25.147)	0.648	990.31	2.154*** (0.065)	0.672	1 102.71
DE_8	32.603*** (1.041)	0.645	981.04	0.723*** (0.023)	0.656	1 026.47
DE_9	−86.394*** (5.337)	0.326	262.02	−1.129*** (0.047)	0.523	588.64

*、**和***分别表示 10%、5%和 1%水平上的显著性

注：括号内为标准误差

估计结果表明，二元经济结构指标 DE_4、DE_6、DE_7 和 DE_8 能较好地解释经济增长，而二元经济结构指标 DE_1、DE_3 和 DE_5 则不能很好地解释经济增长。结合前面对这些变量定义的说明和分析，可以发现，通过采用劳动力配置结构和部门产出水平结构信息而构建的二元经济结构指标能较好地解释经济增长，而采用劳动生产率和工资水平信息构建的指标并不能很好地解释经济增长。依据这个估计结果，可以认为，中国各省（自治区、直辖市）经济的发展与农村劳动力转移和重新配置息息相关，劳动力转移和就业结构的改变可以很好地解释经济增长，而劳动生产率的解释力度较小。

二、中国二元经济结构变动

表 6.6 为 1978~2014 年中国二元经济结构的计算结果，显示了全部 9 个指标的计算结果。为了更直观地呈现中国二元经济结构的变动态势，特地选择了四个指标，并将变动趋势显示在图 6.3 中。

图 6.3 显示，非农部门比较劳动生产率 DE_2 与二元反比系数 DE_4 显示的变动趋势几乎一样，非农部门就业占比 DE_7 和二元生产率对比系数与二元产出规模对比系数之比 DE_8 的变动态势也十分吻合。为了显示其中的原因，可以将指标 DE_2 和 DE_4 的定义式（6.24）和式（6.27）分别转变为

$$DE_2 = \frac{Y_2}{Y} \bigg/ \frac{L_2}{L} \tag{6.34}$$

$$DE_4 = \left|\frac{Y_1}{Y} - \frac{L_1}{L}\right| = \left|\frac{Y_2}{Y} - \frac{L_2}{L}\right| \tag{6.35}$$

比较式（6.34）和式（6.35）可以发现，这两个指标包含的信息几乎是相同

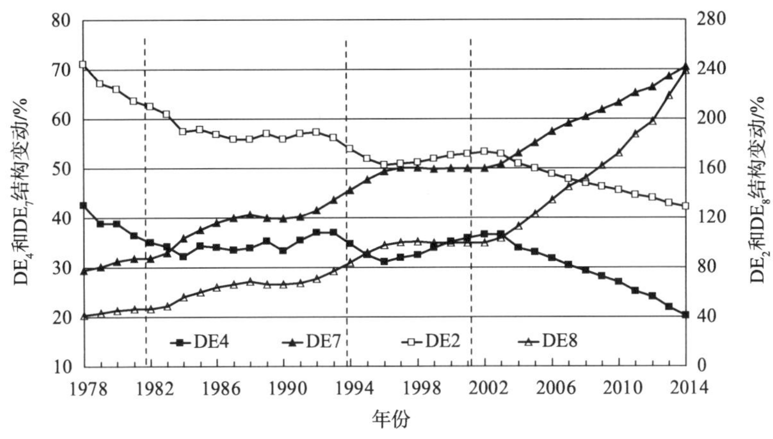

图 6.3　1978~2014 年中国的二元经济结构变动

的，显示的均是非农部门产出占比和非农部门就业占比之间的关系。同样，可以将 DE_8 的定义式（6.31）转变为

$$DE_8 = \left(\frac{Y_1}{Y_2}\right)^2 \bigg/ \frac{L_1}{L_2} \qquad (6.36)$$

式（6.36）显示，部门产出水平之比是二次方，而部门就业数量之比为一次方，因此该指标主要包含的信息是经济的产出结构。将该指标与指标 DE_7 比较，可以发现，两个指标包含的信息还是有相同之处。因此可以得到的结论是，尽管度量二元经济结构的指标从形式上看存在显著差异，其实质都是比较接近，关键要看该指标包含的实际信息。从另一角度看，似乎并没有多大的必要性去构建新的二元经济结构指标，因为现有的一些基础性的指标已经能够说明问题。

重点关注图 6.3 中的二元经济结构变动态势。从总体上看，1978~2014 年中国的二元经济结构呈现不断弱化的态势。DE_2 和 DE_4 指标与二元经济结构正相关。DE_2 指标从 1978 年的 244.6%下降到 2014 年的 128.8%，DE_4 指标从 1978 年的 42.6%下降到 2014 年的 20.3%，两个指标下降的幅度在 50%左右，说明中国的二元经济结构有大幅度的改善，正逐渐向一元经济转变。DE_7 指标和 DE_8 指标与二元经济结构负相关。DE_7 指标从 1978 年的 29.5%上升到 2014 年的 70.5%，DE_8 指标则从 41.8%上升到 239.0%。这两个指标的变动动态也显示中国二元经济特征正在快速弱化的现实。

另外，中国二元经济结构的变动态势并非一成不变，它具有明显的阶段性变动特征。依据表 6.7 显示的变动态势，可以将中国 1978~2014 年的二元经济结构变动分为四个阶段，各个阶段的特征分析如下。

表 6.7　1978~2014 年中国二元经济结构指标（单位：%）

年份	DE_1	DE_2	DE_3	DE_4	DE_5	DE_6	DE_7	DE_8	DE_9
1978	39.6	244.6	16.2	42.6	38.9	70.5	29.5	41.8	384.7
1979	44.3	228.6	19.4	38.8	39.6	69.8	30.2	43.3	345.2
1980	43.4	224.4	19.4	38.9	40.1	68.7	31.3	45.5	337.1
1981	46.3	214.6	21.6	36.5	44.6	68.1	31.9	46.8	314.4
1982	48.5	210.1	23.1	35.1	50.5	68.1	31.9	46.8	304.4
1983	48.9	204.1	24.0	34.3	54.9	67.1	32.9	49.1	291.6
1984	49.6	189.8	26.1	32.3	54.5	64.0	36.0	56.1	261.1
1985	45.0	191.3	23.5	34.3	53.8	62.4	37.6	60.2	265.6
1986	44.0	187.4	23.5	34.1	47.0	60.9	39.1	64.1	257.8
1987	44.1	183.7	24.0	33.5	46.2	60.0	40.0	66.7	249.8
1988	42.7	183.6	23.3	34.0	46.2	59.4	40.6	68.5	250.5
1989	41.2	188.4	21.9	35.3	43.8	60.0	40.0	66.5	262.2
1990	44.5	183.7	24.2	33.4	45.4	60.1	39.9	66.4	249.4
1991	40.5	188.2	21.5	35.5	41.7	59.7	40.3	67.5	262.5
1992	36.6	189.3	19.3	37.1	38.7	58.5	41.5	70.9	269.9
1993	34.4	184.9	18.6	37.0	35.8	56.4	43.6	77.3	263.8
1994	36.0	176.1	20.4	34.8	34.9	54.3	45.7	84.2	241.1
1995	37.7	168.1	22.4	32.5	36.8	52.2	47.8	91.6	220.7
1996	38.4	162.8	23.6	31.1	39.8	50.5	49.5	98.0	208.0
1997	36.0	163.8	22.0	31.9	40.5	49.9	50.1	100.4	212.9
1998	34.6	164.9	21.0	32.6	39.9	49.8	50.2	100.8	217.5
1999	32.2	168.1	19.2	34.0	37.8	50.1	49.9	99.6	228.9
2000	29.5	170.5	17.3	35.3	35.9	50.0	50.0	100.0	240.4
2001	28.1	171.9	16.4	35.9	34.5	50.0	50.0	100.0	247.3
2002	26.8	173.2	15.4	36.6	32.1	50.0	50.0	100.0	254.5
2003	25.3	172.1	14.7	36.7	31.0	49.1	50.9	103.7	256.1
2004	27.7	163.8	16.9	33.9	31.2	46.9	53.1	113.2	228.4
2005	26.2	159.9	16.4	33.1	31.0	44.8	55.2	123.2	222.7
2006	25.1	155.6	16.2	31.9	30.5	42.6	57.4	134.7	214.3
2007	25.4	151.4	16.8	30.4	30.0	40.8	59.2	145.1	202.7
2008	26.1	148.4	17.6	29.3	30.2	39.6	60.4	152.5	193.1
2009	25.9	145.6	17.8	28.2	30.0	38.1	61.9	162.5	185.9
2010	26.2	142.8	18.4	27.1	31.0	36.7	63.3	172.5	177.7
2011	27.4	138.8	19.7	25.3	32.0	34.8	65.2	187.4	164.4
2012	28.4	136.3	20.8	24.1	32.2	33.6	66.4	197.6	155.9
2013	30.0	132.1	22.7	22.0	33.0	31.4	68.6	218.5	142.0
2014	31.1	128.8	24.1	20.3	33.7	29.5	70.5	239.0	131.7

1. 第一个阶段：1978~1984 年

得益于改革开放后中国在农村实施家庭联产承包责任制，农业部门在改革开放初实现了快速发展。农业部门的产出在国民经济中的比重迅速提高。二元反差系数 DE_4 从 1978 年的 42.6%快速下降到 1984 年的 32.3%。同时，非农部门就业占比 DE_7 从 1978 年的 29.5%提高到 1984 年的 36.0%，二元经济结构有明显缩小的态势。因此，这个阶段主要是依赖制度变革，解除了农村经济的发展障碍，使农业部门的劳动生产率有了快速的提高，缩小了与非农部门的差异，二元经济结构呈现弱化的态势。

2. 第二个阶段：1985~1996 年

1984 年开始中国经济改革的重心开始转向城市和非农部门。一方面是加快国有企业改革，采用多种方式来激发国有企业的活力，国有企业的效率进一步提高；另一方面是鼓励乡镇企业的发展。1984 年可以看作是中国乡镇企业发展的起点，大量乡镇企业开始注册成立。这两方面促进了非农经济的快速发展。尽管该时期农业部门仍然有较快速度的增长，但非农部门的增长更快一些，因此二元经济结构的转变速度开始放缓。而且，该阶段经济的发展呈现不平衡的态势。在 20 世纪 80 年代末，经济发展出现了过热的现象，随后出台的调控政策对非农部门的发展起到了明显的抑制作用。直至 1992 年邓小平同志的南方讲话后，非农部门又开始进入快速发展的轨道，二元经济转型才又开始加速。

3. 第三个阶段：1997~2003 年

1997~2003 年，中国的二元经济结构变动是极其缓慢的，从有些指标看，将中国二元经济结构变动看作是停滞的一点也不为过。其中主要有两方面原因：一是亚洲金融危机。危机的爆发对已经逐渐融入世界经济体系的中国经济有很大的冲击，外商直接投资迅速减少，外贸出口增长速度大幅度回落，对非农部门造成了很大的冲击。二是国有企业三年脱困改革。国有企业三年改革的主要思路是鼓励兼并、规范破产、下岗分流和减员增效。改革使国有企业的数量和职工人数大幅度下降，非农部门的增长势头得到了遏制，出现了较长时期二元经济结构转型停滞的现象，甚至有回潮的迹象。1997 年的 DE_2 指标为 163.8%，2003 年该指标小幅变动到 172.1%。1997 年 DE_4 指标为 31.9%，2003 年该指标为 36.7%。同时，DE_7 指标仅从 1997 年的 50.1%上升至 2003 年的 50.9%，DE_8 指标也仅从 100.4%上升到 103.7%，基本上保持在稳定的状态。因此，这个阶段可以看作是二元经济结构转变停滞不前的时期。

4. 第四个阶段：2004~2014 年

该阶段是中国农村劳动力转移最快速的阶段。自 2004 年开始，第一产业的就业人数开始快速下降，与此同步的是第二产业和第三产业就业人数的快速增长，尤其是第三产业。这主要得益于中国加入世界贸易组织（World Trade Organization，WTO）。从图 6.3 中可以看出，二元经济结构指标的变动近似于直线。DE_2 指标从 2004 年的 163.8%快速下降至 2014 年的 128.8%，DE_4 指标则从 33.9%下降至 20.3%。与此相对应的是，DE_7 指标从 53.1%上升至 70.5%，DE_8 指标则从 113.2%上升至 239.0%。二元经济结构向一元经济转型的速度非常快。因此，该阶段可以视为中国二元经济转型的关键时期。

联系到第五章中国要素收入分配变动的阶段性特征，可以发现，中国二元经济结构转变的阶段性和要素收入分配变动的阶段性比较吻合。1978~1984 年产业内效应和产业间效应均为正值，而且产业间效应大于产业内效应，这主要就是该阶段农业部门的快速发展所致。1985~1998 年产业内效应是正值，但是产业间效应是负的，这主要是该阶段非农部门的快速发展所致。1999~2004 年产业内效应和产业间效应均为负值，而且产业内效应大于产业间效应。结合二元经济结构变动，可以认为，这个阶段要素收入分配变动的直接根源在于非农部门，亚洲金融危机和国有企业三年脱困改革大幅度地改变了要素收入分配格局。2005~2014 年的变动态势则主要受农村劳动力转移影响。二元经济结构变动阶段性和要素收入分配阶段性的基本吻合的特征再次证实，劳动力转移和结构改变是导致要素收入分配变动的最主要因素。

第五节　二元经济结构和要素收入分配

本节利用式（6.37）对二元经济结构转型对劳动收入份额的影响进行估计。估计分两步进行，第一步只在估计模型中引入二元经济结构变量的一次项，第二步在模型中引入二次项再次进行估计。

$$\begin{aligned}\ln \mathrm{LS}_{i,t} &= \alpha_0 + \alpha_1 \ln \mathrm{DE}_{i,t} + \alpha_2 \left(\ln \mathrm{DE}_{i,t}\right)^2 + \alpha_3 \ln \mathrm{KY}_{i,t} + \alpha_4 \ln \mathrm{KL}_{i,t} \\ &\quad + \alpha_5 \ln \mathrm{FDI}_{i,t} + \alpha_6 \ln \mathrm{EXP}_{i,t} + \alpha_7 \ln \mathrm{PFE}_{i,t} + \varepsilon_{i,t}\end{aligned} \tag{6.37}$$

其中，$\mathrm{DE}_{i,t}$ 表示二元经济结构变量，其余变量的定义均和式（5.11）中的变量定义一致。二元经济结构变量的描述性统计显示在表 6.8 中。

表 6.8　二元经济结构变量的描述性统计

变量符号	样本数量	最小值	最大值	平均值	标准差
DE_1	540	10.950	64.497	31.396	9.845
DE_2	540	102.820	411.359	160.979	41.603
DE_3	540	6.835	42.869	20.332	7.221
DE_4	540	2.725	56.942	28.978	11.069
DE_5	540	21.015	62.532	36.045	7.266
DE_6	540	3.281	81.834	43.145	16.118
DE_7	540	18.166	96.719	56.855	16.118
DE_8	540	22.199	2 947.601	239.405	390.571
DE_9	540	43.023	774.632	214.050	104.962

表 6.9 报告的是估计结果。首先考察估计模型中只引入二元经济结构变量一次项的估计结果。从估计结果看，二元经济结构显著地影响了劳动收入份额。依据二元经济结构变量的定义，DE_1，DE_3，DE_5，DE_7 和 DE_8 均与经济的二元结构程度呈负相关关系，即这些指标的数值越大，二元经济结构的特征就越弱。估计结果显示这些指标与劳动收入份额呈正相关关系，表明随着这些指标的增加，二元经济结构就越接近一元经济，劳动收入份额就越大。同理，DE_2，DE_4，DE_6 和 DE_9 均与经济的二元结构程度呈正相关关系，即这些指标的数值越大，二元经济结构的特征就越强。估计结果也显示二元经济结构的弱化有助于提升劳动收入份额，即当二元经济结构向一元经济结构转变时，劳动收入份额会增加。

表 6.9　二元经济结构对劳动收入份额的影响

解释变量	被解释变量：lnLS			被解释变量：lnLS			
	一次项	R^2	F	一次项	二次项	R^2	F
DE_1	0.152*** (0.027)	0.282	37.13	−1.712*** (0.270)	0.280*** (0.040)	0.354	41.66
DE_2	−0.385*** (0.051)	0.262	42.32	−2.883*** (0.851)	0.237*** (0.080)	0.237	38.06
DE_3	0.132*** (0.019)	0.286	40.62	−0.431** (0.170)	0.097*** (0.029)	0.278	37.11
DE_4	−0.249*** (0.022)	0.160	58.62	−0.295*** (0.076)	0.008 (0.013)	0.152	50.24
DE_5	0.201*** (0.045)	0.208	34.21	1.694** (0.767)	−0.208* (0.107)	0.237	30.03
DE_6	−0.296*** (0.030)	0.063	51.27	−0.253*** (0.081)	−0.008 (0.014)	0.061	43.93

续表

解释变量	被解释变量：lnLS			被解释变量：lnLS			
	一次项	R^2	F	一次项	二次项	R^2	F
DE_7	0.319*** (0.056)	0.210	37.06	−0.903** (0.458)	0.164*** (0.061)	0.179	33.19
DE_8	0.221*** (0.022)	0.077	51.50	0.060 (0.082)	0.014*** (0.007)	0.062	45.02
DE_9	−0.212*** (0.023)	0.278	49.41	−0.769*** (0.202)	0.053*** (0.019)	0.255	44.02

*、**和***分别表示 10%、5%和 1%水平上的显著性

注：①表格只报告了 lnLS 的估计结果；②括号内为标准误差

表 6.9 右边显示的是模型中同时引入二元经济结构变量一次项和二次项的估计结果。DE_4、DE_5和DE_6三个变量的二次项的系数不显著，其余变量的二次项均显示了较高的显著性，而且二次项的估计系数均为正值。综合上述结果，可以认为，二元经济结构与劳动收入份额之间的关系更接近于二次曲线关系，当二元经济结构在向一元经济转变的过程中，劳动收入份额将呈现先下降后上升的变动态势。二元经济结构对劳动收入份额的影响与经济增长的影响比较接近，均呈现二次曲线关系。因此，可以认为，在经济增长过程中，随着二元经济结构特征的逐渐弱化，劳动收入份额将呈现先下降后上升的变动态势。二元经济结构特征影响要素收入分配的结论是成立的。

第六节　本 章 小 结

本章对户籍制度影响要素收入分配的理论分析表明，户籍制度影响要素收入分配有两种途径：一是通过影响农村转移劳动力的工资水平进而影响劳动收入份额。户籍制度的存在降低了农村转移劳动力的工资水平，进而降低了劳动收入份额。二是通过影响农村转移劳动力的数量来影响劳动收入份额。户籍制度的存在减少了农村转移劳动力的数量，进而减缓了劳动收入份额下降的幅度。户籍制度对劳动收入份额的净效应取决于这两种效应的综合。从理论上看，在农村劳动力转移的初期，劳动力转移数量对户籍制度的弹性较大，户籍制度的放松反而会促进劳动收入份额的下降；在农村劳动力转移的后期，劳动力转移数量对户籍制度弹性较小，户籍制度放松会有助于提升劳动收入份额。进一步分析显示，户籍制度的实施会对劳动收入份额的转折点产生影响，会使之向左上方移动。转折点向左边移动表明经济发展尚未达到应有水平，转折点就提前到来了，劳动收入份额就开始止降回升了，较好地解释了第四章发现转折点左移的现象，当然其中还有

外部冲击的影响。同时，户籍制度也能很好地解释劳动收入份额转折点提前到来的现象。转折点向上边移动，表明户籍制度对劳动收入份额的影响不是负面而是正面的，户籍制度的实施抑制了劳动收入份额下降的趋势。这些理论假设得到了实证研究的支持。

接下来，本章全面分析了二元经济结构的度量指标，并对这些指标包含的实际信息进行了分析。通过对二元经济结构指标和经济增长关系的分析，本章发现那些主要包含劳动力转移信息的变量能更好地解释中国的经济增长。而且，依据这些指标对中国二元经济结构变动的阶段划分与第四章劳动收入份额变动的阶段划分比较一致。这些结论再次支持了将要素转移、结构变动和要素收入分配变动作为基本分析框架的合理性。本章分析了二元经济结构转型和劳动收入份额变动之间的关系问题，结果发现，二元经济结构转型和经济增长一样，与劳动收入份额的关系呈 U 形关系，即在二元经济转型的初期，劳动收入份额有明显的下降趋势，而在二元经济结构转型的后期，劳动收入份额会止降回升，所以总体上呈现 U 形关系。

当前中国产业结构和就业结构的一个显著特征是，农业部门用30%的劳动力只创造了约10%的增加值。这说明，中国目前仍然有大量的劳动力停留在农业部门，农村劳动力的转移依然是一个艰巨的问题。农村劳动力转移一直是政府关注的重要问题，在一系列先前政策的基础上，国务院于 2016 年 8 月 5 日印发《国务院关于实施支持农业转移人口市民化若干财政政策的通知》，试图通过加大财政投入来破除户籍制度的壁垒，加快推进农村劳动力的转移和市民化。基于本书的研究结论，可以认为，当前推动户籍制度改革促进农村劳动力转移适逢其时，而且国家希望通过加大财政投入来力促农村劳动力转移的政策方向无疑是正确的。目前已处于农村劳动力转移后期，劳动力转移数量对户籍制度宽松程度的弹性较小，尽管户籍制度的改革会促进劳动力转移抑制劳动收入份额，但是改革会通过消除农村转移劳动力的工资歧视推动劳动收入份额上升，后者的效应要大于前者，最终表现为户籍制度改革推动劳动收入份额上升。同时，也要看到，在农村劳动力转移后期，劳动力的转移意愿较低，因此需要政府施加一定的外力来推动他们的转移，如加大财政投入力度。东部地区作为农村劳动力的重要流入地，又有相对雄厚的财政基础，自然地应该作为户籍制度改革的重要参与者发挥主要作用。当前出台政策将户籍制度改革落到实处，不仅有助于中国二元经济结构的转型，而且有助于改善要素收入分配格局，为经济的持续发展奠定良好的基础。

第七章　资本深化和要素收入分配

中国劳动收入份额的分解分析表明，导致劳动收入份额变动的不仅有产业间效应，也有产业内效应，而且在某些阶段，产业内效应远远超过产业间效应，成为劳动收入份额变动的主要因素，如 1998~2004 年。要素转移、结构变动和要素收入份额变动之间的逻辑最终体现为产业间效应。那么，产业内效应的形成机制是什么？什么因素驱动了产业内效应的形成？本章的主要内容就是在产业层面来对上述问题进行探讨。为了实现上述目的，本章将对中国工业部门展开系统分析。之所以选择工业部门，主要是基于以下两方面考虑：一是改革开放后，中国经济的高速增长主要是依赖第二产业的强劲增长，而工业又是第二产业的支柱产业；二是第四章的分析显示，第二产业的产业内效应是三个产业中占比最高的。因此，选择工业部门作为典型进行研究具有充分的理由。

中国工业经济在整体经济中具有重要地位，国民收入功能性分配中存在的问题在工业经济领域也有显著的体现。例如，改革开放后的一段时间内，中国工业企业的利益分配格局实际上表现为向劳动者倾斜，但在20世纪90年代后，则要担心是否会产生“利润侵蚀工资”现象（金碚和李钢，2007），工业企业利润的高速增长在某种程度上是以工资的缓慢增长为代价的（郑玉歆和李玉红，2007）。这说明，工业企业的要素分配份额发生了变化，收入分配格局在向资本方快速倾斜。对中国工业部门的研究发现，国有企业改革和市场垄断程度提高引发的劳动力市场环境改变，是导致资本收入份额增加的主要原因（白重恩等，2008；白重恩和钱震杰，2009a）。有研究补充认为，除国有企业改革之外，工业品出厂价格在行业间的结构性变动也是导致工业部门利益分配格局大幅度变动的重要因素（翁杰和周礼，2009）。虽然上述研究对工业部门的收入分配格局进行了深入探讨，但受数据结构的影响和限制，不能够较全面地描述导致工业部门利益分配格局的主要因素和影响机制。本章试图利用中国工业部门行业层面的数据，构建一个合理的分析框架，揭示导致工业部门要素分配份额变动的主要原因，以增加对要素分配份额变动的理解和为制定合理的收入分配调节政策提供支持。

第一节 中国工业部门的要素收入分配

一、劳动收入份额的计算

本书将利用1997~2014年中国工业部门行业层面的数据来分析劳动收入份额的变动趋势和原因，因此有必要在相同的统计口径下保持统计数据的连续性。为此，本书将工业部门中的行业劳动收入定义为行业从业人员数与行业平均工资的乘积。这样计算出来的劳动收入份额将小于真正意义上的劳动收入份额，但这不影响本书的分析。行业劳动收入份额则定义为行业劳动收入与行业增加值的比值。为了实现对整个工业部门收入分配的度量，本书先采用式（7.1）来计算每个行业的劳动收入份额。

$$LS_{i,t}=\frac{WAGE_{i,t}\times N_{i,t}}{AV_{i,t}} \tag{7.1}$$

其中，$LS_{i,t}$表示i行业t年的劳动收入份额；$WAGE_{i,t}$表示行业从业人员的平均工资，数据来自于《中国劳动统计年鉴》；$N_{i,t}$表示i行业t年的从业人员平均人数，数据来自于《中国工业经济统计年鉴》；$AV_{i,t}$表示i行业t年的增加值，2007年以前的数据来自《中国工业经济统计年鉴》，2008年及以后的数据根据《中国统计月报》提供的工业增加值增长率推算得到。那么，t年整个工业部门的劳动收入份额LS_t就可以表示为

$$LS_t=\frac{\sum_i^I WAGE_{i,t}\times N_{i,t}}{\sum_i^I AV_{i,t}} \tag{7.2}$$

二、考察的行业范围

中国工业部门的统计口径经常处于变动之中，主要体现在两个方面。第一是企业统计范围的变动。1997年及以前，中国工业部门的统计范围是按隶属关系划分的，1998年及以后变为按企业规模划分。1998~2006年统计的范围是全部国有及年主营业务收入在500万元及以上的非国有工业企业。2007~2010年统计范围进行了统一，更改为全部年主营业务收入在500万元及以上的工业企业。2011年及以后统计范围进行了进一步的调整，调整为年主营业务收入在2 000万元及以上的工业企业。

第二是企业统计行业划分的变动。表 7.1 显示的是采掘工业统计行业划分的变动情况。1997 年及以前，采掘工业被细分为 7 个行业，1998~2011 年被调整为 6 个细分行业，2012 年及以后又被调整到 7 个行业，而且行业内容的划分也进行了调整。为保持统计口径的延续性，本书只考虑采掘工业中的前 5 个细分行业。表 7.2 显示的是制造工业统计行业划分的变动情况。在 2011 年前，尽管行业的细分有一些小的调整，但是前面 28 个行业保持了良好的延续性。需要重点指出的是，2012 年后制造工业的行业划分发生了较大变动，主要有两方面：一是将橡胶制品业和塑料制品业合二为一，调整为橡胶和塑料制品业；二是将交通运输设备制造业拆分为两个行业：汽车制造业以及铁路、船舶、航空航天和其他运输设备制造业，将汽车制造业单独从交通运输设备制造业中分离出来。为保持数据的延续性，本书在分析中将橡胶制品业和塑料制品业合并为橡胶和塑料制品业考察，同时将汽车制造业以及铁路、船舶、航空航天和其他运输设备制造业合并考察。因此，制造工业共考察 27 个细分行业。电水气工业一直保持 3 个细分行业，尽管统计内容有所调整，但影响不大。因此，在本书的分析中，工业部门就按照 35 个细分行业进行考察。

表 7.1　采掘工业统计行业划分的变动情况

序号	1997 年及以前	1998~2002 年	2003~2011 年	2012 年及以后
1	煤炭采选业	煤炭采选业	煤炭开采和洗选业	煤炭开采和洗选业
2	石油和天然气开采业	石油和天然气开采业	石油和天然气开采业	石油和天然气开采业
3	黑色金属矿采选业	黑色金属矿采选业	黑色金属矿采选业	黑色金属矿采选业
4	有色金属矿采选业	有色金属矿采选业	有色金属矿采选业	有色金属矿采选业
5	非金属矿采选业	非金属矿采选业	非金属矿采选业	非金属矿采选业
6	其他矿采选业	木材及竹材采运业	其他采矿业	开采辅助活动
7	木材及竹材采运业			其他采矿业

表 7.2　制造工业统计行业划分的变动情况

序号	1997 年及以前	1998~2002 年	2003~2011 年	2012 年及以后
1	食品加工业	食品加工业	农副食品加工业	农副食品加工业
2	食品制造业	食品制造业	食品制造业	食品制造业
3	饮料制造业	饮料制造业	饮料制造业	酒、饮料等制造业
4	烟草加工业	烟草加工业	烟草制品业	烟草制品业
5	纺织业	纺织业	纺织业	纺织业
6	服装及其他纤维制品制造	服装及其他纤维制品制造	纺织服装、鞋、帽制造业	纺织服装、服饰业
7	皮革毛皮羽绒及其制品业	皮革毛皮羽绒及其制品业	皮革、毛皮、羽毛及其制品业	皮革、毛皮、羽毛及其制品和制鞋业
8	木材加工及竹藤棕草制品业	木材加工及竹藤棕草制品业	木材加工及木、竹、藤、棕、草制品业	木材加工和木、竹、藤、棕、草制品业

续表

序号	1997 年及以前	1998~2002 年	2003~2011 年	2012 年及以后
9	家具制造业	家具制造业	家具制造业	家具制造业
10	造纸及纸制品业	造纸及纸制品业	造纸及纸制品业	造纸和纸制品业
11	印刷业记录媒介的复制	印刷业记录媒介的复制	印刷业和记录媒介的复制	印刷和记录媒介复制业
12	文教体育用品制造业	文教体育用品制造业	文教体育用品制造业	文教、工美、体育和娱乐用品制造业
13	石油加工及炼焦业	石油加工及炼焦业	石油加工、炼焦及核燃料加工业	石油加工、炼焦和核燃料加工业
14	化学原料及制品制造业	化学原料及制品制造业	化学原料及化学制品制造业	化学原料和化学制品制造业
15	医药制造业	医药制造业	医药制造业	医药制造业
16	化学纤维制造业	化学纤维制造业	化学纤维制造业	化学纤维制造业
17	橡胶制品业	橡胶制品业	橡胶制品业	橡胶和塑料制品业
18	塑料制品业	塑料制品业	塑料制品业	
19	非金属矿物制品业	非金属矿物制品业	非金属矿物制品业	非金属矿物制品业
20	黑色金属冶炼及压延加工业	黑色金属冶炼及压延加工业	黑色金属冶炼及压延加工业	黑色金属冶炼和压延加工业
21	有色金属冶炼及压延加工业	有色金属冶炼及压延加工业	有色金属冶炼及压延加工业	有色金属冶炼和压延加工业
22	金属制品业	金属制品业	金属制品业	金属制品业
23	普通机械制造业	普通机械制造业	通用设备制造业	通用设备制造业
24	专用设备制造业	专用设备制造业	专用设备制造业	专用设备制造业
25	交通运输设备制造业	交通运输设备制造业	交通运输设备制造业	汽车制造业
26				铁路、船舶、航空航天和其他运输设备制造业
27	电气机械及器材制造业	电气机械及器材制造业	电气机械及器材制造业	电气机械和器材制造业
28	电子及通信设备制造业	电子及通信设备制造业	通信设备、计算机及其他设备制造业	计算机、通信和其他电子设备制造业
29	仪器仪表文化办公用机械	仪器仪表文化办公用机械	仪器仪表及文化、办公用机械制造业	仪器仪表制造业
30	其他制造业		工艺品及其他制造业	其他制造业
31			废弃资源和废旧材料回收加工业	废弃资源综合利用业
32				金属制品、机械和设备修理业

三、工业部门的劳动收入份额

表 7.3 显示的是 1997~2014 年中国工业部门 35 个行业工业增加值总额、劳动收入总额和劳动收入份额的变动趋势。首先来考察 1997~2007 年。在这 11 年间，中

国工业的增加值从 19 448.7 亿元增加到 115 965.4 亿元，增加了将近 6 倍，平均年增速达到 19.5%，而劳动收入总额从 4 637.2 亿元增加到 16 751.8 亿元，仅增加了 3.6 倍，平均年增速为 13.7%。这表明，中国工业部门增加值的增长速度远远高于劳动收入的增长。增长速度的较大差异将不可避免地导致劳动收入份额的大幅度下降。1997 年劳动收入份额为 23.8%，2007 年下降到 14.4%，在短短的 11 年间，劳动收入份额下降了 9.4 个百分点，每年的平均下降幅度接近 1 个百分点，这种下降速度在世界上其他国家是不多见的。

表 7.3　1997~2014 年中国工业部门劳动收入份额变动趋势

年份	工业增加值总额/亿元	劳动收入总额/亿元	劳动收入份额
1997	19 448.7	4 637.2	0.238
1998	19 085.1	4 332.2	0.227
1999	21 221.1	4 464.2	0.210
2000	25 027.6	4 750.3	0.190
2001	27 932.6	5 208.1	0.186
2002	32 549.4	5 813.6	0.179
2003	41 629.5	7 093.6	0.170
2004	56 736.6	8 634.5	0.152
2005	71 553.5	11 065.3	0.155
2006	90 273.5	13 548.1	0.150
2007	115 965.4	16 751.8	0.144
2008	130 925.6	21 699.5	0.166
2009	145 240.4	23 837.2	0.164
2010	167 507.2	29 692.4	0.177
2011	190 735.2	34 040.7	0.178
2012	209 938.5	38 871.7	0.185
2013	231 048.0	44 874.6	0.194
2014	250 429.4	50 966.7	0.204

注：由于不是全部工业部门的数据，因此与统计年鉴上的工业增加值总额略有差异

再来考察 2008 年及之后的时期。2008 年，中国工业部门的增加值增长速度大幅度回落，增长幅度仅为 12.9%，远远小于 1997~2007 年的平均增幅。然而，劳动收入总额实现了较快速度的增长，从而使劳动收入份额有了较大幅度的回升，回升幅度达到 2.2 个百分点。劳动收入份额一改长时间的下降趋势，实现较大幅度的回升，主要是受美国次贷危机引发的世界范围内的金融危机影响。金融危机减少了北美洲和欧洲发达国家对中国制造商品的需求，这对严重依赖出口贸易的中国工业部门造成了很大的影响，企业普遍出现产能过剩和开工不足的现象。而且，在金融危机来临之际，企业不可能依据产品需求即时地调整投入的劳

动力，劳动力数量的调整一般总是滞后于产品需求的变动。在这两种因素的共同作用下，企业利润大幅度减少，致使劳动收入份额上升，劳动收入份额和经济周期呈反方向的变动，与发达国家劳动收入份额在经济危机中的表现非常相似。

2009年劳动收入份额微降0.2个百分点，但自2010年开始，劳动收入份额开始持续上升。2009~2014年，工业增加值总额的增长速度为每年11.5%，同时期的劳动收入总额增速则达到每年 16.4%，劳动收入总额的强劲增长导致了劳动收入份额的上升，自2010年开始，劳动收入份额开始持续上升，2014年的劳动收入份额达到20.4%，比2009年上升了4个百分点。2010年的劳动收入份额上升可能与国内劳动力市场的变动有关，农村转移劳动力的供给不能满足需求导致了劳动力工资的上升，可以预计，工业部门的劳动收入份额仍将进一步上升。

表7.4显示的是中国工业部门35个行业的劳动收入份额平均值和行业增加值占比平均值。一个有趣的现象是：劳动收入份额高的行业不是工业部门创造价值的主要行业，而工业部门创造价值的主要行业其劳动收入份额一般处于较低水平。首先来关注劳动收入份额在25%及以上的8个行业，这些行业是：煤炭开采和洗选业；纺织服装、鞋、帽制造业；皮革、毛皮、羽毛（绒）及其制品业；家具制造业；文教体育用品制造业；仪器仪表及文化、办公用；燃气生产和供应业；水的生产和供应业。这些行业的增加值占比都处于非常低的水平。例如，皮革、毛皮、羽毛及其制品业和制鞋业的增加值占比为1.3%，而家具制造业的增加值占比仅为0.5%。然后，来关注增加值占比在5%以上的7个行业，这些行业包括：石油和天然气开采业；化学原料及化学制品制造业；黑色金属冶炼及压延加工业；交通运输设备制造业；电气机械和器材制造业；通信设备、计算机及其他；电力、热力的生产和供应业。这7个行业的劳动收入份额均处于较低的水平。例如，黑色金属冶炼及压延加工业的劳动收入份额的平均值为16.3%，而石油和天然气开采业的劳动收入份额的平均值则只有7.4%。通过比较可以发现，这两类行业完全没有交叉，劳动收入份额较高的行业往往不是增加值比重高的行业。前一类劳动收入份额较高的行业一般为劳动力密集型行业，而后一类增加值比重较高的行业一般为资本密集型行业。

表7.4　中国工业部门行业的劳动收入份额平均值和行业增加值占比平均值

行业代码	行业名称	劳动收入份额平均值	增加值占比平均值
1	煤炭开采和洗选业	0.371	0.036
2	石油和天然气开采业	0.074	0.056
3	黑色金属矿采选业	0.209	0.007
4	有色金属矿采选业	0.181	0.007
5	非金属矿采选业	0.214	0.005

续表

行业代码	行业名称	劳动收入份额平均值	增加值占比平均值
6	农副食品加工业	0.117	0.039
7	食品制造业	0.176	0.017
8	酒、饮料等制造业	0.128	0.020
9	烟草制品业	0.041	0.032
10	纺织业	0.220	0.045
11	纺织服装、服饰业	0.322	0.021
12	皮革、毛皮、羽毛及其制品业和制鞋业	0.298	0.013
13	木材加工和木、竹、藤、棕、草制品业	0.172	0.009
14	家具制造业	0.250	0.005
15	造纸及纸制品业	0.172	0.016
16	印刷和记录媒介复制业	0.235	0.007
17	文教、工美、体育和娱乐用品制造业	0.412	0.006
18	石油加工、炼焦及核燃料加工业	0.114	0.026
19	化学原料及化学制品制造业	0.162	0.062
20	医药制造业	0.165	0.023
21	化学纤维制造业	0.150	0.008
22	橡胶和塑料制品业	0.209	0.027
23	非金属矿物制品业	0.208	0.045
24	黑色金属冶炼及压延加工业	0.163	0.066
25	有色金属冶炼及压延加工业	0.150	0.030
26	金属制品业	0.209	0.026
27	通用设备制造业	0.234	0.042
28	专用设备制造业	0.246	0.027
29	交通运输设备制造业	0.209	0.062
30	电气机械和器材制造业	0.190	0.052
31	通信设备、计算机及其他	0.202	0.070
32	仪器仪表及文化、办公用机械制造业	0.254	0.009
33	电力、热力的生产和供应业	0.126	0.079
34	燃气生产和供应业	0.380	0.002
35	水的生产和供应业	0.317	0.004

注：平均值为历年数值的算术平均值，没有考虑权重

四、劳动收入份额变动的分解

本书利用第五章的分解方法，对工业部门的劳动收入份额变动进行了分解，分解结果显示在表 7.5 中。如果只考虑两头不考虑中间的变动态势，1997~2014 年的劳动收入份额下降了 3.5 个百分点，行业内效应为 3.2 个百分点，行业间效应上升 0.5 个百分点，协方差下降 0.8 个百分点，协方差的效应大于行业间效应。为了更直观地呈现劳动收入份额变动的阶段性特征，表 7.5 中的分解结果显示在图 7.1 中。图 7.1 直观地显示，1997~2014 年工业部门的收入分配变动呈现了明显的阶段性特征。依据行业内变动效应和行业间变动效应，可以将之分为三个阶段。

表 7.5　中国工业部门劳动收入份额变动的分解结果

时间	总变动	行业内效应	行业间效应	协方差
1997~1998 年	− 0.011 4	− 0.005 7	− 0.005 3	− 0.000 4
1998~1999 年	− 0.016 6	− 0.014 4	− 0.001 4	− 0.000 8
1999~2000 年	− 0.020 6	− 0.016 3	− 0.002 6	− 0.001 7
2000~2001 年	− 0.003 4	− 0.005 9	0.003 3	− 0.000 7
2001~2002 年	− 0.007 8	− 0.009 4	0.002 1	− 0.000 5
2002~2003 年	− 0.008 2	− 0.008 9	0.001 4	− 0.000 8
2003~2004 年	− 0.018 2	− 0.017 9	0.001 7	− 0.002 0
2004~2005 年	0.002 5	0.002 0	0.000 6	− 0.000 2
2005~2006 年	− 0.004 6	− 0.004 8	0.000 7	− 0.000 4
2006~2007 年	− 0.005 6	− 0.005 6	0.000 6	− 0.000 6
2007~2008 年	0.021 3	0.020 0	0.001 1	0.000 2
2008~2009 年	− 0.001 6	− 0.001 4	− 0.000 1	− 0.000 1
2009~2010 年	0.013 1	0.011 5	0.001 6	0.000 0
2010~2011 年	0.001 2	0.000 4	0.000 9	− 0.000 1
2011~2012 年	0.006 7	0.006 5	0.000 2	0.000 0
2012~2013 年	0.009 1	0.009 1	0.000 1	− 0.000 1
2013~2014 年	0.009 3	0.008 9	0.000 3	0.000 1
1997~2000 年	− 0.048 6	− 0.036 4	− 0.009 4	− 0.002 8
2000~2007 年	− 0.045 4	− 0.050 5	0.010 4	− 0.005 2
2007~2014 年	0.059 1	0.055 1	0.004 0	0.000 0
1997~2014 年	− 0.034 9	− 0.031 8	0.004 9	− 0.008 0

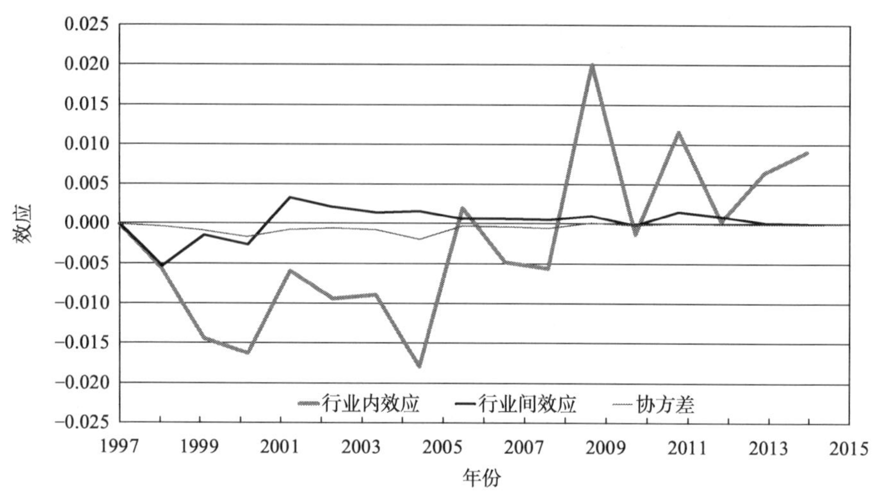

图 7.1　1997~2014 年中国工业部门劳动收入份额变动的分解

（一）第一个阶段：1997~2000 年

在该阶段中，行业内效应和行业间效应均为负值，呈现了同向变动，致使劳动收入份额快速下降了近 5 个百分点，其中行业内效应为 3.6 个百分点，行业间效约为 1 个百分点。1998~2000 年的国有企业三年改革可能是导致劳动收入份额变动的主要原因（翁杰和周礼，2009）。“鼓励兼并、规范破产、下岗分流、减员增效”是国有企业三年改革的主要思路。“鼓励兼并、规范破产”使一些劳动力密集的国有企业关停并转，由于这些国有企业属于劳动力密集型企业，其劳动收入份额处于较高水平，这些企业的关停并转对整体劳动收入份额产生的效应就表现为行业间效应。“下岗分流、减员增效”则一方面实现了职工人数的大幅度减少，企业工资支出相应减少，另一方面间接促进企业利润的快速增长。因此，这些举措对整体劳动收入份额产生的效应就表现为行业内效应。

（二）第二个阶段：2001~2007 年

在该阶段内，劳动收入份额下降了 4.5 个百分点，行业内效应下降约 5 个百分点，行业间效应增加 1 个百分点。而且图 7.1 明确显示，行业内效应基本上是负的，但行业间效应一直是正的，这说明在这个阶段行业内效应和行业间效应是相反方向变动的。其中的主要原因可能在于中国加入 WTO，促进了中国外贸企业的快速发展，同时农村劳动力的大规模转移为企业提供了大量价格低廉的劳动力，一方面是劳动力成本可以长期保持在较低水平处，另一方面是产成品可以出口获取较高利润，在这两方面的共同作用下，劳动收入份额开始持续下降，体现为行业内效应在大部分时间里表现为负的。同时，民营企业的快速发展，尤其是劳动力密集的民营企业的快速发展，导致行业间效应呈现为正效应。

（三）第三个阶段：2008~2014 年

在该阶段内，劳动收入份额上升了 5.9 个百分点，其中行业内效应上升 5.5 个百分点，行业间效应上升 0.4 个百分点。这个阶段的显著特征是行业内效应和行业间效应都是正的，而且行业内效应成为主要的驱动力。尽管行业间效应一直是正的，但是行业间效应一直在降低。基于上述表现，可以认为，这段时间内的中国工业部门产业结构的变动比较细微，尤其是资本密集型和劳动密集型产业的比重基本保持不变，导致行业间效应逐渐下降。同时，应该注意到的是行业内效应一直保持为正的，这说明工业企业内部的收入分配格局开始在向劳动方倾斜。导致这种持续倾斜的主要原因是劳动者工资的持续上升。可以预期的是，工业部门这种收入分配格局变动的趋势不可能持续。去产能和供给侧改革可能会使工业部门的产业结构发生大幅度的变化，行业间效应可能会更显著，甚至超过行业内效应。

通过上述阶段性分析发现，在中国工业部门的要素收入分配中，占主导地位的是行业内效应而不是行业间效应。这与第四章整体经济要素收入分配产业层面的分析得到的结论刚好相反，产业层面的分析结果显示的是产业间的效应占主导。这说明中国工业部门的行业中都有一种普遍性的力量存在，这种力量有力地改变了收入分配格局。行业层面的效应最终会汇总到工业部门总体层面上，最终表现为行业内效应占主导。因此有必要对这种导致行业内效应占主导的力量进行探索，并解释其作用机制。

第二节 要素收入分配影响因素的理论分析

本章将着重考虑资本深化、产品市场竞争、国有企业改革、外商直接投资、国际贸易和技术进步对工业部门劳动收入份额的影响机制和决定效应。

一、资本深化

经济增长理论一直认为，资本积累在经济增长中扮演着至关重要的角色。早期的古典经济学理论认为，由于资本获取的利润水平超过了平均利润，因此，较高的资本收益率会促使资本家不断地将利润转化为资本，完成资本的不断积累。

也有理论认为，资本的不断积累能够获取规模经济，同时能够实现市场垄断，规模经济和市场垄断能够使资本家获取更多的市场势力和利润。因此，在资本主义生产方式下，资本积累有其一定的必然性。发展经济学认为，在农业经济为主的经济工业化过程中，资本的不断积累不仅能增加经济中的资本存量，而且能促使劳动力从农业部门不断向非农部门转移，不断提升一个国家的工业化率。尽管资本的逐渐积累是经济增长所必需的，但是它还会改变要素收入分配格局，使要素收入分配向资本方倾斜（陈磊和张涛，2011）。一些实证研究发现，随着资本劳动比的增加，劳动收入份额呈现显著的下降趋势（Harrison，2002；白重恩和钱震杰，2009a；罗长远和张军，2009a；李文溥和李静，2011；罗楚亮和倪青山，2015）。因此，提出假设。

假设 7.1：资本深化会导致劳动收入份额的下降。

二、产品市场竞争

产品市场竞争程度无疑是影响国民收入分配的重要因素。基于中国劳动力市场供给充裕的基本特征，假设劳动力市场是完全竞争的，产品市场也是完全竞争的，那么，按照新古典经济学的基本原理，要素的提供者共同创造的生产成果在资本方和劳动者之间的分配必然满足以下规律：要素的均衡价格等于要素供求平衡时的要素边际生产力；任何一种要素在共同创造出来的国民收入中的分配份额等于这种要素的边际生产力。在不完全竞争的产品市场中，这种分配规律就不成立了。由于劳动力市场仍然是完全竞争的，劳动者的工资水平保持不变，但劳动者的边际产值要高于工资，一部分经济成果以垄断租金的形式被企业作为资本收入获取了，劳动收入份额就会降低。而且，不完全竞争的产品市场还会导致就业量的不足，就业量不足也会导致劳动收入份额的下降。因此，随着产品市场竞争程度的提高，企业获取的垄断租金将逐渐减少，劳动收入份额会进一步上升。无论是早先对希腊制造业的研究（Droucopoulos and Lianos，1993），还是最近对中国工业企业层面的研究（白重恩等，2008），均发现市场势力和劳动收入份额之间存在着负相关关系，竞争程度的提高有助于企业劳动收入份额的提升。基于此，提出假设。

假设 7.2：产品市场竞争程度的提高将导致劳动收入份额的上升。

三、国有企业改革

中国的国有企业往往由于低效率而被广为诟病，其中既涉及技术水平低下的问题，也涉及企业大量冗员的问题。一些研究发现，国有企业比其他类型的企业雇用了更多的劳动者，其就业量往往保持在较高水平，国有企业特殊的委托代理关系被认为是导致企业冗员的主要原因（Shleifer and Vishny，1994；La Porta and Lópezdesilanes，1999）。甚至有研究发现，一旦企业与政治挂上钩，企业的经营目标就会发生偏离，企业往往会雇佣更多的劳动者以提升自身的政治威望，这种情况在大选之年尤为严重（Bertrand et al.，2006）。因此，在国有企业的收入分配中，工资始终有侵蚀利润的冲动，劳动收入份额将高于其他类型的企业。国有企业这种具有大量冗余劳动者的特性决定了其在私有化进程中不可避免的出现大规模解雇行为。国有企业通过"减员"以达"增效"的程序性改革路径将改变企业的收入分配格局，"减员"在为企业节省工资支出的同时，也为企业节省了大量的福利支出，这些支出的减少实际上成为企业"增效"的一个重要来源（翁杰和周礼，2009）。因此，国有企业的改革可能会导致工业部门劳动收入份额的下降。为此，提出假设。

假设 7.3：国有企业改革将导致劳动收入份额下降。

四、外商直接投资

在开放经济背景下，资本的跨国流动在改变资本充裕度的国际差异时，也会在一定程度上改变东道国劳动力市场的相对谈判力量，从而影响劳动收入份额。Decreuse 和 Maarek（2008）认为，理论上 FDI 影响东道国劳动收入份额的机制至少有两种：一种是工资竞争机制。众多实证研究发现，FDI 企业向员工提供的工资水平远远高于东道国本土企业，这既包括美国、英国等发达国家（Almeida，2007；Girma and Görg，2007），也包括大量的发展中国家（Sjöholm and Lipsey，2006；Csengodi et al.，2008）。FDI 企业实施的高工资策略将在东道国劳动力市场产生竞争氛围，导致东道国劳动力市场整体工资水平的提升，从而提升劳动收入份额。另一种是技术领先机制。对于发展中国家而言，FDI 企业的进入在弥补国内产业资本不足的同时，也带来了先进的技术和高生产率。FDI 企业由于具有先进的技术和高生产率，尽管它们向员工支付的工资水平要高于本土企业，但高生产率使 FDI 企业获得了更高的资本收入。与东道国本土企业相比较，FDI 企业的利益分配格局更倾向于资本方。因此，FDI 企业的技术领先机制将导致东道国劳动收入份额的降低。

上述分析显示，FDI 企业的进入对东道国劳动收入份额的影响有两种效应：一种是缩减效应；另一种是扩大效应，净效应是正的抑或是负的，则要看 FDI 企业的阶段性特征而定（Decreuse and Maarek，2008）。实际上，东道国劳动力市场的供需特征也会影响 FDI 企业对劳动收入份额的影响。尽管中国的人口红利即将消失（蔡昉，2010），但在改革开放以来的绝大部分时间里，中国劳动力市场的一个显著特征还是劳动力供给的相对充裕，尤其是低技能劳动力。劳动力的充裕供给会削弱 FDI 企业的工资竞争效应。其中的主要原因在于，FDI 企业的效率工资策略在导致一些优质劳动力向 FDI 企业流动的同时，又会有充足的劳动力向本土企业补充，本土企业用不着大幅度提高工资水平就可以获得所需的劳动力。因此，FDI企业进入的劳动收入份额的缩减效应是有限的。一些实证研究发现，FDI 企业的进入降低了国内的劳动收入份额（Luo and Zhang，2010；邵敏和黄玖立，2010；周明海等，2010；唐东波，2011）。基于此，提出假设。

假设 7.4：FDI 将促使劳动收入份额的下降。

五、国际贸易

在不同的国际贸易理论框架内，国际贸易对一国劳动收入份额的决定效应存在一定的差异。在传统的贸易理论框架内，如赫克歇尔-俄林模型（Hecksher-Ohlin Model）认为，国际贸易的开展将使国际的要素收益率逐渐趋同。假设企业的生产只涉及资本和劳动力两种要素，资本充足的发达国家出口资本密集型产品，进口劳动力密集型产品，而劳动力充足的发展中国家则出口劳动力密集型产品，进口资本密集型产品，在这样的贸易格局下，发达国家的劳动收入份额将降低，而发展中国家的劳动收入份额则有进一步提升的空间。因此，作为劳动力密集型产品出口的主要国家—— 中国，对外出口的扩张会使收入分配格局向劳动方倾斜。在基于企业异质性的贸易理论框架内，企业的规模和生产率水平被认为是存在着差异的，那些从事国际贸易的企业往往是规模大、生产率水平高的企业（Melitz，2003；Helpman et al.，2004）。依据该理论，一个国家的出口贸易迅速扩张就意味着该国内部高生产率企业的迅速增多。出口贸易对劳动收入份额的影响就可能与 FDI 企业一样，将导致劳动收入份额的下降。

与国际贸易理论预示的一样，实证研究也没有证实国际贸易对劳动收入份额的明确效应。Harrison（2002）对众多国家的分析表明，国际贸易的扩张将会导致劳动收入份额的下降。而国内的一部分研究发现，出口贸易有助于提升劳动收入份额（翁杰和周礼，2010；唐东波，2011；周申和杨红彦，2011）。罗长远和张军（2009b）对中国劳动收入份额的研究发现，出口贸易并不显著影响劳动收入份额。究其原因，他们认为，FDI 企业的大量进入，加上中国资本的不断积累，中国的比较优势逐渐向资本较为密集的产品转变，出口收益的分配将有利于资本，而不是劳动力。众所周知，发展中国家的 FDI 企业进入和出口贸易增长之间存在着非常密切的关系，中国也一样。许多外资企业进入中国的主要目的就是，充分利用中国在劳动力上的比较优势生产价格低廉的产品，再将产品出口参与全球范围的竞争。基于此，可以直观地认为，出口贸易对劳动收入份额的决定效应将会受到 FDI 企业的影响，表现为出口贸易扩张抑制劳动收入份额的提升。

考虑到这种关系，提出假设。

假设 7.5：出口贸易的扩张会降低劳动收入份额。

六、技术进步

技术进步被认为是除经济全球化之外对劳动力市场产生深远影响的重要因素。在 OECD 国家中，技术进步对要素收入分配的影响效应甚至要超过全球化，成为要素收入分配变动的最重要因素（IMF，2007）。对德国的研究发现，技术进步会导致劳动收入份额的下降（Ochsen and Welsch，2005）。早先的相关研究主要聚焦于技术进步对劳动力需求和收入差异问题上（Card and Dinardo，2002；Autor et al.，2003）。例如，以信息和交流技术为主的技术进步作为一种替代低技能劳动力的要素，减少了对低技能劳动力的需求，扩大了对高技能劳动力的需求，属于一种技能偏态型技术进步。技能偏态型技术进步对劳动收入份额的影响体现在两个方面：一是技术的应用减少了低技能劳动力的需求，或者说，技术进步对低技能劳动力产生了替代作用，这就会导致劳动收入份额的下降；二是技能偏态型技术进步和高技能劳动力之间的互补关系实现了生产率水平的较大幅度提高，尽管劳动者的工资水平也有明显的提高，但是，大部分收益还是被资本方获取了，这也会导致劳动收入份额的下降。综合以上两方面的效应，可以认为，技术进步将降低劳动收入份额。

假设 7.6：技术进步将降低劳动收入份额。

第三节 研究方法和研究结果

一、研究方法

本书利用式（7.3）显示的动态线性模型来估计工业部门的行业面板数据。

$$\begin{aligned}\mathrm{LS}_{i,t}=&\alpha_0+\alpha_1\mathrm{LS}_{i,t-1}+\alpha_2\mathrm{KY}_{i,t}+\alpha_3\mathrm{KL}_{i,t}+\alpha_4\mathrm{COM}_{i,t}+\alpha_5\mathrm{LS}_{i,t}\\&+\alpha_6\mathrm{FDI}_{i,t}+\alpha_7\mathrm{EXP}_{i,t}+\alpha_8\mathrm{TC}_{i,t}+\sum_{t=1}^{T}\beta_t\mathrm{Year}_t+\varepsilon\end{aligned}\tag{7.3}$$

其中，$\mathrm{LS}_{i,t}$ 表示 t 时期 i 行业的劳动收入份额；KY 表示行业的资本产出比；KL 表示行业的资本劳动比，主要用来显示资本积累对劳动收入份额的影响；COM 表示行业的产品市场竞争程度；SOE 表示行业的国有企业比重；FDI 表示行业的外资企业比重；EXP 表示行业的出口贸易状况；TC 表示行业的技术进步状况。估计模型还控制了年份的哑变量 Year。Roodman（2009）认为，在系统广义矩估计方法（system generalized method of moments，SYS-GMM）的实际应用中，控制时间的哑变量非常有必要。

本书使用的动态面板数据的时间跨度为1997~2010年，共14年，行业数量为35个，存在着时间跨度相对于截面数据较少的问题。为有效消除变量的内生性问题，本书主要采用SYS-GMM。系统广义矩估计结果比较不稳定，会随着估计过程中的不同设定发生相应的变化。考虑到该问题的存在，本书同时用混合OLS模型和固定效应模型进行了估计。之所以采用固定效应模型，而不是随机效应模型，主要是依据Hausman检验决定的。在动态模型中混合OLS模型对滞后项的估计结果通常会产生向上的偏差，而FE对滞后项的估计结果一般会产生向下的偏差，依据Bond（2002）提出的检验方法，如果滞后项的SYS-GMM估计值处于混合OLS估计值与FE估计值之间，则可以认为SYS-GMM的估计结果是可靠的。另外，采用多种方法进行估计还可以来体现估计结果的稳定性。另外，在利用SYS-GMM进行估计中，工具变量的数量需要满足拇指规则。受制于所用数据的结构，本书将此要求适当放宽，允许工具变量数量多于截面数。

二、数据和变量

在充分考虑数据延续性的基础上，本书选择了工业部门中主要的35个行业进行考察，其中：采掘工业5个行业；制造工业27个行业；电气水生产和供应业3个行业。表7.5是变量的说明和数据的来源。对于国有企业比重、FDI和技术进步三个影响劳动收入份额的因素，本书分别设计了两个变量，一个是从投入的角度度量的，另一个是从产出的角度度量的。例如，对国有企业比重的衡量，第一个指标是从投入的角度设计的，为行业国有企业固定资产净值占行业固定资产净值的比重，第二个指标从产出的角度设计的，为行业国有企业增加值占行业增加值比重。

（一）劳动收入份额

劳动收入份额（LS）为行业劳动报酬总额占行业增加值的比重。行业劳动报酬总额等于行业就业人数与行业平均工资的乘积。2007年前的行业增加值来自于《中国工业经济统计年鉴》，2007年后的数据依据《中国统计月报》提供的行业增加值增速推算；行业就业人数来自于《中国工业经济统计年鉴》；行业平均工资为《中国劳动统计年鉴》中的行业城镇就业单位的平均工资。

（二）资本劳动比

资本劳动比（KL）定义为行业固定资产净值与行业就业人数的比值，单位为：10万元/人。固定资产净值数据来自于《中国统计年鉴》。

（三）资本产出比

资本产出比（KY）为行业固定资产净值与行业增加值的比值。

（四）垄断程度

垄断程度（COM）用行业毛利润率表示，行业毛利润率=（主营业务收入－主营业务成本）/主营业务收入。主营业务收入和主营业务成本数据均来自于《中国工业经济统计年鉴》。

（五）国有企业比重

国有企业比重（SOE）用两个指标表示：一是行业国有企业固定资产净值与整个行业固定资产净值之比；二是行业国有企业增加值与整个行业增加值之比。国有及国有控股工业企业的行业固定资产净值数据来自于《中国统计年鉴》。2007 年前的国有及国有控股工业企业的行业工业增加值数据来自于《中国统计年鉴》，2008 年后的数据依据推算得到。

（六）外资企业比重

外资企业比重（FDI）用两个指标表示：一是行业外资企业固定资产净值与整个行业固定资产净值之比；二是行业外资企业增加值与整个行业增加值之比。外商投资和港澳台商投资工业企业的行业固定资产净值数据来自于《中国统计年鉴》。2007 年前的外商投资和港澳台商投资工业企业的行业工业增加值来自于《中国统计年鉴》，2008 年后的数据依据推算得到。

（七）出口贸易

出口贸易（EXP）用行业出口交货值占行业产值的比重来衡量。2000年前的行业出口交货值数据，依据联合国商品贸易统计数据库（United Nations Commodity Trade Statistics Database）的实际出口值，然后根据实际出口值和出口交货值的差异进行调整；2000 年后的行业出口交货值数据来自于《中国统计年鉴》和《中国工业经济统计年鉴》。

（八）技术进步

技术进步（TC）用两个指标表示：一是行业大中型企业科技费用内部支出与大中型企业销售收入的比值；二是行业大中型企业新产品销售收入占大中型企业

销售收入的比重。行业大中型企业科技费用内部支出、行业大中型企业新产品销售收入和行业大中型企业销售收入数据均来自于《中国科技统计年鉴》。

上述变量的描述性统计参见表 7.6。

表 7.6　变量说明表

变量名称	变量符号	最小值	最大值	平均值	标准差
劳动收入份额	LS	0.013	0.545	0.204	0.087
资本劳动比	KL	0.162	17.378	1.540	1.915
资本产出比	KY	0.212	24.113	1.697	1.796
垄断程度	COM	0.005	0.694	0.194	0.108
国有企业比重 1	SOE_1	0.004	0.998	0.455	0.293
国有企业比重 2	SOE_2	0.005	0.994	0.361	0.289
外资企业比重 1	FDI_1	0.000	0.814	0.272	0.185
外资企业比重 2	FDI_2	0.000	0.796	0.263	0.179
出口贸易	EXP	0.000	0.683	0.158	0.170
技术进步 1	TC_1	0.000	0.036	0.012	0.008
技术进步 2	TC_2	0.000	0.458	0.106	0.095

三、实证研究结果

表 7.7 报告的是利用混合 OLS、FE 和 SYS-GMM 对行业劳动收入份额的估计结果。模型（1）和模型（4）是 OLS 估计的结果，模型（2）和模型（5）是利用 FE 模型的估计结果，模型（3）和模型（6）是用 SYS-GMM 估计的结果。SYS-GMM 的估计结果模型（3）和模型（6）都通过 Arellano-Bond 检验，但没有通过 Sargen 检验，这说明 SYS-GMM 估计中可能存在着变量内生性的过度识别问题。模型（1）、模型（2）和模型（3）中国有企业比重、外资企业比重和技术进步变量是从投入角度度量的，而模型（4）、模型（5）和模型（6）中引入上述三个变量是从产出的角度衡量的。比较 OLS、FE 和 SYS-GMM 的估计结果，可以发现，SYS-GMM 估计模型中的劳动收入份额滞后项的估计系数介于 OLS 模型和 FE 模型之间，而且解释变量估计结果的符号比较一致，估计结果具有较好的稳定性。

表 7.7　中国工业部门劳动收入份额决定因素的估计结果

解释变量	被解释变量：LS					
	（1）	（2）	（3）	（4）	（5）	（6）
LS_{t-1}	0.631***	0.239***	0.284***	0.631***	0.233***	0.328***
	（0.022）	（0.026）	（0.023）	（0.021）	（0.027）	（0.023）
KY	0.008***	0.037***	0.023***	0.008***	0.034***	0.023***
	（0.002）	（0.003）	（0.002）	（0.002）	（0.003）	（0.003）

续表

解释变量	被解释变量：LS					
	(1)	(2)	(3)	(4)	(5)	(6)
KL	−0.007***	−0.007***	−0.016***	−0.007***	−0.006***	−0.016***
	(0.001)	(0.001)	(0.001)	(0.001)	(0.001)	(0.001)
COM	−0.073***	−0.268***	−0.148***	−0.075***	−0.267***	−0.116***
	(0.027)	(0.038)	(0.021)	(0.028)	(0.039)	(0.024)
SOE_1	0.020*	0.107***	0.031***			
	(0.010)	(0.017)	(0.007)			
SOE_2				0.016*	0.096***	0.035***
				(0.009)	(0.019)	(0.008)
FDI_1	−0.039**	−0.008	−0.099***			
	(0.016)	(0.025)	(0.011)			
FDI_2				−0.046***	−0.029	−0.068***
				(0.016)	(0.027)	(0.013)
EXP	0.131***	0.055**	0.239***	0.136***	0.053**	0.219***
	(0.016)	(0.024)	(0.012)	(0.017)	(0.025)	(0.014)
TC_1	−0.147	−0.752**	−0.014			
	(0.204)	(0.334)	(0.139)			
TC_2				−0.034*	−0.078**	−0.056***
				(0.018)	(0.034)	(0.014)
年份哑变量	控制	控制	控制	控制	控制	控制
AR（1）			0.000			0.000
AR（2）			0.106			0.121
Sargen 检验			0.000			0.000
工具变量数			63.000			63.000
R^2	0.913	0.512		0.913	0.495	
F	233.020	209.500		235.830	201.380	

*、**和***分别表示 10%、5%和 1%水平上的显著性

注：①在该估计模型中，LS_{t-1}、KY 和 KL 均具有一定内生性，考虑到工具变量数量的限制，而且 LS_{t-1} 和 KY 的内生性更强，故将 LS_{t-1} 和 KY 作为内生变量，滞后三期作为工具变量，其余变量均为外生变量；②表格没有报告常数项

估计结果显示，资本产出比和劳动收入份额之间存在着显著的正相关关系。这表明，资本和劳动的替代弹性小于 1，在工业产出中资本和劳动的关系是互补的而不是替代的。这一结论与白重恩等（2008）以及罗长远和张军（2009b）的结论是一致的。行业的资本劳动比与劳动收入份额保持着显著的负相关关系，即随着行业人均资本水平的提高，劳动收入份额将保持下降趋势。该结果表明，劳动密集型和资本密集型行业的要素收入份额会存在明显的差异，资本密集型行业的劳动收入份额会显著低于劳动密集型行业，行业特征是影响劳动收入份额的一个不可忽视的因素。同时，这也意味着，当工业部门从劳动密集型为主的轻纺工业向资本密集型的重化工业过渡时，劳动收入份额的下降是不可避免的，产业结构调整和升级同样会导致劳动收入份额下降。假设 7.1 得到了支持。

表7.7中的6个模型一致地显示，表示竞争程度的销售毛利率与劳动收入份额保持着显著的负相关关系，行业垄断程度的降低将有利于劳动收入份额的提升，支持了假设 7.2。随着中国经济逐步由短缺过渡到相对过剩的状态，地方保护的内容由保护当地资源为主转变为以保护当地市场为主，保护手段由直接硬性的规定为主转变为间接隐形的手段为主（李善同等，2004）。地方保护主义是阻碍中国经济健康发展的一个重要因素，对市场的保护既不利于商品的自由流通和竞争环境的构建，又会直接削弱企业的技术创新动力。打破市场的地方保护，消除阻碍产品自由流动的壁垒，构建全国统一的产品市场将有助于劳动者收入份额的提升。对国有企业改革的估计结果显示，随着行业中国有企业比重的下降，劳动收入份额也将呈下降趋势，支持国有企业改革导致工业部门劳动收入份额下降，或者利益分配格局向资本方倾斜的假设。这也从一个侧面反映出，在国有企业启动改革进程前，企业的利益分配格局是对劳动者倾斜的，甚至可能存在“工资侵蚀利润”的现象。

FDI对劳动收入份额的影响是消极的。随着越来越多FDI企业的进入，劳动收入份额将呈现下降趋势。可以认为，FDI 企业在我国劳动力市场产生的工资竞争效应十分有限，我们认为，这与我国丰裕的劳动力供给有着直接的关系。劳动力供需的不平衡削弱了FDI企业的工资竞争效应，使FDI企业的技术领先机制占了上风，最终表现为 FDI 企业对劳动收入份额的消极效应。估计结果支持了假设 7.4。有研究认为，FDI 企业与劳动收入份额之间的负相关关系，是“谈判力量”机制在地区间招商引资竞争的背景下发生效力的结果（罗长远和张军，2009a）。这种观点为FDI 企业影响劳动收入份额的机制提供了一种新的解释，也为当前提升劳动收入份额提供了一种思路。

表 7.7 中的模型（1）到模型（6）显示，出口贸易对劳动收入份额的提升作用非常明显。假设 7.5 得到实证支持。本书的发现比较吻合新古典的国际贸易理论。出口贸易的扩张提高了行业中的劳动收入份额。Rodrik（1997）认为，如果将资本方和劳动方之间的收入分配格局简单地看作是这两者谈判力量对比的结果，国际贸易对一国劳动收入份额的影响是比较明确的，进口贸易将降低劳动者的谈判能力，而出口贸易则有助于劳动方谈判能力的提升，进而提升劳动收入份额。对浙江制造业企业的一份实证研究显示，出口贸易企业的工资水平显著高于内销企业，这主要是由于出口贸易提升了劳动方在工资决定中的谈判力量（翁杰，2008）。不过，鉴于众多实证研究结果的不一致性，国际贸易和劳动收入份额之间的关系还有待进一步深入分析。

表 7.7 中的模型（1）和模型（3）对技术进步的估计结果表明，行业大中型企业科技活动经费与销售收入的比值与劳动收入份额之间的关系是不相关的。模型（4）、模型（5）和模型（6）的估计结果显示，行业大中型企业新产品销

售收入占销售收入比重的估计结果也是负相关的，不过显著程度较低。估计结果部分支持了假设 7.6。企业的技术创新活动在增加企业营利能力的同时，也会改变企业的利益分配格局。虽然理论上和实证分析都支持技术创新能增加劳动者收入的观点，但由技术创新增加的租金并不能在劳动方和资本方之间实现平等的分配，分配格局必定向资本方倾斜，由此导致的最终结果表现为劳动收入份额的下降。而且，如果将行业分为低技能行业和高技能行业分别进行分析，那么可以发现，技术进步对低技能行业的影响效应要大于高技能行业（IMF，2007），支持了技术进步呈技能偏态型的特点。

第四节　资本深化对劳动收入份额的影响

一、对各影响因素决定效应及趋势的分析

为了显示行业垄断程度、国有企业改革等因素对劳动收入份额变动的贡献，本节利用模型（6）显示的估计结果对 1997~2010 年工业部门的劳动收入份额变动进行了预测，预测的结果显示在表 7.8 中。数据显示 1997~2010 年中国工业部门的劳动收入份额共下降了 6.1 个百分点，通过模型的预测值是下降 6.7 个百分点。从表面上看，似乎模型有很好的预测能力，实际上做出这样的结论可能草率了点。为了更直观地呈现这两者之间的关系，图 7.2 对劳动收入份额的实际变动值和预测值进行了比较，2007 年前预测值和实际值还是保持了较好的一致性，但在 2007 年后，工业部门的劳动收入份额实际上开始了反弹，但是预测值还是呈现原来的下降趋势，差异比较明显。可见，利用这样的线性模型是无法预测转折点或者相反的变动趋势的。

表 7.8　各个因素的决定效应分析

时间	实际值	预测值	各个因素的决定效应						
			KY	KL	COM	SOE_2	FDI_2	EXP	TC_2
1997~1998 年	−0.011 4	0.005 1	0.006 2	−0.003 4	0.001 0	0.002 4	−0.002 7	0.002 3	−0.000 7
1998~1999 年	−0.016 6	−0.005 6	−0.001 9	−0.001 7	−0.000 3	0.000 4	−0.000 6	−0.000 3	−0.001 2
1999~2000 年	−0.020 6	−0.005 7	−0.003 6	−0.001 9	−0.000 5	−0.000 6	−0.000 6	0.002 4	−0.000 9
2000~2001 年	−0.003 4	−0.005 6	−0.001 9	−0.001 4	0.000 9	−0.000 7	−0.001 3	−0.001 3	0.000 1
2001~2002 年	−0.007 8	−0.004 8	−0.003 6	−0.001 5	0.000 0	−0.001 0	−0.000 6	0.002 3	−0.000 5
2002~2003 年	−0.008 2	−0.004 8	−0.005 2	−0.000 5	0.000 4	−0.000 9	−0.001 2	0.001 9	0.000 7
2003~2004 年	−0.018 2	−0.006 0	−0.006 5	−0.001 0	0.000 8	−0.001 3	−0.000 3	0.002 6	−0.000 3
2004~2005 年	0.002 5	−0.004 7	−0.001 2	−0.001 4	0.000 8	−0.000 7	−0.000 2	−0.002 3	0.000 3

续表

时间	实际值	预测值	各个因素的决定效应						
			KY	KL	COM	SOE_2	FDI_2	EXP	TC_2
2005~2006 年	−0.004 6	−0.004 1	−0.001 8	−0.002 3	0.000 0	−0.000 5	0.000 2	0.000 4	−0.000 1
2006~2007 年	−0.005 6	−0.007 8	−0.002 5	−0.002 1	−0.000 7	−0.000 5	0.000 4	−0.002 1	−0.000 4
2007~2008 年	0.021 3	−0.003 8	0.002 1	−0.002 4	0.001 0	−0.000 3	0.000 5	−0.004 6	−0.000 2
2008~2009 年	−0.001 6	−0.009 7	0.001 8	−0.005 1	−0.000 4	−0.000 3	0.000 8	−0.005 9	−0.000 6
2009~2010 年	0.013 1	−0.008 9	0.000 6	−0.002 9	−0.000 5	−0.000 1	0.000 1	−0.006 3	0.000 2
1997~2010 年	−0.061 2	−0.066 5	−0.017 4	−0.027 5	0.002 5	−0.004 2	−0.005 4	−0.011 0	−0.003 5

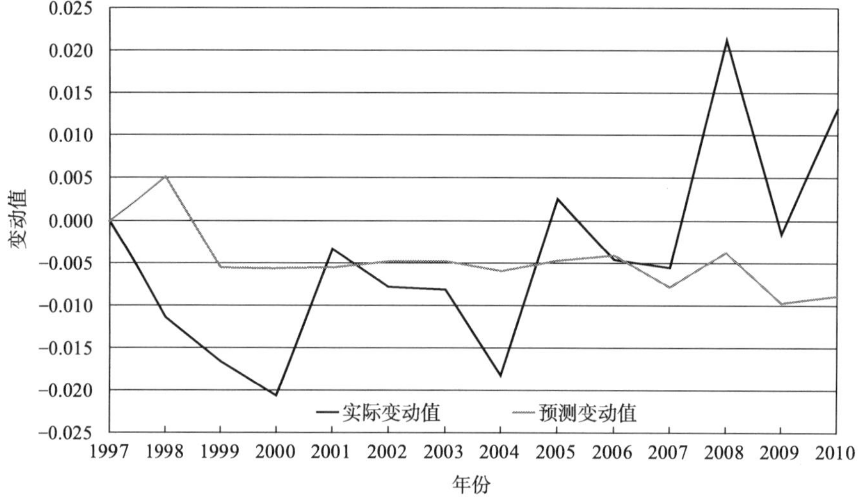

图 7.2 1997~2010 年中国工业部门劳动收入份额变动实际值和预测值

从各个因素的贡献看，导致 1997~2010 年工业企业劳动收入份额下降的主要原因有三方面：第一是工业部门资本劳动比的不断增加。资本劳动比的不断提高导致劳动收入份额降低 2.8 个百分点。第二是工业部门资本产出比的不断下降。资本产出比下降导致的劳动收入份额下降的幅度达到 1.7 个百分点，成为导致劳动收入份额下降的另一主要原因。第三是国际贸易。出口贸易的下降导致劳动收入份额下降幅度达到 1.1 个百分点。2006 年以前，出口贸易的扩张提升劳动收入份额的效应是比较明显的，2007 年以后出口贸易的萎缩使劳动收入份额下降了 1.9 个百分点，从而导致了 1997~2010 年整个考察期中出口贸易对劳动收入份额的影响效应是负面的。这三个因素导致劳动收入份额下降了 5.6 个百分点。值得庆幸的是，市场竞争程度提高在工业部门劳动收入份额变动中扮演了积极的角色。市场竞争程度提高的贡献为 0.3 个百分点，成为助推劳动收入份额增加的首要因素。

表 7.8 还显示，导致劳动收入份额下降的三个主要因素，其变动趋势存在着明显的差异。第一，资本劳动比增加导致的劳动收入份额下降在 2005 年后有加速的倾向，这主要是 2005 年后工业部门资本积累和产业结构升级的加快所致。第二，资本产出比下降导致的劳动收入份额下降趋势在 2004 年后有减缓的趋势。2008 年后资本产出比开始上升，推动了劳动收入份额的缓慢上升。第三，国有企业比重对劳动收入份额的影响效应在减小。从国有企业改革的历程看，当前保留下来的国有企业是关系国计民生的少数重大行业。虽然国有经济的绝对量在不断增加，但它在工业部门中的比例在持续下降，这也意味着，国有企业进一步改革的空间在不断缩小。另外，伴随着我国计划经济向市场经济的转型，保留下来的国有企业不断经历市场经济的洗礼，其管理体制和管理模式也在不断向其他类型企业靠拢，即使今后经历所有制改革，对劳动收入份额的消极影响也将大大降低。由此可见，今后由国有企业进一步改革导致的劳动收入下降幅度将逐渐减小。综合上述三个因素的变动趋势，可以认为，即使 2008 年没有因为金融危机发生劳动收入份额回升，劳动收入份额的下降速度也将逐渐趋缓。从长远看，经济增长速度的放缓，以及劳动力市场供求关系的变动将不断推动劳动收入份额上升。

二、工业部门的资本深化

中国工业部门的资本深化程度和速度如何？图 7.3 显示的是 1997~2014 年中国工业部门的固定资产净值和人均固定资产净值，人均固定资产净值为固定资产净值与就业人数之比。按照固定资产净值的发展趋势，可以将 1997~2014 年分为 1997~2005 年和 2006~2014 年两个阶段考察。在前一个阶段，固定资产净值从 1997 年的 39 778.8 亿元增加到 2005 年的 89 460.5 亿元，每年的增长速度达到 10.7%。人均固定资产净值从 1997 年的 5.3 万元增加到 2005 年的 13.0 万元，每年的增长速度达 12.0%。在后一个阶段，固定资产净值快速增加到 2014 年的 327 551.2 亿元，年均增长速度达 15.5%，人均固定资产净值也快速增加到 2014 年的 32.8 万元，年均增长速度达到 11.1%。

图 7.4 显示的是 1997~2014 年中国的资本存量和人均资本存量，人均资本存量为资本存量和就业人数之比。如果仍旧延续前面的阶段划分，通过计算可以得到，1997~2005 年的资本存量和人均资本存量的年均增长速度分别为 9.7%和 11.0%，2005~2014 年的资本存量和人均资本存量的年均增长速度分别为 17.9%和 13.2%，后一个阶段的资本积累速度明显加快。从固定资产净值和资本存量的数据看，1997~2014 年中国工业部门发生了快速的资本积累，而且资本积累的速度在 2005 年后有加速的趋势。资本深化意味着在生产过程中，相对于劳动力更多的资本被投入进去，因此自然地就会导致收入分配格局向资本方倾斜。

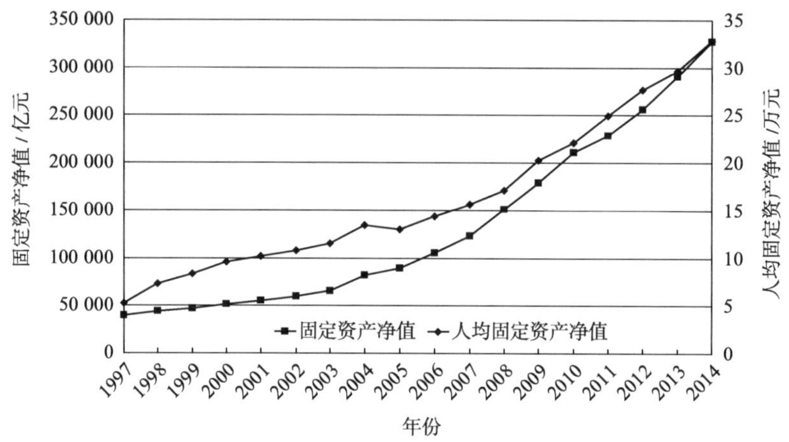

图 7.3　1997~2014 年中国工业部门的固定资产净值和人均固定资产净值

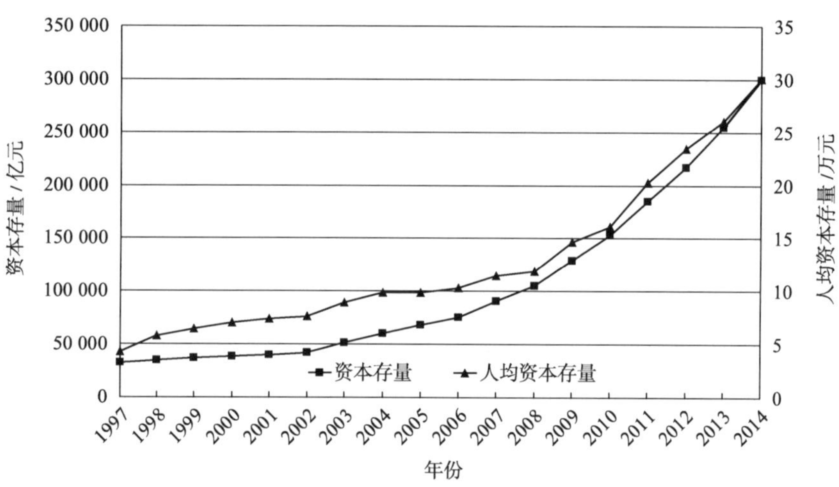

图 7.4　1997~2014 年中国工业部门的资本存量和人均资本存量

资料来源：田友春（2016）

三、整体经济的资本深化

上面的分析显示，资本深化可能是导致中国工业部门要素收入分配格局发生大幅度变动的最主要因素。那么，中国整体经济是否发生了类似于工业部门的资本深化？表 7.9 报告的是 1978~2014 年中国整体经济资本深化的情况。从总体上看，资本存量从 1978 年的 4 055.9 亿元增长到 2014 年的 373 551.8 亿元，年平均增长速度达 13.4%，人均资本存量从 1978 年的 0.1 万元增加到 2014 年的 4.8 万元，年平均增长速度为 11.4%。两者均实现了快速的增长。从增长的趋势看，1978~2014 年的资本积累有明显的阶段性特征。1978~1984 年的资本积累速度明显较慢，这主要是因为这段时间中国改革的重点在农村，非农部门的改革尚未启动，因此资本积累速度处于较低水平。1985~1988 年资本积累的速度明显加快，但在 1989~1991 年有所放缓。1992~1998 年资本积累又开始加速，1994 年资本存量和人均资本存量的增幅分别达到 17.3%和 16.2%。可能是受到亚洲金融危机的影响，1999~2002 年的资本积累速度再次放缓。2003 年开始，又一轮快速的资本积累开始了，这个阶段资本积累最快的是 2009 年，资本存量和人均资本存量的增长速度分别为 17.3%和 16.7%。随后资本积累的速度开始放慢。由此可见，1978~2014 年中国资本积累的态势并非一成不变，而是具有明显的周期性特点。

表 7.9 1978~2014 年中国整体经济资本深化情况

年份	资本存量/亿元	资本存量增长率/%	人均资本存量/万元	人均资本存量增长率/%
1978	4 055.9	—	0.101 0	—
1979	4 423.9	9.1	0.107 8	6.8
1980	4 795.4	8.4	0.113 2	5.0
1981	5 112.0	6.6	0.116 9	3.3
1982	5 618.7	9.9	0.124 0	6.1
1983	6 234.9	11.0	0.134 3	8.2
1984	7 061.7	13.3	0.146 5	9.1
1985	8 187.2	15.9	0.164 2	12.0
1986	9 424.1	15.1	0.183 8	11.9
1987	10 854.1	15.2	0.205 6	11.9
1988	12 329.6	13.6	0.226 9	10.4
1989	13 458.9	9.2	0.243 3	7.2
1990	14 627.0	8.7	0.225 9	− 7.1
1991	15 931.5	8.9	0.243 3	7.7
1992	17 922.5	12.5	0.270 9	11.4
1993	20 774.2	15.9	0.311 0	14.8
1994	24 363.5	17.3	0.361 2	16.2
1995	28 421.5	16.7	0.417 6	15.6
1996	32 855.1	15.6	0.476 5	14.1
1997	37 540.9	14.3	0.537 7	12.8
1998	42 870.8	14.2	0.606 9	12.9
1999	48 395.1	12.9	0.677 9	11.7
2000	54 203.3	12.0	0.751 9	10.9
2001	60 592.3	11.8	0.832 3	10.7
2002	68 219.4	12.6	0.930 9	11.8
2003	77 898.4	14.2	1.056 5	13.5
2004	89 336.3	14.7	1.203 0	13.9
2005	103 655.3	16.0	1.388 6	15.4
2006	120 596.5	16.3	1.608 4	15.8
2007	140 161.0	16.2	1.860 8	15.7

续表

年份	资本存量/亿元	资本存量增长率/%	人均资本存量/万元	人均资本存量增长率/%
2008	161 893.2	15.5	2.142 5	15.1
2009	189 924.3	17.3	2.504 7	16.9
2010	221 698.0	16.7	2.913 1	16.3
2011	256 126.9	15.5	3.351 6	15.1
2012	293 722.0	14.7	3.829 3	14.3
2013	333 407.7	13.5	4.331 3	13.1
2014	373 551.8	12.0	4.835 4	11.6

资料来源：1973~2006 年的数据来自于单豪杰（2008）；2007~2014 年的数据按照上述方法估算得到

从表 7.9 中报告的数据看，中国资本积累进入快速通道的时间可能在 20 世纪 90 年代初。为了进一步探索资本积累加快的原因，图 7.5 显示了中国 1978~2014 年的三大产业的就业人数和就业总人数的变动态势。从图 7.5 中可以看出，20 世纪 90 年代开始的资本积累加速是有一定原因的，因为正是在那个时期开始，第一产业的就业人数开始不断下降，与此形成对比的是就业总人数在不断增加，中国进入农村劳动力向非农部门快速转移的新阶段。因此，本节将整个考察期分为 1978~1992 年和 1993~2014 年两个阶段进行分析。

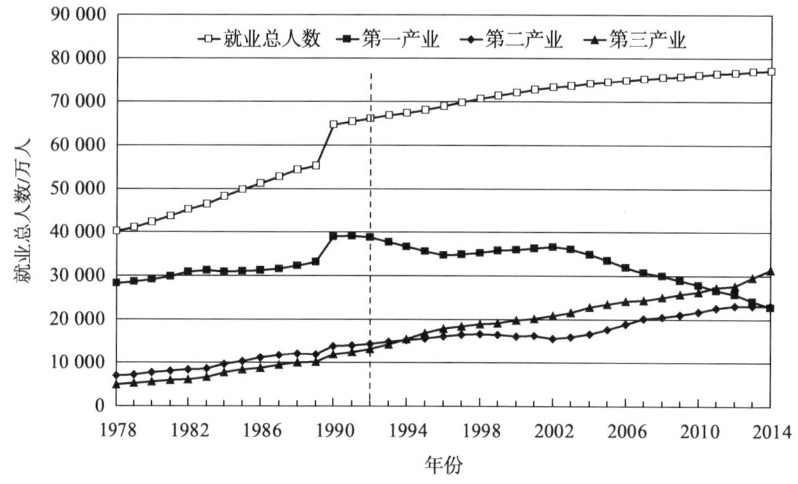

图 7.5　1978~2014 年中国就业总人数和分产业就业人数

为了进一步地显示这两个阶段资本存量和人均资本存量增长的差异性，本节利用 Chow 检验来进行分析。对资本存量和时间关系的 Chow 检验过程和结果显示在表 7.10 中。其中，y 表示历年的固定资本存量；t 表示时间；1978 年取为 1，1979 年取为 2，以此类推。对人均资本存量和时间关系的 Chow 检验过程和结果显示在表 7.11 中。其中，$\bar{y}$ 表示历年的人均资本存量。F 值的计算公式显示在式（7.4）中。

表 7.10　资本存量与时间关系的 Chow 检验结果

时间	估计方程	样本数量	残差平方和	F
1978~2014 年	$y=\alpha+\beta t+\mu$	37	1.031×10^{11}	
1978~1992 年	$y=\alpha_1+\beta_1 t+\mu$	15	1.311×10^{7}	35.274***
1993~2014 年	$y=\alpha_2+\beta_2 t+u$	22	3.284×10^{10}	

*、**和***分别表示 10%、5%和 1%水平上的显著性

$$F=\frac{\left[\text{ESS}-\left(\text{ESS}_1+\text{ESS}_2\right)\right]/k}{\left(\text{ESS}_1+\text{ESS}_2\right)/\left(n_1+n_2-2k\right)} \tag{7.4}$$

其中，ESS 表示残差平方和。计算的结果分别显示在表 7.10 和表 7.11 中。可以查到 $F_{0.01}(2,33)=5.39$，$F>F_{0.01}(2,29)$。这说明，Chow 检验显示，这两个时间段的资本存量和人均资本存量的增长态势存在着显著的差异。

表 7.11　人均资本存量与时间关系的 Chow 检验结果

时间	估计方程	样本数量	残差平方和	F
1978~2014 年	$\bar{y}=\alpha+\beta t+v$	37	16.946	
1978~1992 年	$\bar{y}=\alpha_1+\beta_1 t+v$	15	0.002	36.037***
1993~2014 年	$\bar{y}=\alpha_2+\beta_2 t+v$	22	5.320	

*、**和***分别表示 10%、5%和 1%水平上的显著性

上述分析引出了一个重要问题：1993 年后中国发生了什么，致使中国的固定资本存量进入了快速积累的阶段？本节认为，这可能与中国大规模的农村劳动力转移有关。一般认为，1992 年邓小平的南方谈话是中国农村劳动转移的重要分水岭，在这之后，阻碍农村劳动力大规模转移的障碍被渐渐消除，农村劳动力开始了从农村向城市、从第一产业向非农产业、从内地向沿海地区的大规模转移。农村劳动力的转移有力地促进了中国沿海地区经济的发展，但由于城乡二元结构下的劳动力市场分割，农村转移劳动力的价格被严格扭曲，较低的工资水平既决定了当期的要素收入分配格局向资本方倾斜，又通过资本积累影响了以后的要素收入分配，使要素收入分配格局向资本方倾斜的速度加快。因此，要素市场的运作态势对要素收入分配的决定起着至关重要的作用。

第五节　资本深化原因：要素定价和配置

资本积累是经济增长的重要前提。对中国经济增长的研究发现，改革开放后中国的资本积累速度相当快。而且，快速的资本积累没有吸纳相应的劳动力，导致了资本深化。可以认为，中国的资本深化“过早地”出现了，因为中国大量的

价格低廉的劳动力可以动员参与经济活动中，然而不幸的是，他们没有被纳入企业的要素投入决策中。中国过早的资本深化引起了学者的广泛关注，他们从要素市场、要素价格和制度环境等方面对资本深化的原因和形成机制进行了探讨，也得到了令人信服的结论。资本深化的原因是多方面的，形成机制也是多方面的，对资本深化问题进行全面讨论已超出本节的研究范围。本节认为，对中国资本深化的分析有必要综合制度因素和要素市场运作来考察。另外，还需要结合中国经济发展的阶段性特征。

基于上述考虑，本节提出的简要分析框架显示在图 7.6 中。图 7.6 显示，中国资本深化发生的背景是劳动力转移、结构变动和经济增长，因此，对资本深化和要素收入分配的分析可以置于劳动要素转移、结构变动和要素收入分配这个基本面上。发展型政府指的是中国式分权体制下，地方政府不再是经济活动的中立人，而是一个独立的经济利益主体，它的经济和政治利益与区域的经济发展绩效挂钩，有实现经济快速增长等经济目标。发展型政府具有以经济发展为政治合法性主要来源的特征，它会通过管控要素市场和制定产业政策来影响区域的经济发展。发展型政府对要素市场的管控加速了资本深化，主要的影响路径有以下三方面。

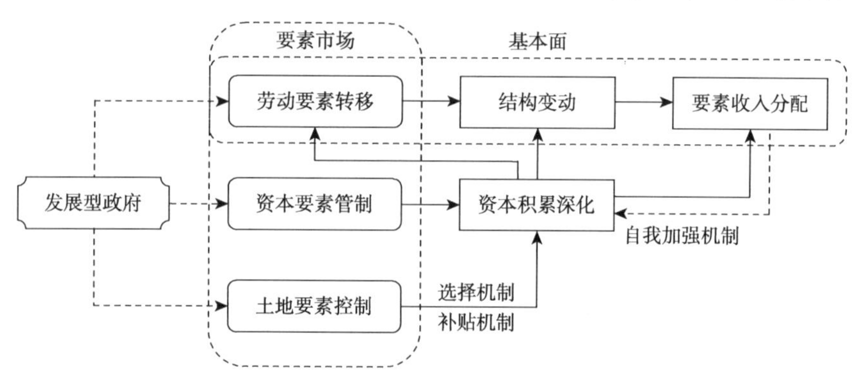

图 7.6 发展型政府、要素市场和资本深化

一、劳动力要素管控和资本深化

政府对劳动力市场管控的主要措施是户籍制度。尽管世界上多数发展中国家在促进经济增长时，会对农业部门实施歧视政策来促进农业剩余向工业部门转移，以实现工业部门的资本积累（蔡昉等，2001），但很少有国家像中国一样实施严格的户籍制度。户籍制度的实施使农村转移劳动力的价格被压低，工业部门的要素收入分配格局自然会向资本方倾斜，这种分配格局有利于资本的进一步积累。资本积累在促进农村劳动力进一步转移的同时，会自然地导致资本深化。可以认为，在劳动力定价过低、要素收入分配和资本积累深化中存在一种自我加强

机制。制度因素使劳动力定价偏低得以实现，致使收入分配向资本方倾斜，有利于资本积累和更多劳动力的吸纳，但同时也会造成资本深化，使要素收入分配格局进一步向资本方倾斜。

表 7.12 显示的是 1996~2014 年中国工业部门固定资产投资资金来源。从表 7.12 中可以发现，国家预算内资金不是中国工业部门固定资产投资资金的主要来源，而且该比例还在继续降低。国内贷款在 20 世纪 90 年代是固定资产投资资金的重要来源，所占的比例大约在 30%。不过，在 21 世纪该比例直线下降，所占的比例接近 10%。外资在投资资金来源中的比例也持续下降，目前的比例仅为 1%~2%。相比较而言，自筹资金一直是固定资产投资资金的主要来源。1996 年所占的比例为 40.5%，为第一大资金来源。到 2014 年，该比例上升为 85.3%，增长势头非常明显。重点来关注自筹资金中的自有资金，它可以看作是企业资本积累的重要体现。自有资金比例在 1996~2014 年经历了先增加后减少的变动过程。1996~2005 年自有资金比例从 30.9%持续上升到 63.1%，随后，自有资金比例开始不断下降，到2014年仅为23.8%。那么，为什么工业部门固定资产投资中的自有资金比例会在 2005 年发生转折？本节认为，其中的主要原因在于劳动力价格的变动。2004 年，中国经济中第一次出现“民工荒”，之后农村转移劳动力的工资水平开始快速上升，对企业的利润形成挤压的态势，企业利润水平的下降自然就影响资本积累，最终导致固定资产投资中自有资金比例下降。

表 7.12 1996~2014 年中国工业部门固定资产投资资金来源（单位：%）

年份	国家投资	国内贷款	利用外资	自筹资金	自有资金	其他资金
1996	2.5	30.8	18.6	40.5	30.9	7.6
1997	2.3	29.9	17.9	42.9	33.5	7.1
1998	8.0	30.0	17.3	42.3	34.4	2.4
1999	6.7	29.5	15.8	43.7	36.2	4.3
2000	5.5	28.8	13.5	46.1	40.7	6.1
2001	4.6	28.3	11.6	49.2	44.6	6.3
2002	3.7	27.7	9.3	53.4	49.7	6.0
2003	2.4	22.9	10.0	58.1	55.4	6.5
2004	1.6	21.4	9.2	62.2	59.7	5.6
2005	1.5	19.3	8.3	65.6	63.1	5.3
2006	1.4	17.9	7.1	68.7	52.3	4.9
2007	1.5	15.5	6.5	72.4	47.2	4.1
2008	1.5	13.9	5.1	75.7	44.5	3.8
2009	1.8	14.2	3.5	76.5	36.6	4.0
2010	1.4	13.6	2.8	78.5	33.6	3.7
2011	1.1	11.8	2.5	81.7	31.9	2.9

续表

年份	国家投资	国内贷款	利用外资	自筹资金	自有资金	其他资金
2012	1.1	11.1	2.1	83.4	29.4	2.3
2013	1.1	10.2	1.5	84.9	25.8	2.2
2014	1.2	10.0	1.3	85.3	23.8	2.2

注：自有资金比例是自有资金占全部资金的比例

资料来源：1996~1998 年和 2002~2014 年数据根据《中国固定资产投资统计年鉴》计算得到，1999~2001 年的数据根据推算得到

二、资本要素管控和资本深化

改革开放后，中国的非国有经济得到了快速发展，在经济总量中的比重日益提高，但非国有经济在资本市场中的歧视状态并未得到根本性转变。由于地方政府和国有企业之间有着千丝万缕的复杂关系，国有企业可以以较低的价格获得大量的信贷支持，民营企业一方面无法获得足够的信贷支持，另一方面，即使获得信贷支持，也必须以高于国有企业的成本获得。从资本市场的配置看，资本的配置呈现一种畸形的配置状态，大量的资本被配置到国有企业所在的非竞争性领域中，而处于竞争性领域的民营企业只能获得少量的资本支持。导致的结果是国有企业呈现快速的资本深化，而民营企业只能更多地依靠自身的积累来获得资本。

图 7.7 显示的是 1997~2014 年中国工业部门三类企业的资本深化状况。1997 年，国有企业、外资企业和民营企业的人均固定资产净值分别为 6.30 万元、9.83 万元和 2.79 万元，外资企业处于最高水平。到 2014 年，三类企业的人均固定资产净值分别为 82.04 万元、23.4 万元和 20.93 万元。国有企业的资本积累程度远远高于其余两类企业。国有企业的人均固定资产净值的年平均增加速度达 16.3%，而外资企业和民营企业的增加速度分别为 5.2%和 12.6%。可见，国有企业不仅其资本深化速度是最快的，而且资本深化的程度也是最高。这与国有企业能以较低的价格获得大量的资本支持是分不开的，由此导致快速的资本深化。在发展型政府的管控下，资本市场定价和资本市场配置促成了资本的快速深化。

三、土地要素管控和资本深化

发展型政府通过管控土地要素导致资本深化主要有两种机制：一是选择机制；二是补偿机制。对于发展中国家而言，招商引资是一项极其重要的工作。在招商引资工作中，发展型政府均存在偏好大企业的倾向，大企业不仅能产生大量的税收，而且有较高的抵抗风险的能力，能够促进区域经济平稳的增长。为了吸引大企业入驻本区域，土地价格是发展型政府的最大谈判筹码。一般情况下，企业越大，投资金额越大，它能获得的土地价格就越低。实际上是，发展型政府通

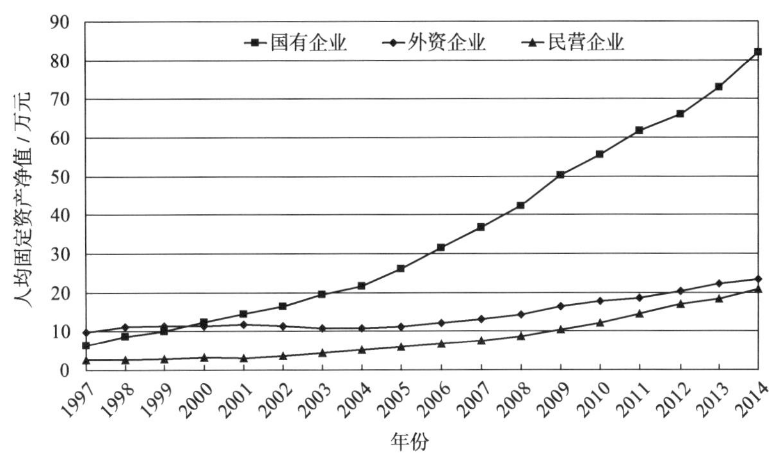

图 7.7　1997~2014 年中国工业部门三类企业的资本深化

民营企业是除国有企业和外资企业的所有企业

资料来源：依据《中国工业经济统计年鉴》计算得到

过对土地价格的管控实现了对投资企业的选择，投资规模越大的企业得到的土地价格越低，这种选择机制的存在促进了资本深化。发展型政府通过管控土地要素影响资本深化的另一途径是补偿机制。对于企业而言，用很低的价格获得土地，大大降低了企业的成本，提升了企业的利润水平，这实际上可以看作是一种变相的补贴。企业利润水平的提高会促进资本积累和进一步的资本深化。

第六节　本章小结

本章聚焦于中国工业部门，着重分析了资本深化在劳动收入份额变动中扮演的重要角色。本章首先分析了 1997~2014 年中国工业部门劳动收入份额的变动态势，并对变动进行了分解分析，结果发现，1997~2014 年工业部门的劳动收入份额经历了先下降后上升的变动趋势，2007 年可以看作是一个转折点。依据行业内效应和行业间效应的变动态势，可以将 1997~2014 年分为三个阶段：一是 1997~2000 年。该阶段内的行业内效应和行业间效应均为负，行业内效应占主导。二是 2001~2007 年。该阶段行业内效应仍为正，而行业间效应转为负，行业内效应仍占主导。三是 2008~2014 年。该阶段行业内效应仍为正，行业间效应转为正，行业内效应继续占主导。可以发现，工业部门劳动收入份额变动的一个显著特征是行业内效应占主导。

本章接着构建了一个包括资本深化、产品市场竞争、国际经济一体化和技术创新等因素的分析框架，分析导致中国工业部门劳动收入份额变动的主要因素。实证研究发现，资本积累、国有企业改革的深化、FDI 的增加和技术进步的加快会导致劳动收入份额的降低，而产品市场竞争程度的提高和出口贸易的开展则有助于提升劳动收入份额。在对各因素解释能力预测的基础上，本章发现，资本劳动比的增加、资本产出比的降低和国有企业改革的深化是导致 1997~2010 年工业部门劳动收入份额下降的主要因素，其中，资本深化的影响最大。因此，从产业层面来看，资本积累和资本深化可能是导致要素收入分配变动的主要因素。本章前面的分析发现，工业部门劳动收入份额变动中行业内效应占主导的现象，用资本深化就能很好地解释。企业在资本积累的基础上改变了生产中资本和劳动的投入比例，随着更多的资本投入生产中，资本收益的份额提高是顺理成章的，导致行业内效应占主导。

本章的实证分析显示，工业部门劳动收入份额的持续下降在一定程度上是由工业经济发展的内在规律决定的。例如，工业经济的发展将推动资本的持续积累，资本投入的快速增加将导致企业利益分配格局向资本方倾斜，劳动收入份额会进一步降低。因此，单就工业部门而言，产业结构的升级和调整是要素收入分配格局变动的重要因素。但是，联系到中国的大规模农村劳动力转移，可以认为，农村劳动力的大规模转移和资本的快速深化之间可能存在着某种紧密联系。本章对固定资本存量的进一步分析显示，在 1993 年后固定资本存量和人均固定资本均实现了更快速的增长，而中国农村劳动力的大规模转移正是始于 1992 年。由此，可以初步认为，农村劳动力的大规模转移通过产业结构变动改变了要素收入分配格局，同时，农村劳动力的过低定价使得资本快速积累得以实现，资本的快速深化又进一步促使要素收入分配向资本方倾斜，这可能是 20 世纪 90 年代以来，中国劳动收入份额快速下降的部分缘故。

第八章　最低工资制度和要素收入分配：要素替代

最低工资制度被认为是最能体现社会公平正义的劳动力市场政策，不仅在发达国家得到广泛应用，而且在中国、印度、巴西、南非等众多发展中国家也得到实施。主张实施该政策的人认为，最低工资制度的实施可以使低收入劳动者获得高于市场水平以上的工资，以达到消除极端贫困、改善收入分配格局的目的。但是，崇尚自由主义市场经济理论的人对该政策持反对态度，认为政府对要素市场的价格管制最终会降低要素的配置效率，保护劳动力市场低收入群体的政策意图最后可能演变成为对他们的实际伤害。可以认为，最低工资制度是公共政策领域中最具争议的政策之一，这也是该政策能够长期吸引研究者关注的主要原因所在。研究者试图通过分析和测度该政策的劳动力市场效应，对政策的实际效果进行评估，为实施合理的公共政策提供依据。出乎意料的是，研究者得到的结论很不一致，其中也包括了对很多发展中国家的研究。

经济理论预示着，最低工资制度对劳动力市场最直接的负面冲击就是对就业的影响。一些研究通过全国或者区域性的时间序列数据分析发现，最低工资制度不可避免地降低了就业水平，符合竞争模型的理论预期（Neumark et al.，2004；Aaronson and French，2007）等；另一些研究则主要采用自然实验的方法，发现最低工资制度对就业的影响符合垄断模型，该制度的实施并没有降低就业规模，有时还会促进就业量的增加（Card and Krueger，1994；Dube et al.，2010；Giuliano，2013）等。对该问题的分歧迫使研究者运用新的研究方法加强研究。最低工资制度的实施也会改变劳动力市场的工资分布和工资差异，Dinardo 等（1996）开创性地探讨了美国的最低工资制度对工资不平等的影响，该研究发现，最低工资制度能够有效降低工资不平等。甚至有研究认为，美国在 20 世纪 80 年代以来不断扩大的工资不平等，其主要原因就在于最低工资标准不能实现有效提升（Lee，1999；Teulings，2003）。对英国的研究也发现，最低工资制度降低工资不平等程度的效应是非常明显的（Dolton et al.，2012；Stewart，2012）。

既然最低工资制度能够提升低收入群体的工资水平，进而降低工资不平等程度，那么，最低工资制度能否切实改变资本和劳动之间的收入分配格局？实际上，很多人也确实寄希望于调整最低工资标准来达到改善功能性收入分配的目的，其中也包括美国前总统奥巴马。奥巴马 2014 年呼吁美国国会通过议案将 2009 年确定的联邦最低工资标准从每小时 7.25 美元提高到 10.10 美元。面对美国收入分配格局日益向资本方倾斜的态势，最低工资制度的支持者竭力呼吁现在是提高最低工资标准的最佳时机了。那么，最低工资制度的收入分配效应到底如何呢？目前该问题尚未引起学界的关注，本书试图利用中国工业部门的省级面板数据对该问题进行探讨。对该问题进行研究既有助于全面认识最低工资制度的劳动力市场效应，也有助于制定合理的公共政策。本章的主要结构如下：第一节是一个关于最低工资制度执行力度的调查分析；第二节在理论上分析最低工资制度影响收入分配的机制，包括就业弹性对最低工资制度收入分配的影响等；第三节介绍了最低工资制度对收入分配指标的干预；第四节介绍了研究方法和变量设定；第五节是实证研究结果；最后是结论。

第一节　最低工资制度的执行力度：一项调查

中国最低工资制度的实施历史可以追溯到 1993 年劳动部颁布的《企业最低工资规定》。2004 年劳动和社会保障部颁布了《最低工资规定》，替代了《企业最低工资规定》，正式推动了最低工资制度的全面实施。同西方发达国家一样，最低工资制度在中国的落脚也是不可避免地伴随着激烈的争论，这也是近些年关于最低工资制度研究逐渐兴起的主要因素。当前对最低工资制度与就业效应的研究主要利用宏观统计数据进行分析（Ni et al.，2011），这类研究可能需要解决内生性问题。在风云突变的中国劳动力市场中，要将最低工资管制的就业影响从劳动力市场的内生变化中剥离出来，具有相当大的难度（丁守海，2010）。而且，这些研究既没有讨论最低工资标准的高低问题，也没有讨论最低工资制度的执行问题，实际上是先验性地假设了最低工资制度已经发生了实效，这与实际情况相符吗？本章认为，在讨论最低工资制度的就业效应和收入分配之前有必要先讨论最低工资标准的高低问题和执行问题。如果最低工资标准设置过低，自然地就难以影响低收入劳动者群体的实际工资，当然也就谈不上对就业的影响了。同样，如果最低工资制度没有被令人信服地贯彻和执行下去，那么对就业和收入产生的影响可能就不会那么明显。

本章试图以农村转移劳动力为例来研究最低工资标准提升下的工资调整动

态。这主要是基于以下考虑：中国农村劳动力的大规模转移决定了最低工资制度管制的主要对象是农村劳动力，早先的一些研究也发现，农村转移劳动力的最低工资制度覆盖率要远远低于城市劳动力（都阳和王美艳，2008）。2011 年 4 月浙江省杭州市将最低月工资标准提升到 1 310 元，处于当时全国的第二位（第一位是深圳市 1 320 元），考虑到杭州地区农村转移劳动力较为集聚和最低工资标准位于全国前列的实际情况，我们决定对在杭州地区就业的农村转移劳动力进行调查，以他们为例来研究最低工资标准提升对他们的实际工资的影响，研究结论具有一定的典型性。

一、数据和描述

（一）调查和数据

2011 年 4 月杭州市将最低月工资标准从 2010 年的 1 100 元提高到 1 310 元，非全日制工作的最低小时工资标准也相应地从 9.0 元提高到 10.7 元，增长幅度分别是 19.1%和 18.9%，增幅是 2005 年以来最大的一次。那么，企业将如何应对最低工资标准的提高？最低工资标准的提高对执行力度有什么影响？我们对在杭州市劳动力密集的制造业企业中就业的农村转移劳动力展开了专项调查，重点调查他们在最低工资标准提高前 3 月的工资，以及最低工资标准提高后的 4 月工资。调查的时间选在 2011 年 6~7 月。选择该时间进行调查主要基于以下考虑：企业的工资发放一般是延后 1~2 个月的，因此选择 6~7 月进行调查是比较合适的。而且，由于我们没有采用自然实验的研究方法，因此有必要将调查时间尽量靠前，以尽量避免外生性因素的冲击。当然，由于部分企业可能不会马上响应最低工资标准提高而对工资进行调整，将调查时间靠前可能会采集不到这些企业的调整行为。为了严格控制外生性因素的干扰将调查时间尽量靠前，我们认为是有必要的。

调查采用的方式是在具有一定规模的制造业企业中随机选择 30~40 个农村转移劳动力，对他们进行个人问卷调查，并同时对企业的人力资源部门开展企业调查，以构建“企业-劳动者”匹配数据。本次专项调查共完成了对 73 家企业的调查，获得了劳动者样本 2 049 个。调查数据的初步分析显示，制造业企业中农村转移劳动力的流动性非常大，有将近四分之一的劳动者是 2011 年后才进入当前企业工作的，3~4 月他们很有可能正处于试用期，而试用期工资不是实际工资的真实反映，很难显示最低工资标准提高前后的工资变动效应，不适合进行深入研究。为了避开试用期的影响，我们只选择 2010 年 12 月底前进入当前企业工作的 1 543 个样本进行分析。

（二）描述性统计

为了衡量劳动者的实际工资是否达到最低工资标准，一些研究简单地将月工资除以月工作小时数得到小时工资，将小时工资和最低工资标准进行比较，从而判断是否执行了最低工资制度。这种计算方法存在较大的误差，因为农村转移劳动力的工作时间远远超出了法定工作时间（谢勇，2010）。本次调查显示，农村转移劳动力平均每周工作约 6 天，每天工作时间均在 9 小时以上。《中华人民共和国劳动法》规定，国家实行劳动者每日工作时间不超过 8 小时，每天超过 8 小时的视为加班。8 小时以外安排劳动者延长工作时间的，支付不低于工资的 150%的工资报酬；双休日安排劳动者工作的，支付不低于工资的 200%的工资报酬。为了判断最低工资制度是否得到执行，我们的调查获得了劳动者每周工作天数和每天工作小时数，因此可以计算出，在这样的工作时间下，如果企业严格执行了最低工资标准，企业理论上应该支付给劳动者的最低工资数目，再将企业实际支付的工资与之进行比较，就能得到最低工资制度的覆盖程度和执行力度了。

假设在当前的工作时间下，企业需向劳动者支付的按照最低工资标准计算的最低工资为$W_{\min}$，它应该包括三部分工资，表示为

$$W_{\min}=W_1+W_2+W_3 \tag{8.1}$$

其中，W_1是企业需向劳动者支付的在法定工作日、法定工作时间内的最低工资；W_2表示的是企业依据最低工资标准为劳动者在法定工作日内加班支付的最低工资；W_3是劳动者在双休日内加班所应获得的最低工资。这三部分工资分别可以表示为

$$W_1=\left[\text{Week}_s\times\text{Day}_s\times\text{Hour}_s\right]\times w_{\min} \tag{8.2}$$

$$W_2=\text{Week}_s\times\text{Day}_s\times\left[\text{Hour}-\text{Hour}_s\right]\times 1.5w_{\min} \tag{8.3}$$

$$W_3=\text{Week}_s\times\left[\text{Day}-\text{Day}_s\right]\times\text{Hour}\times 2w_{\min} \tag{8.4}$$

其中，Week_s表示每月的工作周数；Day 和Day_s分别表示每周的实际工作天数和法定的工作天数，Day_s=5 天；Hour 和Hour_s分别表示每天的实际工作小时数和法定的工作小时数，Hour_s=8 小时；$w_{\min}$为小时最低工资标准。按照杭州市 2010 年通过的最低工资标准每月 1 100 元折算，$w_{\min}$=6.4 元；如果按照新的最低工资标准 1 310 元折算，$w_{\min}$=7.6 元。

最低工资标准应该包括劳动者实际获得的工资和劳动者个人交纳的社会保险费用。为此，我们同时调查了劳动者的应发工资和实发工资，但是，很多劳动者只报告了实发工资，我们就以实发工资加上劳动者个人交纳的社会保险费用作为劳动者实际获得工资，个人社会保险费用按照最低标准约每月 160 元计算。表 8.1 先将月工资除以月工作小时数计算出简化的小时工资，然后根据简化的小时工资较均

匀地分为 7 个区段，并报告了每一个区段的样本数量和所占的比例。然后，我们计算了每一个工资区段中超过最低工资标准的样本数量及所占的比例。按照旧的最低工资标准，在 3 月有 1 244 个样本的工资水平超过最低工资标准，即最低工资标准的执行率为 80.6%。而且，从表 8.1 中可以看到，按照简单方法计算的劳动者简化小时工资只有高于 7.4 元时，才有较大的可能性超过最低工资标准。当简化的小时工资高于 9.7 元时，一般而言肯定达到最低工资标准了。为了判断最低工资标准的合理性，我们计算了 3 月实际工资达到 4 月新最低工资标准的比例，统计结果也显示在表 8.1 中。结果显示，以 4 月的新工资标准来衡量，3 月仍然有 64.5%的劳动者工资能达到新标准，这说明，即使企业坚持原来的工资制度，没有跟随最低工资标准提高对工资进行相应调整，仍然有大部分的农村转移劳动力的实际工资高于新标准。因此自然地产生问题：新的最低工资标准是否太低了？

表 8.1　旧最低工资标准的执行力度

简化的小时工资区间序列	样本分布		超过旧标准		超过新标准	
	数量/个	比例/%	数量/个	比例/%	数量/个	比例/%
$W \leqslant 7.4$	223	14.5	30	13.5	11	4.9
$7.4 < W \leqslant 8.7$	222	14.4	146	65.8	67	30.2
$8.7 < W \leqslant 9.7$	217	14.1	196	90.3	97	44.7
$9.7 < W \leqslant 11.4$	219	14.2	212	96.8	169	77.2
$11.4 < W \leqslant 12.9$	222	14.4	220	99.1	213	95.9
$12.9 < W \leqslant 16.0$	221	14.3	221	100.0	219	99.1
$16.0 < W$	219	14.2	219	100.0	219	100.0
总计	1 543	100	1 244	80.6	995	64.5

注：表中数据相加不等于 100%，是因为进行过舍入修约

表 8.2 报告的是最低工资标准提升后的月工资和小时工资变动状况，仍然按照 3 月的简化小时工资水平分区段报告。在全部 1 543 个样本中，月工资增加的样本数量达 743 个，所占的比例为 48.2%。工资水平最低的区段工资增长的概率为 70.0%，工资水平最高的区段工资增长的概率仅为 28.0%，月工资的增长可能性随着工资水平的增加不断降低。传统的最低工资制度理论认为，最低工资制度实施下企业的合理反应是增加劳动者的工作时间或者使工作条件恶化，进而来转移一部分上升的劳动成本（Stewart and Swaffield，2008）。在考虑了工作时间变动因素后，劳动者小时工资的变动情况显示在表 8.2 中。总体上，48.5%的劳动者的小时工资得到了提升。最有可能得到提升的是那些工资水平最低的人群，而且小时工资提升的概率与 3 月工资水平呈现负相关关系。理论上，最低工资制度可能仅对工资收入最低的那部分劳动者产生作用，但实际上有可能存在工资等高线效应

（wage contour effect），即工资最低的那部分劳动者群体的工资得到了提升，会打破企业工资结构的内部公平性，推动整个企业工资结构的调整，从而使最低工资制度可能具有再分配功能（Levin-Waldman，2009，2011）。从表 8.2 的统计结果看，这种工资等高线效应还是存在的。尽管如此，最低工资标准提升后，工资水平最低的劳动者群体获得的工资增长机会仍然是最多的。

表 8.2 最低工资标准提高后的工资调整状况

简化的小时工资区间序列	月工资增长		小时工资增加	
	数量/个	比例/%	数量/个	比例/%
$W\leqslant 7.4$	156	70.0	172	77.1
$7.4< W\leqslant 8.7$	139	63.8	153	68.9
$8.7< W\leqslant 9.7$	110	53.1	118	54.4
$9.7< W\leqslant 11.4$	107	45.3	101	46.1
$11.4< W\leqslant 12.9$	104	46.0	73	32.9
$12.9< W\leqslant 16.0$	68	30.6	71	32.1
$16.0< W$	59	28.0	61	27.9
总计	743	48.2	749	48.5

最低工资标准提高后部分劳动者的工资实现了增长，那么提升后的工资水平达到新标准的程度又如何呢？表8.3显示，总体上，共有1 066个样本的工资超过了最新的最低工资标准，所占比例为 69.1%，这说明仅从数量上来看，有 4.6%的劳动者在 4 月通过企业的工资调整使他们被最低工资制度所覆盖。那么，是否存在着结构性调整呢？在工资不增长的那部分农村转移劳动力中，68.6%的工资超过了最低工资标准，在工资实现增长的那部分群体中，该比例为 69.6%，略高于前者。这就意味着，被最低工资制度覆盖的农村转移劳动力存在结构性调整现象。随着最低工资标准的提升，很多企业会相应地调整劳动者的工资。考虑到工资标准提高后企业会有一个慢慢反应的过程，综合这些情况，可以认为，最低工资制度还是切切实实地发挥了一些作用。

表 8.3 新最低工资标准的执行力度

工资	4 月工资			
	不超过标准		超过标准	
	数量/个	比例/%	数量/个	比例/%
工资不增长	249	31.4	545	68.6
工资增长	228	30.4	521	69.6
总计	477	30.9	1 066	69.1

二、研究方法和结论

（一）研究方法和变量设定

本节的描述性统计初步揭示了工资标准提升后的最低工资制度执行力度的变动情况，本书将利用计量方法对农村转移劳动力被最低工资制度覆盖的决定因素进行进一步探讨，估计方法为式（8.5）的 LR（logit regression）模型。同时，为了进一步了解农村转移劳动力的工资决定，本书用式（8.6）对工资水平进行了估计。

$$P\left(\text{WAGE}_1=1\right)=\phi\Big[\sum\alpha_i\text{FIRM}_i+\sum\beta_i\text{SIZE}_i+\varphi\ln\text{KL}+\sum\gamma_k\ln\text{DI}_k+\phi\text{GEND}+\zeta\ln\text{EDU}+\sum\psi_m\ln\text{EXP}_m+\sum\zeta_n\text{JOB}_n+\nu\Big] \tag{8.5}$$

$$\text{WAGE}_2=\sum\alpha_i\text{FIRM}_i+\sum\beta_i\text{SIZE}_i+\varphi\ln\text{KL}+\sum\gamma_k\ln\text{DI}_k+\phi\text{GEND}+\zeta\ln\text{EDU}+\sum\psi_m\ln\text{EXP}_m+\sum\zeta_n\text{JOB}_n+\varepsilon \tag{8.6}$$

其中，WAGE_1 是一个二值变量，$\text{WAGE}_1=1$ 表示劳动者的实际工资达到了最低工资标准，或者说被最低工资制度覆盖了，$\text{WAGE}_1=0$ 则表示相反状态；WAGE_2 表示劳动者小时工资对数值；FIRM_i 表示不同的企业类型；SIZE_j 表示企业规模；KL 表示企业的资本劳动比，是企业的一个重要特征变量；$\ln\text{DI}_k$ 表示企业的注册地址；GEND 表示劳动者的性别；EDU 表示劳动者的受教育程度；EXP_m 表示劳动者的工作经验；JOB_n 表示劳动者的工作类型。

企业方面的自变量包括企业类型变量、企业规模变量、资本劳动比和企业注册地址变量，具体说明如下。

（1）企业类型变量。

企业类型变量（FIRM_i）为二值虚拟变量，$\text{FIRM}_i\left(i=1,2,3\right)$ 分别表示民营企业、港澳台资企业和外资企业，在估计中将外资企业作为参照企业。

（2）企业规模变量。

企业规模变量（SIZE_j）也是二值虚拟变量。本书按照企业的人数将企业分为四类：企业人数少于等于 100 人；企业人数在 101~250 人；企业人数在 251~450 人；企业人数大于 450 人。并设置相应的企业规模变量，估计中将规模最小的一类作为参照变量。

（3）资本劳动比。

制造业企业具有鲜明的行业特征，如果不控制行业特征，估计结果容易产生偏误，而制造业企业的资本劳动比（lnKL）能较好地反映行业特征。由于调查时未能获得该数据，本书就依据 2011 年的《浙江统计年鉴》计算行业的资本劳动比率，作为企业的资本劳动比率。

（4）企业注册地址变量。

企业注册地址变量（$\ln DI_k$）共两个：第一个注册地址变量（$\ln DI_1$）反映的是注册地所在的区到杭州市中心的距离；第二个注册地址变量（$\ln DI_2$）反映的是注册地所在的镇或者街道到区政府所在地的距离。

劳动者方面的自变量包括：劳动者的性别、教育程度、工作经验和工作类型。具体设置如下。

（1）性别变量。

性别变量（GEND）为二值虚拟变量，男性等于 1。

（2）教育程度变量。

教育程度变量（lnEDU）定义为接受正规教育的时间（年）的对数值。

（3）工作经验变量（$\ln CAR_m$）。

第一个工作经验变量表示劳动者进入当前企业前的工作经验（年）的对数值；第二个工作经验变量表示劳动者在当前企业工作经验（年）的对数值。

（4）工作类型变量。

工作类型变量 $JOB_n\,(n=1,2,3)$ 分别表示劳动者的三种工作类型：普通工人、技术工人和管理人员。在估计时将普通工人作为参照变量。

上述变量的描述性统计显示在表 8.4 中。

表 8.4　变量说明表

变量名称	符号	样本数量	最小值	最大值	平均值	标准差
企业类型 1	$FIRM_1$	1 543	0.000	1.000	0.634	0.482
企业类型 2	$FIRM_2$	1 543	0.000	1.000	0.193	0.395
企业类型 3	$FIRM_3$	1 543	0.000	1.000	0.172	0.378
企业规模 1	$SIZE_1$	1 543	0.000	1.000	0.145	0.351
企业规模 2	$SIZE_2$	1 543	0.000	1.000	0.331	0.470
企业规模 3	$SIZE_3$	1 543	0.000	1.000	0.249	0.432
企业规模 4	$SIZE_4$	1 543	0.000	1.000	0.274	0.447
资本劳动比	lnKL	1 543	3.086	4.964	3.820	0.399
注册地址 1	$\ln DI_1$	1 543	0.000	4.927	3.107	0.606
注册地址 2	$\ln DI_2$	1 543	0.000	3.913	2.520	0.961
员工性别	GEND	1 543	0.000	1.000	0.674	0.469
教育年限	lnEDU	1 543	0.000	2.773	2.203	0.363

续表

变量名称	符号	样本数量	最小值	最大值	平均值	标准差
工作经验 1	$\ln CAR_1$	1 543	− 2.485	3.861	1.928	1.120
工作经验 2	$\ln CAR_2$	1 543	− 0.693	3.602	0.998	0.904
工作类型 1	JOB_1	1 543	0.000	1.000	0.708	0.455
工作类型 2	JOB_2	1 543	0.000	1.000	0.165	0.371
工作类型 3	JOB_3	1 543	0.000	1.000	0.126	0.332
工资变量 1	$WAGE_1$	1 543	0.000	1.000	0.691	0.462
工资变量 2	$WAGE_2$	1 543	1.351	4.346	2.402	0.361

（二）研究结果

表 8.5 中的模型（1）是对最低工资标准提高后工资是否达到最低工资标准的估计结果。相对于参照企业，民营企业和港澳台资企业的工资水平显著地没有达到最低工资标准，这两个企业类型变量的边际效应分别是− 31.3%和− 25.9%，说明，民营企业的工资水平没有被最低工资标准覆盖的概率最高。企业规模对工资达到最低标准也有明显的影响，较大规模企业的工资水平达到最低标准的可能性最低。资本劳动比率也有明显的决定作用，随着企业资本密集程度的提高，其工资水平达到最低标准的可能性在逐渐降低。随着企业注册地所在区离杭州市中心的距离的增加，企业的工资达到或者超过最低标准的可能性在逐渐降低。这表明，距离杭州市中心越远的企业，其工资达到最低标准的概率越低。估计结果还显示，男性劳动者的工资达到最低标准的概率明显高于女性劳动者，边际效应是 11.5%。劳动者教育程度的增加能提升他们的工资达到最低工资标准的概率，而且，在当前企业工作时间越长，工资水平超过最低工资标准的可能性就越高。工作类型也是决定工资水平满足最低标准的重要因素，相对于普通工人，技术工人和管理人员的工资更有可能达到最低标准，这两者的边际效应分别是 18.3%和 21.9%。

表 8.5　最低工资标准执行力度和工资水平的影响因素

解释变量	被解释变量：$WAGE_1$		被解释变量：$WAGE_2$	
	（1）		（2）	
	系数	标准差	系数	标准差
$FIRM_2$	-1.467^{***}	0.221	-0.241^{***}	0.023
$FIRM_3$	-1.214^{***}	0.258	-0.131^{***}	0.028
$SIZE_2$	-0.922^{***}	0.196	-0.189^{***}	0.025

续表

解释变量	被解释变量：$WAGE_1$		被解释变量：$WAGE_2$	
	（1）		（2）	
	系数	标准差	系数	标准差
$SIZE_3$	−0.133	0.229	−0.171***	0.028
$SIZE_4$	−0.605***	0.209	−0.243***	0.026
lnKL	−0.545***	0.186	−0.175***	0.022
$lnDI_1$	−0.382***	0.129	−0.994***	0.014
$lnDI_2$	−0.034	0.083	−0.002	0.011
GEND	0.538***	0.128	0.092***	0.017
lnEDU	0.261**	0.131	0.118***	0.025
$lnCAR_1$	−0.019	0.026	0.005	0.008
$lnCAR_2$	0.139***	0.069	0.061***	0.009
JOB_2	0.860***	0.183	0.200***	0.022
JOB_3	1.024***	0.224	0.249***	0.024
R^2	0.118		0.304	
LR chi^2（14）/F	225.99		45.54	
N	1543		1543	

*、**和***分别表示 10%、5%和 1%水平上的显著性

注：表格没有报告常数项

模型（1）显示了一些看似反常的现象。例如，在较大规模企业就业的农村转移劳动力，他们被最低工资制度覆盖的概率反而最小。为了进一步探讨这些问题，我们对农村转移劳动力 4 月的工资进行了估计，显示为表 8.5 中的模型（2），它与模型（1）的估计结果是高度吻合的。民营企业向劳动者支付的工资是最低的，比参照企业低 24.1%，港澳台资企业的工资也明显低于参照企业 13.1%。因此，这两类企业向劳动者支付的工资超过最低标准的可能性肯定是最低的。企业规模和工资水平之间存在着明显的负相关关系，说明企业向农村转移劳动力支付的工资不具有企业规模效应，相反，随着企业规模的增加，它们支付给劳动者的工资呈显著的下降趋势。资本劳动比率与工资之间的关系也呈现反常的负相关关系。因此，企业规模越大、资本劳动比率越高的企业向劳动者支付的工资达到最低标准的可能性就越小。

本章认为，导致这种现象的主要原因是浙江农村转移劳动力市场供需关系显现的新态势。2011 年初开始，浙江劳动力市场的农村转移劳动力的供给呈现明显不足的态势，企业对农村转移劳动力仍然保持着旺盛的需求。由于规模较小的制造业企业均是依据订单的加工企业，工作不稳定，福利制度不到位，很多企业也不跟员工签订劳动合同。当它们在同规模较大企业竞争农村转移劳动力的时候，

唯一的选择就是提供高工资，除此之外别无他法。可以认为，这些小规模的劳动密集型民营企业受劳动力市场供求状况变动的影响最直接，它们能最及时地感知到劳动力市场的变化，在这些企业就业的农村转移劳动力可以看做是正好处于市场边际之上，他们的工资水平更接近于市场的均衡水平，因此，这些企业向劳动者支付的工资水平反而高于最低工资标准。

通过上述分析，可以得到以下结论：第一，企业性质、企业规模、企业的资本劳动比率以及企业所在的地理位置均是影响农村转移劳动力被最低工资标准覆盖的重要因素。民营企业的最低工资制度执行力度是最差的。执行力度在规模越大的企业中并不是越好的，这可能受到了农村转移劳动力市场供求关系的直接影响。企业注册地离杭州市中心越远，劳动者被最低工资标准覆盖的概率就越低。说明，即使在农村转移劳动力市场中，也存在着市场分割的现象。第二，劳动者的人力资本水平会显著影响他们是否被最低工资制度覆盖。劳动者在当前企业工作的时间越长，就越有可能被最低工资制度覆盖。相反，在以前企业就业的经验并不显著影响他们被最低工资制度覆盖的可能性。这就预示着，劳动者在劳动力市场中频繁地更换工作并非明智之举。第三，普通工人被最低工资制度覆盖的概率是最低的。结合前面的估计结果，可以认为，对农村转移劳动力进行技能培训，提升他们的人力资本水平可能是增加他们工资收入的重要途径。

三、进一步讨论

调查显示，在新的最低工资标准确立后，有一些企业对工资水平做出了相应的调整行为，但是最低工资制度的执行程度仅为69.1%。即使以3月的状况来衡量，也只有 80.6%的执行程度，而且在不同的地域，执行力度存在着显著的差异。对最低工资制度执行问题的开创性研究发现，1973 年美国的最低工资制度执行力度也仅为65%左右（Ashenfelter and Smith，1979）。在发展中国家的执行力度也不是很好，对巴西（Lemos，2009）、印度尼西亚（Alatas and Cameron，2008）、洪都拉斯（Gindling and Terrell，2010）等国家的研究均发现，最低工资制度远远没有达到完全实施的状态。这样看起来，在法律上确立最低工资制度的地位和在实际中推行最低工资制度似乎是毫不相干的两件事，政府一方面辛辛苦苦地推进最低工资的立法，另一方面却对该政策的执行听之任之。尽管有研究认为，在不完全竞争的劳动力市场中，政府对最低工资政策的不完全承诺和不完全实施可能是一种均衡状态（Basu et al.，2010），然而，不被很好执行的最低工资制度可能失去了政策的基本意义。

导致最低工资制度不能被很好地执行有以下几方面原因。第一，农村转移劳动力的就业市场并非接近完全竞争状态，它实际上具有一定程度的垄断性。本章第四节的实证分析结果显示，企业所处的地理位置是影响企业是否执行最低工资制度的重要因素，而且，不同的企业性质、不同的企业规模也有不同的表现，这些现象表明农村转移劳动力的就业市场具有事实上的垄断性。农村转移劳动力主要依据社会网络的就业方式可能是导致垄断性的一个重要原因。第二，调查发现，绝大部分劳动者并不在意实际工资是否达到最低工资标准，他们只对实际工资水平是否达到他们的心理价位感兴趣，这就为企业逃避执行最低工资标准提供了激励。第三，当前的最低工资制度采取月最低工资制度的形式，而不是西方的小时最低工资制度，按月度来计算实际工资水平具有一定程度的隐蔽性。由于劳动者很难通过精确地计算来推算加班工资，也就很难评估实际工资是否达到最低工资标准，因此月最低工资标准的实行不十分有效（Du and Pan，2009）。第四，对企业的监督力度和惩罚力度不够。不同的企业具有不同的工资水平，即使在同一个企业中，不同的工作岗位也会支付不同的工资水平，因此，最低工资制度实施的监管比较困难。同时，较小的惩罚力度使企业具有逃避执行最低工资制度的激励。

第二节　最低工资制度影响收入分配的理论分析

相对于对工资差异的影响，最低工资制度对资本和劳动收入分配格局的影响要更加复杂，因为一方面最低工资制度的实施将直接改变劳动力要素的价格，提升劳动收入份额，另一方面，要素价格的变动又会改变企业的雇佣决策和要素投入决策，对劳动收入份额产生负面影响。该制度对收入分配的净效应取决于这两者的比较。本节将在理论上梳理最低工资制度影响收入分配的主要机制。

假设经济体在某一时期已经实施了最低工资制度，企业雇用了两部分劳动力：低技能劳动力 N_u 和高技能劳动力 N_v，企业向这两部分劳动力分别支付工资 w_u 和 w_v，且假设 w_u 为旧的最低工资标准。进一步假设该企业的产出为 Y，因此劳动收入份额可以写为

$$\mathrm{LS}=\frac{w_u N_u + w_v N_v}{Y} \qquad (8.7)$$

假设随后开始对最低工资标准进行调整，新的最低工资标准为 w_m，满足 $w_u < w_m < w_v$。假设该制度被企业完全执行，且不考虑企业和劳动者的其他反应，此时，企业的劳动收入份额就可以表示为

$$\mathrm{LS}=\frac{w_m N_u + w_v N_v}{Y} \qquad (8.8)$$

可见，最低工资制度后，企业的要素收入分配格局发生了变化，而且是向有利于劳动者方向发展。然而，企业以及其他市场主体并不会消极地接受最低工资标准的调整。最低工资标准提高改变了劳动力要素的价格，自然会对企业的要素投入决策产生影响，最终影响企业的收入分配格局。为清楚呈现最低工资制度对劳动收入份额的影响，假设企业的产出水平在短期内不对最低工资标准提高做出反应，对 LS 求 w_m 的偏导得到式（8.9）。

$$\frac{\partial \mathrm{LS}}{\partial w_m}=\left(N_u+\frac{\partial w_v}{\partial w_m}N_v+w_m\frac{\partial N_u}{\partial w_m}+w_v\frac{\partial N_v}{\partial w_m}\right)\Big/Y \tag{8.9}$$

为显示最低工资标准提高对 N_v 的影响机制，令 N_v 先对 w_v 求导，再对 w_m 求导，得到式（8.10）。

$$\frac{\partial \mathrm{LS}}{\partial w_m}=\left(N_u+\frac{\partial w_v}{\partial w_m}N_v+w_m\frac{\partial N_u}{\partial w_m}+w_v\frac{\partial N_v}{\partial w_v}\frac{\partial w_v}{\partial w_m}\right)\Big/Y \tag{8.10}$$

式（8.10）右边的第一项和第二项显示了最低工资标准的提高有助于提升劳动收入份额。在竞争性市场模型中，低技能劳动力市场中存在一个市场出清工资，使低技能劳动力市场的供给和需求达到平衡。最低工资制度的实施打破了市场均衡。对于企业而言，原来只需要按照市场机制向劳动者支付市场出清的工资水平即可，然而，最低工资标准的立法迫使企业必须向低技能劳动力支付高于市场出清工资的最低工资，导致企业向低技能劳动力支付的工资总额增加，降低了企业的利润水平，改变了企业资本和劳动之间的收入分配格局。这种效应类似于企业按照法律和政策规定向低技能劳动者进行补偿性的支付，因此可以将这种效应称为补偿效应。实证研究发现，这种补偿效应是非常明显的（Lee，1999；Addison et al.，2012；Boockmann et al.，2013）。通过补偿效应，最低工资制度的实施可以改变资本和劳动的分配格局，使之向有利于劳动者方向转变。补偿效应的大小取决于最低工资标准的高低和执行力度。较高的最低工资标准意味着更多的低技能劳动力被覆盖，补偿效应自然就比较明显。英国自 1999 年开始实施的最低工资制度影响收入分配的效应不如美国，一个重要的原因就是英国的最低工资标准过低，导致被覆盖的劳动者群体过小（Dickens and Manning，2004a，2004b；Stewart，2012）。在执行力度方面，发达国家的最低工资制度往往能得到很好的执行，但在发展中国家中，最低工资制度普遍存在着执行力度差的问题（Alatas and Cameron，2008；Lemos，2009），这将削弱补偿效应。

最低工资制度的实施不仅会影响那些工资水平低于最低标准的劳动力群体，而且也会影响工资水平高于最低标准的劳动者群体，这就是溢出效应或者波纹效应（Neumark et al.，2004）。从劳动力市场的角度看，最低工资制度的实施提高了低技能劳动力的相对价格，企业会雇佣更多的高技能劳动者对低技能劳动者进行替代，从而增加了对高技能劳动力的需求，最终推高高技能劳动力的工资水平，产生溢出效应。从企业内部的激励结构看，企业往往会对不同的技能和岗位的劳动者支付不同的工资，这种差异化的工资构成了工资结构。企业设计和实施特定的工资结构，既是为了维持市场的公平，也是为了在企业内部创造一种激励机制，而保持一定的工资差异是工资结构发挥激励效果的必要条件。当企业内工资最低的那部分劳动者群体的工资得到了提升，会打破企业工资结构的内部公平性，推动企业内其他劳动者群体工资水平的调整，从而发生溢出效应。因此最低工资制度具有再分配功能（Levin-Waldman，2011）。低技能劳动力工资水平的提升会破坏原有的激励结构，为了向高技能劳动力提供足够的激励，企业需要相应提高 w_v 重建激励结构，因此，w_m 和 w_v 之间存在着一种正向的联动机制，这就是溢出机制，其关系可显示为

$$\frac{\partial w_v}{\partial w_m} > 0 \tag{8.11}$$

研究发现，最低工资制度的溢出效应的确存在，不过，其效应的大小与补偿效应一样，受到最低工资标准高低等多种因素的影响。美国最低工资标准的溢出效应比较明显，因此最低工资标准的提高可以使很大一部分群体收益，从而使劳动力市场的工资差异显著下降（Lee，1999；Teulings，2003；Slonimczyk and Skott，2012）。英国的最低工资标准定得过低，导致溢出效应不如美国那么明显（Dickens and Manning，2004a，2004b；Stewart，2012）。对中国的研究也发现，溢出效应是存在的，但是影响范围有限（贾朋和张世伟，2013）。溢出效应的存在扩大了最低工资制度改善收入分配的程度。

最低工资制度的实施也会对劳动者的收入分配状况产生负面影响，这种负面影响的产生主要是通过就业量减少来体现的。最低工资标准提高对就业规模的影响可以表示为

$$\frac{\partial N_u}{\partial w_m} < 0, \quad \frac{\partial N_v}{\partial w_v} < 0 \tag{8.12}$$

因此，式（8.10）右边的第三项和第四项就表示淘汰机制和替代机制。

依据竞争性模型，最低工资制度的实施会对就业人数产生负面影响。首先，最低工资制度的实施会导致部分低技能群体的雇佣变得不经济，企业会减少这部分劳动力群体的雇佣，导致就业人数下降和劳动收入份额的降低。对中国的最新研究发现，最低工资制度的失业效应在市场化比较完全的行业中最明显（Wang and Gunderson，2012），或者说在低工资行业最为显著（Huang et al.，2014）。其次，对于那些大量使用低技能劳动力，而且对劳动力价格非常敏感的企业而言，最低工资制度的实施有可能使企业的经营状况从盈利转向亏损，企业被迫关闭退出市场或者向劳动力成本低的地区转移。由于这些企业一般为劳动力密集型

企业，在企业的收入分配中劳动收入份额保持在较高水平，一旦这些企业退出市场，就会降低整个经济的劳动收入份额。近些年在中国沿海地区已经出现了大量对劳动力价格敏感的企业退出的现象。因此，最低工资制度会通过多种途径将低技能劳动力群体淘汰出市场，进而降低整个经济的劳动收入份额，这种效应可以称为淘汰效应。

最低工资制度的实施也可能通过资本和劳动要素间的替代来影响收入分配格局，这种效应可称为替代效应。要素相对价格的变化是导致替代行为发生的主要原因。面对要素相对价格的变动，企业会相应调整要素投入决策，一种要素价格的上升会导致企业更多地投入另一种相对便宜的要素进行替代。因此，理论上，如果最低工资制度的实施促使劳动者工资的提高，那么企业就会使用更多的资本要素对其进行替代。例如，企业会较多地应用机械设备或者自动化设备进行生产，从而减少对劳动力的需求。这种替代行为会直接改变要素收入分配格局，因为劳动投入减少而资本投入增加，要素的收入分配格局自然地偏向资本方。当前中国沿海地区制造业大省广东省和浙江省正在实施的大规模“机器换人”计划，表面上看是装备和技术对劳动力的替代，其实质就是资本对劳动的替代。大多数对最低工资制度就业效应的研究并不区分该制度改变就业规模的淘汰机制和替代机制，而是将就业量的总体性变动作为研究对象。

一、最低工资制度影响劳动收入份额的综合效应

最低工资制度被认为是增加低技能劳动者收入、改善资本和劳动收入分配格局的有效外部干预机制。但上述分析表明，最低工资制度在提升劳动收入份额的同时，也存在使收入分配格局向资本方倾斜的负面效应，最低工资制度影响劳动收入份额的总体效应其实并不明确。而且，最低工资制度影响收入分配的效应还受到多种因素的影响，如最低工资标准的高低和执行力度。较高的最低工资标准会有较大的补偿效应和溢出效应，对低技能劳动者的收入增加有明显的改善效应，但是也会产生较大的淘汰效应和替代效应，抵消对收入分配的改善效应。最低工资标准的执行力度也是如此。但是，另一些因素对最低工资制度收入分配效应的影响就会相对明确一些，如资本品的价格。当机械设备和自动化生产设备这些资本品的价格持续走低，这就可能促使企业调整要素投入决策。而且，资本的价格下降也是促进替代行为发生的有利条件。对美国要素收入分配的研究表明，信息技术的快速发展和应用，以及自动化生产设备的价格大幅度走低，导致了资本对劳动的大规模替代和劳动生产率的大幅度提高，最终导致劳动收入份额的不断走低（Kristal，2013；Karabarbounis and Neiman，2014）。可以认为，最低工资制度的收入分配效应还取决于一系列外部因素，这也可能是该制度效应存在差

异的一个主要原因。

假设 8.1：最低工资制度影响劳动收入份额的综合效应并不明确。如果最低工资制度对劳动收入份额呈现了显著的负效应，则最低工资制度会显著影响就业人数或者资本产出比。

二、就业弹性对最低工资制度收入分配效应的影响

最低工资制度通过减少就业对劳动收入份额产生负面影响，因此就业量的减少程度直接影响最低工资制度对收入分配的负面效应，而就业量的减少又取决于就业弹性。就业弹性并不是恒定的，在不同的工资水平处有不同的就业弹性，如图 8.1 所示。在较低的工资水平处，就业弹性较小，即工资水平的提高不会对就业产生明显的影响。但随着工资水平的不断提高，就业弹性开始迅速增加。当工资水平迈过 w^* 后，就业弹性开始迅速提高，此时就会表现出明显的就业削减，收入分配效应也开始显著。一些研究发现，最低工资制度影响就业存在一个门槛值，当最低工资水平高于该门槛值后，最低工资制度对就业的负面效应就开始显现。其中的实质就是就业弹性的问题。因此，可以提出以下假设。

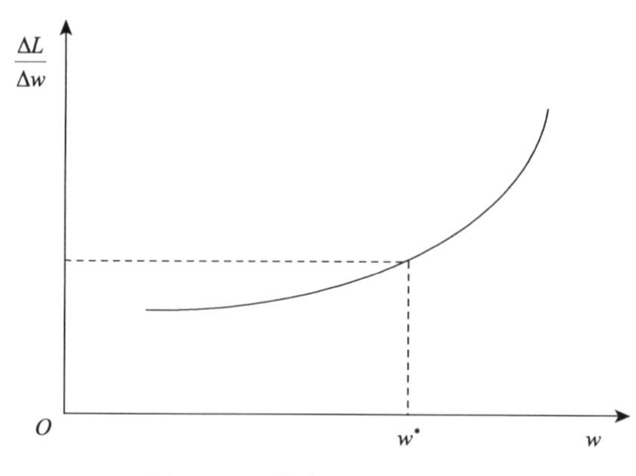

图 8.1 工资水平和就业弹性

假设 8.2：最低工资标准对收入分配的负面效应受工资水平高低影响。相比较而言，在较高的工资水平处，最低工资制度对收入分配的负面效应更大。

三、最低工资制度收入分配的行业差异

对于不同的行业，最低工资制度对收入分配的影响将呈现不同的效应。如果把行业按照资本劳动比率的大小分为资本密集行业和劳动密集行业，那么对于劳动密集行业而言，存在着两个显著特征：一是被最低工资标准覆盖的低技能群体相对较大，即 $N_u \gg N_v$；二是最低工资标准与劳动生产率较接近。一般而言，就

业弹性随着 w_m 的增加而增加，即满足 $\partial N_u^2 / \partial w_m^2 > 0$ 。因此，对于劳动密集行业，最低工资制度对劳动收入份额的提升效应可能远远小于降低效应，尤其是在较高的最低工资标准处。对于资本密集行业而言，被最低工资标准覆盖的低技能劳动力远远少于高技能劳动力，$N_u \ll N_v$ ，而且，高水平的劳动生产率使企业在面对同样的最低标准时并没有感觉到成本上升的压力，企业的就业弹性相对较小，因此，最低工资制度对劳动收入份额的影响较小。基于上述分析，本节提出假设。

假设 8.3：最低工资制度将显著降低劳动密集行业的劳动收入份额，而这种效应在资本密集行业中将相对较小，甚至不显著。

进一步考察最低工资制度降低劳动收入份额的机制。对于劳动密集行业而言，最低工资标准的提高会对企业的雇佣量产生较大影响，一方面企业会依据竞争性模型直接削减雇佣量，另一方面企业会调整要素投入决策，在生产中投入较多的相对价格低廉的资本要素实现对价格相对较高的劳动要素的替代。因此会表现为，最低工资标准提高在减少企业雇佣量的同时，推高企业的资本劳动比，导致资本的进一步深化。对于资本密集企业而言，随着最低工资标准的提高，尽管企业仍然会依据市场机制减少雇佣量，但企业很难大幅度利用资本实现对劳动的替代，原因在于资本密集企业的生产方式往往是流程型的，自动化程度较高，很难通过对生产方式小范围的修改来实现资本替代。如果要实现较大规模的资本替代劳动，必然要对生产方式进行根本性的变革，因此提出以下假设。

假设 8.4：最低工资制度会大幅度降低劳动密集行业的就业规模，但在资本密集行业中则不会。

假设 8.5：最低工资制度会显著促进劳动密集行业的资本深化，而资本密集行业则不会发生明显的资本深化。

第三节　最低工资制度干预收入分配指标

中国于 1993 年颁布了《企业最低工资规定》，最低工资制度逐渐在各省市推行开来，在 2004 年《最低工资规定》颁布前，除了西藏之外的省市都实施了该制度。2004 年颁布实施的《最低工资规定》替代了《企业最低工资规定》，推动了最低工资制度的全面严格实施。本节试图利用 2002~2012 年中国省市工业部门的面板数据来分析最低工资标准对收入分配的影响效应，之所以选择该时间段，主要是为了保证数据的连续性，2012 年后工业部门数据的统计口径进行了调整，影响了数据的连续性。在研究中，对某省市某一时间的最低工资标准干预收入分配的程度进行准确度量是一个关键环节。许多研究将最低工资标准的绝对值作为自变量进行分析，很难消除变量的内生性，导致分析和估计结果的明显偏差。本节设计了多个相对变量来度量最低工资标准对收入分配的干预程度，显示为

$$\mathrm{MINW}_{i,t,j}=\frac{\mathrm{MW}'_{i,t}\times T'_{i,t}+\mathrm{MW}''_{i,t}\times T''_{i,t}}{\mathrm{INCOME}_{i,t,j}} \tag{8.13}$$

其中，$\mathrm{MW}'_{i,t}$和$\mathrm{MW}''_{i,t}$分别表示 i 省 t 年调整前和调整后的月最低工资标准。由于区域经济发展不平衡，多数省市在制定最低工资标准时，往往会依据地区经济发展的实际水平和差异，提供多档最低工资标准。例如，2014 年 4 月 1 日起，浙江省最低月工资标准调整从原来的 1 470 元、1 310 元、1 200 元和 1 080 元四档相应调整为 1 650 元、1 470 元、1 350 元和 1 220 元四档。在本节的计算中，最低工资标准按照最高档计算，这是因为在现阶段最低工资标准最高的地区恰恰就是工业经济最为发达的地方，选择最高档的最低工资标准进行计算是合理的。$T'_{i,t}$和$T''_{i,t}$分别表示前后两个最低工资标准实施的时间，以月计算。仍以 2014 年浙江省为例，就是按照 1 470 元 7 个月和 1 650 元 5 个月计算。最低工资标准和实施时间数据来自于各省市人力资源和社会保障部门的网站和文件。$\mathrm{INCOME}_{i,t,j}\,(i=1,2,3,\cdots)$分别表示 i 省 t 年的城镇居民家庭人均可支配收入、农村居民家庭人均纯收入和全社会平均工资。城镇居民家庭人均可支配收入和农村居民家庭人均纯收入数据来自于历年的《中国统计年鉴》；全社会平均工资来自于历年的《中国劳动统计年鉴》。$\mathrm{MINW}_{i,t,j}\,(i=1,2,3,\cdots)$就分别表示 i 省 t 年的最低工资标准干预收入分配程度的三个指标。

表 8.6 显示的是 2002~2012 年最低工资制度干预收入分配程度的情况。基于该表的数据，可以发现以下显著特征：第一，横截面数据分布显示，干预程度指标值存在明显的差异，最大值与最小值的比值一般在 2~3，这说明不同省（自治区、直辖市）最低工资标准干预收入分配的程度存在明显的差异。进一步的分析显示，城乡差异可能是影响该指标的主要因素，城乡差异大的省（自治区、直辖市），该指标明显偏小。第二，从纵向数据的变动情况看，三个指标平均值的最低值出现在 2009 年、2010 年和 2010 年。2008 年世界性金融危机是导致 2009~2010 年干预程度指标见底的主要原因。受金融危机的影响，各省（自治区、直辖市）在 2009 年均冻结了最低工资标准调整的工作，在随后的 2010 年，除重庆市以外的 30 个省（自治区、直辖市）都进行了普遍性调整，因此出现了这样明显的纵向变动特征。第三，MINW_3指标的变动趋势表明，最低工资制度干预收入分配的程度在下降。国际上通用的社会平均工资法主张，月最低工资标准一般是月平均工资的 40%~60%。2002 年最低工资标准在平均工资 40%及以上的省（自治

区、直辖市）数量为 10 个，2003 年和 2004 年下降到 5 个，2005 年和 2006 年进一步下降到 3 个，2007 年仅为 1 个，2008 年开始我国 31 个省（自治区、直辖市）的最低工资标准均在平均工资 40%以下。因此，尽管在大多数年份各省（自治区、直辖市）政府均能按照法定的节奏对最低工资标准进行调整，但最低工资制度干预收入分配的程度在下降。而 2015 年最低工资标准调整的最新态势表明，各省（自治区、直辖市）最低工资标准的增长幅度在不断降低，可以认为，劳动力成本的快速上升对经济的影响非常明显。有研究发现，最低工资标准的提高会抑制企业的出口可能性和出口额（孙楚仁等，2013）。

表 8.6　2002~2012 年最低工资制度干预收入分配的程度

年份	$MINW_1$			$MINW_2$			$MINW_3$		
	最小值	最大值	平均值	最小值	最大值	平均值	最小值	最大值	平均值
2002	0.409	0.800	0.586	0.988	2.963	1.746	0.222	0.571	0.369
2003	0.404	0.769	0.560	0.997	2.684	1.722	0.207	0.519	0.344
2004	0.400	0.757	0.557	1.019	3.191	1.735	0.201	0.452	0.328
2005	0.382	0.739	0.565	0.919	2.859	1.767	0.201	0.428	0.324
2006	0.366	0.821	0.572	0.885	2.693	1.808	0.184	0.411	0.319
2007	0.374	0.780	0.566	0.871	2.864	1.791	0.139	0.403	0.307
2008	0.371	0.840	0.574	0.861	2.789	1.808	0.164	0.389	0.303
2009	0.359	0.783	0.538	0.823	2.595	1.705	0.166	0.348	0.276
2010	0.363	0.786	0.546	0.796	2.436	1.661	0.162	0.343	0.274
2011	0.411	0.833	0.571	0.927	2.499	1.670	0.184	0.341	0.287
2012	0.415	0.847	0.579	0.918	2.463	1.679	0.178	0.348	0.292

注：2002 年和 2003 年的数据为除西藏外的 30 个省（自治区、直辖市，不包括港澳台地区）的数据

在分析最低工资制度影响收入分配的行业差异中，本节设计 $IMW_{i,t}$ 指标来度量最低工资标准对收入分配的干预程度，显示为

$$IMW_{i,t} = \frac{MW'_{i,t} \times T'_{i,t} + MW''_{i,t} \times T''_{i,t}}{WAGE_{i,t}} \quad (8.14)$$

其中，$MW'_{i,t}$ 和 $MW''_{i,t}$ 分别表示 i 省 t 年调整前和调整后的月最低工资标准；$T'_{i,t}$ 和 $T''_{i,t}$ 分别表示前后两个最低工资标准实施的时间，以月计算；$WAGE_{i,t}$ 表示 i 省 t 年制造业某行业的平均工资，该数据来自于历年的《中国劳动统计年鉴》。

在这部分研究中，本书将利用 2002~2012 年中国制造业的行业数据来分析最低

工资制度收入分配效应的行业差异问题。本节先计算了2002年的制造业各行业的固定资产净值与就业人数的比值，然后综合考虑了就业规模，因为有些行业就业人数较少，不具有代表性，如烟草制品业，选择了就业规模相对较大的五个劳动密集行业和五个资本密集行业，显示在表8.7中。

表 8.7 劳动和资本密集行业

序号	劳动密集行业	资本密集行业
1	纺织业	黑色金属冶炼及压延加工业
2	纺织服装、服饰业	化学原料和化学制品制造业
3	仪器仪表制造业	造纸及纸制品业
4	金属制品业	计算机、通信和其他电子设备制造业
5	通用设备制造业	医药制造业

注：行业名称按照2012年分类标准

表8.8和表8.9分别报告的是劳动和资本密集行业的IMW指标，为节省文章篇幅，两类行业各只对应报告了三个行业。表8.8和表8.9的数据显示，对于同一个制造业行业，IMW指标存在着显著的地区差异，最大值是最小值的好几倍。同时，从时间纵向看，IMW指标的平均值存在着逐步降低的现象。对于本章重点关注的IMW指标的行业差距，两张表的比较明确显示，劳动密集行业的IMW值均明显高于资本密集行业。纺织业的IMW指标最高，历年平均值均在0.5以上，黑色金属冶炼及加工业的IMW指标最低，历年平均值基本保持在0.3以下，表明最低工资标准在两类行业中的覆盖率存在着明显的差别，劳动密集行业的覆盖率要远远高于资本密集行业。

表 8.8 劳动密集行业的IMW指标

年份	纺织业			纺织服装、服饰业			金属制品业		
	最小值	最大值	平均值	最小值	最大值	平均值	最小值	最大值	平均值
2002	0.431	0.928	0.623	—	—	—	0.283	0.885	0.520
2003	0.408	0.824	0.581	—	—	—	0.335	0.929	0.488
2004	0.385	1.524	0.647	0.323	1.182	0.585	0.330	0.756	0.488
2005	0.396	1.014	0.609	0.318	0.912	0.570	0.166	0.665	0.446
2006	0.359	0.991	0.627	0.254	1.091	0.589	0.301	0.816	0.451
2007	0.259	1.157	0.630	0.158	0.842	0.540	0.281	0.627	0.435
2008	0.324	1.188	0.620	0.233	1.406	0.587	0.274	0.567	0.436
2009	0.401	1.102	0.569	0.344	1.201	0.517	0.254	0.576	0.397
2010	0.325	1.587	0.593	0.311	1.297	0.538	0.284	0.582	0.407
2011	0.339	1.008	0.560	0.358	1.383	0.534	0.284	0.613	0.380
2012	0.292	1.079	0.532	0.224	1.421	0.515	0.241	0.486	0.366

注：2002年和2003年纺织服装、服饰业缺少数据

表 8.9　资本密集行业的 IMW 指标

年份	黑色金属冶炼及加工业			化学原料和化学制品制造业			计算机、通信和其他电子设备制造业		
	最小值	最大值	平均值	最小值	最大值	平均值	最小值	最大值	平均值
2002	0.191	0.568	0.314	0.253	0.659	0.434	0.177	0.861	0.393
2003	0.161	0.676	0.277	0.242	0.665	0.388	0.158	0.752	0.361
2004	0.146	0.505	0.269	0.228	0.624	0.397	0.163	0.603	0.353
2005	0.125	0.457	0.270	0.190	0.593	0.390	0.168	0.629	0.349
2006	0.121	0.499	0.284	0.209	0.975	0.397	0.162	0.642	0.361
2007	0.118	0.471	0.268	0.172	0.927	0.371	0.176	0.764	0.373
2008	0.130	0.410	0.276	0.188	1.168	0.381	0.174	0.623	0.364
2009	0.133	0.411	0.267	0.179	1.153	0.355	0.171	0.565	0.345
2010	0.128	0.406	0.277	0.185	1.357	0.375	0.164	0.738	0.359
2011	0.136	0.430	0.292	0.180	0.950	0.350	0.205	0.583	0.336
2012	0.152	0.392	0.312	0.187	0.910	0.348	0.199	0.480	0.344

第四节　研究方法和变量设定

一、研究方法

本节将利用工业部门的省级面数据对最低工资制度的收入分配效应开展实证研究。已有的对中国要素收入分配的研究发现，国有企业改革、FDI 和技术进步均可能影响要素收入分配。本书在综合现有研究成果的基础上构建了动态线性模型，显示为

$$\begin{aligned} \mathrm{LS}_{i,t} = {} & \alpha_0 + \alpha_1 \mathrm{LS}_{i,t-1} + \alpha_2 \ln\mathrm{KY}_{i,t} + \alpha_3 \ln\mathrm{KL}_{i,t} + \alpha_4 \mathrm{SOE}_{i,t} + \alpha_5 \mathrm{FDI}_{i,t} \\ & + \alpha_6 \mathrm{RDE}_{i,t} + \alpha_7 \mathrm{MINW}_{i,t,j} + \sum_{t=1}^{T} \phi \mathrm{Year}_t + \mu_i + \varepsilon_{i,t} \end{aligned} \tag{8.15}$$

其中，$\mathrm{LS}_{i,t}$ 表示 i 省市 t 时期的劳动收入份额；$\ln\mathrm{KY}_{i,t}$ 表示资本产出比；$\ln\mathrm{KL}_{i,t}$ 表示资本劳动比；$\mathrm{SOE}_{i,t}$ 表示国有企业的比重；$\mathrm{FDI}_{i,t}$ 表示外资企业的比重；$\mathrm{RDE}_{i,t}$ 表示研发投入水平；$\mathrm{MINW}_{i,t,j}$ 表示最低工资标准对收入分配格局的干预程度。估计模型还控制了年份的哑变量 Year，在利用 SYS-GMM 对面板数据的分析中，有必要控制时间的哑变量（Roodman，2009）。

式（8.15）中的系数 α_7 就是本章重点关注的内容，它刻画了最低工资标准对收入分配格局的影响效应。本章第二部分的理论分析预示着，系数 α_7 可能存在多

种可能性，当最低工资制度提升劳动收入份额的效应显著高于降低劳动收入份额的效应时，系数 α_7 是正的，反之则是负的，当然也有可能存在系数 α_7 不显著的可能性。系数 α_1 反映了劳动收入份额的滞后一期对当期的影响，由于劳动力市场变动的连续性，该系数可以预计为正。系数 α_2 反映了资本产出比对劳动收入份额的影响，如果该系数为正值，则表明资本和劳动的替代弹性小于 1；如果该系数为负值，则表明资本和劳动的替代弹性大于 1。系数 α_3 表示了资本劳动比对劳动收入份额的影响，资本积累和深化将改变要素收入分配格局，使之向资本方倾斜，因此，该系数预计为负。系数 α_4 和系数 α_5 分别反映了国有企业比重和外商投资企业比重对劳动收入份额的影响，根据已有的研究，可以预计 α_4 为正值，而 α_5 为负值。系数 α_6 表示了研发投入对劳动收入份额的影响，考虑到当前的技术进步一般均为资本增强型技术进步的特点，可以预计该系数为负。

最低工资制度对劳动收入份额的抑制作用主要通过淘汰效应和替代效应两种机制发生，反映到要素投入的层面上，主要表现为两种可计量的现象：一是就业人数的减少。最低工资制度的实施会提高劳动者的雇佣成本，那些劳动生产率最低的企业可能难以为继，最终被淘汰，导致整个经济就业人数的减少。同时，劳动力要素的价格的提高会导致企业在要素投入时进行替代，用相对价格较低的资本代替劳动，也会导致就业人数的减少。二是资本劳动比的增加。那些难以承受劳动力成本升高而关闭的企业往往是劳动力密集型企业，这些企业的关闭会导致整个经济中资本劳动比的增加。相同原理，当企业用资本对劳动进行替代时，也会导致资本劳动比的增加和资本深化。因此，本章将继续开展对最低工资制度影响就业人数和资本劳动比效应的分析。为此，本章构建了动态模型对这两者进行考察，分别显示为式（8.16）和式（8.17）。

$$\begin{aligned}\ln \mathrm{LAB}_{i,t} &= \beta_0 + \beta_1 \ln \mathrm{LAB}_{i,t-1} + \beta_2 \ln \mathrm{FK}_{i,t} + \beta_3 \ln \mathrm{POP}_{i,t} + \beta_4 \mathrm{SOE}_{i,t} \\ &\quad + \beta_5 \mathrm{FDI}_{i,t} + \beta_6 \mathrm{MINW}_{i,t,j} + \sum_{t=1}^{T} \gamma_t \mathrm{Year}_t + \mu_i + \varepsilon_{i,t}\end{aligned} \tag{8.16}$$

$$\begin{aligned}\ln \mathrm{KL}_{i,t} &= \varphi_0 + \varphi_1 \ln \mathrm{KL}_{i,t-1} + \varphi_2 \ln \mathrm{POP}_{i,t} + \varphi_3 \mathrm{TDR}_{i,t} + \varphi_4 \mathrm{SOE}_{i,t} \\ &\quad + \varphi_5 \mathrm{FDI}_{i,t} + \varphi_6 \mathrm{MINW}_{i,t,j} + \sum_{t=1}^{T} \psi_t \mathrm{Year}_t + \mu_i + \varepsilon_{i,t}\end{aligned} \tag{8.17}$$

其中，$\ln\mathrm{LAB}_{i,t}$ 表示就业人数的对数值；$\ln\mathrm{FK}_{i,t}$ 表示固定资本量的对数值；$\ln\mathrm{POP}_{i,t}$ 表示人口数量的对数值；$\mathrm{TDR}_{i,t}$ 表示总抚养比。在对式（8.16）的估计中，β_6 描述了最低工资制度对就业人数的影响效应，依据理论分析，β_6 应该显著为负。式（8.17）是对资本劳动比的估计，φ_6 描述了最低工资制度对资本劳动比的影响，预期 φ_6 应该显著为正值，即最低工资制度会促进资本深化。具体的估计方法与对劳动收入份额的估计方法相同。

二、变量设定

（1）劳动收入份额。

劳动收入份额（LS）是劳动者收入占创造的总价值的比例。本节用劳动者平均工资与劳动者数量的乘积表示劳动者收入。《中国工业经济统计年鉴》上提供了各省（自治区、直辖市）工业部门历年的从业人员平均人数，但没有提供平均工资的数据。《中国劳动统计年鉴》提供了各省（自治区、直辖市）城镇就业单位分行业的平均工资，也提供了年末就业人数。但是，年末就业人数不等于从业人员平均人数。本节采用式（8.18）来计算劳动收入份额。

$$\mathrm{LS}_{i,t}=\frac{\sum_{k}^{K}\left(\dfrac{\bar{N}_{i,t,k}}{\bar{N}_{i,t}}\right)\times N_{i,t}\times \mathrm{WAGE}_{i,t,k}}{\mathrm{VALUE}_{i,t}} \tag{8.18}$$

其中，$\mathrm{LS}_{i,t}$ 表示 i 省 t 年工业部门的劳动收入份额；$\bar{N}_{i,t}$ 表示 i 省 t 年工业部门的年末就业总人数；$\bar{N}_{i,t,k}\,(k=1,2,3)$ 分别表示采矿业、制造业以及电气水生产和供应业的年末就业人数；$\mathrm{WAGE}_{i,t,k}$ 分别表示这三个行业从业人员的平均工资，数据来自于《中国劳动统计年鉴》；$N_{i,t}$ 表示工业部门的从业人员平均人数，数据来自于《中国工业经济统计年鉴》；$\mathrm{VALUE}_{i,t}$ 表示工业部门的增加值，2007 年以前的数据来自《中国工业经济统计年鉴》，2008~2012 年的数据来自《中国区域经济发展年鉴》。

（2）资本产出比。

资本产出比（lnKY）被定义为固定资产净值除以工业增加值的对数值。固定资产净值以 2002 年为基期用固定资产投资价格指数进行了平减，工业增加值以 2002 年为基期用工业生产者出厂价格指数平减。工业生产者出厂价格指数来自于《中国统计年鉴》。

（3）资本劳动比和固定资本量。

资本劳动比（lnKL）被定义为固定资产净值除以就业人数的对数值。固定资本量（lnFK）变量定义为固定资产净值的对数值。固定资产净值数据以 2002 年为基期用固定资产投资价格指数进行了平减。固定资产净值数据来自于《中国工业经济统计年鉴》，固定资产投资价格指数数据来自于《中国统计年鉴》。

（4）国有企业比重和外资企业比重。

国有企业比重（SOE）和外资企业比重分别定义为国有企业和外资企业工业销售产值与整个工业部门销售产值之比。整个工业部门、国有企业和外资企业的工业销售产值数据均来自《中国工业经济统计年鉴》。

（5）研发投入。

研发投入（RDE）被定义为工业企业科技活动经费内部支出与工业销售产值之比。2008~2010 年的科技活动经费内部支出数据来自于《中国科技统计年鉴》，2002~2007 年的数据来自于《工业企业科技活动统计年鉴》。

（6）就业人数。

就业人数（lnLAB）变量被定义为从业人员平均人数的对数值，从业人员平均人数数据来自于《中国工业经济统计年鉴》。

（7）人口数量和总抚养比。

人口数量（lnPOP）变量被定义为各省（自治区、直辖市）年末人口数的对数值，年末人口数和总抚养比（TDR）数据均来自于《中国统计年鉴》。变量的描述性统计参见表 8.10。

表 8.10　变量的描述性统计

变量名称	变量符号	样本数量	最小值	最大值	平均值	标准差
劳动收入份额	LS	341	0.081	0.344	0.168	0.047
资本产出比	lnKY	341	−0.219	1.626	0.429	0.373
资本劳动比	lnKL	341	2.018	4.414	2.901	0.482
固定资本量	lnFK	341	3.895	10.183	7.960	1.118
国有企业比重	SOE	341	0.108	0.839	0.460	0.198
外资企业比重	FDI	341	0.001	0.539	0.140	0.124
研发投入	RDE	341	0.000	0.024	0.009	0.004
就业人数	lnLAB	341	0.489	7.358	4.901	1.299
人口数量	lnPOP	341	5.591	9.268	8.064	0.869
总抚养比	TDR	341	0.193	0.576	0.374	0.071
干预程度指标 1	$MINW_1$	341	0.000	0.847	0.561	0.097
干预程度指标 2	$MINW_2$	341	0.000	3.191	1.726	0.477
干预程度指标 3	$MINW_3$	341	0.000	0.571	0.309	0.067

注：2002 年和 2003 年西藏没有发布最低工资标准，以 0 表示

第五节　实证研究结果

一、最低工资制度影响劳动收入份额的综合效应

各解释变量对劳动收入份额影响的估计结果显示在表 8.11 中。模型（1）~模

型（3）是 $MINW_1$ 影响劳动收入份额的估计结果，模型（4）~模型（6）是 $MINW_2$ 影响劳动收入份额的估计结果，模型（7）~模型（9）是 $MINW_3$ 影响劳动收入份额的估计结果。模型（3）、模型（6）和模型（9）均通过 AR（1）和 AR（2）检验，说明不存在二阶序列相关问题。在这三个模型中，劳动收入份额滞后一期变量的估计结果介于OLS估计值和FE模型估计值之间，说明SYS-GMM的估计结果是稳健可靠的。

表 8.11　最低工资影响劳动收入份额效应的估计结果

解释变量	被解释变量：LS								
	（1）	（2）	（3）	（4）	（5）	（6）	（7）	（8）	（9）
LS_{t-1}	0.857***	0.535***	0.699***	0.867***	0.565***	0.704***	0.840***	0.528***	0.742***
	（0.026）	（0.038）	（0.084）	（0.025）	（0.038）	（0.083）	（0.028）	（0.038）	（0.076）
lnKY	0.013***	0.053***	0.032***	0.016***	0.047***	0.037***	0.012***	0.053***	0.023**
	（0.004）	（0.008）	（0.011）	（0.005）	（0.007）	（0.011）	（0.004）	（0.007）	（0.011）
lnKL	−0.015***	−0.021***	−0.025***	−0.016***	−0.019***	−0.027***	−0.019***	−0.024***	−0.025***
	（0.004）	（0.004）	（0.008）	（0.004）	（0.004）	（0.008）	（0.004）	（0.004）	（0.008）
SOE	−0.003	−0.029**	−0.013	0.003	−0.018	−0.006	−0.005	−0.020	−0.013
	（0.006）	（0.013）	（0.010）	（0.006）	（0.013）	（0.011）	（0.006）	（0.013）	（0.009）
FDI	0.008	−0.060***	0.008	0.001	−0.049***	−0.001	0.011	−0.066***	0.011
	（0.007）	（0.019）	（0.019）	（0.008）	（0.019）	（0.022）	（0.007）	（0.019）	（0.016）
RDE	−0.178	−0.690***	0.018	−0.213	−0.683**	0.009	−0.196	−0.686***	−0.048
	（0.224）	（0.267）	（0.345）	（0.222）	（0.266）	（0.396）	（0.224）	（0.266）	（0.293）
$MINW_1$	−0.036***	−0.077***	−0.060**						
	（0.001）	（0.012）	（0.028）						
$MINW_2$				−0.104***	−0.022***	−0.015**			
				（0.002）	（0.003）	（0.006）			
$MINW_3$							−0.061***	−0.143***	−0.087**
							（0.016）	（0.021）	（0.039）
年份哑变量	控制	控制	控制	控制	控制	控制	控制	控制	控制
AR（1）	—	—	0.000	—	—	0.001	—	—	0.000
AR（2）	—	—	0.637	—	—	0.892	—	—	0.768
Hansen检验	—	—	0.830	—	—	0.886	—	—	0.828
工具变量数	—	—	47	—	—	47	—	—	47
R^2	0.931	0.819	—	0.932	0.872	—	0.931	0.752	—
F	245.240	65.210	—	251.610	65.660	—	245.630	65.830	—

*、**和***分别表示10%、5%和1%水平上的显著性

注：①在该估计模型中，LS_{t-1}、lnKY 和 lnKL 均具有一定内生性，考虑到工具变量数量的限制，而且 LS_{t-1} 和lnKY的内生性更强，故将 LS_{t-1} 和lnKY作为内生变量，滞后三期作为工具变量，其余变量均为外生变量；②表格没有报告常数项

估计结果显示，劳动收入份额的滞后一期系数的估计结果显著为正，说明

要素收入分配格局变动存在明显的连续性。资本产出比与劳动收入份额保持了显著的正相关关系，说明资本产出比的下降会导致劳动收入份额的下降，资本和劳动的替代弹性小于 1，工业部门投入中的资本和劳动之间的关系主要是互补的。资本劳动比与劳动收入份额之间存在着显著的负相关性，表明资本积累和资本深化是影响要素收入分配格局变动的重要因素，这也预示着在经济发展过程中，要素收入分配格局向资本方倾斜可能有一定的必然性。而且，不平衡的要素收入分配格局可能通过自我加强机制发生作用，使收入分配格局进一步向资本方倾斜。资本产出比和资本劳动比的估计结果与预期高度一致。本节的估计结果没有发现国有企业比重和外资企业比重对要素收入分配有显著影响，估计结果与预期不符。原因可能在变量的设定上。从价值创造的角度看，要衡量国有企业和外资企业的比重，首选的指标是工业增加值的占比，而不是销售产值占比。但是，各类统计年鉴均没有提供 2008 年后国有企业和外资企业的工业增加值数据，数据的不连续限制了进一步分析的可能。估计结果也没有支持研发投入会影响劳动收入份额的假设。这与将研发投入变量看作外生变量有关。本节尝试将研发投入作为内生变量重新进行估计，估计结果显示研发投入与劳动收入份额呈现了显著的负相关关系。但是，工具变量的数量增加了 17 个。考虑到研发投入的收入分配效应并非本节的主要研究内容，因此本节仍将研发投入看作是外生变量。

本节重点关注的是最低工资制度对要素收入分配的影响。模型（1）~模型（3）均显示最低工资制度干预收入分配程度指标 $MINW_1$ 与劳动收入份额之间保持了显著的负相关关系，其余模型也显示 $MINW_2$ 或者 $MINW_3$ 的增加会导致劳动收入份额的下降，这就表明，最低工资标准的提高确实会改变要素收入分配格局，不过这种改变不是积极地改善劳动者的分配状态，而是使劳动者的收入分配状况恶化了。最低工资制度影响收入分配的理论分析已经表明，最低工资制度的实施会对劳动者的收入分配状况产生改善作用，但也存在着恶化劳动者收入分配状况的机制和作用路径。实证分析结果证实，最低工资制度实施对劳动收入份额的负面作用要显著高于对劳动收入份额的正向改善作用，仅从要素收入分配角度看，最低工资制度的实施反而恶化了劳动者的收入分配状况。不过，值得庆幸的是，最低工资制度对劳动收入份额的净负面效应相对较小，根据模型（3）和模型（6）的估计结果，如果 $MINW_1$ 和 $MINW_2$ 增加 10 个百分点只会降低劳动收入份额 0.6 个百分点和 0.2 个百分点左右，根据模型（9）的估计结果，如果 $MINW_3$ 增加 10 个百分点，会相应降低劳动收入份额 0.9 个百分点左右。如果要将 $MINW_3$ 提高 10 个百分点，实际上需要大幅度提高最低工资标准。因此，尽管最低工资制度会降低劳动收入份额，但这种效应是比较小的。

上述实证结果表明，最低工资制度影响劳动收入份额的总效应是负的，那么依据理论就可以推断，最低工资制度必定会通过显著的淘汰效应和替代效应对劳动收入份额发生反向作用，那么，这个判断能否得到实证证据的支持呢？表 8.12 报告的是最低工资制度影响就业人数的估计结果。模型（3）、模型（6）和模型（9）是 SYS-GMM 的估计结果，这三个模型都通过 AR 检验，其中就业人数滞后项的估计结果都介于 OLS 和 FE 模型之间。估计结果表明，固定资本净值与就业人数保持着显著的正相关关系，弹性系数为 0.3 左右，说明投入资本的多少是决定就业规模的关键因素，劳动力需求是一种引致性需求，它的需求规模直接受到投入资本量的影响。国有企业比重与就业规模存在着负相关关系，但外资企业比重不影响就业人数。

表 8.12　最低工资制度影响就业人数效应的估计结果

解释变量	被解释变量：lnLAB								
	（1）	（2）	（3）	（4）	（5）	（6）	（7）	（8）	（9）
$\ln LAB_{t-1}$	0.802***	0.507***	0.594***	0.816***	0.513***	0.619***	0.818***	0.536***	0.685***
	（0.037）	（0.079）	（0.107）	（0.036）	（0.077）	（0.089）	（0.035）	（0.077）	（0.084）
lnFK	0.188***	0.311***	0.367***	0.170***	0.310***	0.317***	0.173***	0.302***	0.285**
	（0.037）	（0.082）	（0.129）	（0.035）	（0.082）	（0.106）	（0.035）	（0.082）	（0.114）
lnPOP	0.064***	0.661**	0.148**	0.063**	0.667**	0.162***	0.068***	0.683***	0.128***
	（0.024）	（0.262）	（0.058）	（0.026）	（0.260）	（0.060）	（0.025）	（0.264）	（0.049）
SOE	−0.172**	−0.060	−0.330***	−0.152**	−0.025	−0.273***	−0.174**	−0.027	−0.282***
	（0.068）	（0.189）	（0.089）	（0.069）	（0.186）	（0.093）	（0.068）	（0.188）	（0.085）
FDI	0.085	0.007	0.126	0.088	0.011	0.110	0.115	0.016	0.178
	（0.092）	（0.261）	（0.163）	（0.096）	（0.256）	（0.139）	（0.089）	（0.261）	（0.130）
$MINW_1$	−0.200*	−0.280*	−0.371**						
	（0.110）	（0.157）	（0.159）						
$MINW_2$				−0.032	−0.117***	−0.090*			
				（0.029）	（0.043）	（0.047）			
$MINW_3$							−0.285*	−0.398*	−0.372**
							（0.171）	（0.261）	（0.176）
年份哑变量	控制	控制	控制	控制	控制	控制	控制	控制	控制
AR（1）	—	—	0.087	—	—	0.070	—	—	0.054
AR（2）	—	—	0.793	—	—	0.616	—	—	0.784
Hansen 检验	—	—	0.994	—	—	0.979	—	—	0.992
工具变量数	—	—	50	—	—	50	—	—	50
R^2	0.989	0.959	—	0.988	0.963	—	0.989	0.958	—
F	1 690.44	22.60	—	1 678.70	23.21	—	1 687.380	22.420	—

*、**和***分别表示 10%、5%和 1%水平上的显著性

注：①$\ln LAB_{t-1}$ 和 lnFK 为内生变量，滞后二期作为工具变量，其余变量均为外生变量；②表格没有报告常数项

估计结果表明，随着最低工资标准的提高，即最低工资制度对收入分配干预程度的提高，就业人数会相应减少，该制度的实施对就业人数存在着负面效应。最近的一些研究广泛探讨了中国最低工资制度对就业的影响效应，大多数研究发现最低工资制度抑制就业的效应是比较明显的（马双等，2012；Fang and Lin，2013）。本节依据金融危机发生的时间将时间跨度分为两个阶段：2002~2007 年和 2008~2012 年，分别对这两个阶段进行了分析。结果显示，在前一个阶段最低工资制度对就业人数的影响并不显著，但在后一个阶段，最低工资制度减少就业人数的效应非常明显。有研究发现，2004 年后最低工资制度对就业的影响效应有增强的趋势（Huang et al.，2014），而 2008 年《中华人民共和国劳动合同法》的实施确实强化了这种效应（丁守海，2010）。一般认为，2004 年是中国开始出现农村转移劳动力短缺的起点，也正是从这时开始，农村转移劳动力的工资开始上涨。2008 年金融危机后，随着《中华人民共和国劳动合同法》的实施，工资上涨的势头明显加快，工资增长的幅度超过 GDP 和劳动生产率的实际增长率（Li et al.，2012）。如果其他条件保持不变，不断提高的工资水平意味着企业利润水平的逐渐走低，最低工资标准的不断提高可能会加快低水平企业的淘汰和资本对劳动的替代，最终就表现为最低工资制度对就业人数的负面效应。而且，这也说明，劳动力的需求弹性并不是固定不变的，随着工资水平的提高，需求弹性可能在增加。至于在最低工资制度减少就业人数的效应中，是淘汰效应占主导还是替代效应占主导，本书尚无法明确回答。

表 8.13 报告的是最低工资标准影响资本劳动比的估计结果。用 SYS-GMM 估计的三个模型均通过 AR 检验，而且资本劳动比滞后一期系数的估计结果介于 OLS 和固定效应模型之间，可以接受 SYS-GMM 的估计结果。从估计结果看，人口数量是影响资本劳动比的重要因素。依据比较优势理论，劳动力的充裕供给的地区有利于发展劳动力密集型产业，因此，人口数量与资本劳动比之间会呈现负相关关系。总抚养比与资本劳动比之间有一定的负相关关系，但结果并不稳健。外资企业比例与资本劳动比之间存在着显著的负相关关系，说明外资企业主要还是以劳动密集企业为主，近些时间外资企业撤离中国的一些实际情况也支持了该结论。与预期的一致，随着最低工资制度干预收入分配程度的加深，工业部门的资本劳动比会显著上升，这说明，最低工资制度的实施会推高劳动力成本，企业会相应地调整要素投入决策，追求利润最大化的企业会减少劳动的投入而增加资本的投入，从而加快资本深化。随着企业要素投入决策的调整，更多的资本品被投入生产中，自然地就会导致要素收入分配格局向资本方倾斜。

表 8.13 最低工资标准影响资本劳动比效应的估计结果

解释变量	被解释变量：lnKL								
	（1）	（2）	（3）	（4）	（5）	（6）	（7）	（8）	（9）
$lnKL_{t-1}$	0.822***	0.619***	0.701***	0.827***	0.626***	0.697***	0.842***	0.645***	0.751***
	（0.039）	（0.077）	（0.084）	（0.038）	（0.076）	（0.085）	（0.037）	（0.077）	（0.074）
lnPOP	−0.062***	−0.936***	−0.100***	−0.059***	−0.939***	−0.099***	−0.067***	−0.958***	−0.098***
	（0.016）	（0.269）	（0.027）	（0.015）	（0.267）	（0.027）	（0.017）	（0.270）	（0.026）
TDR	−0.234	−0.509	−0.655**	−0.425**	−0.514	−1.034***	−0.216	−0.530	−0.558**
	（0.146）	（0.404）	（0.275）	（0.174）	（0.402）	（0.325）	（0.146）	（0.406）	（0.253）
SOE	0.052	−0.051	0.107	0.005	−0.093	−0.001	0.053	−0.090	0.097
	（0.072）	（0.195）	（0.093）	（0.075）	（0.193）	（0.092）	（0.072）	（0.195）	（0.091）
FDI	−0.312***	−0.459*	−0.424***	−0.305***	−0.492*	−0.376***	−0.351***	−0.485*	−0.469***
	（0.099）	（0.279）	（0.132）	（0.099）	（0.275）	（0.113）	（0.096）	（0.280）	（0.106）
$MINW_1$	0.245**	0.364**	0.360**						
	（0.111）	（0.159）	（0.158）						
$MINW_2$				0.072**	0.132***	0.141***			
				（0.031）	（0.044）	（0.036）			
$MINW_3$							0.328*	0.541*	0.375*
							（0.174）	（0.292）	（0.226）
年份哑变量	控制	控制	控制	控制	控制	控制	控制	控制	控制
AR（1）	—	—	0.001	—	—	0.002	—	—	0.001
AR（2）	—	—	0.840	—	—	0.596	—	—	0.840
Hansen 检验	—	—	0.992	—	—	0.996	—	—	0.992
工具变量数	—	—	50.000	—	—	50.000	—	—	50.000
R^2	0.906	0.655	—	0.906	0.659	—	0.910	0.650	—
F	199.290	59.670	—	199.580	60.680	—	199.340	59.160	—

*、**和***分别表示 10%、5%和 1%水平上的显著性

注：① $lnKL_{t-1}$ 和 TDR 为内生变量，滞后二期作为工具变量，其余变量均为外生变量；②表格没有报告常数项

资本对劳动的替代，其表现形式是机器设备对人的替代，既然劳动力的价格变动会引发企业的替代行为，那么机器设备的价格自然会影响企业的投入决策。有研究认为，20 世纪 80 年代以来主要发达国家发生的要素收入分配格局变动，其主要原因就是资本对劳动的替代，更确切地表述，就是应用信息技术和计算机技术实现生产的自动化，最终实现对劳动的替代（Kristal，2013），如计算机控制的工业机器人的大量使用，自动化的产品和零件仓储设备的应用，以及应用计算机技术对工业生产过程进行控制等。而且，这些资本品价格的不断走低更是促进了“机器换人”的进程（Karabarbounis and Neiman，2014）。那么，中国工业部门中的要素替代行为是否有机器设备价格方面的因素呢？表 8.14 显示的 2002~2012 年主要的机器设备制造业的工业生产者出厂价格指数，为进行比较，该表还报告了工业生产者出厂价格总指数，显示为表 8.14 的第 6 列。表 8.14 第 2 列显示

的是通信设备、计算机及其他行业的产品出厂价格指数，该行业的出厂价格指数均低于 100，说明该行业的产品价格在连续走低。尽管该行业的产品并不能作为主要的机器设备实现对劳动的替代，但是这些产品却是生产自动化设备必须的中间投入品，因此，该行业产品价格的连续走低可促进设备制造业产品价格的下降。实际情况也确实如此。表 8.14 中的第 3~5 列显示的是工业企业中使用的机器设备的价格指数，通过与第 6 列的出厂价格总指数比较，可以发现，这三个设备制造业的产品出厂价格指数基本上均低于总指数，这说明，机器设备的相对价格在不断走低，这是促进工业部门“机器换人”的一个有利条件。可见，改革开放后中国机械装备业的快速发展不仅使产品走出国门参与国际竞争，而且也为国内企业的“机器换人”创造了有利条件。

表 8.14　工业生产者出厂价格指数

年份	计算机、通信和其他电子设备制造业	通用设备制造业	专用设备制造业	电气机械和器材制造业	总指数
2002	96.5	98.2	98.9	96.7	97.8
2003	93.7	99.8	99.6	97.9	102.3
2004	95.1	103.1	101.8	103.7	106.1
2005	95.3	101.8	101.8	103.2	104.9
2006	96.6	100.2	101.2	107.4	103.0
2007	97.5	101.3	101.5	103.7	103.1
2008	98.3	104.8	103.3	101.1	106.9
2009	95.7	98.7	100.0	95.0	94.6
2010	98.3	100.1	101.2	103.2	105.5
2011	98.3	102.7	101.5	103.1	106.0
2012	97.8	99.8	100.3	97.5	98.3

资料来源：《中国统计年鉴》

二、就业弹性对最低工资制度收入分配效应的影响

为保持数据的平衡，同时考虑了阶段性的发展特点，本节将 2002~2012 年分为 2002~2007 年和 2008~2012 年两个时段来考察就业弹性对最低工资制度收入分配的影响。对农村转移劳动力工资的研究发现，2004 年是一个重要的时点。在这之前，农村转移劳动力的工资保持在稳定的水平，没有出现大幅度的上涨势头。2004 年开始，在中国的沿海地区出现了“民工荒”，农村转移劳动力的工资水平出现了快速上涨的势头。但这种快速上涨的势头受到了 2008 年世界性的金融危机的影响，2009 年中国各省市均冻结了最低工资标准调整工作，尽管在 2010 年有普遍性的调整，但农村转移劳动力的工资水平的快速上涨势头得到了缓解。

表 8.15 和表 8.16 分别报告了 2002~2007 年和 2008~2012 年最低工资影响劳动

收入份额效应的估计结果。表 8.15 的估计结果表明，最低工资制度的实施对收入分配的影响是比较显著的，三个干预程度指标一致显示，最低工资标准的提高会显著抑制劳动收入份额，使收入分配格局偏向资本方。表 8.16 的估计结果表明，最低工资标准的提高没有对收入分配格局产生显著的影响。从表面上看，就业弹性似乎没有影响最低工资制度的收入分配效应，最低工资制度的收入分配效应并没有受就业弹性的影响。但本节认为，如果依据上述估计结果就下这样的结论，可能不够严谨。其中的原因在于，2008 年后中国工业部门受金融危机的影响比较明显，2008 年的企业经营环境与 2008 年之前截然不同，在这样的环境下，这样的估计结果是不够稳健的。

表 8.15　2002~2007 年最低工资影响劳动收入份额效应的估计结果

解释变量	（1）	（2）	（3）	（4）	（5）	（6）	（7）	（8）	（9）
	OLS	FE	SYS-GMM	OLS	FE	SYS-GMM	OLS	FE	SYS-GMM
LS_{t-1}	0.711***	0.062	0.444***	0.772***	0.094	0.446***	0.619***	0.052	0.307***
	（0.047）	（0.061）	（0.129）	（0.045）	（0.062）	（0.150）	（0.054）	（0.061）	（0.111）
lnKY	0.032***	0.100***	0.063**	0.031***	0.099***	0.079***	0.039***	0.104***	0.067***
	（0.009）	（0.011）	（0.026）	（0.009）	（0.011）	（0.026）	（0.009）	（0.011）	（0.019）
lnKL	−0.029***	−0.096***	−0.053***	−0.028***	−0.086***	−0.065***	−0.043***	−0.110***	−0.072***
	（0.008）	（0.011）	（0.019）	（0.008）	（0.011）	（0.19）	（0.008）	（0.011）	（0.018）
SOE	−0.011	−0.001	−0.017	0.001	−0.015	−0.003	−0.011	0.007	−0.018
	（0.010）	（0.022）	（0.016）	（0.010）	（0.022）	（0.019）	（0.010）	（0.022）	（0.016）
FDI	0.023*	−0.021	0.036	0.019	−0.018	0.042	0.031**	−0.022	0.040
	（0.013）	（0.030）	（0.030）	（0.014）	（0.030）	（0.033）	（0.012）	（0.029）	（0.027）
RDE	−0.332	0.439	−0.369	−0.332	0.336	−0.401	−0.383	0.281	−0.433
	（0.298）	（0.518）	（0.523）	（0.305）	（0.519）	（0.584）	（0.291）	（0.514）	（0.469）
$MINW_1$	−0.059***	−0.077***	−0.088***						
	（0.014）	（0.013）	（0.022）						
$MINW_2$				−0.011***	−0.020***	−0.015**			
				（0.003）	（0.003）	（0.007）			
$MINW_3$							−0.119***	−0.163***	−0.201***
							（0.023）	（0.026）	（0.044）
年份哑变量	控制	控制	控制	控制	控制	控制	控制	控制	控制
AR（1）	—	—	0.006	—	—	0.018	—	—	0.002
AR（2）	—	—	0.567	—	—	0.871	—	—	0.518
Hansen 检验	—	—	0.100	—	—	0.114	—	—	0.093
工具变量数	—	—	22.000	—	—	22.000	—	—	22.000
R^2	0.917	0.684	—	0.913	0.691	—	0.921	0.752	—
F	143.380	73.860	—	136.220	74.390	—	151.560	76.530	—

*、**和***分别表示 10%、5%和 1%水平上的显著性

注：①在该估计模型中，LS_{t-1}、lnKY 和 lnKL 均具有一定内生性，考虑到工具变量数量的限制，而且 LS_{t-1} 和 lnKY 的内生性更强，故将 LS_{t-1} 和 lnKY 作为内生变量，滞后三期作为工具变量，其余变量均为外生变量；②表格没有报告常数项；③括号里为标准误差

表 8.16 2008~2012 年最低工资影响劳动收入份额效应的估计结果

解释变量	(1)	(2)	(3)	(4)	(5)	(6)	(7)	(8)	(9)
	OLS	FE	SYS-GMM	OLS	FE	SYS-GMM	OLS	FE	SYS-GMM
LS_{t-1}	0.945***	0.346***	0.938***	0.933***	0.316***	0.704***	0.947***	0.358***	0.956***
	(0.030)	(0.074)	(0.052)	(0.029)	(0.074)	(0.083)	(0.029)	(0.069)	(0.054)
lnKY	0.007	0.035***	0.012	0.012**	0.038***	0.037	0.005	0.042***	0.015
	(0.005)	(0.009)	(0.012)	(0.005)	(0.009)	(0.011)	(0.005)	(0.009)	(0.014)
lnKL	−0.010**	−0.006*	−0.010**	−0.012***	−0.007**	−0.027**	−0.010**	−0.007*	−0.011**
	(0.003)	(0.003)	(0.004)	(0.004)	(0.003)	(0.008)	(0.004)	(0.004)	(0.005)
SOE	0.002	−0.067***	−0.004	0.008	−0.073***	−0.006	−0.001	−0.047**	−0.006
	(0.007)	(0.024)	(0.009)	(0.007)	(0.024)	(0.011)	(0.001)	(0.023)	(0.011)
FDI	0.001	0.021	0.003	−0.011	0.024	−0.001	0.002	−0.001	0.007
	(0.008)	(0.044)	(0.009)	(0.009)	(0.042)	(0.022)	(0.008)	(0.042)	(0.010)
RDE	−0.367	0.194	−0.585	−0.439	0.009	0.009	−0.444	0.089	−0.623
	(0.376)	(0.412)	(0.367)	(0.365)	(0.413)	(0.396)	(0.391)	(0.400)	(0.430)
$MINW_1$	−0.018	0.029	−0.018						
	(0.014)	(0.032)	(0.021)						
$MINW_2$				−0.010***	−0.018**	−0.015*			
				(0.003)	(0.009)	(0.006)			
$MINW_3$							−0.030	−0.136***	−0.001
							(0.025)	(0.047)	(0.028)
年份哑变量	控制	控制	控制	控制	控制	控制	控制	控制	控制
AR(1)	—	—	0.002	—	—	0.002	—	—	0.003
AR(2)	—	—	0.394	—	—	0.413	—	—	0.353
Hansen 检验	—	—	0.187	—	—	0.304	—	—	0.491
工具变量数	—	—	31.000	—	—	31.000	—	—	31.000
R^2	0.951	0.759	—	0.957	0.635	—	0.951	0.734	—
F	273.240	6.770	—	290.310	7.310	—	272.890	7.880	—

*、**和***分别表示 10%、5%和 1%水平上的显著性

注：①在该估计模型中，LS_{t-1}、lnKY 和 lnKL 均具有一定内生性，考虑到工具变量数量的限制，而且 LS_{t-1} 和 lnKY 的内生性更强，故将 LS_{t-1} 和 lnKY 作为内生变量，滞后三期作为工具变量，其余变量均为外生变量；②表格没有报告常数项；③括号里为标准误差

三、最低工资制度收入分配效应的行业差异

（一）最低工资制度影响劳动收入份额的行业差异

本节采用 SYS-GMM 进行估计，表 8.17 和表 8.18 分别报告的是劳动密集行业和资本密集行业最低工资制度的收入分配效应。各行业的劳动收入份额滞后一期均表现了显著的正相关关系，表明收入分配格局保持了较好的连续性。两类行业中的绝大多数行业资本产出与劳动收入份额之间存在着较为显著的正相关关系，表明资本和劳动的替代弹性小于 1，资本和劳动的关系主要是互补关系。各个行业

的资本劳动比与劳动收入份额保持着显著的负相关关系，意味着资本的不断深化会导致收入分配格局向资本方倾斜，劳动方在收入分配中的状况将逐渐恶化。在劳动密集行业中，国有经济比重的提高有助于改善整个行业的收入分配状况，说明相比于其他类型企业，国有企业的收入分配格局明显有利于劳动方。但这种情况没有出现在资本密集行业中。两类行业中各有 3 个行业的外资企业比重对劳动收入份额存在着较为显著的抑制作用，一个合理的解释是外资企业具有较高的技术水平和生产率水平。

表 8.17　劳动密集行业最低工资制度的收入分配效应

解释变量	被解释变量：LS				
	（L-1）	（L-2）	（L-3）	（L-4）	（L-5）
LS_{t-1}	0.133***	0.118***	0.140***	0.301***	0.623***
	（0.024）	（0.017）	（0.041）	（0.024）	（0.021）
lnKY	0.112***	0.097***	0.039***	− 0.004	0.013**
	（0.010）	（0.006）	（0.013）	（0.004）	（0.005）
lnKL	− 0.195***	− 0.202***	− 0.156***	− 0.125***	− 0.058***
	（0.005）	（0.005）	（0.006）	（0.003）	（0.004）
SOE	0.119***	0.251***	0.164***	0.277***	0.098***
	（0.012）	（0.038）	（0.022）	（0.019）	（0.017）
FDI	− 0.177***	− 0.032*	− 0.033	− 0.033	− 0.054***
	（0.053）	（0.018）	（0.031）	（0.022）	（0.012）
IMW	− 0.353***	− 0.421***	− 0.415***	− 0.293***	− 0.340***
	（0.023）	（0.021）	（0.036）	（0.030）	（0.019）
AR（1）	0.012	0.060	0.014	0.017	0.007
AR（2）	0.584	0.690	0.102	0.622	0.608
Hansen 检验	0.686	0.391	0.863	0.846	0.775
工具变量数	41	33	41	41	41
样本数	309	240	277	299	300

*、**和***分别表示 10%、5%和 1%水平上的显著性

注：①在估计模型中，LS_{t-1}、lnKY 和 lnKP 均具有一定内生性，考虑到工具变量数量的限制，而且 LS_{t-1} 和 lnKY 的内生性更强，故将 LS_{t-1} 和 lnKY 作为内生变量，滞后二期作为工具变量，其余变量均为外生变量；②表格没有报告常数项；③括号内为标准误差

表 8.18　资本密集行业最低工资制度的收入分配效应

解释变量	被解释变量：LS				
	（K-1）	（K-2）	（K-3）	（K-4）	（K-5）
LS_{t-1}	0.245***	0.387***	0.632***	0.214***	0.333***
	（0.022）	（0.016）	（0.029）	（0.027）	（0.030）
lnKY	0.154***	0.077***	0.009	0.073***	0.027***
	（0.004）	（0.005）	（0.007）	（0.007）	（0.006）
lnKL	− 0.075***	− 0.052***	− 0.041***	− 0.115***	− 0.055***
	（0.003）	（0.003）	（0.005）	（0.006）	（0.005）
SOE	− 0.063***	0.022	0.078***	0.034*	0.008
	（0.009）	（0.014）	（0.008）	（0.020）	（0.021）
FDI	− 0.278***	− 0.066***	− 0.041***	− 0.022	0.019
	（0.053）	（0.008）	（0.010）	（0.016）	（0.015）

续表

解释变量	被解释变量：LS				
	（K-1）	（K-2）	（K-3）	（K-4）	（K-5）
IMW	−0.271*** （0.034）	−0.349*** （0.014）	−0.128*** （0.012）	−0.284*** （0.044）	−0.185*** （0.016）
AR（1）	0.005	0.004	0.000	0.004	0.001
AR（2）	0.380	0.900	0.127	0.797	0.706
Hansen 检验	0.758	0.737	0.916	0.901	0.669
工具变量数	41	41	41	41	41
样本数	300	310	309	295	307

*、**和***分别表示 10%、5%和 1%水平上的显著性

注：①在估计模型中，LS_{t-1}、lnKY 和 lnKP 均具有一定内生性，考虑到工具变量数量的限制，而且 LS_{t-1} 和 lnKY 的内生性更强，故将 LS_{t-1} 和 lnKY 作为内生变量，滞后二期作为工具变量，其余变量均为外生变量；②表格没有报告常数项；③括号内为标准误差

对于本节重点关注的最低工资制度的收入分配效应，表 8.17 和表 8.18 报告的估计结果显示，无论是劳动密集行业，还是资本密集行业，最低工资标准的提高将会显著降低劳动收入份额，使收入分配格局向资本方倾斜。在劳动密集行业中，IMW 估计系数最小的是金属制品业的−0.293，其余行业均高于−0.3；资本密集行业中，IMW 估计系数最大的是化学原料和化学制品制造业的−0.349，其余行业均低于−0.3。可见，尽管在资本密集行业中，最低工资制度的覆盖率较低，只是覆盖了少部分的低技能劳动力，但是，最低工资标准的提高还是显著地降低了劳动收入份额，只不过效应要小于劳动密集行业。两类行业的比较显示，最低工资制度对劳动密集行业的影响要明显高于资本密集行业。实证结果支持了假设 8.1。

（二）最低工资制度影响就业人数的行业差异

表 8.19 和表 8.20 分别报告的是劳动密集和资本密集行业最低工资制度对就业人数的影响。从这两类行业的估计结果看，就业人数滞后一期的估计系数显著为正，表明就业人数保持了较好的连续性。除个别行业外，绝大多数行业的固定资本净值显著地影响了就业人数。人口数量显著地影响了劳动密集行业的就业人数，但是这种效应在资本密集行业中不存在。比较优势理论可以解释这一现象，那些劳动力充裕的地区更容易发展劳动密集行业，资本密集行业的发展则不受该因素的制约。在劳动密集行业中，5 个行业中有 4 个行业最低工资制度显著地降低了就业人数，但在资本密集行业中，只有 3 个行业的最低工资指标表现了显著性，其中造纸和纸制品业的估计系数仅在 10%水平上显著。而且，资本密集行业的 IMW 估计系数显著小于劳动密集行业。可见，最低工资制度对就业人数的负面效应主要体现在劳动密集行业中，资本密集行业尽管也存在着就业抑制效应，但

这种效应相对较小。相关的研究也发现，最低工资制度的失业效应在充分竞争、市场化程度较高的行业中最明显（Wang and Gunderson，2012），或者说在工资水平较低的行业中最为显著（Huang et al.，2014）。本节的劳动密集行业就属于市场化程度较高、工资水平较低的行业。最低工资制度影响就业人数的行业差异与前面对收入分配效应的分析结果保持了较好的一致性。

表 8.19　劳动密集行业最低工资制度对就业人数的影响

解释变量	被解释变量：lnLAB				
	（L-6）	（L-7）	（L-8）	（L-9）	（L-10）
$\ln LAB_{t-1}$	0.967***	0.790***	0.901***	0.729***	0.852***
	（0.013）	（0.012）	（0.016）	（0.019）	（0.006）
lnTK	0.106***	0.041***	－0.036***	0.053***	0.075***
	（0.008）	（0.015）	（0.013）	（0.012）	（0.003）
lnPOP	－0.121***	0.246***	0.158***	0.262***	0.096***
	（0.028）	（0.024）	（0.017）	（0.029）	（0.020）
IMW	0.204***	－0.909***	－1.474***	－1.085***	－0.708***
	（0.034）	（0.073）	（0.094）	（0.083）	（0.045）
AR（1）	0.120	0.036	0.031	0.009	0.003
AR（2）	0.521	0.710	0.360	0.743	0.253
Hansen 检验	0.812	0.363	0.920	0.770	0.682
工具变量数	39	31	39	39	39
样本数	309	240	276	300	300

*、**和***分别表示 10%、5%和 1%水平上的显著性

注：①$\ln LAB_{t-1}$ 和 lnTK 为内生变量，滞后二期作为工具变量，其余变量均为外生变量；②表格没有报告常数项；③括号内为标准误差

表 8.20　资本密集行业最低工资制度对就业人数的影响

解释变量	被解释变量：lnLAB				
	（K-6）	（K-7）	（K-8）	（K-9）	（K-10）
$\ln LAB_{t-1}$	0.990***	0.956***	1.100***	0.710***	0.754***
	（0.008）	（0.005）	（0.017）	（0.018）	（0.012）
lnTK	0.038***	0.071***	0.029***	0.189***	0.100***
	（0.006）	（0.004）	（0.007）	（0.016）	（0.006）
lnPOP	－0.016***	－0.011	－0.090***	0.094**	0.156***
	（0.005）	（0.012）	（0.015）	（0.040）	（0.012）
IMW	0.436***	0.030	－0.051*	－0.445***	－0.450***
	（0.043）	（0.029）	（0.027）	（0.112）	（0.052）
AR（1）	0.004	0.000	0.003	0.048	0.001
AR（2）	0.165	0.363	0.238	0.546	0.348
Hansen 检验	0.777	0.723	0.957	0.799	0.731
工具变量数	39	39	39	39	39
样本数	300	310	297	280	309

*、**和***分别表示 10%、5%和 1%水平上的显著性

注：①$\ln LAB_{t-1}$ 和 lnTK 为内生变量，滞后二期作为工具变量，其余变量均为外生变量；②表格没有报告常数项；③括号内为标准误差

（三）最低工资制度影响资本劳动比的行业差异

表 8.21 报告的是劳动密集行业最低工资制度对资本劳动比的影响效应。5 个行业中有 4 个行业最低工资指标 IMW 表现了显著的正相关关系，而且估计系数比较大，说明最低工资制度的实施有力地促进了资本深化进程。随着最低工资标准的不断提高，劳动力的成本也在相应上升。此时，如果资本品价格保持不变或者价格的上升速度小于劳动力成本的上升速度，就会导致资本和劳动相对价格的变动，企业会调整要素投入决策，在生产中投入更多的资本实现对劳动的替代，导致资本劳动比的快速上升。依据表 8.22 资本密集行业的估计结果，可以认为，最低工资制度没有对该行业的资本劳动比造成显著影响。上述估计结果表明，最低工资制度会通过要素替代促进劳动密集行业的资本深化，但对资本密集行业则没有一致的影响，其中既有资本密集行业最低工资制度覆盖率低方面的原因，也有生产技术方式的原因，因为资本密集行业的生产模式要改变难度很大。

表 8.21　劳动密集行业最低工资对资本劳动比的影响

解释变量	被解释变量：lnKL				
	（L-11）	（L-12）	（L-13）	（L-14）	（L-15）
$\ln KL_{t-1}$	0.981***	0.802***	0.880***	0.987***	0.863***
	（0.020）	（0.037）	（0.022）	（0.025）	（0.015）
SOE	−0.171**	−0.782***	0.064	0.629***	−0.674***
	（0.078）	（0.271）	（0.133）	（0.213）	（0.090）
FDI	−0.259***	−1.134***	−0.637**	2.584***	−0.149
	（0.076）	（0.294）	（0.254）	（0.364）	（0.200）
IMW	−0.121*	1.100***	1.596***	0.460***	1.259***
	（0.072）	（0.267）	（0.184）	（0.170）	（0.181）
AR（1）	0.050	0.055	0.019	0.000	0.045
AR（2）	0.952	0.364	0.505	0.356	0.192
Hansen 检验	0.172	0.490	0.206	0.770	0.810
工具变量数	22	18	22	22	22
样本数	308	240	275	299	300

*、**和***分别表示 10%、5%和 1%水平上的显著性

注：①$\ln KL_{t-1}$ 为内生变量，滞后二期作为工具变量，其余变量均为外生变量；②表格没有报告常数项；③括号内为标准误差

表 8.22　资本密集行业最低工资对资本劳动比的影响

解释变量	被解释变量：lnKL				
	（K-11）	（K-12）	（K-13）	（K-14）	（K-15）
$\ln KL_{t-1}$	0.892***	0.978***	0.838***	0.426***	0.805***
	（0.011）	（0.013）	（0.007）	（0.029）	（0.018）
SOE	0.326***	0.107**	−0.192***	−0.677***	−0.152*
	（0.077）	（0.042）	（0.065）	（0.108）	（0.081）
FDI	1.269**	−0.050	0.381***	0.466***	0.014
	（0.609）	（0.054）	（0.103）	（0.098）	（0.048）

续表

解释变量	被解释变量：lnKL				
	（K-11）	（K-12）	（K-13）	（K-14）	（K-15）
IMW	−1.449*** （0.299）	0.128* （0.073）	−0.123 （0.076）	−0.749*** （0.196）	0.420*** （0.067）
AR（1）	0.003	0.002	0.164	0.004	0.000
AR（2）	0.292	0.820	0.439	0.680	0.219
Hansen 检验	0.312	0.187	0.400	0.182	0.296
工具变量数	22	22	22	22	22
样本数	300	310	297	280	309

*、**和***分别表示 10%、5%和 1%水平上的显著性

注：①$\ln KL_{t-1}$ 为内生变量，滞后二期作为工具变量，其余变量均为外生变量；②表格没有报告常数项；③括号内为标准误差

第六节　本章小结

最低工资制度是政府干预劳动力市场运作的典型公共政策，人们寄希望于通过最低工资制度的实施提升低收入劳动者群体的收入，改变收入分配格局，实现社会的正义。但是，最低工资制度影响收入分配的机制比较复杂，它可以通过补偿效应和溢出效应改善劳动者的收入分配状况，同时，也可以通过淘汰效应和替代效应减少就业人数降低劳动收入份额，该制度影响要素收入分配格局的净效应是不确定的。本章对中国工业部门的研究发现，旨在提升低技能劳动力工资水平的最低工资制度最终却导致了劳动收入份额的下降。最低工资制度有可能会通过淘汰低效率企业而导致就业人数的减少，也可能通过促使企业投入更多的资本实现对劳动的替代，即“机器换人”，这两者均会导致低收入劳动者群体就业人数的减少，以及资本深化的加速，最终导致劳动收入份额的下降而不是上升。最低工资制度改善了一部分劳动者群体的收入状况，却可能是以另一部分劳动者群体的利益作为代价的，这也是这项公共政策的主要缺陷。

本章对中国制造行业的实证研究发现，无论是劳动密集行业还是资本密集行业，最低工资制度均显著地降低了劳动收入份额，不过，该制度对劳动密集行业收入分配的负面效应更大。通过比较研究发现，在劳动密集行业中，最低工资制度的实施不仅导致了就业人数的明显减少，而且还促使企业改变要素投入决策，在生产中投入更多的资本实现对劳动的替代，最终导致资本深化。在资本密集行业中，尽管最低工资制度对就业人数也产生了一些负面效应，但对资本劳动比没有产生本质的影响。最低工资制度的收入分配效应存在着明显的行业差异。由此可见，最低工资制度最直接的受惠者是劳动密集行业中的低技能劳动者，而最大

的负面效应承受者也是这部分群体。

正义的结果是人们追求的，实现正义的途径更是需要人们探索的。本章的分析结果预示着，如何提升劳动力市场低技能劳动力的收入水平是一个需要关注的重要问题。近些年，受到劳动力市场供求关系逆转和最低工资制度实施力度不断加大等多重因素的影响，中国劳动力市场中低技能劳动力的工资水平实现了快速增长。然而，这样的增长势头是否可以持续呢？沿海地区一些劳动力密集的制造业企业的退出和迁移以及大规模的“机器换人”行动均表明，要实现低技能劳动力工资水平的不断提高并非一件容易的事情。基于劳动生产率和工资之间的直观关系，可以断言，如果企业劳动生产率无法得到提高，劳动者的工资水平就没有提高的可能性。即使政府试图通过提高最低工资标准来推动劳动者工资的增长，这样的愿望也是很难实现的。因此，有必要回到劳动生产率的层面来讨论问题。从长远看，通过人力资本投资，不断提高低技能劳动力的技能水平和可雇佣性，可能是实现工资增长的唯一途径。另外，中国劳动力市场的发展态势已呈现出越来越多的与发达国家相似的特征，这就需要加大对发达国家的研究，借鉴发达国家的有益经验，加强对中国劳动力市场的治理。

2015 年中国有 27 个省（自治区、直辖市）上调了最低工资标准，同样是 2015 年，沿海地区的很多制造业企业迫于劳动力成本的快速提高而迁移、退出和大规模的“机器换人”，这两者之间难道没有关联性吗？尽管最低工资标准提高并非是提高劳动力成本的唯一因素，但要说这两者之间没有关联性，也很难令人信服。随着工资水平的上升，就业弹性会相应增加，最低工资制度对收入分配和就业的负面效应将越来越明显。因此，本章的政策意义体现在以下方面：第一，有必要完善最低工资制度，适当降低最低工资标准的调整频率，同时放缓最低工资标准提高的速度。第二，有必要关注低技能劳动力的失业问题。最低工资标准的提高会对劳动密集行业的就业直接产生影响。为增加对低技能劳动力的吸纳，应该加快服务业的发展，尤其是劳动密集服务业的发展，加快对低技能劳动力的吸纳，控制低技能劳动力的失业问题。第三，有必要注意到劳动力市场需求的结构性变化。制造业企业的“机器换人”行为会改变劳动力市场的需求结构，企业在减少低技能劳动力需求的同时会增加对高技能劳动力的需求，这就需要政府前瞻性地对劳动力市场的供给进行统筹，适时地提供合格的高技能人才，促进企业的转型升级。

第九章　集体谈判制度和要素收入分配

新古典经济学认为，在完全竞争的市场中，劳动者的工资水平等于劳动的边际产品，资本的收益率等于资本的边际产品，因此要素的收入份额就等于各自的产出弹性系数，但是垄断力量的存在会使收入分配格局向资本方倾斜。市场力量通过影响工资水平和就业人数进而影响要素收入份额。市场力量可以认为是影响收入份额的根本性力量。例如，Lewis（1954）就提出在农村剩余劳动力无限供给的前提下，非农部门只要提供略高于生存工资的工资水平就可以获得大量的劳动力，其中农村劳动力无限供给就是基本的市场力量。除市场力量外，制度力量也被认为是影响收入分配的重要力量，但是该因素往往被忽略或者被低估。制度力量指的是通过制度设计来对劳动者权益进行保护，进而影响收入分配。在中国的目前状况下，典型的例子就是《中华人民共和国劳动合同法》和《最低工资规定》。谈判力量指的是资本和劳动对于共同创造的价值的分配力量，由市场力量和制度力量决定。相对谈判力量的变动可能导致要素收入分配的变动。例如，对西方发达国家和日本的研究发现，劳动收入份额的下降和工会化程度的下降密切相关（Bental and Demougin，2010；Agnese and Sala，2011）。

本章将分析工会组织、集体谈判和要素收入分配之间的关系。中国的工会组织工作取得的成就已属非凡。2014年全国基层工会组织数量已达278.1万个，工会组织成员数量已达2.88亿人，占当前非农就业人数的52.9%。一方面是中国工会组织的迅猛发展；另一方面却是很少有人对工会组织在维护劳动者权益上发挥的作用给予充分的肯定，人们普遍认为工会组织的作用仅限于在节假日发发福利和在平时搞搞活动，至于说要工会组织利用集体谈判制度在保护劳动者权益和提高劳动者工资待遇上有所作为，就会被认为期望过高。工会组织真的是徒有虚名吗？有研究发现，工会能够显著地提高工人的小时平均工资，缩短每月平均工作时间，并提高企业养老保险覆盖率（姚洋和钟宁桦，2008；李永杰等，2013）。也有研究发现，工会组织促进了劳动生产率的提高，但是最终导致劳动收入份额的下降（魏下海等，2013a）。从这些研究看，工会组织可能有提升工资水平的作用，但是企业很可能会利用工会组织来提高劳动生产率，当劳动生产率的提升速度高于工资水平时，劳动收入份额反而是下降的。上述研究利用的主要是企业层面的微观数据，本章将利用较宏观的数据对该问题进行研究，并解释集体谈判制度的缺乏将对中国制造业未来的收入分配格局产生的影响。

第一节　集体谈判影响收入分配的理论模型

本节利用 Mcdonald 和 Solow（1981）最早提出的关于工资决定的租金分享谈判框架来分析劳动者收入的决定效应。假设企业中成立了工会组织，对风险的偏好是中性的，其效用函数简单地表示为

$$U\left(w,L\right)=Lu(w)+\left(L_0-L\right)u(\overline{w}) \tag{9.1}$$

其中，L 是企业需要雇佣的劳动力数量；L_0 是工会组织的员工数量，满足 $0<L<L_0$；w 表示真实工资水平；$u(w)$ 是员工的效用函数，假设满足 $u'>0$ 和 $u''<0$；$\overline{w}$ 表示员工在劳动力市场中的保留工资水平。

假设企业进行生产活动的投入品只有劳动力，没有其他投入品，企业的效用函数就是利润函数，表示为

$$\pi(w,L)=R(L)-wL \tag{9.2}$$

其中，$R(L)$ 是收益函数。假设在工资决定谈判中，工会的威胁点是员工在劳动力市场的保留工资水平 $\overline{w}$，而企业的威胁点是利润为 0，谈判的结果是实现式（9.3）的最大化。

$$\max_{w,L}\Pi=\left[Lu\left(w\right)+\left(L_0-L\right)u\left(\overline{w}\right)-L_0u\left(\overline{w}\right)^{\theta}\right]\left[R\left(L\right)-wL\right]^{1-\theta} \tag{9.3}$$

其中，系数 θ 表示的是工会的谈判能力，满足 $\theta\in[0,1]$。式（9.3）可以写为

$$\max_{w,L}\Pi=\left[L\left(u\left(w\right)-u\left(\overline{w}\right)\right)\right]^{\theta}\left[R\left(L\right)-wL\right]^{1-\theta} \tag{9.4}$$

为了达到最大化，式（9.4）中 w 满足的一阶条件表示为

$$\frac{u(w)-u(\overline{w})}{u'(w)}=\frac{\theta\left[R(L)-wL\right]}{\left(1-\theta\right)L} \tag{9.5}$$

根据微分原理，$u(\overline{w})$ 可以简单地表示为

$$u(\overline{w})\cong u(w)+\left(\overline{w}-w\right)u'(w) \tag{9.6}$$

将式（9.6）代入式（9.5）中，得到员工的工资水平 w 的表达式为

$$w=\left(1-\theta\right)\overline{w}+\theta\frac{R(L)}{L} \tag{9.7}$$

为了直观地显示企业和员工之间的租金分享状况，式（9.7）可以转变为

$$w = \overline{w} + \theta \frac{R(L) - \overline{w}L}{L} \tag{9.8}$$

其中，$R(L)-\overline{w}L$ 代表企业租金；而 $\left(R(L)-\overline{w}L\right)/L$ 代表人均企业租金。式（9.8）意味着，企业租金水平和员工工资水平之间保持着较强的正相关关系，那些租金水平较高的企业有较强的营利能力和支付能力，它们会向员工支付较高的工资。将工资决定的租金分享理论应用到劳动者收入决定中，发现工会组织影响劳动者收入的机制和途径有两个方面：第一，工会组织将通过影响企业租金水平最终影响收入水平。工资决定的租金分享模型显示，工资由两部分组成：保留工资和租金分成。如果工会组织能够增加员工的凝聚力，提升员工的劳动生产效率，那么工会组织就会增加企业的租金水平，改善企业绩效，最终通过租金分享机制来提升自身的收入。第二，劳动者收入水平不仅受到租金绝对水平的影响，也受到劳动方在租金分享中的谈判能力的影响。作为改变单个员工谈判能力低下而出现的工会组织，有可能打破资本方和劳动方谈判力量上的不平衡，提升劳动方在租金分享中的谈判能力和分享比例，最终使收入水平增加，即工会组织能够通过提高租金分享谈判能力来提升劳动者收入。

进一步考察企业和员工之间的分配关系。假设员工的报酬占双方共同创造价值的比重为劳动收入份额，定义为

$$\mathrm{LS} = \frac{wL}{R(L)} \tag{9.9}$$

则将式（9.8）代入式（9.9）中，经过整理为

$$\mathrm{LS} = \frac{\overline{w}L}{R(L)} + \theta \frac{R(L) - \overline{w}L}{R(L)} \tag{9.10}$$

式（9.10）直观地呈现了企业中的要素收入分配关系。假设企业中资本和劳动创造的价值和工会的谈判能力无关，则劳动收入份额和谈判能力之间的关系可以表示为

$$\frac{\partial \mathrm{LS}}{\partial \theta} = 1 - \frac{\overline{w}L}{R(L)} > 0 \tag{9.11}$$

式（9.11）表达的意思是随着工会谈判能力的提高，劳动收入份额会进一步增加，工会通过开展集体谈判能够有效地改变资本和劳动的收入分配关系。

式（9.8）还显示，如果工会能够促进资本方和劳动方的合作关系，通过提高劳动生产率进而增加企业租金，那么员工的工资水平也可能进一步提高。那么，企业租金水平的提高是否会必然促进劳动收入份额呢？劳动收入份额和收益 $R(L)$ 的关系可以表示为

$$\frac{\partial \mathrm{LS}}{\partial R(L)}=\frac{(\theta-1)\overline{w}L}{\left[R(L)\right]^{2}}<0 \tag{9.12}$$

式（9.12）表明，如果仅仅是提高劳动生产率是无法改变劳动收入份额的。工会组织要改变企业中的收入分配，唯一的途径是提高谈判能力。基于上述讨论，可以得到基本结论，即如果工会组织表现能够提升劳动收入份额，则劳动者的工资水平必然会实现提高。但是，劳动者工资的增加并不会必然地增加劳动收入份额。如果工会组织不能够增加劳动者的工资，那么改变收入分配格局则更加无从谈起。

第二节　研究方法和研究结果

一、研究方法

本节将简单地利用中国省级面板数据对工会组织的收入分配效应进行实证研究。综合已有的研究以及先期的尝试，本节发现，在利用省级面板数据进行分析时，对数模型能更好地刻画变量之间的关系。因此，本节构建的计量模型显示为

$$\begin{aligned}\ln \mathrm{LS}_{i,t}=\alpha_0+\alpha_1\ln \mathrm{GDP}_{i,t}+\alpha_2\left(\ln \mathrm{GDP}_{i,t}\right)^2+\alpha_3\ln \mathrm{KY}_{i,t}+\alpha_4\ln \mathrm{KL}_{i,t}\\+\alpha_5\ln \mathrm{FDI}_{i,t}+\alpha_6\ln \mathrm{EXP}_{i,t}+\alpha_7\ln \mathrm{PFE}_{i,t}+\alpha_8\ln \mathrm{UN}_{i,t,j}+\varepsilon_{i,t}\end{aligned} \tag{9.13}$$

其中，$\mathrm{LS}_{i,t}$ 表示 i 省市 t 时期的劳动收入份额；$\mathrm{GDP}_{i,t}$ 表示人均地区生产总值，代表地区的经济发展水平。计量模型引入了人均 GDP 对数的平方项，以更好地呈现经济发展水平和劳动收入份额之间的关系。$\mathrm{KY}_{i,t}$ 表示资本产出比；$\mathrm{KL}_{i,t}$ 表示资本劳动比；$\mathrm{FDI}_{i,t}$ 表示外商直接投资；$\mathrm{EXP}_{i,t}$ 表示出口贸易；$\mathrm{PFE}_{i,t}$ 表示公共财政支出；$\mathrm{UN}_{i,t,j}$ 表示工会组织影响收入分配格局的一系列指标。

式（9.13）中的系数 α_8 是本节致力于探索的主要内容，它表示了工会化程度对要素收入分配的效应，如果 α_8 显示是正的，则表明中国的工会组织在保障劳动者权益方面真正发挥了作用，能够有效提升劳动者在收入分配中的地位。系数 α_1 和 α_2 反映了经济发展水平和劳动收入份额之间的关系。本书第四章对经济增长过程中的要素收入分配变动分析表明，随着农村劳动力的转移和二元经济结构向一元经济的转型，劳动收入份额会经历先下降后上升的趋势，转换到经济发展层面，则表现为在经济发展的前期，劳动收入份额会呈下降趋势，经济发展到一定程度后，劳动收入份额会开始上扬，因此，经济发展水平和劳动收入份额之间会

呈现一种 U 形关系。由此，可以预期系数α_1为正，系数α_2为负。系数α_3反映了资本产出比对劳动收入份额的影响，如果该系数为正值，则表明资本和劳动的替代弹性小于1；如果该系数为负值，则表明资本和劳动的替代弹性大于1。已有的研究发现，中国的资本产出比一般是正的。系数α_4表示了资本劳动比对劳动收入份额的影响，资本积累和深化将改变要素收入分配格局，使其向资本方倾斜，因此，该系数预计为负。系数α_5反映了 FDI 对劳动收入份额的影响，根据已有的研究，可以预计α_5为负值。系数α_6表示了出口贸易对劳动收入份额的影响，基于第七章的理论分析，预期该系数为负值。系数α_7反映了财政支出对要素收入分配的影响，由于财政支出的很大一部分投入在民生工程，有助于提升劳动收入份额，因此预期该系数为正值。

本章第一节的理论分析表明，工会组织如果要改变收入分配格局，就必然需要提升劳动者的工资水平。相反则不成立，即使工会组织提升了劳动者的工资水平，也不会必然地改变收入分配格局。为了进一步探索工会组织对收入分配机制的影响，本节将对劳动者的工资水平进行进一步分析，分析采用式（9.14）的计量模型。

$$\begin{aligned}\ln \mathrm{WAGE}_{i,t} = &\beta_0 + \beta_1 \ln \mathrm{KY}_{i,t} + \beta_2 \ln \mathrm{KL}_{i,t} + \beta_3 \ln \mathrm{FDI}_{i,t} \\ &+ \beta_4 \ln \mathrm{EXP}_{i,t} + \beta_5 \ln \mathrm{PFE}_{i,t} + \beta_6 \ln \mathrm{UN}_{i,t,j} + \varepsilon_{i,t}\end{aligned} \tag{9.14}$$

其中，$\mathrm{WAGE}_{i,t}$表示i省市t时期劳动者的平均劳动报酬，其余变量的意义与计量模型式（9.13）相同。

二、变量设定

劳动收入份额、人均地区生产总值、资本产出比、资本劳动比、出口贸易、外商直接投资和公共财政支出等变量的定义和说明参见第五章。以下仅对人均劳动报酬和工会化程度指标进行说明。

（一）人均劳动报酬

人均劳动报酬（WAGE）定义为各省（自治区、直辖市）的劳动报酬总额与就业人数之比，单位：元。就业人数相关数据来自于各省（自治区、直辖市）的统计年鉴。

（二）工会化程度指标

本节设置了一系列指标来表示各省（自治区、直辖市）的工会化程度指标（UN）。UN_1为各省（自治区、直辖市）的基层工会数占法人总数的百分比，该指标表示了全部法人组织中的工会化率。由于很多法人组织并非营利性组织，这些组织中的工会组织并不具有集体谈判的功能，为了克服这个缺陷，本节设置 UN_2 变量，该代理变量为企业工会数占企业法人数的百分比；UN_3 为企业工会数量与非农就业人数之比，单位为：个/万人；UN_4 为工会会员总数占非农就业人数的百分比；UN_5 为企业工会会员占非农就业人数的百分比。各省（自治区、直辖市）的法人总数相关数据来自于《中国基本单位统计年鉴》。基层工会数和企业工会数相关数据均来自于《中国劳动统计年鉴》。各省（自治区、直辖市）的非农就业人数为各省（自治区、直辖市）第二产业和第三产业就业人数之和，数据来自于各省（自治区、直辖市）的统计年鉴。各省（自治区、直辖市）的工会会员数和企业工会会员数来自于《中国劳动统计年鉴》。变量的描述性统计参见表 9.1。

表 9.1 变量的描述性统计

变量名称	变量符号	样本数量	平均值	标准差	最小值	最大值
人均劳动报酬	WAGE	540	14 520	9 931	2 686	64 019
工会化指标 1	UN_1	540	23.388	9.805	4.540	88.291
工会化指标 2	UN_2	450	28.447	16.987	3.909	76.252
工会化指标 3	UN_3	510	26.961	15.608	4.907	83.052
工会化指标 4	UN_4	540	45.546	16.012	15.884	96.441
工会化指标 5	UN_5	510	33.511	12.512	3.107	76.538

三、实证研究结果

表 9.2 和表 9.3 分别报告的是用混合 OLS 模型和固定效应模型估计的结果。表 9.2 的估计结果表明，5 个工会化代理变量的估计结果相差很大，在模型（2）中，工会化指标的系数显著为正，但模型（4）和模型（5）中，估计系数显著为负，另外两个模型的估计系数不显著。在表 9.3 中，只有模型（1）和模型（2）的估计系数显著，但是是相反的，其余均不显著。综合估计结果，可以得到一个基本的结论：中国各省（自治区、直辖市）的工会化程度影响要素收入分配不显著。前面的理论分析显示，工会组织影响收入分配不显著可能有两种情况：一是工会组织既促进了资本方和劳动方的合作，提高了劳动生产率，又通过集体谈判影响了利益的分配，但两种效应中和，导致对收入分配的总体效应不明显；二是工会组织根本就没有通过建立集体谈判制度去改变企业的利益分配格局。这两种情况的重要区别可以通过分析工会组织的工资提升效应来实现。表 9.4 报告的是对人均劳动报酬的估计结果。估计结果明确显示，工会组织对劳动者的报酬水平没有显著的影响。由此可见，中国的工会组织没有切实提升劳动者报酬的功能，因此自然就无法改变要素收入分配格局。

表 9.2　工会化程度对劳动收入份额的影响：混合 OLS

解释变量	被解释变量：lnLS				
	(1)	(2)	(3)	(4)	(5)
lnGDP	−0.342***	−0.342*	−0.571***	−0.786***	−0.727***
	(0.174)	(0.208)	(0.180)	(0.173)	(0.184)
$(\text{lnGDP})^2$	0.032***	0.021**	0.029***	0.034***	0.032***
	(0.008)	(0.010)	(0.008)	(0.008)	(0.008)
lnKY	0.034	0.099**	0.053	0.102*	−0.089
	(0.047)	(0.051)	(0.048)	(0.061)	(0.061)
lnKL	−0.055	−0.121**	−0.075	−0.082	0.070
	(0.046)	(0.049)	(0.047)	(0.061)	(0.060)
lnFDI	0.008	−0.003	0.005	0.003	0.001
	(0.007)	(0.007)	(0.007)	(0.007)	(0.007)
lnEXP	−0.040***	−0.027***	−0.039***	−0.039***	−0.036***
	(0.007)	(0.008)	(0.007)	(0.007)	(0.007)
lnPFE	−0.002	0.028*	0.003	0.021	0.012
	(0.014)	(0.016)	(0.015)	(0.015)	(0.014)
lnUN_1	0.003				
	(0.013)				
lnUN_2		0.032**			
		(0.013)			
lnUN_3			0.016		
			(0.011)		
lnUN_4				−0.083***	
				(0.025)	
lnUN_5					−0.078***
					(0.022)
R^2	0.356	0.287	0.332	0.332	0.346
F	36.560	22.220	31.140	31.140	33.170
样本数	539	450	510	539	510

*、**和***分别表示 10%、5%和 1%水平上的显著性

注：①表格没有报告常数项；②括号内为标准误差

表 9.3　工会化程度对劳动收入份额的影响：固定效应

解释变量	被解释变量：lnLS				
	(1)	(2)	(3)	(4)	(5)
lnGDP	−0.947***	−1.111***	−1.024***	−0.989***	−0.993***
	(0.207)	(0.256)	(0.217)	(0.203)	(0.218)
$(\text{lnGDP})^2$	0.054***	0.061***	0.058***	0.058***	0.057***
	(0.008)	(0.010)	(0.009)	(0.008)	(0.009)
lnKY	0.175**	0.086	0.154*	0.238***	0.174**
	(0.084)	(0.094)	(0.087)	(0.092)	(0.090)
lnKL	−0.203***	−0.146*	−0.199**	−0.268***	−0.216***
	(0.075)	(0.087)	(0.078)	(0.084)	(0.082)
lnFDI	0.031***	0.039***	0.035***	0.034***	0.036***
	(0.008)	(0.009)	(0.008)	(0.008)	(0.009)
lnEXP	−0.083***	−0.086***	−0.089***	−0.089***	−0.092***
	(0.011)	(0.013)	(0.012)	(0.011)	(0.012)

续表

解释变量	被解释变量：lnLS				
	（1）	（2）	（3）	（4）	（5）
lnPFE	0.094***	0.091***	0.096***	0.092***	0.098***
	（0.026）	（0.028）	（0.026）	（0.026）	（0.026）
$lnUN_1$	−0.022*				
	（0.012）				
$lnUN_2$		0.0240*			
		（0.013）			
$lnUN_3$			0.010		
			（0.010）		
$lnUN_4$				0.038	
				（0.025）	
$lnUN_5$					0.022
					（0.020）
R^2	0.311	0.247	0.295	0.305	0.287
F	36.340	18.710	29.480	36.230	29.540
样本数	539	450	510	539	510

*、**和***分别表示 10%、5%和 1%水平上的显著性

注：①表格没有报告常数项；②括号内为标准误差

表 9.4 工会化程度对人均劳动报酬的影响：固定效应

解释变量	被解释变量：lnWAGE				
	（1）	（2）	（3）	（4）	（5）
lnKY	−1.055***	−1.048***	−1.065***	−1.083***	−1.066***
	（0.055）	（0.064）	（0.058）	（0.056）	（0.058）
lnKL	0.941***	0.939***	0.935***	0.945***	0.933***
	（0.020）	（0.023）	（0.021）	（0.022）	（0.022）
lnFDI	0.018**	0.019**	0.018**	0.017**	0.018**
	（0.008）	（0.009）	（0.009）	（0.008）	（0.009）
lnEXP	−0.087***	−0.092***	−0.096***	−0.088***	−0.096***
	（0.012）	（0.014）	（0.012）	（0.012）	（0.013）
lnPFE	0.057**	0.089***	0.069**	0.044*	0.068**
	（0.026）	（0.029）	（0.027）	（0.026）	（0.027）
$lnUN_1$	−0.053***				
	（0.012）				
$lnUN_2$		0.011			
		（0.013）			
$lnUN_3$			−0.003		
			（0.011）		
$lnUN_4$				−0.017	
				（0.024）	
$lnUN_5$					−0.002
					（0.021）
R^2	0.956	0.945	0.945	0.949	0.945
F	2 609.630	1 850.610	2 276.440	2 519.450	2 276.110
样本数	510	450	510	510	510

*、**和***分别表示 10%、5%和 1%水平上的显著性

注：①表格没有报告常数项；②括号内为标准误差

本节的分析结果有一定的现实基础。关于中国工会组织的现实是：机关和事业单位的工会组织不具备影响组织薪酬策略的资格，而企业中的工会组织则没有能力影响组织的薪酬策略。对于机关和事业单位而言，组织的薪酬策略是统一制定的，不具有谈判的空间。对于企业中的工会组织，尽管国家协调劳动关系三方会议于2010年提出要实施“彩虹计划”，准备在企业中推行集体协商和集体合同制度，力求在2011年使集体协商和集体合同的覆盖率达到80%以上。但从实际的实施状况看，一些企业是响应国家的政策成立的工会组织，但没有实质性地推动集体协商制度，因此总体效果不明显。

对西方发达国家的研究发现，第二次世界大战后这些国家的劳动收入份额呈现先上升后下降的趋势，其中的一个重要原因就是工人阶级相对谈判能力的变动（Kristal，2010），该研究结论也得到了Bengtsson（2014）研究的支持。Bengtsson（2014）发现在第二次世界大战结束后的1960~2007年，总体上发达国家的工会覆盖率和工资份额之间保持着显著的正相关关系，不过不同的国家有不同的表现，在北欧国家中，工会覆盖率和工资份额之间正相关关系比较弱或者是不显著，在德国和盎格鲁-撒克逊国家中这种正相关关系比较明显。而且，在不同的时期工会覆盖率和工资份额之间的关系也呈变动态势，在20世纪八九十年代，工会覆盖率对工资份额的影响比较弱，这与国家的工资政策和货币政策有关。这说明，工会的覆盖率是一回事，而工会组织能够改变工人阶级经济地位又是另外一回事，工会组织要想切实改变收入分配，需要一些机制的支持。

第三节　就业调整和收入分配：以制造业部门为例

改革开放以来，中国制造业取得了长足的发展，独立完整的产业体系已经基本建成，中国制造的各种产品已经走出国门，深入参与国际竞争体系中，成就了“中国制造”的美誉。依据世界银行发布的数据，2010年中国制造业创造的附加值为19 250亿美元，超过美国的17 521亿美元，成为世界制造业第一大国。同年，按照世界银行的划分标准，中国的人均国民收入达到4 230美元，超过了上中等收入国家3 976美元的标准，正式进入上中等收入国家的行列。中国制造业的快速发展有力地推动了工业化和现代化进程，显著提升了劳动者收入和综合国力。然而，目前在中国沿海地区出现了大量制造业企业关闭、转移和“机器换人”的现象。制造业发展和产业结构升级遵循着某些规律。例如，制造业部门的就业吸纳能力在到达一定规模后必将逐渐下降，而且制造业部门在经济中的地位也将相应下降。那么，中国制造业的就业吸纳能力是否已达到峰值？如果已达到峰值，产业发展规律预示着接下来制造业即将步入就业人数不断减少的调整期，那么收入分配格局将如何变化？主要发达国家已经经历了制造业就业规模到达峰值并逐渐下降的过程，在该过程中，要素收入分配格局变动是否存在显著的差异？导致这种差异的主要原因是什么？发达国家的经验对中国制造业未来的发展有何启示？基于上述分析脉络，本节将利用主要发达国家的制造业部门数据，分析就业调整和收入分配变动的态势，揭示就业调整和收入分配之间的影响机制，进而对中国制造业面临的问题展开讨论。

一、劳动收入份额的度量

本节采用劳动收入份额来度量制造业的收入分配格局，该变量是指在制造业部门就业的劳动者获得的报酬占制造业创造的增加值的比重。在雇佣活动中，企业或者雇主支付的用工成本既包括直接向劳动者支付的工资，也包括向保险部门支付的保险以及向政府支付的用工税收（Banister，2006a）。工资仅仅是雇主支付的用工成本的一部分，并不能很好地衡量雇主承担的全部用工成本。因此，本节的劳动报酬指的是企业承担的全部用工成本。劳动收入份额表示为

$$\mathrm{LS}=\frac{\mathrm{LC}}{\mathrm{VA}} \tag{9.15}$$

其中，LC 为制造业全部劳动者的劳动报酬；VA 为制造业的增加值。式（9.15）可以进一步写为

$$\mathrm{LS}=\frac{W\times H\times \mathrm{EM}}{\mathrm{GDP}\times \mathrm{MS}} \tag{9.16}$$

其中，W 表示制造业的平均小时劳动报酬（average hourly manufacturing compensation），数据来自于美国劳工统计局的统计数据；H 表示制造业劳动者年平均工作小时，数据来自于 WORLD KLEMS；EM 表示制造业部门的就业人数，数据也来自于 WORLD KLEMS；MS 表示制造业创造的价值占全部 GDP 的比例，MS 和 GDP 的数据均来自于世界银行。

图 9.1 显示的是美国等六个发达国家 1970~2010 年的劳动收入份额变动态势。从图 9.1 中可以看出劳动收入份额的变动具有以下基本特征。

（一）劳动收入份额呈周期性变动特征

1975 年以前，劳动收入份额呈逐渐上升的趋势，在 1975 年左右，劳动收入

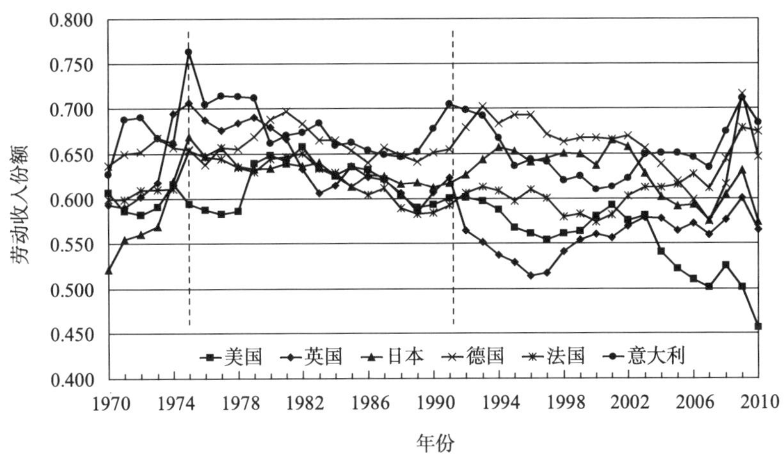

图 9.1　1970~2010 年美国等六国制造业部门劳动收入份额

份额达到了一个峰值；1975~1991 年，劳动收入份额呈先下降后上升的趋势，是一个比较完整的周期；1992~2009 年则是另一个相对完整的周期。这六个国家制造业劳动收入份额的变动周期与经济周期保持了较好的一致性。据此可以推测，1970~1975 年的劳动报酬上升是另一个周期的一部分。

（二）劳动收入份额变动呈滞后性

图 9.1 显示，1975 年、1992 年和 2009 年劳动收入份额处于峰值，而 1975 年正是 1973 年石油危机发生两年后，1990~1991 年欧洲国家爆发了严重的经济危机，2007~2008 年则发生了世界性的金融危机。从制造业劳动收入份额的变动趋势看，劳动收入份额的峰值基本上处于危机爆发后的 1~2 年内，滞后于经济危机的爆发。其中的主要原因可能是经济危机爆发降低了对制造业产品的需求，但是企业很难依据产品需求的降低即时地调整劳动力投入，劳动力数量的调整一般总是滞后于产品需求的变动，因此表现为企业利润下降和劳动收入份额上升。

（三）各国劳动收入份额的差异也呈周期性变动特征

1975 年、1992 年和 2009 年劳动收入份额处于峰值时，各个国家的劳动收入份额的差异处于最高水平。随着劳动收入份额的下降，劳动收入份额间的差异开始缩小，各个国家的劳动收入份额呈现趋同的态势。一般而言，在经济周期中间时，劳动报酬差异最小。例如，在 1975~1991 年这个周期中，1987 年的差异最小，而在 1992~2009 年这个周期中，2003 年的差异最小。

二、就业调整和劳动收入份额变动

1970~2010年这些发达国家的劳动收入份额呈现了比较一致的周期性变动特征，那么，它们是否具有自身的独特性呢？为显示劳动收入份额的变动特征，表9.5报告了六个国家劳动收入份额的平均值和标准差。六个国家的劳动收入份额的平均值差别比较明显，平均值最低的国家是美国，为58.4%，最高的国家为意大利，为66.6%。从标准差看，最大的是英国，为5.2%，美国次之为4.4%，最小的是法国，为2.5%。这说明，在1970~2010年，美国和英国制造业的劳动收入份额在这些发达国家中处于较低水平，但是它们的劳动收入份额的变动幅度处于最高水平，它们比其他发达国家的波动幅度明显高，这是一个值得进一步探索的现象。

表9.5　美国等六个国家制造业部门劳动收入份额

国家	样本数量	平均值	标准差	最小值	最大值
美国	41	0.584	0.044	0.457	0.658
英国	41	0.601	0.052	0.514	0.707
日本	41	0.622	0.033	0.521	0.669
德国	41	0.659	0.027	0.575	0.716
法国	41	0.616	0.025	0.574	0.678
意大利	41	0.666	0.033	0.610	0.764

劳动收入份额的实质就是人均劳动报酬与人均产出之间的比值，即劳动者获得的报酬占创造价值的比重。从这个定义看，似乎劳动收入份额仅受劳动生产率和劳动报酬的影响。其实不然。本节前面的分析发现，制造业中的收入分配格局直接受到经济周期的影响，而经济周期又会影响制造业的就业情况。当然，制造业的就业情况并不仅仅受经济周期的影响。1970~2010年是发达国家制造业劳动成本快速上升的时期，也是制造业产业链在全球重新配置的重要时期，制造业的就业状况随着制造业资本的重新配置也发生了调整。结合以上多方面的因素，本节将重点探索发达国家制造业就业调整和收入分配格局变动的关系。

为直观显示就业调整与收入分配格局变动间的关系，同时考虑到文章篇幅的关系，本节选择美国、英国、日本和德国四国进行重点分析。图9.2~图9.5分别呈现了美国、英国、日本和德国制造业就业人数和劳动收入份额。图9.2显示，1970~2010年美国制造业的劳动收入份额发生了较大幅度的变动，劳动收入份额从1982年的65.8%下降到2010年的45.7%，其间虽有反复波动，但下降的趋势非常明显，而制造业吸纳就业最高的年份是 1979 年，2010 年的就业人数最少，为 1 152.4 万人。图 9.2 表明，在 1970~2010 年的绝大部分时间里，劳动收入份额的变动趋势与就业人数的变动趋势基本保持一致。同样的现象也发生在英国。图 9.3 显示，英国的劳动收入份额由 1975 年的最高位 70.7%一直下降到 1996 年的 51.4%，下降的幅度接近 20 个百分点。其间虽有所反弹，但在 2010 年仍在低位，最终以 56.5%收官。1970~2010 年，英国制造业的就业量从 1970 年的 786.1 万人一直下降到 2010 年的 255.3 万人，近似于直线式下降。在欧洲国家中，英国可能是制造业吸纳就业能力下降速度最快的国家。

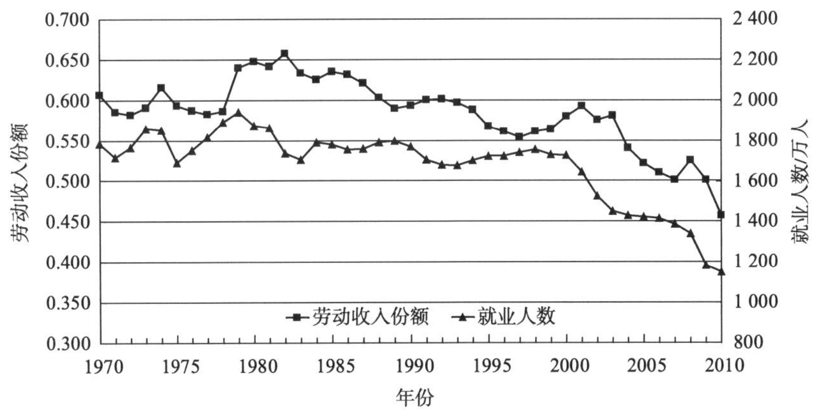

图 9.2 美国制造业的劳动收入份额和就业人数

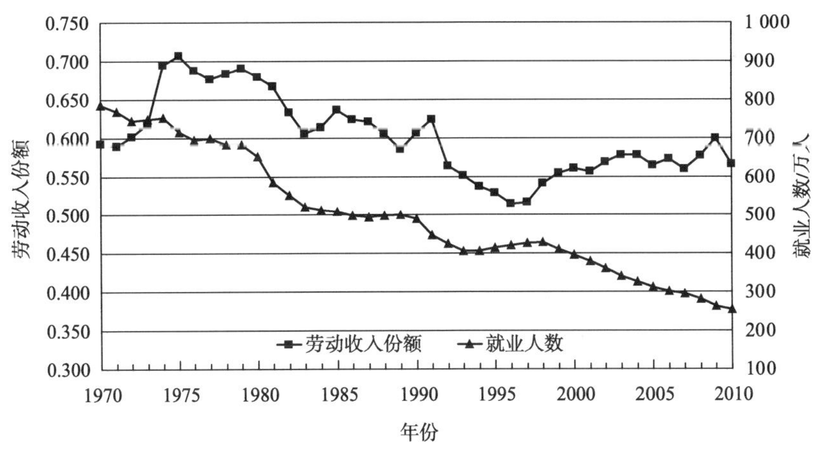

图 9.3 英国制造业的劳动收入份额和就业人数

图 9.4 显示的是日本制造业的情况。如果只考察 1975~2010 年这个周期，可以发现，劳动收入份额在该段时间保持了很好的稳定性，基本上在 60%~65%波动，波动的幅度很小。但是，在这段时间制造业的就业人数却发生了很大变化。1992

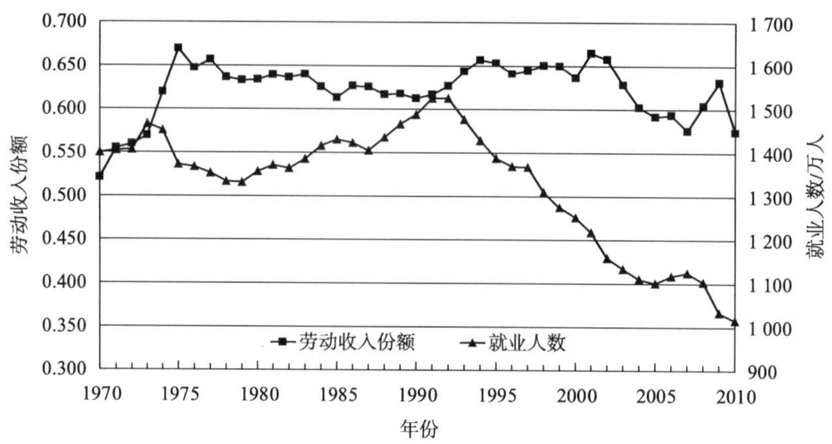

图 9.4　日本制造业的劳动收入份额和就业人数

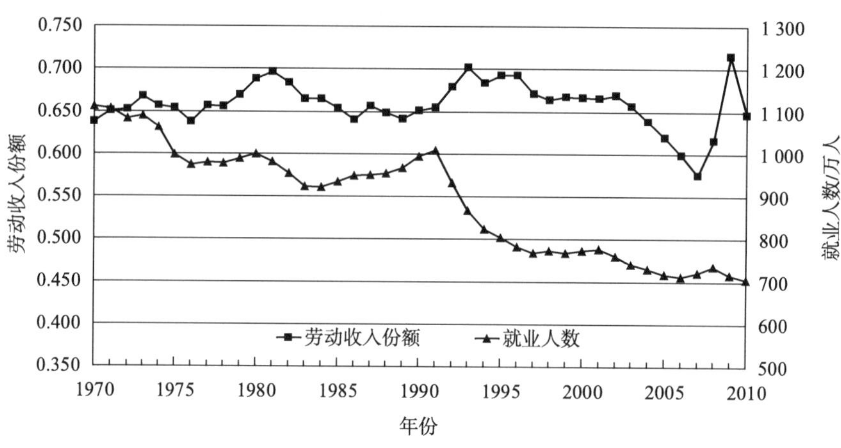

图 9.5　德国制造业的劳动收入份额和就业人数

年是日本制造业吸纳就业最多的一年，就业人数高达 1 529.5 万人。在 1992 年前的大部分时间内，日本制造业的就业人数还在逐渐上升。1992 年后，日本制造业的就业人数开始急剧下降，到 2010 年仅为 1 015.4 万人。图 9.4 显示，日本制造业的劳动收入份额与就业人数的变动似乎没有明显的相关性。类似的情况也发生在德国。图 9.5 显示，德国制造业部门在 1970~2010 年的绝大部分时间里，劳动收入份额基本上在 65%~70%的区间波动，保持了较为平稳的态势。但是，德国制造业就业人数呈现了明显的阶段性调整特点。在 1970~1991 年，就业人数有小幅度的调整，在这段时间内，就业人数下降了大约 100 万人。1992~2010 年，德国制造业的就业人数开始大幅减少，减少了 300 多万人。因此，从图 9.5 看，德国制造业就业调整似乎和劳动收入份额的调整不具有明显的相关性。

综合这四个国家就业调整和劳动收入份额变动的特征，可以发现，发达国家制造业就业调整和劳动收入份额变动有两种基本形态：一种是以美国和英国为代表，劳动收入份额的调整幅度较大，而且劳动收入份额的变动与就业人数的变动有较强的相关性；另一种是以日本和德国为代表，该模式的基本特征是劳动收入份额的调整幅度较小，劳动收入份额的调整与就业人数的变动没有明显关系，无论就业人数增加还是减少，劳动收入份额只是在一定水平上波动，没有明显的大幅度下降现象。

第四节 制度因素和调整模式

劳动收入份额等于人均劳动报酬与人均产出的比值，如果要使劳动收入份额维持在一个相对稳定的水平而不至于发生大幅度的变动，就有必要建立一种机制，使人均劳动报酬与人均产出保持一种稳定的关系。1970~2010 年，发达国家制造业的劳动生产率发生了大幅度提高。导致劳动生产率提高的主要原因有两个：一是发达国家将劳动生产率低的制造业关闭或者转移至人工成本更低的发展中国家；二是发达国家将信息和计算机技术广泛地应用于制造业，通过提升制造业的自动化水平最终提高劳动生产率。制造业企业提高劳动生产率的压力大部分就来自于不断提升的劳动力成本。劳动力成本和劳动生产率之间的关系是复杂的，劳动生产率的提高会促使劳动力成本的提高，而劳动力成本的提高又会对劳动生产率产生压力，促使劳动生产率进一步提高。正是受到劳动力成本上升和信息技术资本品价格下降的共同作用，发达国家的制造业在 1970~2010 年均呈现了就业人数不断减少的趋势。然而，同样是就业人数的减少，为什么收入分配格局会呈现不同的变动趋势？伴随着美国和英国制造业就业人数的减少，这两个国家制造业中的劳动收入份额呈现了明显的向下调整过程，而日本和德国制造业的劳动收入份额基本保持在一个相对稳定的状态。日本和德国制造业收入分配格局的决定似乎和就业人数的调整是无关的，或者说，在就业调整和劳动收入份额变动之间存在一种协调机制，它保证了制造业收入分配格局的相对稳定。

表 9.6 报告了日本和德国制造业的人均产出、就业人数和人均报酬的变动情况。本节将 1970~2010 年分为两个时间段进行对比。1970~1992 年日本制造业的人均产出年增长率为 3.9%，1970~1991 年德国的人均产出年增长率为 2.3%。而同时期的就业人数变动幅度很小，日本为 0.4%，德国为−0.5%。说明在该时期内，这两个国家制造业劳动生产率的提高不是通过调整就业人数实现的，而是实实在在地通过应用新技术等提高的。因此，人均劳动报酬也相应有较大幅度提高，日本和德国均每年提高 2.6%，德国的人均劳动报酬增速甚至略高于劳动生产率的增

速。再来分析后一时间段。从人均产出变动看，日本年增长率为 3.4%，略低于前一阶段，德国为 2.3%，与前一阶段保持一致。但是，就业人数的变动却显示，这一阶段日本和德国均发生了就业人数大幅度减少的现象，日本就业人数的减少速度达 2.2%，德国为 1.9%。因此，有理由相信，在该阶段两个国家制造业劳动生产率提高的主要原因并非应用先进的生产技术，而有可能主要是通过减少就业人数来实现的。既然实际的劳动生产率没有提高，那么大幅度提高劳动报酬就缺乏基础，所以该阶段两个国家的劳动报酬就没有大幅度增加。由此可见，日本和德国制造业收入分配决定中存在一种调整机制，这种调整机制有效地调整了劳动报酬和劳动生产率之间的关系，最终使收入分配格局维持在一个相对稳定的状态。

表 9.6　日本和德国制造业数据（单位：%）

国家	时间	人均产出变动	就业人数变动	人均报酬变动
日本	1970~1991 年	3.9	0.4	2.6
	1992~2010 年	3.4	−2.2	0.4
德国	1970~1991 年	2.3	−0.5	2.6
	1992~2010 年	2.3	−1.9	1.0

这种调整机制由两部分组成：一是就业保护政策；二是集体谈判机制。众所周知，第二次世界大战结束后，欧洲国家和日本都实施了较为严格的就业保护政策。表 9.7 显示的是 2010 年各国就业保护政策严格程度的指数。个体解雇指数衡量的是对那些签订正规合同或者无固定期限合同劳动者实施解雇行为进行管制的严格程度；集体解雇指数衡量的是实施集体解雇行为需要承担的附加成本和需要遵循的程序；临时就业指数衡量的是对使用固定期限合同或者临时代理合同进行管制的严格程度。表 9.7 报告的数据直观地显示，美国和英国在个体解雇、集体解雇和临时就业三方面的保护程度均处于最低水平。德国在个体解雇方面的保护严格程度是最高的；意大利在集体解雇方面的保护严格程度是最高的；法国对临时就业实施了最严格的保护。从 20 世纪 90 年代开始，欧洲国家就业保护政策的严格程度就在逐渐降低，各个国家逐渐引进灵活的雇佣方式，以增加劳动力市场的灵活性。有研究发现，为增加劳动力市场灵活性而大量应用的临时合同，给劳动者的工资水平带来了明显的负面效应，最终导致了劳动收入份额的下降（Damiani et al.，2012）。正是较为严格的就业保护政策作用，使德国等欧洲国家的雇主在解雇劳动者上承担了较高的成本，有效地保护了劳动者的就业。

表 9.7 2010 年各国就业保护严格程度指数

国家	个体解雇（EPR_V1）	集体解雇（EPC）	临时就业（EPT_V1）
美国	0.257	2.875	0.250
英国	1.198	2.875	0.375
日本	1.369	3.250	0.875
德国	2.869	3.625	1.000
法国	2.385	3.375	3.625
意大利	2.762	4.125	2.000

资料来源：OECD Indicators of Employment Protection

在许多欧洲国家中，集体谈判机制被认为是就业保护政策的有效补充。从衡量就业保护政策严格程度的指标内容看，就业保护政策主要是对就业起作用，集体谈判机制涉及的范围则更大，它既可以就企业或者行业的就业调整展开谈判，也可以就劳动报酬的调整进行谈判。工会是在收入分配中有效保护劳动者利益的制度安排，美国制造业中劳动收入份额的持续下降与快速的去工会化有紧密联系（Fichtenbaum，2009，2011）。表9.8报告的是集体谈判的覆盖率和谈判层次。美国的集体谈判覆盖率是最低的，这与美国的工会覆盖率持续走低是紧密相关的。英国和日本的集体谈判覆盖率也处于较低水平。有研究认为，日本的高失业率和劳动收入份额的走低与工会在劳动关系系统中的弱化有关（Agnese and Sala，2011）。而且，从谈判层次看，美国、英国和日本的集体谈判主要是在企业层面展开的，而其余欧洲国家主要是在产业或者国家层面展开的。在产业或者国家层面开展的集体谈判更有利于协调劳动者和雇主之间的利益，从而有效地达到保护劳动者权益的目的。

表 9.8 集体谈判的覆盖率和谈判层次（单位：%）

国家	覆盖率		谈判层次
	1970 年	最近的数据	
美国	27	13	企业
英国	67	31	企业
日本	28	16	企业
德国	90	61	产业
法国	85	92	国家、产业
意大利	88	85	产业

资料来源：1970年的数据来自Nickell等（2002），其中日本和法国的数据是1980年的。最近的数据来自OECD（2015），其中美国和英国的数据是2011年的，德国和意大利的数据是2010年的，法国和日本的数据是2008年的

由于缺乏严格的就业保护政策，美国和英国的雇主可以在承担较少的成本下快速地对就业人数进行调整，相反，日本和德国以及其他一些欧洲国家受制于严格的就业保护政策，难以根据市场变动和技术更新对劳动者进行快速调整，这在一定程度上维护了劳动者的利益，有利于收入分配格局的稳定。同样，由于在产

业和国家层面上的集体谈判机制的存在，劳动者拥有了与雇主进行平等谈判的足够力量，从而保证了他们在利益分配中的足够话语权。在美国和英国制造业行业就业的劳动者，他们缺乏这种集体谈判机制，因此在市场波动和技术革新发生时，劳动者缺乏足够的力量来维护自身的利益，自然无法维持收入分配格局的稳定。

第五节　中国制造业收入分配的展望

发达国家制造业的发展经验表明，随着工业化进程的推进，制造业在整个经济中的比重以及制造业就业人数将呈现先上升后下降的趋势。从短期看，制造业就业人数会受多种因素作用发生波动，但从长期看，就业人数的变动趋势是单一和明显的。那么，中国制造业就业人数是否已经达到峰值了？对该问题进行判断必须依赖精确的宏观统计数据，然而，这方面的数据严重不足。现有的统计数据又过于偏重国有和集体部门（Banister，2006a），因此，为了分析中国制造业就业人数的变动趋势，本节收集了相关的数据进行综合分析，显示在表 9.9 中。

表 9.9　中国制造业和第二产业数据

年份	制造业从业人员平均人数/万人	制造业城镇单位就业人数/万人	第二产业就业人数/万人	制造业增加值占GDP 比例/%
2001	4 596.0		16 234	31.46
2002	4 675.2		15 682	31.24
2003	4 883.8	2 980.5	15 927	32.67
2004	5 219.5	3 050.8	16 709	32.20
2005	5 935.3	3 210.9	17 766	32.34
2006	6 346.9	3 351.6	18 894	32.72
2007	6 855.5	3 465.4	20 186	32.63
2008	7 731.6	3 434.3	20 553	32.37
2009	7 719.5	3 491.9	21 080	31.86
2010	8 391.5	3 637.2	21 842	31.87
2011	8 054.0	4 088.3	22 544	31.11
2012	8 395.0	4 262.2	23 241	30.96
2013	8 614.0	5 257.9	23 170	30.79
2014	8 647.0	5 101.1	23 099	

注：①2011 年制造业从业人员平均人数为工业部门全部从业人员平均人数减去采矿业和电气水生产和供应业全部从业人员平均人数，数据来自历年《中国工业经济统计年鉴》，2012~2014 年的数据来自于 2015 年的《中国高技术产业统计年鉴》；②2003~2013 年制造业城镇单位就业人数的数据来自历年《中国统计年鉴》，2014 年的数据为 2014 年 1~3 季度期末就业人数，数据来自 2014 年第 11 期的《中国统计月报》；③第二产业就业人数 2001~2013 年的数据来自历年《中国统计年鉴》，2014 年的数据来自《中国统计摘要》；④制造业增加值占 GDP 比例数据来自世界银行

表9.9第2列显示的是制造业从业人员平均人数。这列数据实际包括了三个统计口径，2006 年及以前为一个统计口径，2007~2010 年的统计口径为主营业务收入 500 万元及以上的制造业企业，2011 年的统计口径提高到主营业务收入 2 000 万元及以上。2011 年制造业从业人员平均人数为 8 054 万人，2012 年增长到 8 395 万人，2013 年又增长到 8 614 万人，这两年的平均增长率仅为 3.4%。2014 年就业人数略有增长，达 8 647 万人，仅仅增长了 37 万人，增长的幅度仅为 0.4%。第 3 列是制造业城镇单位就业人数。由于 2013 年第四季度后将原属于乡镇企业的规模以上制造业企业纳入统计范围，因此 2013 年就业人数达 5 257.9 万人，高于 2012 年的 4 262.2 万人，也就无法说明就业人数是否变动的问题。然而，2014 年制造业城镇单位就业人数为 5 101.1 万人，与 2013 年相比，下降了 3 个百分点，下降幅度比较明显。第 4 列显示的是第二产业就业人数，该数据保持了很好的连续性。2002~2012 年的第二产业就业人数保持了连续的增长态势，2012 年达到 23 241 万人，为考察期的最高水平。2013 年和 2014 年第二产业就业人数开始下降。尽管第二产业就业人数下降并不必然意味着制造业就业人数下降，但据此可以判断制造业就业人数不可能继续保持增长的势头。表 9.9 第 5 列是世界银行发布的制造业增加值占 GDP 比例数据。2006 年制造业增加值占 GDP 比例达到最高水平，为 32.72%。随后该数据呈现了连续下降的态势，2013 年下降到 30.79%，下降了近 2 个百分点。综合以上证据，可以得到的一个基本判断是，中国制造业就业人数已经达到峰值，目前正处于就业人数开始向下调整的阶段。

既然中国制造业接下来将面临就业规模下降和收入分配格局变动的阶段，那么自然产生一个问题，即收入分配格局将进行怎样的调整？调整的结果是有利于劳动方还是有利于资本方？基于中国制造业部门的实际情况，再结合发达国家的经验，可以预期，制造业部门的收入分配格局将向资本方进一步倾斜，主要分析如下。

一、劳动收入份额高的企业退出市场

随着刘易斯转折点的到来，农村有待转移的劳动力数量持续减少，工资水平呈现快速上升的态势，这将大大挤压企业的利润空间。对于那些劳动力密集的企业而言，如果不能继续提升产品的附加值，它们可供选择的只有两条路：一是关闭企业退出市场；二是将企业转移到成本更低的地方。从目前的实际情况看，规模较小的企业往往选择关闭企业退出市场，而一些规模较大的企业会选择转移企业，向劳动力成本更低的东南亚国家或者非洲国家转移。这些对劳动力成本高度敏感的企业，其劳动收入份额往往处于较高水平，而这些企业退出市场会直接导致收入分配格局向资本方的进一步倾斜。美国在过去的 25 年中，劳动力密集型企业向海外的大规模转移被认为是导致劳动收入份额下降的一个重要原因（Elsby et al.，2013）。因此，考虑到企业的异质性，劳动收入份额高的企业退出市场会降低制造业部门整体的劳动收入份额。

二、要素价格变动引致的资本替代劳动

快速增加的劳动力成本意味着要素相对价格的变动，追求利润最大化的企业面对要素价格的变动自然会考虑调整要素投入决策，用相对价格较低的资本来代替劳动（袁富华和李义学，2008；翁杰和徐圣，2015）。资本代替劳动的表现形式就是“机器换人”，如用计算机控制的工业机器人大量替代劳动力的使用；应用自动化的产品和零件仓储设备减少劳动力的使用；以及应用计算机技术对工业生产过程进行控制等。20 世纪 80 年代以来主要发达国家发生的要素收入分配格局变动，其主要原因就是资本对劳动的替代和资本增强型的技术进步（Karabarbounis and Neiman，2014），通过应用信息技术和计算机技术实现生产的自动化，最终实现对劳动的替代（Kristal，2013）。计算机控制的自动化生产和运营设备的大量使用一方面减少了劳动力的使用，另一方面促使劳动生产率的大幅度提高，导致劳动收入份额的明显下降。因此，未来信息化和制造业的深度融合会导致大规模的“机器换人”，而“机器换人”在降低就业规模的同时会改变收入分配格局。

三、就业保护和利益协调机制方面

日本、德国及其他一些欧洲国家制造业部门就业人数减少的同时并不必然导致劳动收入份额的大幅度的下降，其中的主要原因在于这些国家已经建立了就业保护制度和利益协调机制。中国自 2008 年颁布实施《中华人民共和国劳动合同法》以来，就业保护的严格程度大幅度提高。根据 OECD 发布的就业保护严格程度指数，2010 年个体解雇（EPR_V1）的指数为 3.258，高于众多欧洲国家；集体解雇（EPC）的指数为 3.000，低于大多数欧洲国家，与美国和英国接近；临时就业（EPT_V1）的指数为 1.875，处于中等水平。从指数上看，中国的就业保护严格程度似乎也比较高。但是，由于中国的就业保护政策存在着执行不到位的问题，其就业保护的实际严格状况并不乐观。在利益协调机制方面，国家协调劳动关系三方会议于 2010 年提出实施“彩虹计划”，试图在企业中推行集体协商和集体合同制度，并力求在 2011 年使覆盖率达到 80%以上。但从实际的实施状况看，效果并不理想。当前的实际情况是绝大多数企业尚未建立有效的集体利益协调或者谈判制度，企业对就业规模的调整基本上不存在阻力，因此可以预期，今后出现就业人数和劳动收入份额双双下降的可能性较大。

第六节　本章小结

本章构建的理论模型显示，在不提高劳动生产率的前提下，工会组织谈判能力的提高可以改变资本和劳动的收入分配；即使工会组织能提高劳动生产率，工会组织是否可以改变收入分配也是不确定的，这取决于劳动生产率和工资水平的增长速度。因此，如果工会组织表现能够提升劳动收入份额，则劳动者的工资水平必然会实现提升。反过来则不成立，劳动者工资的增加并不会必然提升劳动收入份额。如果工会组织不能够增加劳动者的工资，那么改变收入分配格局则更加无从谈起。本章利用中国省级面板数据的实证研究显示，工会组织无助于提升劳动收入份额，工会组织也无助于提高劳动者工资。当工会组织不具备提高劳动者工资的能力时，自然就无法改变要素收入分配格局。本章的研究结论与利用微观数据得到的研究结论有较大差异，但与人们的普遍认识保持了较好的一致性。

本章接着分析了1970~2010年主要发达国家制造业部门就业调整和劳动收入份额变动之间的关系。研究发现，发达国家制造业部门就业人数调整和劳动收入份额变动之间有两种模式：一种是以美国和英国为代表的，伴随着就业人数的调整，劳动收入份额的下降态势比较明显，就业人数的调整和劳动收入份额变动之间有较强的相关性；另一种以日本和德国为代表，该模式的基本特征是：无论就业人数是否调整，劳动收入份额基本保持在相对稳定的状态，调整幅度较小，即就业人数调整与劳动收入份额变动之间没有明显的相关性。本章认为，导致劳动收入份额变动差异的主要原因是劳动力市场制度。以美国和英国为代表的国家，对劳动力市场运作和企业雇佣决策干预较少，就业保护严格程度非常低，集体谈判制度的覆盖率也相对较低，在这样的制度环境下，企业具有较高的自主性对雇佣人数进行调整，最终导致劳动收入份额较大幅度的下降。以日本和德国为代表的国家，对劳动力市场的管制程度较高，有较为严格的就业保护制度和较高的集体谈判制度覆盖率，劳动者的利益得到了较好的保护。因此，劳动收入份额受到就业人数调整的影响较小，基本上能保持在相对平稳的状态。

本章对中国制造业部门的分析发现，中国制造业部门的就业规模已经达到历史最高水平，即将或者正在进入就业规模下降的阶段，那么，伴随着就业人数的调整，收入分配格局将呈现怎样的变化态势呢？借鉴发达国家的经验，可以认为，中国制造业部门的就业人数和劳动收入份额将呈现双双下降的态势。做出该预期的主要依据是中国的劳动力市场没有建立严格的就业保护制度，也没有形成有利于保障劳动者利益的集体谈判制度。这些制度的缺乏使企业具有很大的自主权调整雇佣决策，不利于构建稳定、健康的收入分配格局。《中国制造 2025》指出，中国建设制造业强国的一个重要举措是推进信息化与工业化的深度融合。在这个过程中，劳动者的技能问题将成为制约融合和转型的核心问题。中国制造业部门当前的“机器换人”行动就凸显出了劳动者技能升级的重要性。一方面是大量低技能劳动力的工作被机器代替，另一方面是企业缺乏大量的掌握自动化设备生产和维护技能的高技能劳动力。因此，国家应该继续实施积极的劳动力市场政策，帮助和促进低技能劳动者的技能升级。

第十章　要素收入分配的调整政策

经济增长中的要素收入分配变动具有明显的规律性。二元经济理论认为，当一个国家处于工业化进程中时，随着农村劳动力向工业部门和服务业部门转移，工业部门逐渐壮大成为最重要的产业，要素收入分配会呈现向资本方倾斜的态势。随着农村剩余劳动力转移完毕，工业部门如果想继续获得劳动力，就要提高工资与农业部门展开竞争，工资水平的提高将推动劳动收入份额止降回升。基于该理论，可以认为，经济增长是完全包容性的，工业化进程对劳动者而言是完全有利的，也不会产生失业问题。然而，对发达国家的长期考察发现，现实中的经济增长不是包容性增长，劳动者被经济发展边缘化的可能性经常存在。本章认为，如果完全按照西方发达国家走过的路子发展经济，会有大量的劳动力被排除在经济活动之外，不利于经济和社会的协调发展。尽管中国目前正处于劳动力收入份额不断上升的阶段，实施合理的公共政策的需求和空间还是存在的，这将有助于要素收入分配更健康地发展。本章将从五个方面阐述公共政策。

第一节　产业结构调整方面

一、加快劳动密集型服务业发展

本书第五章的分析显示，经济增长和要素收入分配呈 U 形关系。随着经济的增长，劳动收入份额呈先下降后上升的态势；第六章的分析显示，二元经济结构转型和要素收入分配也呈 U 形关系。在二元经济结构转型的初期，劳动收入份额呈下降趋势，在转型后期，劳动收入份额止降回升。经济转型和二元经济结构转型对要素收入分配的影响都可以统一到结构变动上，而要素转移和结构变动正是经济增长和二元经济结构转型的决定性力量。在经济增长初期，农村劳动力从农业部门向工业部门转移，鉴于工业部门的劳动收入份额明显低于农业部门，农村劳动力转移和工业部门发展直接导致劳动收入份额持续走低。当工业部门发展到一定程度后，产业结构进一步升级，劳动力会从农业部门和工业部门向服务业部门转移。由于服务业部门的劳动收入份额高于工业部门，劳动收入份额下降的势头将止住，转而开始回升。因此，虽然劳动收入份额的上升主要是由于农村劳动力转移达到刘易斯第一拐点，非农部门为了与农业部门争夺劳动力而提高工资水平，但是结构变动的影响也是不可忽视的。

为了有效提高劳动收入份额，有必要加快劳动密集型服务业的发展。这既是由产业结构变动的基本规律决定的，也是由劳动力市场的实际情况决定的。当经济发展到一定程度，工业部门占经济总量的比重将下降，而服务业部门的比重将上升。服务业部门的发展首先体现在劳动密集型服务业的发展，这是经济发展过程中人们对基本服务的需求增加所致。这些基本服务包括批发零售、餐饮旅游、物流快递和仓储运输等。这些基本服务业发展已经受到互联网的影响。例如，网络购物的兴起直接促进了物流快递和仓储运输的兴起。考虑到工业部门就业向服务业转移的现实，发展劳动密集型服务业也是非常必要的。因为工业部门首先失去竞争优势的产业就是劳动密集型制造业，这些产业最容易受到国际市场波动、技术进步和劳动力成本提高的影响而失去竞争优势。大批劳动密集型企业的关闭会推动劳动力向服务业转移。由于这些劳动力基本上属于低技能劳动力，只能从事对技能要求低的劳动密集型服务业。因此，从劳动力市场现状和比较优势的角度看，首先应该发展劳动密集型服务业。

二、促进制造业向中西部转移

改革开放以来，促进中国经济高速发展的一个重要因素是制造业资本和劳动力在中国沿海地区的高度结合。制造业资本既包括国际产业资本，也包括通过企业家精神激发逐渐积累的民营资本，劳动力就是中国成千上万的农村转移劳动力，这两者的高度结合有力地推进了中国沿海地区非农部门的高速发展。从目前的新形势看，这种结合模式已经再也不能支撑沿海地区经济的高速增长。日益减少的土地资源、严重恶化的生存环境已成为掣肘，沿海地区传统产业的发展空间日渐狭小，再加上劳动力大军供应的不稳定以及劳动力成本的不断上升，这将促使沿海地区对劳动力成本极其敏感的制造业资本开始向内地转移，此举将进一步改变中国境内的农村劳动力流动态势，也将影响农村转移劳动力的工资水平和分布态势。

以河南省为例，2010年上半年，河南省农村劳动力转移就业总量达2 341万余人，其中省内就业人数达 1 140 万人，比 2009 年底增加了 164 万人。同时，省外就业转移人数则比2009年底减少81万人。2011年河南省省内转移的就业人数将首超省外。沿海地区农村转移劳动力供应的减少迫使企业大幅度地提升工资加以应对。调查发现，2011年初以来，浙江省的外来劳动力供给已明显减少，浙江企业不得不大幅度提升工资来稳定产业工人队伍。中国内地产业资本的积聚、农村劳动力向外省输出的减少，必将形成对农村劳动力的竞争态势。对那些准备转移就业的农村劳动力而言，面对是留在本地就业还是到外省打工这种权衡问题的机会将越来越多，沿海地区逐渐提高的工资水平势必抬高本地企业的工资报价，进而影响农村转移劳动力收入的整体水平。因此，在中国内地构建产业的“雁阵转移”模式，进行产业的重新布局，不仅会缩小中国的地区差异，同时还将逐渐提高农村转移劳动力的收入水平，提高整个经济的劳动收入份额。

第二节 劳动要素转移方面

一、逐步取消户籍制度促进劳动力转移

本书第六章的分析显示，户籍制度对要素收入分配的影响主要体现在两个方面：一是户籍制度的存在阻碍了农村劳动力的转移，抑制了劳动收入份额的下降；二是户籍制度的存在降低了农村转移劳动力的工资水平，促使劳动收入份额进一步下降。户籍制度影响劳动收入份额的净效应取决于这两种效应的综合。而且，由于农村劳动力转移对户籍制度的弹性并非恒定不变，户籍制度的取消时间对要素收入分配的影响也会不同。就目前而言，农村劳动力转移就业对户籍制度的弹性已经比较小，取消户籍制度对劳动收入份额的负面效应也比较小。而且，户籍制度的取消会提升农村转移劳动力的工资水平，有利于改善要素收入分配格局。

仅从改善要素收入分配的角度来提出取消户籍制度，这是十分狭隘的。户籍制度的取消不仅有助于实现劳动力市场的一体化，而且有助于城乡一体化发展和赋予经济增长的新动力。鉴于中国长时间地实施户籍制度以及经济发展的不平衡，取消户籍制度促进农村转移劳动力的市民化将面临巨大的成本。如果这些成本全部要农村转移劳动力承担，显然是不现实的。因此，国家不仅要制定取消户籍制度的政策，而且要通过财政政策清除农村转移劳动力市民化的最大障碍，从而有效地推进市民化进程。2016年出台的《关于实施支持农业转移人口市民化若干财政政策的通知》，试图破除户籍制度的壁垒，加快推进农村劳动力的转移。政策的导向非常正确，关键的一点就是国家要加强财政支持力度，有效促进农村

转移劳动力的市民化。

二、不断提升农业部门收入水平

发展经济学理论认为，发展中国家劳动力从边际生产率接近于零的农业部门向现代化的非农部门转移，可以通过缩小两个部门的边际生产率的差别进而缩小城乡之间的收入差异，使二元经济向一元经济转化（Lewis，1954）。但实际上，中国的农村劳动力流动并没有缩小城乡的收入差异，该问题引起了学者的广泛关注（蔡昉和王美艳，2009）。图 10.1 显示的是 1993~2014 年城镇居民和农村居民收入之比。1993 年城镇居民人均可支配收入与农村居民人均纯收入之比为 2.80，到了 2009 年，该比值上升至 3.33，城镇居民和农村居民之间的收入差异进一步扩大，2010 年后该比值持续下降，到 2014 年下降为 2.92。可见，在 1993~2014 年的绝大部分时间里中国的农村劳动力转移没能弥合城乡的收入差异。什么原因导致了该现象？我们来简单地分析一下农村居民人均纯收入的构成。图 10.2 显示了 1993~2014 年农村居民工资性收入和经营性收入的比重。1993 年，工资性收入比重仅为 21.1%，随后，该比例一直攀升，到 2013 年，该比例达 45.3%，20 年间增加了 24 个百分点，增长的速度非常之快。从反方向看，工资性收入比重不断攀升，其实就意味着农民家庭经营性收入的萎缩。1993 年经营性收入比重为 73.6%，2013 年下降到 42.6%，比重首次低于工资性收入。

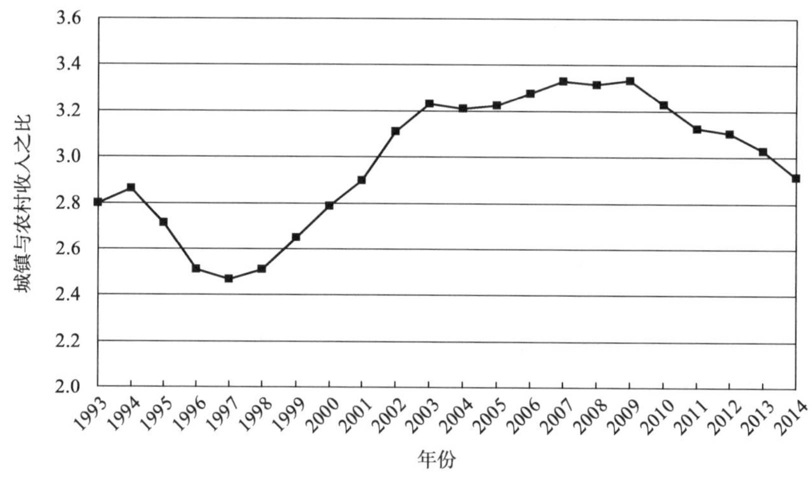

图 10.1　1993~2014 年城镇居民和农村居民收入之比

资料来源：1993~2013 年的数据来自于《中国农村统计年鉴》，2014 年的农村居民纯收入数据来自推算

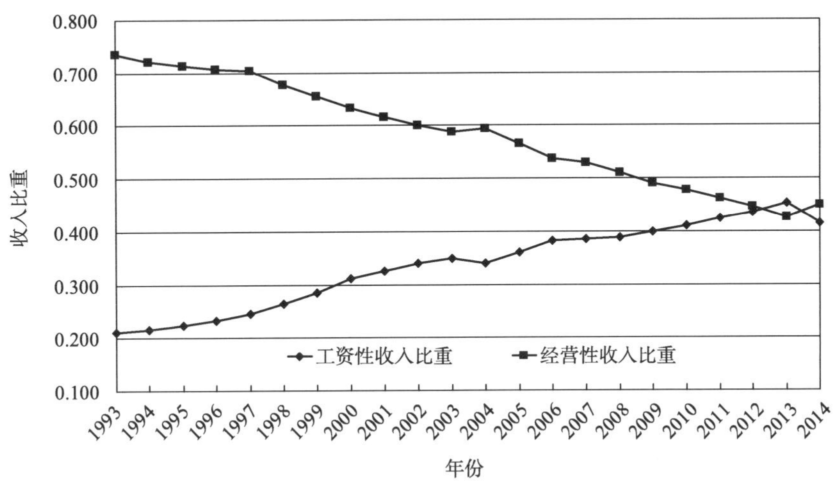

图 10.2　1993~2014 年农村居民工资性收入和经营性收入比重

资料来源：1993~2013 年的数据来自于《中国农村统计年鉴》，2014 年的农村居民纯收入构成数据来自推算

尽管在农村劳动力转移进程中，工资性收入比例攀升与家庭经营性收入比例下降有一定必然性，但快速变动的步伐与中国先前实施的增加农村居民收入的政策不无关系。一直以来，中国各地政府总是有通过劳动力转移来实现农民收入提升的政策意图，中西部劳动力资源相对充沛的省份更偏好这种政策，其重要原因在于，通过转移就业就能提高收入，投入产出比非常高，属于“短、平、快”项目。在许多地方，农村劳动力转移实际上演变成为一种政府行为，而非市场行为。政府部门没有意识到农民家庭经营性收入的低水平徘徊，因此很难赋予这些转移劳动力在非农部门强硬的工资诉求，进而导致农村转移劳动力在非农部门工资收入的增长缓慢。可以预见，解决中国农村转移劳动力的重心问题可能不在城市而在农村，如果仍旧片面强调城市化而忽视农村经济社会的发展，片面强调在城市中保障农村转移劳动力的收入而忽视农村居民的收入，那么农村劳动力的转移只能是暂时性的，城乡二元结构就不可能得到彻底消除。在中国后续阶段的发展进程中，决策者必须具有系统性视野，应以城乡统筹发展作为政策制定的基石，将城市化进程和新农村建设结合起来进行。就目前而言，非常有必要加快土地制度改革，加强农村的人力资本投资，包括提升农村的教育水平和质量、扩大农民的职业技术培训范围。同时，也要加强现代科技与农业的结合，逐步提升农民的劳动生产率和收入水平。

第三节　资本市场改革方面

本书第七章的分析发现，资本深化是导致 1997~2010 年工业部门劳动收入份额下降的主要原因，而且资本在不同所有制企业中的配置存在显著差异，国有企业的资本深化速度和幅度均明显高于民营企业和外资企业。国有企业的投资效率和创新效率并不比其余两类企业高，但是由于存在所有制的歧视，该类企业却能以较低的利率获得银行大量的信贷资金的支持，促使这类企业发生较快的资本深化。而大量中小型民营企业虽然有较高的投资效率和营利能力，但必须付出更高的资金成本从银行获得信贷的支持，甚至是无法获得信贷资金。国有企业所处的行业往往是资本密集型行业，而民营企业往往处于劳动密集型行业，资本市场的所有制歧视会导致工业部门行业结构发生扭曲，劳动收入份额较低的资本密集型行业得到超常发展，而劳动收入份额较高的劳动密集型企业的发展却受到了抑制，行业结构扭曲导致工业部门的收入分配格局快速向资本方倾斜。因此，有必要加快资本市场和金融体制改革，使资本能够流向民营中小微企业，中小微企业的发展有利于就业和收入分配。

最近的一些研究主要关注货币扩张对要素收入分配的问题。由于中国货币政策的特殊性，一直存在货币超发和货币扩张的趋势。货币扩张会导致实际利率的下降。尽管实际利率的下降并不一定由货币扩张引起，因为市场经济发展的基本规律表明资本将越来越充裕，其稀缺性的下降必然导致实际利率的下降，但是货币扩张会加速资本市场实际利率的下降。对于企业而言，一方面是价格不断下降的资本品；另一方面是价格不断上升的劳动要素，要素价格的相对变动会改变企业的要素投入决策。为追求利润的最大化，企业一般会加大资本要素投入而减少劳动力要素投入，导致要素替代和资本深化的发生。资本深化不可避免地导致劳动收入份额下降。因此，追根溯源，需要改革货币投放体制，抑制货币扩张的速度，减缓劳动收入份额的下降速度。

第四节　人力资本投资方面

对中国农村劳动力转移和城乡一体化的研究发现，户籍制度是阻碍农村劳动力顺利转移的重要因素，因此有必要清除这种制度障碍，使农村转移劳动力享有与城市劳动力一样的公共服务。2013 年召开的十八届三中全会提出要加快户籍制度的改革，这属于制度建设范畴。为促进中国农村劳动力的转移，制度建设固然不可少，但能力建设更是不可或缺。尽管当前阻碍农村劳动力转移的制度藩篱尚未完全消除，但是农村劳动者凭借自己的能力成功融入城市的例子比比皆是。不可否认，他们冲破重重障碍为融入城市付出了高昂的成本，但这恰恰能说明劳动者高水平的人力资本能够帮助他们成功越过制度藩篱。反过来，如果通过制度改革为农村劳动力转移扫除了制度障碍，但他们的能力建设没有跟上，这些城市新市民能在城市中依据自己的力量长久立足吗？答案应该是非常明确的。一旦大量能力建设没有跟上的农村劳动力成为城市新市民，他们可能会成为政府公共政策长期关注的对象和持久的负担。从当前的现实情况来看，农村劳动力转移政策没有给予能力建设足够的关注，或者说，即使关注了，但这种关注远远没有达到战略性、前瞻性层面。只有制度建设和能力建设齐头并进，才能促进农村劳动力进行根本性的转移，“候鸟式转移”“经济上接纳、社会上排斥”等劳动力迁移的怪现象才能得到逐渐消除，城乡一体化进程才会慢慢推进。

一、人力资本投资的重点是刚完成义务教育的青年劳动力

当前对农村转移劳动力的培训投资可以用“全方位”来形容，既有针对年龄较大劳动力的转移培训，又有针对青年劳动力的职业教育，这种“全方位的”投资模式可以有另一种解读，那就是重点不够突出。人力资本理论认为，人力资本投资的收益率随着被投资人的年龄增加而逐渐衰减。实际上，对那些年龄较大的劳动者群体进行培训的价值已经不大，政府出资对他们进行培训可能有助于增加他们对职业的适应性，但寄希望于通过培训大幅度提升他们在非农部门就业的技能，可能性非常小。同时，应该看到，每年有大量的缺乏技能或者低技能的年轻农村劳动力进入劳动力市场。《中国教育统计年鉴》估算，2010 年以来每年有 500 万名以上只具有小学或者初中学历的劳动力直接进入劳动力市场，这部分人主要集中在农村，是典型的低技能群体。对待这部分劳动者，有两种选择：一种是听之任之让他们重复他们父辈走过的路；另一种是在他们完成义务教育后，立刻跟上职业技术教育，使他们花 2~3 年的时间在职业技术教育上，获得能够在非农部门稳定、长期立足的职业技能。从国家投入的层面考虑，前者在当前并不需要国家投入，但从长期看，他们将是国家公共政策长期关注的对象；后者在当前需要国家大量投入，但从长期看，他们将不需要国家进行特别关注。对农村转移劳动力进行人力资本投资应放在战略性高度，要实现他们的彻底转移，就需要将投资的重点放到这些青年劳动力身上，使他们获得能在非农部门长期立足的技能，实现根本性的转移。

二、人力资本投资的方式是提供完整的职业教育

以往对农村劳动力的转移培训往往注重数量，不注重质量，培训的典型特征是培训覆盖面很广，培训参与者的数量很大，但人均培训投入很少，实际上是一种“短、平、快”的培训项目，这样的培训项目很难取得实质性的效果。政府应该将有限的培训资源集中起来，将培训投资的重心转移到青年劳动者身上，从长

远来看，对他们的培训投资方式应该是提供完整的职业教育。通过职业教育，他们能够获得在非农部门长期就业的技能，提升在非农部门的可雇佣性。国家从2012 年秋季开始，已经将中等职业教育免学费政策范围扩大到所有农村学生。可以认为，政府实施中等职业教育免费的政策，并且迅速覆盖到所有的农村学生，是正确的。尽管如此，也应该看到每年仍有很大一批初中毕业生直接从学校进入劳动力市场。这既与这些学生或者家庭认识不到位有关，也与政府提供的免费职业教育质量不高有关。为了吸引更多的初中毕业生加入国家免费的职业教育计划中，政府一方面要加强宣传和教育力度，使他们认识到参加免费的职业教育是影响终身的大事，另一方面应该着重推进职业教育人才培养模式改革，提升职业教育的质量，通过示范效应吸引更多的人加入免费教育计划中。

第五节　谈判能力提升方面

本书第九章的分析表明，就业保护制度和集体谈判制度对要素收入分配有着直接的影响。那些对劳动力市场运作和企业雇佣决策干预较少，就业保护严格程度非常低，集体谈判制度的覆盖率也相对较低的国家，伴随着就业规模的调整，劳动收入份额的变动非常明显。相反，那些对劳动力市场管制程度较高，有较为严格的就业保护制度和较高的集体谈判制度覆盖率，劳动者的利益得到了较好的保护的国家，劳动收入份额受到就业规模调整的影响较小。可以认为，为了稳定的要素收入分配格局，使之在调整期内不过于向资本方倾斜，建立一定的就业保护制度十分必要。

最近的多项研究发现，资本方和劳动方的相对谈判力量的变动是导致劳动收入份额下降的重要原因（Jayadev，2007；Bental and Demougin，2010），劳动力市场制度对相对谈判能力有直接的影响。最近的一项对工业化国家的研究发现，劳动力市场制度是决定国际生产一体化对劳动收入份额的影响效应的重要因素，严厉的就业保护可以削弱国际贸易对劳动收入份额的负面效应（Milberg and Winkler，2010）。从计划经济向市场经济的转型过程中，中国的劳动力市场制度供给远远落后于市场的需求，对劳动者权益的保护没有引起足够的重视，这与政府“重资本、轻劳动”的思想分不开。尽管近些年随着《中华人民共和国劳动合同法》等一系列旨在保护劳动者权益、调解劳动关系的法律法规的出台，劳动力市场的运作越来越规范，劳动者的合法权益也得到了有力的保护，但总体上存在着外部环境逐渐完善、企业内部调节乏力的问题。可以预见，当人口红利逐渐收割完毕后，集体谈判制度再也不是一种单纯地保护劳动者权益的制度，相反，它对资本提升谈判能力的好处将慢慢显现。利用劳动力市场制度对分配关系进行干预，形成良好的初次分配格局，这是发达国家要素收入分配制度的宝贵经验。

第六节　本章小结

本章提出了促进要素收入分配合理发展的公共政策。目前，中国的要素收入分配正处于向劳动方调整的时期，为了有效提高劳动收入份额，有必要实施以包容性增长为导向的公共政策，主要包括五个方面：一是产业结构调整方面。要加快劳动密集型服务业的发展，以吸纳农业部门和工业部门转移出来的劳动力。同时，要促进制造业向中西部转移。二是劳动要素转移方面。要逐步取消户籍制度，促进农村劳动力的转移。同时，实施积极的财政政策，促进农村转移劳动力的市民化。为了促进城乡的统筹发展，要改革土地制度，引导资本投向农业部门，提升农业部门的收入水平。三是资本市场改革方面。实施资本市场改革，提高资本配置效率。加快资本市场和金融体制改革，使资本能够流向中小微企业，中小微企业的发展有利于就业和收入分配。四是人力资本投资方面。为防止低技能劳动力被排斥在经济活动之外，要加大对低技能劳动力的人力资本投资。当前的投资重点应放在刚完成义务教育的青年劳动力身上，向他们提供完整的职业教育，提高他们抵抗经济结构调整的风险，不至于被排斥在经济活动之外。五是谈判能力提升方面。有必要建立社会保护制度，减少劳动力受经济结构调整的冲击，尽可能提高就业水平和经济成果的分享比例，实现包容性增长。

参考文献

白重恩，钱震杰. 2009a. 我国资本收入份额影响因素及变化原因分析——基于省际面板数据的研究. 清华大学学报（哲学社会科学版），（4）：137-147.

白重恩，钱震杰. 2009b. 国民收入的要素分配：统计数据背后的故事. 经济研究，（3）：27-41.

白重恩，钱震杰，武康平. 2008. 中国工业部门要素分配份额决定因素研究. 经济研究，（8）：16-28.

布朗芬布伦纳 M. 2009. 收入分配理论. 方敏，李翱，刘振楠，等译. 北京：华夏出版社.

蔡昉. 2010. 人口转变、人口红利和刘易斯转折点. 经济研究，（4）：4-13.

蔡昉. 2015. 二元经济作为一个发展阶段的形成过程. 经济研究，（7）：4-15.

蔡昉，王美艳. 2009. 为什么劳动力流动没有缩小城乡收入差？经济学动态，8：4-10.

蔡昉，王美艳. 2014. 中国面对的收入差距现实与中等收入陷阱风险. 中国人民大学学报，28（3）：1-7.

蔡昉，都阳，王美艳. 2001. 户籍制度与劳动力市场保护. 经济研究，（12）：41-49.

陈磊，张涛. 2011. 资本深化、结构变迁及劳动收入份额变动. 上海经济研究，（3）：3-11.

陈宇峰，贵斌威，陈启清. 2013. 技术偏向与中国劳动收入份额的再考察. 经济研究，（6）：113-126.

陈宗胜，宗振利. 2014. 二元经济条件下中国劳动收入占比影响因素研究——基于中国省际面板数据的实证分析. 财经研究，40（2）：41-53.

程恩富，胡靖春. 2010. 论我国劳动收入份额提升的可能性、迫切性与途径. 经济学动态，11：33-39.

戴园晨，黎汉明. 1988. 工资侵蚀利润——中国经济体制改革中的潜在危险. 经济研究，（6）：3-11.

丁守海. 2010. 最低工资管制的就业效应分析——兼论《劳动合同法》的交互影响. 中国社会科学，（1）：85-102.

董万好，刘兰娟，王军. 2011. 调整财政民生支出和行政管理支出对劳动报酬的影响——基于CGE模型的收入再分配研究. 财经研究，（9）：4-15.

董直庆，戴杰，陈锐. 2013. 技术进步方向及其劳动收入分配效应检验. 上海财经大学学报，

15（5）：65-72.
都阳，王美艳. 2008. 中国最低工资制度的实施状况及其效果. 中国社会科学院研究生院学报，（6）：56-62.
范从来，张中锦. 2012. 提升总体劳动收入份额过程中的结构优化问题研究. 中国工业经济，（1）：5-15.
高帆. 2007. 中国各省区二元经济结构转化的同步性：一个实证研究——兼论地区经济结构转变与经济增长差距的关联性. 管理世界，（9）：27-36.
龚刚，杨光. 2010a. 从功能性收入看中国收入分配的不平等. 中国社会科学，（2）：54-68.
龚刚，杨光. 2010b. 论工资性收入占国民收入比例的演变. 管理世界，（5）：45-55.
郭继强. 2007. 中国农民工城乡双锁定工资决定模型. 中国农村经济，（10）：13-22.
郭庆旺，吕冰洋. 2011. 论税收对要素收入分配的影响. 经济研究，（6）：16-30.
郝枫. 2013. 价格体系对中国要素收入分配影响研究——基于三角分配模型之政策模拟. 经济学（季刊），13（4）：175-206.
何苹. 2014. 罗莎·卢森堡的危机理论——重读《资本积累论》. 北京大学学报（哲学社会科学版），51（2）：23-33.
何英华. 2004. 户籍制度松紧程度的一个衡量. 经济学（季刊），3（1）：103-128.
黄先海，徐圣. 2009. 中国劳动收入比重下降成因分析——基于劳动节约型技术进步的视角. 经济研究，7：34-44.
贾朋，张世伟. 2013. 最低工资标准提升的溢出效应. 统计研究，30（4）：37-41.
姜磊，陈坚，郭玉清. 2014. 二元经济转型与劳动收入份额：理论与实证分析. 经济社会体制比较，（4）：46-58.
金碚，李钢. 2007. 中国企业盈利能力与竞争力. 中国工业经济，（11）：5-14.
李稻葵，徐翔. 2015. 二元经济中宏观经济结构与劳动收入份额研究，经济理论与经济管理，35（6）：21-28.
李稻葵，刘霖林，王红领. 2009. GDP 中劳动份额演变的 U 型规律. 经济研究，（1）：70-82.
李嘉图 D. 1962. 政治经济学及赋税原理. 郭大力，王亚南译. 北京：商务印书馆.
李善同，侯永志，刘云中，等. 2004. 中国国内地方保护问题的调查与分析. 经济研究，（11）：78-84.
李文溥，李静. 2011. 要素比价扭曲、过度资本深化与劳动报酬比重下降. 学术月刊，（2）：68-77.
李扬. 1992. 收入功能分配的调整：对国民收入分配向个人倾斜现象的思考. 经济研究，（7）：34-44.
李扬，殷剑峰. 2007. 中国高储蓄率问题探究——1992—2003 年中国资金流量表的分析. 经济研究，（6）：14-26.
李永杰，魏下海，蓝嘉俊. 2013a. 工会存在“工资溢价”吗？——来自中国的经验证据. 华南师范大学学报（社会科学版），（5）：127-133.
联合国，欧洲联盟委员会，经济合作与发展组织，等. 2012. 2008 国民收入账户体系. 北京：中国统计出版社.
林志帆，赖艳，徐蔓华. 2015. 货币扩张、资本深化与劳动收入份额下降—— 理论模型与跨国经验证据. 经济科学，（5）：30-43.
卢森堡 L. 1959. 资本积累论. 彭舜尘，吴纪先译. 北京：生活·读书·新知三联书店.
罗楚亮，倪青山. 2015. 资本深化与劳动收入比重—— 基于工业企业数据的经验研究. 经济学动态，（8）：40-50.
罗长远，张军. 2009a. 劳动收入占比下降的经济学解释：基于中国省级面板数据的分析. 管理世界，（5）：25-35.
罗长远，张军. 2009b. 经济发展中的劳动收入占比：基于中国产业数据的实证研究. 中国社会科学，（4）：65-79.
马克思 K. 2004. 资本论. 李其庆译. 北京：人民出版社.
马双，张劼，朱喜. 2012. 最低工资对中国就业和工资水平的影响. 经济研究，（5）：132-146.
凯恩斯 J M. 1997. 就业、利息和货币通论. 陆梦龙译. 北京：商务印书馆.
单豪杰. 2008. 中国资本存量 K 的再估算：1952~2006 年. 数量经济技术经济研究，（10）：17-31.
邵敏，黄玖立. 2010. 外资与我国劳动收入份额—— 基于工业行业的经验研究. 中国经济学，9（4）：1189-1210.
孙楚仁，田国强，章韬. 2013. 最低工资标准与中国企业的出口行为. 经济研究，（2）：42-54.
孙文凯，白重恩，谢沛初. 2011. 户籍制度改革对中国农村劳动力流动的影响. 经济研究，（1）：28-41.
唐东波. 2011. 全球化和劳动收入占比：基于劳资议价能力的分析. 管理世界，（8）：23-31.
田友春. 2016. 中国分行业资本存量估算：1990~2014 年. 数量经济技术经济研究，（6）：3-21.
汪进，钟笑寒. 2011. 中国的刘易斯转折点是否到来—— 理论辨析与国际经验. 中国社会科学，（5）：22-37.
汪伟，郭新强，艾春荣. 2013. 融资约束、劳动收入份额下降与中国低消费. 经济研究，（11）：100-113.
王林辉，赵景，李金城. 2015. 劳动收入份额“U 形”演变规律的新解释：要素禀赋结构与技术进步方向的视角. 财经研究，（10）：17-30.
王年咏，张甜迪. 2013. 不同程度金融化水平对功能性收入分配的影响分析—— 基于中国省际面板门限回归模型的研究. 上海金融，（5）：28-33.
王永进，盛丹. 2010. 要素积累、偏向型技术进步与劳动收入占比. 世界经济文汇，（4）：33-50.
魏万青. 2012. 户籍制度改革对流动人口收入的影响研究. 社会学研究，（1）：152-173.

魏下海，董志强，黄玖立. 2013a. 工会是否改善劳动收入份额？—— 理论分析与来自中国民营企业的经验证据. 经济研究，（8）：16-28.

魏下海，董志强，刘愿. 2013b. 政治关系、制度环境与劳动收入份额—— 基于全国民营企业调查数据的实证研究. 管理世界，（5）：35-46.

翁杰. 2008. 国际贸易、租金分享和工资水平—— 基于浙江制造业的实证研究. 国际贸易问题，11：58-91.

翁杰. 2011. 中国农村劳动力转移和劳动收入份额变动研究. 中国人口科学，（6）：14-26.

翁杰，周礼. 2009. 中国工业企业利益分配格局快速变动的原因分析：1997-2007 年. 中国工业经济，（9）：47-55.

翁杰，周礼. 2010. 中国工业部门劳动收入份额的变动研究：1997~2008 年. 中国人口科学，（4）：50-55.

翁杰，徐圣. 2015. 最低工资制度的收入分配效应研究—— 以中国工业部门为例. 中国人口科学，（3）：17-31.

翁杰，张锐. 2017. 户籍制度影响要素收入分配的机制和效应. 中国人口科学，（1）：34-46.

夏耕. 2004. 中国城乡二元经济结构的实证考察. 北京工商大学学报（社会科学版），19（5）：1-6，76.

谢勇. 2010. 最低工资制度在农民工就业中的落实情况及影响因素研究. 经济管理，（3）：164-170.

徐圣，黄先海. 2014. 二元经济结构转型与劳动收入比重变动. 浙江社会科学，（4）：24-32.

杨俊，廖尝君，邵汉华. 2010. 经济分权模式下地方政府赶超与劳动收入占比—— 基于中国省级面板数据的实证分析. 财经研究，（8）：4-14.

杨昕. 2015. 二元户籍制度下农村劳动力转移对劳动收入占比变动的影响. 人口研究，39（5）：100-112.

姚慧泽，石磊. 2014. 要素密集度异质性差异、要素替代弹性与中国劳动收入份额. 上海经济研究，（7）：52-61.

姚先国，赖普清. 2004. 中国劳资关系的城乡户籍差异. 经济研究，（7）：82-90.

姚洋，钟宁桦. 2008. 工会是否提高了工人的福利？—— 来自 12 个城市的证据. 世界经济文汇，（5）：5-29.

余淼杰，梁中华. 2014. 贸易自由化与中国劳动收入份额—— 基于制造业贸易企业数据的实证分析. 管理世界，32（7）：22-31.

于泽，章潇萌，刘凤良. 2015. 我国产业结构变迁与劳动收入占比的演化. 中国人民大学学报，29（4）：80-91.

余向华，陈雪娟. 2012. 中国劳动力市场的户籍分割效应及其变迁—— 工资差异与机会差异双重视角下的实证研究. 经济研究，（12）：97-110.

袁富华，李义学. 2008. 中国制造业资本深化和就业调整—— 基于利润最大化假设的分析. 经济学（季刊），8（1）：197-210.

张车伟，赵文. 2016. 中国劳动报酬份额问题. 北京：中国社会科学出版社.

张成思，张步昙. 2016. 中国实业投资率下降之谜：经济金融化视角. 经济研究，（12）：32-46.

张建武，王茜，林志帆，等. 2014. 金融抑制与劳动收入份额关系研究. 中国人口科学，（5）：47-56.

张彤进，任碧云. 2016. 包容性金融发展与劳动收入份额的关系：来自中国的经验证据. 南开经济研究，（3）：90-105.

章莉，李实，Darity Jr W A，等. 2014. 中国劳动力市场上工资收入的户籍歧视. 管理世界，（11）：35-46.

章元，王昊. 2011. 城市劳动力市场上的户籍歧视与地域歧视：基于人口普查数据的研究. 管理世界，（7）：42-51.

郑玉歆，李玉红. 2007. 工业新增利润来源及其影响因素：基于企业数据的经验研究. 中国工业经济，（12）：5-12.

中国经济增长与宏观稳定课题组. 2010. 资本化扩张与赶超型经济的技术进步. 经济研究，（5）：4-20.

周明海，肖文，姚先国. 2010. 企业异质性、所有制结构与劳动收入份额. 管理世界，（10）：24-33.

周申，杨红彦. 2011. 国际贸易、技术变动对我国工业部门劳动收入份额的影响. 国际经贸探索，（4）：40-46.

Banister J. 2006a. 中国制造业工资和劳动者报酬. 中国劳动经济学，（2）：39-66.

Banister J. 2006b. 中国的制造业就业. 中国劳动经济学，（1）：22-47.

Aaronson D，French E. 2007. Product market evidence on the employment effects of the minimum wage. Journal of Labor Economics，25（1）：167-200.

Acemoglu D. 2003. Labor-and capital-augmenting technical change. Journal of the European Economic Association，1（1）：1-37.

Acemoglu D，Guerrieri V. 2008. Capital deepening and nonbalanced growth. Journal of Political Economy，116（3）：467-498.

Addison J T，Blackburn M L，Cotti C D. 2012. The effect of minimum wages on labour market outcomes：county-level estimates from the restaurant-and-bar sector. British Journal of Industrial Relations，50（3）：412-435.

Agnese P，Sala H. 2011. The driving forces behind the falling labor share and persistent unemployment in Japan. Pacific Economic Review，16（5）：577-603.

Alatas V，Cameron L A. 2008. The impact of minimum wages on employment in a low-income country：a quasi-natural experiment in indonesia. Industrial and Labor Relations Review，

61（2）：201-223.

Almeida R. 2007. The labor market effects of foreign owned firms. Journal of International Economics，72（1）：75-96.

Arrow K J，Chenery H B，Minhas B S，et al. 1961. Capital-labor substitution and economic efficiency. Review of Economics and Statistics，43（3）：225-250.

Ashenfelter O，Smith R S. 1979. Compliance with the minimum wage law. Journal of Political Economy，87（2）：333-350.

Asimakopulos A. 1988. Post-keynesian theories of distribution// Asimakopulos A. Theories of Income Distribution. New York：Spring：133-157.

Atkinson A B. 2009. Factor shares：the principal problem of political economy? Oxford Review of Economic Policy，25（1）：3-16.

Autor D，Levy F，Murnane R. 2003. The skill content of recent technological change：an empirical exploration. Quarterly Journal of Economics，118（4）：1279-1333.

Aziz J，Cui L. 2007. Explaining China's low consumption：the neglected role of household income. IMF Working Paper，7：181.

Bai C E，Qian Z J. 2010. The factor income distribution in China：1978-2007. China Economic Review，21（4）：650-670.

Bai C E，Lu J Y，Tao Z. 2009. How does privatization work in China? Journal of Comparative Economics，37（3）：453-470.

Baker W. 1953. Accumulation，productivity and distribution in the British economy，1870-1938. Economic Journal，63（250）：263-288.

Bao S，Bodvarsson B，How J W，et al. 2011. The regulation of migration in a transition economy：China's hukou system. Contemporary Economic Policy，29（4）：564-579.

Basu A K，Chau N H，Kanbur R. 2010. Turning a blind eye：costly enforcement，credible commitment and minimum wage laws. Economic Journal，120（543）：244-269.

Bengtsson E. 2014. Do unions redistribute income from capital to labour? Union density and wage shares since 1960. Industrial Relations Journal，45（5）：389-408.

Bental B，Demougin D. 2010. Declining labor shares and bargaining power：an institutional explanation. Journal of Macroeconomics，32（1）：443-456.

Bentolila S，SaintPaul G. 2003. Explaining movements in the labor share. Contributions to Macroeconomics，3（1）：1-32.

Bertrand M，Kramarz F，Schoar A，et al. 2006. Politicians，firms and the political business cycle：evidence from France. Working Paper.

Blanchard O. 1997. The medium run. Brookings Papers on Economic Activity，2：89-158.

Blanchard O，Giavazzi F. 2003. Macroeconomic effects of regulation and deregulation in goods and labour markets. Quarterly Journal of Economics，118（3）：879-909.

Bond S R. 2002. Dynamic panel data models：a guide to micro data methods and practice. Portuguese Economic Journal，1（2）：141-162.

Boockmann B，Krumm R，Neumann M，et al. 2013. Turning the switch：an evaluation of the minimum wage in the German electrical trade using repeated natural experiments. German Economic Review，14（3）：316-348.

Bowley A L. 1920. The change in the distribution of the national income，1880-1913. Oxford：The Clarendon Press.

Bowley A L. 1937. Wages and income in the United Kingdom since 1860. Cambridge：Cambridge University Press.

Brada J C. 2013. The distribution of income between labor and capital is not stable：but why is that so and why does it matter? Economic Systems，37（3）：333-344.

Cai F. 2012. The coming demographic impact on China's growth：the age factor in the middle-income trap. Asian Economic Papers，11（1）：95-111.

Card D，Krueger A. 1994. Minimum wages and employment：a case study of the fast-food industry in New Jersey and Pennsylvania. American Economic Review，84（4）：772-793.

Card D，Dinardo J E. 2002. Skill-biased technological change and rising wage inequality：some problems and puzzles. Journal of Labor Economics，20（4）：733-783.

Checchi D，García-Peñalosa C. 2010. Labour market institutions and the personal distribution of income in the OECD. Economica，77（307）：413-450.

Clark C. 1937. National Income and Outlay. London：Macmillan.

Cobb C C，Douglas P H. 1928. A theory of production. American Economic Review，18（1）：139-165.

Conyon M J，Girma S，Thompson S，et al. 2002. The impact of foreign acquisition on wages and productivity in the UK. Journal of Industrial Economics，50（1）：85-102.

Csengodi S，Jungnickel R，Urban D M. 2008. Foreign takeovers and wages in hungary. Review of World Economics，144（1）：55-82.

Damiani M，Pompei F，Ricci A，et al. 2012. Labour share and employment protection in European economies. Mpra Paper No.43058.

Daudey E，García-Peñalosa C. 2007. The personal and the factor distributions of income in a cross-section of countries. Journal of Development Studies，43（5）：812-829.

Deakin S，Malmberg J，Sarkar P. 2014. How do labour laws affect unemployment and the labour share of national income? International Labour Review，153（1）：1-27.

Decreuse B，Maarek P. 2008. FDI and the labor share in developing countries：a theory and some evidence. Mpra Paper No.11224.

Denison E F. 1954. Income types and the size distribution. American Economic Review，44（2）：254-269.

Dickens R，Manning A. 2004a. Has the national minimum wage reduced UK wage inequality? Journal of the Royal Statistical Society，167（4）：613-626.

Dickens R，Manning A. 2004b. Spikes and spill-overs：the impact of the national minimum wage on the wage distribution in a low-wage sector. Economic Journal，114（494）：95-101.

Dinardo J，Fortin N，Lemieux T. 1996. Labor market institutions and the distribution of wages，1973-1992：a semiparametric approach. Econometrica，64（5）：1001-1044.

Dixon R. 1981. The wage share and capital accumulation. Journal of Post Keynesian Economics，4（1）：3-9.

Dolton P，Bondibene C R，Wadsworth J. 2012. Employment，inequality and the UK national minimum wage over the medium-term. Oxford Bulletin of Economics and Statistics，74（1）：78-106.

Douglas P H. 1934. The Theory of Wages. New York：Macmillan.

Droucopoulos V，Lianos T. 1993. Labor's share and market power：evidence from the greek manufacturing industries. Journal of Post Keynesian Economics，15（2）：263-280.

Du Y，Pan W. 2009. Minimum wage regulation in China and it's applications to migrant workers in the urban labor market. China & World Economy，17（2）：79-93.

Dube A，Lester W，Reich M. 2010. Minimum wage effects across state borders：estimates using contiguous counties. Review of Economics and Statistics，92（4）：945-964.

Dünhaupt P. 2017. Determinants of labour's income share in the era of financialisation. Cambridge Journal of Economics，41（1）：283-306.

Eichengreen B，Park D，Shin K. 2012. When fast growing economies slow down：international evidence and implications for China. Asian Economic Papers，11（1）：42-87.

Elsby W，Hobijn B，Sahin A. 2013. The decline of the U.S. labor share. Brookings Papers on Economic Activity，（2）：1-52.

Fang T，Lin C. 2013. Minimum wages and employment in China. IZA Journal of Labor Policy，4（1）：22.

Ferguson C E. 1968. Neoclassical theory of technical progress and relative factor shares. Southern Economic Journal，34（4）：490-504.

Ferguson C E，Moroney J R. 1969. The sources of change in labor's relative share：a neoclassical analysis. Southern Economic Journal，35（4）：308-322.

Fichtenbaum R. 2009. The impact of unions on labor's share of income：a time-series analysis. Review of Political Economy，21（4）：567-588.

Fichtenbaum R. 2011. Do unions affect labor's share of income：evidence using panel data. American

Journal of Economics and Sociology，70（3）：784-810.

Fosfuri A，Motta M，Ronde T. 2001. Foreign direct investment and spillovers through workers'mobility. Journal of International Economics，53（1）：205-222.

Gallaway L E. 1964. The theory of relative shares. Quarterly Journal of Economics，78（4）：574-591.

Garvy G. 1954. Functional and size distributions of income and their meaning. American Economic Review，44（2）：236-253.

Gindling T H，Terrell K. 2010. Minimum wages，globalization，and poverty in Honduras. World Development，38（6）：908-918.

Girma S，Görg H. 2007. Evaluating the foreign ownership wage premium using a difference-in-differences matching approach. Journal of International Economics，72（1）：97-112.

Giuliano L. 2013. Minimum wage effects on employment，substitution，and the teenage labor supply：evidence from personnel data. Journal of Labor Economics，31（1）：155-194.

Gollin D. 2002. Getting income shares right. Journal of Political Economy，110（2）：458-474.

Gomme P，Rupert P. 2004. Measuring labor's share of income. Policy Discussion Papers No.7，Federal Reserve Bank of Cleveland.

Guo K，N'Diaye P. 2010. Determinants of China's private consumption：an international perspective. IMF Working Papers，10（93）：5.

Harrison E. 2002. Has globalization eroded labor's share? Some cross-country evidence. UC Berkeley and NBER Working Paper.

Hein E. 2015. Finance-dominated capitalism and re-distribution of income：a Kaleckian perspective. Economics Working Paper Archive，39（3）：907-934.

Hein E，van Treeck T. 2010. Financialisation and rising shareholder power in Kaleckian/post-Kaleckian models of distribution and growth. Review of Political Economy，22（2）：205-233.

Helpman E，Melitz M J，Yeaple S R. 2004. Export versus FDI with heterogeneous firms. American Economic Review，94（1）：300-316.

Herrendorf B，Rogerson R，Valentinyi A. 2014. Chapter 6-growth and structural transformation//Aghion P，Durlauf S. The Handbook of Economic Growth North Holland：North Holland Publishing Company：855-941.

Hogrefe J，Kappler M. 2013. The labour share of income：heterogeneous causes for parallel movements? Journal of Economic Inequality，11（3）：303-319.

Huang X H，Xu S，Lu J. 2011. Trade liberalization and labour income share variation：an interpretation of China's deviation from the stolper-samuelson theorem. World Economy，34（7）：1071-1087.

Huang Y，Loungani P，Wang G. 2014. Minimum wages and firm employment：evidence from

China. Social Science Electronic Publishing，14（184）.

Hung J，Hammett P. 2016. Globalization and the labor share in the United States. Eastern Economic Journal，42 （2）：193-214.

IMF. 2007. World Economic Outlook. Washington：International Monetary Fund.

Jayadev A. 2007. Capital account openness and the labour share of income. Cambridge Journal of Economics，31（3）：423-443.

Jinlan N，Wang G X，Yao X G. 2011. Impact of minimum wages on employment：evidence from China. Chinese Economy，44（1）：18-38.

Johnson D G. 1954. The functional distribution of income in the United States，1850-1952. Review of Economics and Statistics，36（2）：175-182.

Kaldor N. 1955. Alternative theories of distribution. Review of Economic Studies，23（2）：83-100.

Kaldor N. 1961. Capital accumulation and economic growth//Lutz F A，Hague D C. The Theory of Capital. New York：St. Martin's Press.

Kalecki M. 1938. The determinants of distribution of the national income. Econometrica，6（2）：97-112.

Kalecki M. 1939. Essays in the Theory of Economic Fluctuations. London：Allen and Unwin.

Karabarbounis L，Neiman B. 2014. The global decline of the labor share. Quarterly Journal of Economics，129（1）：61-103.

Keynes J M. 1939. Relative movements of real wages and output. Economic Journal，49（193）：34-51.

King W I. 1919. The Wealth and Income of the People of the United States. New York：Macmillan.

King W I，Epstein L. 1930. The National Income and It's Purchasing Power. New York：NBER.

Klein L R，Kosobud R F. 1961. Some econometrics of growth：great ratios of economics. Quarterly Journal of Economics，75（2）：173-198.

Kongsamut P，Rebelo S，Xie D Y. 2001. Beyond balanced growth. Review of Economic Studies，68（4）：869-882.

Kristal T. 2010. Good times，bad times postwar labor's share of national income in capitalist democracies. American Sociological Review，75（5）：729-763.

Kristal T. 2013. The capitalist machine：computerization，workers'power，and the decline in labor's share within U.S. industries. American Sociological Review，78（3）：361-389.

Krueger A B. 1999. Measuring labor's share. American Economic Review，89（2）：45-51.

Kuznets S. 1937. National Income and Capital Formation，1919-1935. New York：NBER.

Kuznets S. 1952. Long-term changes in the national income of the United States of America since 1870. Review of Income and Wealth，2（1）：29-241.

Kuznets S. 1959. Quantitative aspects of the economic growth of nations：IV. distribution of national income by factor shares. Economic Development and Cultural Change，7（3）：1-100.

Kwon R，Roberts A. 2015. Financialization and income inequality in the new economy an exploration of finance's conditional effects. Sociology of Development，1（4）：442-462.

La Porta R，Lópezdesilanes F. 1999. The benefits of privatization：evidence from Mexico. Quarterly Journal of Economics，114（4）：1193-1242.

Lawrence R Z. 2015. Recent declines in labor's share in US income：a preliminary neoclassical account. Social Science Electronic Publishing，78（29）：1233-1238.

Lee D S. 1999. Wage inequality in the United States during the 1980s：rising dispersion or falling minimum wage? Quarterly Journal of Economics，114（3）：977-1023.

Lemos S. 2009. Comparing employment estimates using different minimum wage variables the case of Brazil. International Review of Applied Economics，23（4）：405-425.

Lerner M. 1934. The concept of monopoly and the measurement of monopoly power. Review of Economic Studies，1（3）：157-175.

Levinson H M. 1954. Collective bargaining and income distribution. American Economic Review，44（2）：308-316.

Levin-Waldman O M. 2009. The broad benefits of a higher minimum wage：interstate impacts among wage contours. Regional Labor Review，11（1）：23-34.

Levin-Waldman O M. 2011. From a narrowly defined minimum wage to broader wage policy. Review of Social Economy，69（1）：77-96.

Lewis W A. 1954. Economic development with unlimited supplies of labor. The Manchester School，22（2）：139-191.

Lewis W A. 1972. Reflections on unlimited labor//Luis D M. International Economics and Development：Essays in Honor of Raul Prebisch. New York：Academic Press：75-96.

Li H，Lei L，Wu B，et al. 2012. The end of cheap Chinese labor. Journal of Economic Perspectives，26（4）：57-74.

Lin J Y，Treichel V. 2012. Learning from China's rise to escape the middle-income trap：a new structural economics approach to Latin America. Social Science Electronic Publishing，（10）：24-25.

Lin K H，Tomaskovic-Devey D. 2013. Financialization and U.S. income inequality，1970-2008. American Journal of Sociology，118（5）：1284-1329.

Liu Y. 2012. Structural change with dynamics of capital income share. Economics Letters，116（3）：597-600.

Luo C Y，Zhang J. 2010. Declining labor share：is China's case different? China & World Economy，18（6）：1-18.

Martin F. 1939. Nation Income in the United States 1799-1938. New York：National Industrial

Conference Board.

Mcdonald M, Solow R M. 1981. Wage bargaining and employment. American Economic Review, 81（5）: 896-908.

Melitz M J. 2003. The impact of trade on intra-industry reallocations and aggregate industry productivity. Econometrica, 71（6）: 1695-1725.

Milberg W, Winkler D. 2010. Economic insecurity in the new wave of globalization: offshoring and the labor share under varieties of capitalism. International Review of Applied Economics, 24（3）: 285-308.

Modigliani F, Cao S L. 2004. The Chinese saving puzzle and the life-cycle hypothesis. Journal of Economic Literature, 42（1）: 145-170.

NBER. 1941. National Income and It's Composition. New York: NBER.

Neumark D, Schweitzer M, Wascher W. 2004. Minimum wage effects throughout the wage distribution. Journal of Human Resources, 39（2）: 425-450.

Ni J L, Wang G X, Yao X G. 2011. Impact of minimum wages on employment: evidence from China. Chinese Economy, 44（1）: 18-38.

Nickell S, Nunziata L, Ochel W, et al. 2002. The beverage curve, unemployment and wages in the OECD from the 1960s to the 1990s. CEP Discussion Paper No. 0502, London School of Economics and Political Science.

Ochsen C, Welsch H. 2005. Technology, trade, and income distribution in west Germany a factor-share analysis, 1976-1994. Journal of Applied Economics, 8（2）: 321-345.

OECD. 2013. Avoiding the Middle-Income Trap: Policies for Sustained and Inclusive Growth. Paris: OECD Publishing.

OECD. 2015. Economic Policy Reforms 2015: Going for Growth. Paris: OECD Publishing

Onaran Ö, Stockhammer E, Grafl L. 2011. Financialisation, income distribution and aggregate demand in the USA. Cambridge Journal of Economics, 35（4）: 637-661.

Pasinetti L L. 1962. Rate of profit and income distribution in relation to the rate of economic growth. Review of Economic Studies, 29 （4）: 267-279.

Piketty T. 2014. Capital in the Twenty-First Century. Cambridge: Belknap Press.

Ranis G, Fei J C H. 1961. A theory of economic development. American Economic Review, 51（4）: 533-565.

Rodrik D. 1997. Has Globalization Gone too Far? Washington: Institute for International Economics.

Roodman D. 2009. How to do xtabond2: an introduction to difference and system GMM in stata. Stata Journal, 9（1）: 86-136.

Schuller G J. 1953. The secular trend in income distribution by type, 1869-1948: a preliminary estimate. Review of Economics and Statistics, 35（4）: 302-324.

Shleifer A，Vishny R W. 1994. Politicians and firms. Quarterly Journal of Economics，109（4）：995-1025.

Sjöholm F，Lipsey R E. 2006. Foreign firms and indonesian manufacturing wages：an analysis with panel data. Economic Development and Cultural Change，55（1）：201-221.

Slonimczyk F，Skott P. 2012. Employment and distribution effects of the minimum wage. Journal of Economic Behavior & Organization，84（1）：245-264.

Solow R M. 1958. A skeptical note on the constancy of relative shares. American Economic Review，48（4）：618-631.

Stewart M B. 2012. Quantile estimates of counterfactual distribution shifts and the effect of minimum wage increases on the wage distribution. Journal of the Royal Statistical Society，175（1）：263-287.

Stewart M B，Swaffield J K. 2008. The other margin：do minimum wages cause working hours adjustments for low-wage workers? Economica，75（1）：148-167.

Stolper W F，Samuelson P A. 1941. Protection and real wages. Review of Economic Studies，9（1）：58-73.

Teulings C N. 2003. The contribution of minimum wages to increasing wage inequality. Economic Journal，113（490）：801-833.

USDC. 1951. National Income.

van Arnum B M，Naples M I. 2013. Financialization and income inequality in the United States，1967-2010. American Journal of Economics and Sociology，72（5）：1158-1182.

Wang J，Gunderson M. 2012. Minimum wage effects on employment and wages：dif-in-dif estimates from eastern China. International Journal of Manpower，33（8）：860-876.

Warburton C. 1928. Economic terminology：factors of production and distributive shares. American Economic Review，18（1）：65-74.

Weintraub S. 1981. An eclectic theory of income shares. Journal of Post Keynesian Economics，4（1）：10-24.

Woo W T. 2012. China meets the middle-income trap：the large potholes in the road to catching-up. Journal of Chinese Economic and Business Studies，10（4）：313-336.

Yao Y. 2014. Chapter 7-the Chinese growth miracle//Aghion A，Durlauf S. Handbook of Economic Growth：North Holland：943-1031.

Young A. 1995. The tyranny of numbers：confronting the statistical realities of the east Asian growth experience. Quarterly Journal of Economics，110（3）：641-680.

Young A. 2000. The razor’s edge：distortions and incremental reform in The People’s Republic Of China. Quarterly Journal of Economics，115（4）：1091-1035.

Young A T. 2010. One of the things we know that ain’t so：is US labor’s share relatively stable?

Journal of Macroeconomics，32（1）：90-102.

Zuleta H. 2008. Factor saving innovations and factor income shares. Review of Economic Dynamics，11（4）：836-851.

Zuleta H，Young A T. 2013. Labor shares in a model of induced innovation. Structural Change and Economic Dynamics，24（1）：112-122.

后　　记

在经济学理论中，价值的分配同价值的创造一样重要。笔者对功能性收入分配或者要素收入分配问题的关注始于2009年。那时笔者对企业的收入分配问题产生了研究兴趣，思考的一个主要问题是：为什么劳动者的工资水平上涨缓慢而企业的利润在快速增加？随着文献的积累和研究的深入，笔者发现非常有必要将研究视角从企业层面提升到国家层面，从宏观层面上研究要素收入分配问题。笔者对收入分配问题的关注始于企业层面，尤其关注农村转移劳动力的工资问题，自然会从中国二元经济转型的角度来考察要素收入分配。尽管研究者对中国要素收入分配变动的主要驱动力有不同的认识，但笔者相信，对中国要素收入分配问题的研究一定不能离开中国当前正处于二元经济转型阶段的基本现实。而且，对要素收入分配问题进行研究有必要回到要素市场运作和发展基本特征的角度来进行。2012 年笔者将上述研究设想整理后申报了国家自然科学基金，并得到了支持。

本书是笔者主持的国家自然科学基金面上项目“农村劳动力转移、资本深化和要素收入分配变动：理论分析和动态模拟”（编号：71273242）和浙江省自然科学基金项目“金融化、二元经济转型和要素收入分配变动研究”（编号：LY18G030041）的阶段性研究成果。虽然本书即将付梓，但笔者对中国要素收入分配问题的研究尚未终止，其中的一些问题还在进一步研究，如二元经济发展阶段的要素收入分配动态理论。尽管本书已经对该问题进行了有益探讨，但离笔者的理想目标还有很大距离。已经构建完成的理论框架限制条件太多，而且理论的内在逻辑也不够清晰。笔者将继续对这些问题进行研究，以丰富二元经济发展阶段的要素收入分配理论。国内研究者也非常关注要素收入分配问题，每年有大量的文献报告都是对该问题的最新研究成果，这也说明要素收入分配是值得继续研究的重大课题。

在本书的写作过程中，笔者的同事张锐博士、徐圣博士给予了笔者很大支持，有些章节是在和他们讨论的基础上形成的，在此表示衷心感谢。同时，笔者还要感谢笔者的研究生郭天航、范骏、王登城，他们对本书的形成也做出了重要贡献。

本书得以顺利出版，离不开科学出版社魏如萍编辑的支持和帮助，在此表示衷心感谢。

翁　杰

2017年5月1日于杭州